中国青少年研究中心、中国教育学会专门（工读）教育分会
“行为规范与青少年犯罪预防研究”课题项目成果之一

国家财政专项资金资助课题

编委会名单

主　编

路　琦

撰稿人（按姓氏笔画排序）

卫宝弟　王　飞　王春生　尹章伟　付俊杰　邢成玉　刘平华　李志功
李顺煜　李　萍　杨领娟　肖建国　沈满阁　张　文　张立伦　张　旭
罗立新　金超然　周　龙　周春娜　郑　京　胡　亚　胡春和　胡俊崎
夏　军　高亚娟　盛萌芽　路　琦　戴　喜

中国青少年研究中心
预防青少年违法犯罪红皮书

青少年问题行为研究

RESEARCH ON PROBLEM BEHAVIORS OF YOUTH

路 琦 主编

社会科学文献出版社
SOCIAL SCIENCES ACADEMIC PRESS (CHINA)

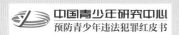

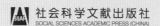

目　录

第三编　矫治青少年问题行为的专门教育具体实践探究

前　言

一

青少年的问题行为是青少年健康成长的绊脚石。预防和减少青少年特别是未成年人的问题行为，是党和国家关心重视的事情，是千家万户关心关注的事情，是一线工作者努力在做的事情，也是研究者期望推动做好的事情。

青少年问题行为产生的原因是复杂的，是多种因素综合作用的结果，与时俱进开展研究很有必要。对此，2019 年中国青少年研究中心联合中国教育学会专门（工读）教育分会，在借鉴 2013 年中国预防青少年犯罪研究会所做调查研究的基础上，专门对青少年行为规范、青少年问题行为与犯罪预防等问题进行深入研究，这其中也包括社会比较关注的校园欺凌问题。现以著作的形式呈现课题组的一些研究成果，期望能为青少年问题行为预防与矫治工作的深入开展、为不断完善相关法律法规、促进青少年健康成长贡献绵薄之力。

二

本书由三部分构成：第一编是青少年问题行为调查研究报告；第二编是矫治青少年问题行为的专门教育理念举措探究；第三编是矫治青少年问题行为的专门教育具体实践探究。

第一编青少年问题行为调查研究报告，主要从行为规范视角对青少年的问题行为进行探究。此部分对相关概念进行了界定，介绍了青少年问题行为的基本情况，分析讨论了青少年问题行为的影响因素，提出了预防和教育矫治的对策与建议。

第二编矫治青少年问题行为的专门教育理念举措探究，主要围绕专门学校教育矫治“特殊问题青少年”这一特殊职能，为读者呈上在全国专门教育领域办学卓有成效、颇具特色的11家学校校长和资深管理者的相关研究成果。这些成果以文章的形式介绍了他们的办学理念，以及在办学理念指引下的具体办学经验和思考感悟，期望会对专门学校建设和专门教育的改革发展起到积极推动作用，也期望对普通中学和校外教育工作提供有益借鉴。

具体内容如下。

肖建国校长，国内第一所工读学校（北京海淀工读学校）的掌门人，他的文章从隐喻的视角，分析了专门学校的办学思想和具体措施，阐述了他教育经历中印象深刻的事件与案例，并谈了他的思考和展望。

王春生校长，中国教育学会专门（工读）教育分会的掌门人，他的文章介绍了他担任学校校长的办学感悟，总结提炼出“以校园文化立校，拓宽多功能办学模式”“以人事改革为突破口，加强教职工队伍建设”“以学生成才为目标，全面提高育人质量”三大方法，以及具体工作中所采取的四点措施和五大举措。

卫宝弟校长，上海市浦东新区工读教育的掌门人，他的文章认为，专门学校学生只是“暂时落后”，青春期是改变他们的关键时期。专门学校的教育让改变成为可能，关注每一个暂时落后孩子的终生发展，是专门学校的使命所在。

张立伦校长，广州市新穗学校的掌门人，他的文章高度认同专门学校是实现教育公平的重要途径，是预防和减少未成年人违法犯罪和社会治安综合治理的重要力量，其教育目标是培养合格公民。同时，文章分析总结了他在专门学校办学实践中秉持的有教无类的教育理念和如何培养合格公民的具体措施。

胡亚校长，云南昆明市金殿中学的掌门人，他的文章通过对实践探索的回顾，围绕新时代专门教育服务教育改革大局和法治昆明建设的中心任务，介绍了金殿中学在已有办学经验基础上抓住机遇，积极应对新要求，树立新理念，为保护未成年人、预防未成年人违法犯罪所做的积极努力。

盛萌芽校长，杭州市城西中学的掌门人，他的文章从学校管理的角度出发，基于学生发展与教师成长，从养成教育、课程特色、教师专业成长、“家”文化育人等层面阐述了学校的办学思想及举措，分享了他印象深刻的几件事，并谈了困惑和感悟。

罗立新校长，武汉市砺志中学掌门人，他既有普通中学领导经历，又在专门学校工作多年。他对专门学校教育的思考和感悟建立在与普通中学对比的基础上，他认为，专门教育也应该是优质教育，也能五彩斑斓，提出了“一个孩子一片天”的办学理念和“个性化订单教育”的办学思想。

邢成玉校长，吉林市第五十八中学的掌门人，他的文章通过对学校发展模式、具体做法、取得成效的总结与分析，展望了专门学校未来办学的发展方向。

夏军、刘平华分别是四川省遂宁市第十五中学的校长、副校长，他们的文章认为，部分传统的专门学校存在许多办学困境，已经远远不能适应现代社会对专门学校多元化的需求。新时代的专门学校，应该在传承整合的基础上，有新的办学思想和办学举措。文章结合作者多年的办学经验，探索、提炼形成了新时代遂宁专门学校的办学思想及教育转化问题青少年的策略与模式。

戴喜校长，南京市建宁中学的掌门人，是从知名的南京市金陵中学调到建宁中学任校长的，从事专门教育一年多，属新锐派，他的文章从他从事普通中学教育和专门教育两段不同的经历谈起，在比较分析的基础上，从“爱心教育陪伴学校”“素质教育唤醒学生”“专门教育转化学生”“延伸教育助推学生”四个方面，解读了南京市建宁中学近年来的办学思想及具体举措，回顾了印象较深的事情，并谈了对专门教育的思考与展望。

周龙校长，湖南省岳阳市春雷学校的掌门人，他的文章认为，办好专门学校，需要优化教育手段、坚守教育情怀，需要从入学标准、管理模式、课程设置等各方面规范办学行为，提升办学水平。文章从创新教育矫治手段、构建矫治立体网络、回报服务社会三个方面来论述办好专门学校的感悟。

胡俊崎，中国教育学会专门（工读）教育分会副秘书长、广州市新穗学校副校长，他的文章从较为宏观的角度谈了思考和感悟，认为办好专门教育需要考虑建立家庭源头预防、普通学校“广谱”预防、专门学校教育矫治预防、观护基地观察矫治、未成年犯管教所刑期改造矫治、社区安置帮教的“六位一体”的预防和教育矫正未成年人违法犯罪的完整体系。

第三编矫治青少年问题行为的专门教育具体实践探究，主要围绕专门学校教学和矫治青少年问题行为的具体工作展开，为读者呈上11篇很有代表性的优秀成果。这些成果是从近180篇文章中评选出的，期望会对耕耘于一线的园丁们有所启示。这些成果具体包括：杨领娟、李志功、张文、周春娜老师共同奉献的德育教育研究成果“专门学校德育主题教育实践：以友善主题为例”；胡春和、李萍老师分别奉献的法制安全教育研究成果“让法制之花在语文课堂中绽放”、“工读学校《自我保护》校本课程的构建与探索”；高亚娟、沈满阁老师分别奉献的心理健康教育研究成果“心理戏剧在专门学校心理健康教育中的应用”、“破译青春密码——如何陪伴专门学校学生度过青春期”；金超然老师奉献的亲情教育研究成果“系统干预，共助成长——专门学校亲情教育的几点思考”；王飞老师奉献的技能教育研究成果“专门学校科技教育的实践与发展”；郑京、李顺煜老师分别奉献的教学技法研究成果“‘游戏式学习’让专门教育学校的课堂焕发出生命活力”、“专门学校微课设计研究”；尹章伟、张旭老师分别奉献的班主任工作研究成果“促进专门学校班主任专业化成长研究”、“破解5+2=0：专门学校学生的周末管理”。

此外，因时间关系还有一些校长和老师的优秀成果没能集结入书，在此深表歉意！

三

本书是中国青少年研究中心“行为规范与青少年犯罪预防研究课题”的一项研究成果，该课题得到了国家财政专项资金的资助。

课题研究得到了中国青少年研究中心王学坤、刘俊彦、张良驯等领导和同志的关心支持，得到了中国教育学会专门（工读）教育分会王春生、刘燕、胡俊崎等领导和同志的倾情帮助，深表感谢！

课题研究得到了北京、上海、山西、云南、贵州、湖北、湖南、广东、江西、浙江、四川、江苏、吉林、辽宁、河南、重庆等16个省、自治区、直辖市的45所学校的真诚帮助和支持，其中有工读学校，也有普通中学，它们是：北京市海淀工读学校、北京市朝阳区工读学校、北京市丰台区工读学校、上海市浦东新区工读学校、上海市五三中学、上海市灵石学校、上海市广中学校、山西省太原市明德学校、山西省太原市第四职业学校、云南省昆明市金殿中学、云南省昆明市第三十中学、云南省昆明市白沙河中学、云南省文山第五中学、云南省文山市第四中学、贵州省黔南州启航学校、贵州省都匀市第四中学、贵州省遵义市新雨学校、贵州省遵义市第二十六中学、贵州省盘州市阳光学校、贵州省仁怀市三百梯学校、湖北省武汉市砺志中学、湖北省武汉市常青树实验学校、湖北省武汉市汉铁初级中学、江西省赣州市第十一中学、江西省赣州市第九中学、江西省赣州市沙石中学、四川省成都市第五十二中学、四川省成都高新区新华学校、四川省宜宾市第十六中学校、四川省广安励志中学、江苏省南京市建宁中学、江苏省南师附中实验初中、浙江省杭州市城西中学、浙江省杭州市桐庐县凤川初级中学、浙江省杭州市上城区江城中学、广东省广州市新穗学校、广东省广州珠海中学、吉林省吉林市第五十八中学、湖南省长沙市新城学校、湖南省岳阳市春雷学校、河南省洛阳市旭升中学、河南省郑州市第九十九中学、重庆市合川区工读学校、辽宁省大连市工读学校、辽宁省沈阳市工读学校等，在此深表感谢！

全国人大常委会原内务司法委员会工青妇室赵智鸿、最高人民检察院原侦查监督厅刘雅清、北京走进崇高研究院谭桂秋、中国政法大学王贞会、中国教育学会专门（工读）教育分会王春生、谭朴、刘燕、胡俊崎、郑京、付俊杰，以及上述学校的校长、老师等参与了课题问卷研讨论证和各学校研究成果前期的筛查评审工作，为本书的结集出版打下了很好的基础。中国教育学会专门（工读）教育分会高倩，中国政法大学于孟、尹玉娟等同志在课题推进过程中承担了许多事务性工作，在此一并致谢！此外，还要特别感谢中国青少年研究中心胡献忠、鲍楠、刘丽燕、洪明、郝玉杰、应晖、秘晓敏、张翌、张会杰、郭元凯、张志勇、高晶威、蔡旭仪、吴甜甜、孟茹等同志的支持！

本书由主编统稿。敬请专家和读者提出宝贵意见！

联系方式：look2020@ aliyun. com。

路 琦

2020 年 5 月 27 日

第一编

青少年问题行为调查研究报告*

——基于行为规范视角的探究

* 本编内容系国家财政专项资金资助课题、中国青少年研究中心行为规范与青少年犯罪预防研究课题阶段性成果。

问题提出与概念界定

路　琦*

一　问题提出

青少年的问题行为是青少年健康成长的绊脚石。古今中外，青少年的健康成长和犯罪预防始终是社会普遍关注、持续关注的问题。据国家统计局 2019 年 12 月发布的人民法院判处的未成年人犯罪的数据看，2009 年至 2018 年，未成年人犯罪人数呈现逐年下降趋势，但面对转型期依然严峻的涉案未成年人数量［最高人民检察院 2020 年 6 月 1 日发布的《未成年人检察工作白皮书（2014～2019）》显示，检察机关受理审查逮捕未成年犯罪嫌疑人数量连续多年下降趋于稳定后，2019 年出现反弹，同比上升 5.12%］，面对社会十分关注、需要高度重视的校园欺凌频发问题，怎样更好地、有针对性地教育引导青少年不做危害自己、他人和社会的事情，怎样更有效地预防青少年问题行为的产生，需要我们多角度、与时俱进地进行研究和探索。对此，在中国预防青少年犯罪研究会 2013 年所做调查研究的基础上，中国青少年研究中心专门对青少年行为规范、青少年问题行为与犯罪预防等问题进行深入研究。在 2019 年 8 月试调研的基础上，2019 年 11 月初至 2020 年 1 月，中国青少年研究中心与中国教育学会专门（工读）教育分会联合在全国选取了北京、上海、贵州、山西、云南、湖北、湖南、广东、江西、浙江、四川、江苏 12 个省、自治区、直辖市的 29 所学校，开展了调研工作，其中 15 所是工读学校，14 所是普通中学。调研

* 路琦，中国青少年研究中心行为规范与青少年犯罪预防研究课题组组长。

通过座谈会、问卷调查、个案访谈、实地考察和资料研究等方式，对青少年违反行为规范的问题行为情况进行了比较全面深入的了解，获得了大量第一手宝贵资料和数据。

问卷调查采用整群抽样的方式。参与调查的有5251人，填报的有效问卷4927份（包括电子问卷），有效率为93.83%。有效问卷中，学生问卷总数为3983份，包括工读学校学生问卷1844份和普通学校学生问卷2139份；教师问卷总数为944份，包括工读学校教师问卷395份和普通学校教师问卷549份。

课题组在中国预防青少年犯罪研究会2013年编制的相关问卷基础上，参考中国青少年研究中心和中国预防青少年犯罪研究会2017年修改的相关问卷，并经过试调研和研讨论证，编制了本次调查问卷。问卷中包括单选题和多选题。对问卷数据的百分比统计分析统一按人次来计算，单选题人数等于人次数。

二　概念界定

本书中“规范”是指调控人们活动的、由某种精神力量或者物质力量来支撑的、具有不同程度之普适性的指示或指示系统，是一种告诉人们应如何作为且希望人们都如此作为的指示，它指示的行为必须具有施为的可行性和达到预期效果的可能性。如果它所要求的行为不可行，或不具有达到预期效果的可能性，那它就不可能为人们所认可和采行，从而也就失去了效力和存在的意义。①

本书中“行为规范”是指社会群体或个人在参与社会活动中所遵循的规则、准则的总称，是社会认知和人们普遍接受的具有一般约束力的行为标准，包括行为规则、道德规范、团体章程、行政法规和法律规定等。行为规范是社会学、政治学、经济学、哲学、教育学、行为学、心理学和伦理学等学科的范畴。②

本书中“未成年人行为规范”是指未满18周岁的人所应遵循的规则、

---

① 徐梦秋等著《规范通论》，商务印书馆，2011，第23页。

② 参见《我国服刑人员未成年时期行为规范调查研究》，《中国预防青少年犯罪研究会研究报告》2014年第1辑，内部资料。

准则的总称。

本书中“未成年人问题行为”是指未满18周岁的未成年人违反未成年人行为规范行为的总称。它与成年人的问题行为不同，有年龄身份的特殊问题。它包括“未成年人不良行为”“未成年人严重不良行为”和“犯罪行为”等。

本书中“青少年问题行为”是指在中小学校就学的、年龄在10周岁至20周岁之间的青少年违反上述未成年人行为规范的行为总称。此种界定，是将在中小学校就学的、年龄在18周岁至20周岁之间的青少年视为现实环境中的未成年人。

本书中“未成年人不良行为”是指《中华人民共和国预防未成年人犯罪法（修订草案）》［简称《预防未成年人犯罪法（修订草案）》］中规定的不良行为，以及与之程度相近的行为类型，属于“未成年人问题行为”范畴。

本书中“未成年人严重不良行为”是指《中华人民共和国预防未成年人犯罪法（修订草案）》中规定的严重不良行为，以及与之程度相近的行为类型，属于“未成年人问题行为”范畴。

本书主要是从行为规范视角来对青少年问题行为进行研究，青少年问题行为基本限定在上述的未成年人不良行为和严重不良行为范畴中①。研究主要通过对专门（工读）学校学生与普通中学学生行为的比较分析，以期进一步厘清导致青少年出现问题行为的原因，提出对策建议，促使相关各方注意对青少年特别是未成年人行为规范意识的培养，为青少年健康成长营造更好的氛围，贡献更切实的力量。本书主要是对学生问卷数据资料的分析，教师问卷数据仅作为主体研究的参考。

① 2019年11月1日《中华人民共和国预防未成年人犯罪法（修订草案）》在中国人大网公布，征求社会公众意见。自2016年12月合并入中国青少年研究中心的中国预防青少年犯罪研究会，自20世纪90年代开始，长期持续关注并参与该法的相关调研、制订和修订工作，本次调研也是对列入修订草案的不良行为及严重不良行为的进一步研究。

青少年问题行为的基本情况

路　琦　付俊杰*

一　青少年人口特征分布情况

1. 性别情况

填写此项（不包含缺失值）的工读学校男生有 1336 人，女生有 496 人；普通学校男生 1184 人，女生 927 人。工读学校学生的男女比例差距较大，分别占 72.9% 和 27.1%，原因是当前工读学校在校男生数显著多于女生。普通学校学生的男女比例分别是 56.1% 和 43.9%，比例基本相当（见表 1）。

表 1　学生性别分布情况

单位：人，%

性别类型	工读学校学生		普通学校学生	
	人数	百分比	人数	百分比
男　生	1336	72.9	1184	56.1
女　生	496	27.1	927	43.9
合　计	1832	100	2111	100

注：数据有缺失值，表格中的数据总和略小于实际参与学生人数总和，下同。

2. 年龄情况

如表 2、表 3 所示，参与本次调研的对象主要是年龄在 12～17 岁的学

* 路琦，中国青少年研究中心行为规范与青少年犯罪预防研究课题组组长；付俊杰，北京市海淀工读学校教科研主任。

生，18 岁及以上的学生较少，但因他们与未成年人同处于中学阶段，所以对年龄在 18 ~20 岁学生的数据并未删除。总的来说，参与调研的工读学校学生和普通学校学生年龄分布相当，且大都是未成年人。其中，工读学校学生中未成年人占 99%，普通学校学生中未成年人约占 99%。

表 2　学生年龄分布情况

学校类型	年龄（岁）	人数（人）	百分比（%）
工读学校	11	4	0.2
	12	80	4.4
	13	274	15.2
	14	587	32.5
	15	576	31.9
	16	216	12.0
	17	51	2.8
	18、19、20	19	1.0
	合　计	1807	100

表 3　学生年龄分布情况

学校类型	年龄（岁）	人数（人）	百分比（%）
普通学校	11	63	3.0
	12	426	20.5
	13	776	37.3
	14	509	24.4
	15	209	10.0
	16	60	2.9
	17	25	1.2
	18、19	14	0.7
	合　计	2082	100

3. 独生子女情况

当前，工读学校和普通学校学生的非独生子女占多数，独生子女占少数。两种类型学校的独生子女比例相当。独生子女约占 35%，非独生子女约占 65%（见表 4）。

表 4　独生子女分布情况

单位：人，%

是否独生子女	工读学校学生		普通学校学生	
	人数	百分比	人数	百分比
不是	1205	65.3	1351	63.2
是	639	34.7	788	36.8
合　计	1844	100	2139	100

4. 居住地情况

由表 5 可见，工读学校学生生活过半年以上的地方分别是：农村 20.3%，乡镇 17.4%，市郊区 9.1%，县城 18.1%，地级城市 8.7%，省会城市 15.0%，直辖市 11.3%。普通学校学生生活半年以上的地方分别是：农村 26.7%，乡镇 14.8%，市郊区 15.0%，县城 16.1%，地级城市 7.2%，省会城市 14.0%，直辖市 6.3%。工读学校学生居住地排名前三的是：农村、县城、乡镇；普通学校学生居住地排名前三是：农村、县城、市郊区。两种类型的学生居住地分布情况基本相同，反映调研取样较为均衡，学生生活地域分布广泛。

表 5　学生居住地分布情况（多选题）

单位：次，%

生活半年以上的地方	工读学校学生		普通学校学生	
	人次	百分比	人次	百分比
农　村	527	20.3	778	26.7
乡　镇	453	17.4	430	14.8
市郊区	236	9.1	436	15.0
县　城	471	18.1	470	16.1
地级城市	226	8.7	210	7.2
省会市	390	15.0	408	14.0
直辖市	293	11.3	183	6.3
合　计	2596	100	2915	100*

*表中所列百分比是数据四舍五入的结果，合计百分比取整为 100，下同。此表中标*处实际求和值为 100.1。

注：表中所列选项为多选，统计时按人次计算，下文涉及多个选项的指标时，统计时亦如此。

二　青少年不良行为的基本情况

1. 青少年是否有《预防未成年人犯罪法（修订草案）》中的不良行为（见表6）

工读学校有15.5%的学生没有《预防未成年人犯罪法（修订草案）》中所述的9种不良行为，有84.5%的学生有上述9种不良行为。9种不良行为中，工读学校学生中发生比例较高的是“抽烟、饮酒”“沉迷网络以至于影响正常学习和生活”“多次旷课、逃学”“无故夜不归宿、离家出走”，发生率在10%以上。

普通学校有74.3%的学生没有《预防未成年人犯罪法（修订草案）》中所述的9种不良行为，有25.7%的学生有此类不良行为。9种不良行为中，普通学校学生发生比例较高的是“沉迷网络以至于影响正常学习和生活”（8.2%）、“抽烟、饮酒”（5.8%）。

可见，无论是在普通学校还是在工读学校，不良行为在青少年群体中都有一定程度的发生。工读学校学生不良行为发生的比例明显高于普通学校学生（84.5% vs. 25.7%）。

表6　是否有《预防未成年人犯罪法（修订草案）》中的不良行为（多选题）

单位：次，%

	工读学校学生		普通学校学生	
	人次	百分比	人次	百分比
抽烟、饮酒	763	16.8	140	5.8
多次旷课、逃学	585	12.9	48	2.0
无故夜不归宿、离家出走	541	11.9	58	2.4
沉迷网络以至于影响正常学习和生活	660	14.6	196	8.2
与社会上具有不良习性的人交往，组织或者参加实施不良行为的团伙	393	8.7	38	1.6
进入法律、法规规定未成年人不宜进入的场所	407	9.0	41	1.7
参与赌博或者变相赌博，或者参加封建迷信等不良活动	110	2.4	22	0.9

续表

	工读学校学生		普通学校学生	
	人次	百分比	人次	百分比
观看、收听含有色情、淫秽、暴力、恐怖、极端等内容的读物、音像制品或者网络信息	254	5.6	47	2.0
其他有害未成年人身心健康成长的行为	117	2.6	26	1.1
没有上述行为	704	15.5	1783	74.3
合　计	4534	100	2399	100

如图1所示，工读学校学生在《预防未成年人犯罪法（修订草案）》所述的各类不良行为上的发生率均高于普通学校学生，而且差距相对较大。这说明各项不良行为具有关联性，具有一种不良行为的青少年可能同时具有其他不良行为。

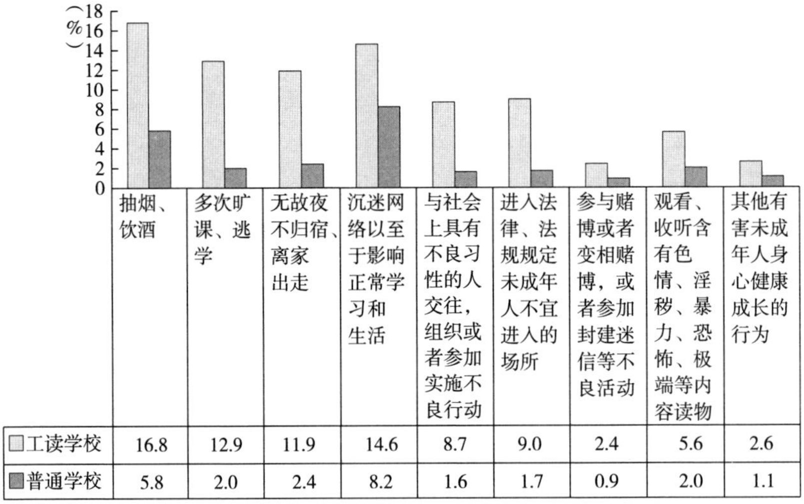

图1　青少年是否有《预防未成年人犯罪法（修订草案）》中的不良行为

2. 青少年是否有13种不良行为[①]（见表7）

与“《预防未成年人犯罪法（修订草案）》中的不良行为”项目的调

① 13种不良行为的项目主要来自《预防未成年人犯罪法（修订草案）》中关于“不良行为”的表述，将部分条目进行拆分，并加入“抽烟”“饮酒”两类青少年常见的不良行为。

研结果相一致，工读学校学生在13种不良行为上的发生率是85.9%，只有14.1%没有这些不良行为。发生率相对较高的不良行为有“旷课”“饮酒”“夜不归宿”“抽烟”和“打架斗殴”。

普通学校学生中，76.4%没有表7中的任何不良行为，不良行为发生率是23.6%。单独来看，普通学校学生各类不良行为的发生率都是在5%以下。发生率相对较高的是“饮酒”“旷课”和“抽烟”。

表7　13种青少年不良行为（多选题）

单位：次，%

	工读学校学生		普通学校学生	
	人次	百分比	人次	百分比
旷课	700	12.1	93	3.8
夜不归宿	611	10.6	64	2.6
携带管制刀具	339	5.9	27	1.1
打架斗殴	531	9.2	46	1.9
偷窃	264	4.6	13	0.5
追逐、拦截、辱骂、恐吓他人	337	5.8	38	1.6
强行向他人索要财物	158	2.7	11	0.5
故意毁坏财物	161	2.8	14	0.6
参与赌博或者变相赌博	105	1.8	16	0.7
观看、收听色情、淫秽的音像制品、读物等	202	3.5	31	1.3
进入法律、法规规定未成年人不适宜进入的营业性歌舞厅等场所	352	6.1	20	0.8
抽烟	566	9.8	86	3.5
饮酒	630	10.9	118	4.8
没有上述行为	811	14.1	1863	76.4
合　计	5767	100	2440	100

如图2所示，在13种不良行为上，均表现出工读学校学生的发生率高于普通学校学生。不良行为是整个青少年群体的一种具有危害性的、在一定程度上会发生的现象。但对于工读学校学生来说，不良行为问题则是一种普遍现象。

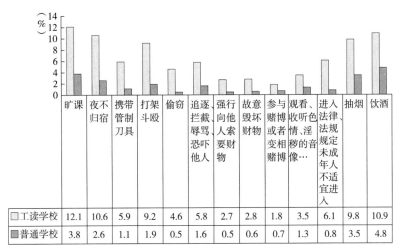

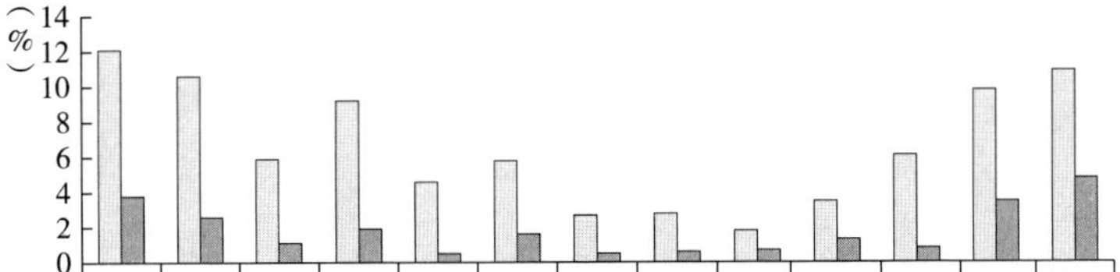

	旷课	夜不归宿	携带管制刀具	打架斗殴	偷窃	追逐、拦截、辱骂、恐吓他人	强行向他人索要财物	故意毁坏财物	参与赌博或者变相赌博	观看、收听色情、淫秽的音像…	进入法律、法规规定未成年人不适宜进入	抽烟	饮酒
□工读学校	12.1	10.6	5.9	9.2	4.6	5.8	2.7	2.8	1.8	3.5	6.1	9.8	10.9
■普通学校	3.8	2.6	1.1	1.9	0.5	1.6	0.5	0.6	0.7	1.3	0.8	3.5	4.8

图 2　青少年是否有 13 种不良行为

三　青少年严重不良行为的基本情况

1. 青少年是否有《预防未成年人犯罪法（修订草案）》中的严重不良行为

工读学校学生在表 8 中的 8 种严重不良行为上的发生率是 47.1%，52.9% 的工读学校学生没有表 8 中的任何严重不良行为。近半数的工读学校学生具有严重不良行为。

工读学校学生严重不良行为发生率较高的是“辱骂、殴打他人，或者故意伤害他人身体”“结伙斗殴，追逐、拦截他人，强拿硬要或者任意损毁、占用公私财物等行为”“辱骂、殴打他人，或者故意伤害他人身体”“非法携带枪支弹药或者弩、匕首等国家规定的管制器具”“盗窃、哄抢、抢夺或者故意损害公私财物”，发生率都在 5% 以上。

普通学校学生在表 8 中 8 种严重不良行为上的合并发生率是 6.0%，94.0% 的普通学校学生没有出现表 8 中的任何严重不良行为。可见，严重不良行为在普通青少年群体中较为少见，是一种偶发现象。

如图 3 所示，工读学校学生在各类严重不良行为上的发生率均高于普通学校学生 。在工读学校学生中容易发生的一些严重不良行为，在普通学校学生中发生率也都比较低。

表8　是否有《预防未成年人犯罪法修订草案》中的严重不良行为（多选题）

单位：次，%

	工读学校学生		普通学校学生	
	人次	百分比	人次	百分比
结伙斗殴，追逐、拦截他人，强拿硬要或者任意损毁、占用公私财物等行为	310	13.0	28	1.3
非法携带枪支弹药或者弩、匕首等国家规定的管制器具	150	6.3	37	1.7
辱骂、殴打他人，或者故意伤害他人身体	332	14.0	23	1.1
盗窃、哄抢、抢夺或者故意损害公私财物	143	6.0	7	0.3
传播淫秽的读物、音像制品或者信息等	75	3.2	10	0.5
卖淫、嫖娼，或者进行淫秽表演	40	1.7	8	0.4
吸食、注射毒品，或者向他人提供毒品	22	0.9	7	0.3
参与赌博赌资较大	47	2.0	8	0.4
没有上述行为	1259	52.9	1988	94.0
合　计	2378	100.0	2116	100

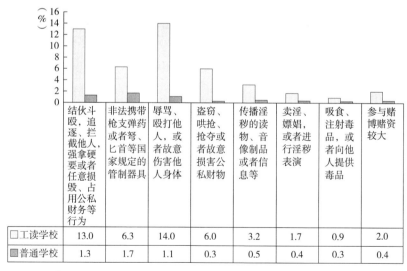

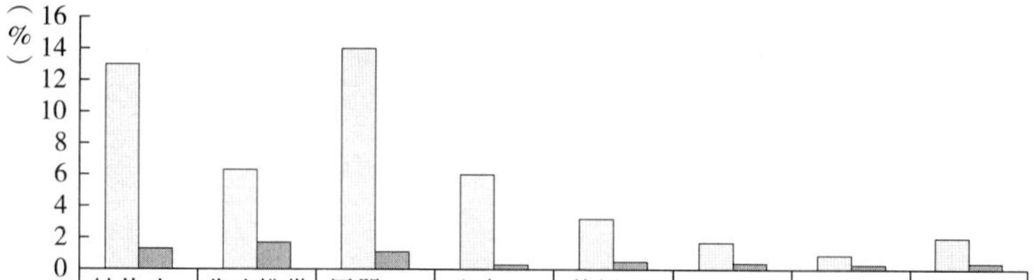

	结伙斗殴，追逐、拦截他人，强拿硬要或者任意损毁、占用公私财务等行为	非法携带枪支弹药或者弩、匕首等国家规定的管制器具	辱骂、殴打他人，或者故意伤害他人身体	盗窃、哄抢、抢夺或者故意损害公私财物	传播淫秽的读物、音像制品或者信息等	卖淫、嫖娼，或者进行淫秽表演	吸食、注射毒品，或者向他人提供毒品	参与赌博赌资较大
□工读学校	13.0	6.3	14.0	6.0	3.2	1.7	0.9	2.0
■普通学校	1.3	1.7	1.1	0.3	0.5	0.4	0.3	0.4

图3　青少年是否有《预防未成年人犯罪法修订草案》中的严重不良行为

2. 青少年是否有13种严重不良行为

工读学校学生在表9中13种严重不良行为上的发生率是67.0%，只有33.0%的工读学校学生没有表9中的任何严重不良行为。工读学校学生严重不良行为发生率较高的是“随意殴打别人（三次以上）”“抽烟成瘾”“酗酒”“多次追逐、拦截、辱骂、恐吓别人（三次以上）”“携带管制刀具，屡教不改”“在公共场所起哄闹事”，发生率都在5%以上。

90.8%的普通学校学生没有表9中的任何严重不良行为，13种严重不良行为的发生率仅为9.2%，且各类严重不良行为的发生率都是在2%以下，这其中发生率相对较高的是“随意殴打别人（三次以上）”“多次追逐、拦截、辱骂、恐吓别人（三次以上）”“抽烟成瘾”“酗酒”。

可见，有严重不良行为的学生在普通学校占极少数。

表9　13种青少年严重不良行为（多选题）

单位：次，%

	工读学校学生		普通学校学生	
	人次	百分比	人次	百分比
随意殴打别人（三次以上）	365	10.4	42	1.9
多次追逐、拦截、辱骂、恐吓别人（三次以上）	268	7.7	36	1.6
任意损毁、占用公私财物	157	4.5	15	0.7
经常或多次强行索取他人的东西（三次以上）	142	4.1	4	0.2
在公共场所起哄闹事	177	5.1	14	0.6
携带管制刀具，屡教不改	191	5.5	8	0.4
多次偷窃（三次以上）	117	3.3	5	0.2
参与赌博，屡教不改	67	1.9	9	0.4
骗取别人的东西	95	2.7	6	0.3
酗酒	295	8.4	22	1.0
抽烟成瘾	381	10.9	27	1.2
吸食、注射毒品	18	0.5	7	0.3
进行淫乱或者色情活动	68	1.9	8	0.4
没有上述行为	1153	33.0	2014	90.8
合　计	3494	100.0	2217	100

如图 4 所示，工读学校学生在 13 种严重不良行为上的发生率都明显高于普通学校学生。这种差别相比前述不良行为的差异更大。这表明，严重不良行为是工读学校学生的一种典型特征。

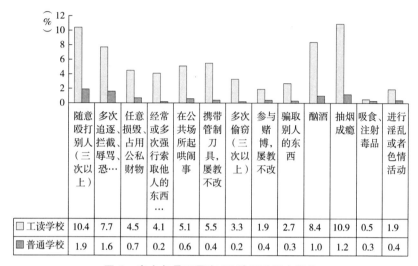

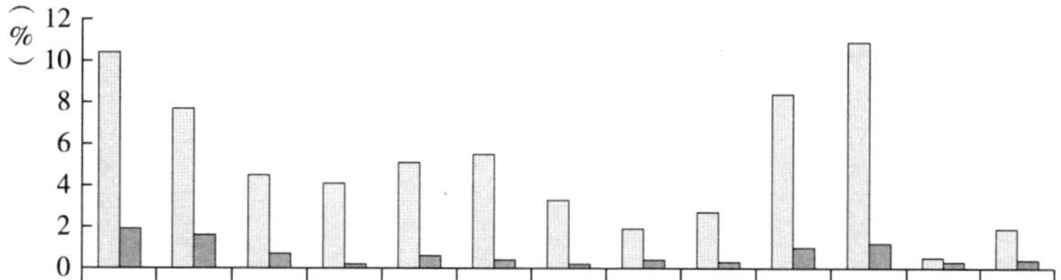

	随意殴打别人（三次以上）	多次追逐、拦截、辱骂、恐…	任意损毁、占用公私财物	经常或多次强行索取他人的东西…	在公共场所起哄闹事	携带管制刀具，屡教不改	多次偷窃（三次以上）	参与赌博，屡教不改	骗取别人的东西	酗酒	抽烟成瘾	吸食、注射毒品	进行淫乱或者色情活动
□工读学校	10.4	7.7	4.5	4.1	5.1	5.5	3.3	1.9	2.7	8.4	10.9	0.5	1.9
■普通学校	1.9	1.6	0.7	0.2	0.6	0.4	0.2	0.4	0.3	1.0	1.2	0.3	0.4

图 4　青少年是否具有 13 种严重不良行为

青少年问题行为的影响因素分析

路　琦　付俊杰*

一　基本认知及心理性格特点

1. 青少年性格自我认知

参与调研学生对性格的自我评价情况如表 1 所示，包含开朗、乐观、善良、热情、温和、正直、勇敢 7 项积极性格因素和暴躁、孤独、冷酷、自卑、偏执、抑郁、懦弱 7 项消极性格因素。总的来说，青少年学生（包括工读学校学生和普通学校学生）积极性格因素的自我评价比例要高于消极性格因素，对自己的性格评价总体上是正向阳光的。

表 1　青少年性格自我认知情况（多选题）

单位：次，%

性格类型	工读学校学生		普通学校学生	
	人次	百分比	人次	百分比
开　朗	1115	13.4	1492	15.2
乐　观	1107	13.3	1481	15.0
善　良	964	11.6	1303	13.2
热　情	892	10.7	1133	11.5
温　和	774	9.3	948	9.6
正　直	743	8.9	1099	11.2
勇　敢	679	8.2	909	9.2

* 路琦，中国青少年研究中心行为规范与青少年犯罪预防研究课题组组长；付俊杰，北京市海淀工读学校教科研主任。

续表

性格类型	工读学校学生		普通学校学生	
	人次	百分比	人次	百分比
暴　躁	481	5.8	366	3.7
孤　独	402	4.8	251	2.5
冷　酷	270	3.2	201	2.0
自　卑	270	3.2	206	2.1
偏　执	242	2.9	187	1.9
抑　郁	238	2.9	144	1.5
懦　弱	148	1.8	124	1.3
合　计	8325	100	9844	100

从图 1 中，我们可以看到一个明显的交叉点，即对于前 7 种积极性格来说，工读学校学生的自我评价要低于普通学校。但对于后 7 种消极性格来说，工读学校学生认为自身具有这种性格特点的比例要高于普通学校学生。即，从性格自我认知来看，工读学校学生从一定程度上要比普通学校学生消极。这可能与工读学校学生成长过程中不断遭受挫折体验、成功感较弱有关。

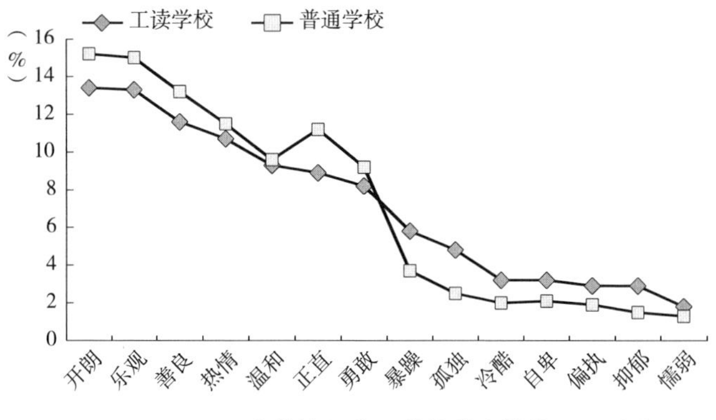

图 1　工读学校和普通学校学生性格认知对比

2. 青少年偶像崇拜特点

从表 2 中可以看出，工读学校学生和普通学校学生共同崇拜的对象是科学家、体育明星、影视明星，崇拜人次数比例都在 10% 以上。

表 2　青少年偶像崇拜特点（多选题）

单位：次，%

崇拜对象	工读学校学生		普通学校学生	
	人次	百分比	人次	百分比
科学家	508	12.1	996	19.5
文学家	344	8.2	782	15.3
政治家	282	6.7	503	9.8
体育明星	525	12.5	569	11.1
影视明星	657	15.7	613	12.0
虚拟世界人物	513	12.2	486	9.5
现实中的人物英雄	408	9.7	642	12.5
能挣大钱的人	504	12.0	287	5.6
有权有势的人	455	10.8	241	4.7
合　计	4196	100	5119	100

所不同的是，如图 2 所示，工读学校学生选择崇拜对象比例排名前三的是：影视明星（15.7%）、体育明星（12.5%）、虚拟世界人物（12.2%）。普通学校学生选择崇拜对象比例排名前三的是：科学家（19.5%）、文学家（15.3%）、现实中的人物英雄（12.5%）。可见，工读学校的学生更喜欢虚拟的、刺激的、离自己较远的崇拜对象；普通学校学生更喜欢现实的、通过努力能达到的崇拜对象。

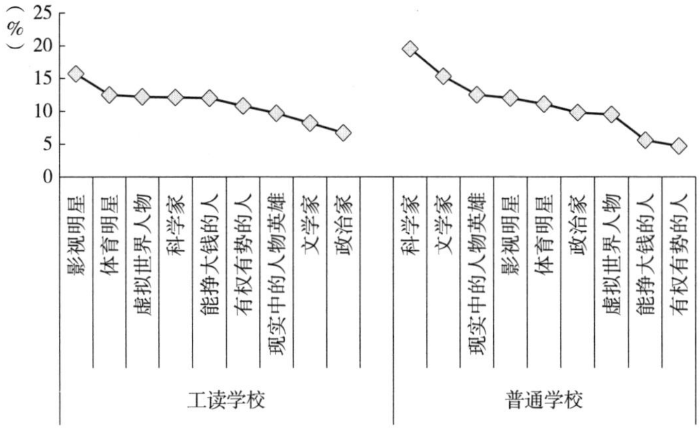

图 2　工读学校和普通学校学生偶像崇拜特点对比

3. 青少年成功归因特点

由表3可知，工读学校学生和普通学校学生对成功归因6个方面（本次调查问卷中涉及的有6个方面）的基本趋势是一致的，归因选择百分比排序为“个人努力”>“聪明才智”>“机会”>“人际关系”>“运气”>“家庭条件背景”。总的来说，青少年倾向于将成功的原因归结于内在因素。

表3　学生成功归因特点分析（多选题）

单位：次，%

归因	工读学校学生		普通学校学生	
	人次	百分比	人次	百分比
个人努力	1607	30.6	1995	33.9
聪明才智	1002	19.1	1283	21.8
机会	852	16.2	1024	17.4
人际关系	732	13.9	618	10.5
运气	592	11.3	549	9.3
家庭条件背景	464	8.8	412	7.0
合　计	5249	100	5881	100

具体到归因的6个因素，普通学校学生在个人努力（33.9%）、聪明才智（21.8%）、机会（17.4%）三个方面的成功归因百分比高于工读学校学生（30.6%、19.1%、16.2%）。工读学校学生在人际关系、运气、家庭条件背景三个方面的归因百分比高于普通学校学生。即横向来看，普通学校学生比工读学校学生在成功上更具有内归因的趋向（见图3）。

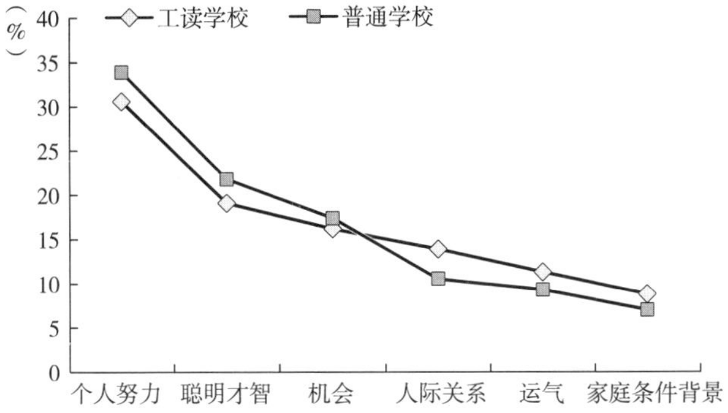

图3　工读学校和普通学校学生成功归因对比

二　家庭依附程度

1. 青少年父母基本情况

总的来说，大部分青少年学生的父母都有稳定的工作，父母的学历以中专或高中水平为主。普通学校学生的父亲和母亲具有本科学历的比例，均高于工读学校学生的父亲和母亲，且父母在本地居住的要多于工读学校学生的父母。

如表 4 所示，相比父亲的职业或身份，青少年（包括工读学校学生和普通学校学生）群体中，母亲有稳定工作的比例相对高一些。工读学校学生母亲有稳定工作的占 66.7%，在外打工的占 20.3%，务农的占 13.0%；普通学校学生母亲有稳定工作的占 59.2%，在外打工的占 19.5%，务农的占 21.3%。

表 4　父母职业或身份

单位：人，%

	工读学校学生		普通学校学生	
父亲职业或身份	人数	百分比	人数	百分比
有稳定的工作	1200	65.1	1257	58.8
在外打工	459	24.9	503	23.5
务农	185	10.0	379	17.7
合　计	1844	100	2139	100
母亲职业或身份	人数	百分比	人数	百分比
有稳定的工作	1230	66.7	1266	59.2
在外打工	375	20.3	417	19.5
务农	239	13.0	456	21.3
合　计	1844	100	2139	100

如表 5 所示，工读学校学生和普通学校学生父母文化程度总体一般，这与前述的两种类型学生居住地分布情况基本相同、调研取样较为均衡的情况是相一致的，且相互得到了印证。

工读学校学生和普通学校学生父亲文化程度比例中较高的是初中、中专或高中水平，总体文化程度一般。工读学校学生父亲文化程度是初中的占比 45.6%、中专或高中占比 26.2%、小学占比 17.6%、本科占比 8.0%、博士占比 1.5%、硕士占比 1.1%；普通学校学生父亲文化程度相应的占比依次是 41.1%、24.9%、18.1%、13.7%、0.9%、1.3%。其中，普通学校学生父亲本科文化程度的比例要高于工读学校学生（13.7% vs. 8.0%）。

工读学校学生和普通学校学生母亲文化程度比例比较高的是初中、中专或高中水平，总体文化程度不高，特别是小学文化程度的要比前述父亲的占比高。普通学校学生母亲具有本科学历的比例要高于工读学校学生的母亲（12.9% vs. 8.7%）。

表 5　父母文化程度

单位：人，%

父亲文化程度	工读学校学生		普通学校学生	
	人数	百分比	人数	百分比
初　中	841	45.6	880	41.1
中专或高中	484	26.2	532	24.9
小　学	324	17.6	387	18.1
本　科	147	8.0	292	13.7
博　士	27	1.5	20	0.9
硕　士	21	1.1	28	1.3
合　计	1844	100	2139	100
母亲文化程度	人数	百分比	人数	百分比
初　中	751	40.7	743	34.7
中专或高中	473	25.7	500	23.4
小　学	423	22.9	578	27.0
本　科	160	8.7	276	12.9
博　士	23	1.2	21	1.0
硕　士	14	0.8	21	1.0
合　计	1844	100	2139	100

如表 6 所示，工读学校学生父亲在本地工作的占 75.3%，在外地工作的占 24.7%；普通学校学生父亲在本地工作的占 83.7%，在外地工作的占 16.3%。普通学校学生父亲在本地工作的比例高于工读学校学生（83.7%

vs. 75.3%）。这反映普通学校学生可能比工读学校学生有更多的来自父亲的陪伴。

工读学校学生母亲在本地工作的占80.4%，在外地工作的占19.6%。普通学校学生母亲在本地工作的占87.5%，在外地工作的占12.5%。同样，普通学校学生母亲在本地工作的比例也高于工读学校学生（87.5% vs. 80.4%）。这反映普通学校学生可能比工读学校学生有更多的来自母亲的陪伴。

另外，数据还显示：无论是工读学校学生，还是普通学校学生，母亲在本地工作的比例都高于父亲。

表6　父母工作地

单位：人，%

	工读学校学生		普通学校学生	
父亲工作地	人数	百分比	人数	百分比
本　地	1388	75.3	1791	83.7
外　地	456	24.7	348	16.3
合　计	1844	100	2139	100
母亲工作地	人数	百分比	人数	百分比
本　地	1482	80.4	1872	87.5
外　地	362	19.6	267	12.5
合　计	1844	100	2139	100

2. 青少年主要抚养者特征

总的来说，青少年主要抚养者是爸爸妈妈（50%以上），其次是爷爷奶奶（20%～40%），其他抚养类型都在10%以下。数据显示，伴随着年龄的发展，越来越多的爸爸妈妈承担起主要抚养者的责任，爷爷奶奶作为主要抚养者的比例在下降。横向比较来看，普通学校学生父母作为主要抚养人的比例要高于工读学校学生，且在各个年龄阶段都呈现着相同的趋势（见表7）。

工读学校学生爸爸妈妈作为主要抚养者的比例从3岁以前的50.4%递增到6～12岁年龄阶段的58.8%。爷爷奶奶或姥姥姥爷作为主要抚养者的比例从3岁以前的38.7%下降到6～12岁年龄阶段的22.6%。随着年龄的增加，更多的爸爸妈妈承担了工读学校学生的直接抚养责任。

表 7　工读学校学生主要抚养者特征（多选题）

单位：次，%

抚养者	工读学校学生						普通学校学生					
	3 岁以前		3～6 岁		6～12 岁		3 岁以前		3～6 岁		6～12 岁	
	人次	比例	人次	比例	人次	比例	人次	比例	人次	比例	人次	比例
爸爸妈妈	1070	50.4	1103	51.4	1238	58.8	1496	59.2	1554	61.9	1659	67.6
爷爷奶奶或姥姥姥爷	820	38.7	709	33.1	476	22.6	794	31.4	718	28.6	482	19.6
妈妈一人	109	5.1	162	7.6	186	8.8	157	6.2	154	6.1	179	7.3
爸爸一人	67	3.2	121	5.6	160	7.6	51	2.0	51	2.0	96	3.9
寄养在亲戚家中	55	2.6	50	2.3	46	2.2	29	1.1	32	1.3	39	1.6
合　计	2121	100	2145	100	2106	100	2527	100	2509	100	2455	100

普通学校学生的主要抚养者随着学生的年龄增加也呈现着有规律的变化趋势。普通学校学生爸爸妈妈作为主要抚养者的比例从 3 岁以前的 59.2% 递增到 6～12 岁年龄阶段的 67.6%。爷爷奶奶或姥姥姥爷作为主要抚养者的比例从 3 岁以前的 31.4% 下降到 6～12 岁年龄阶段的 19.6%（见图 4）。

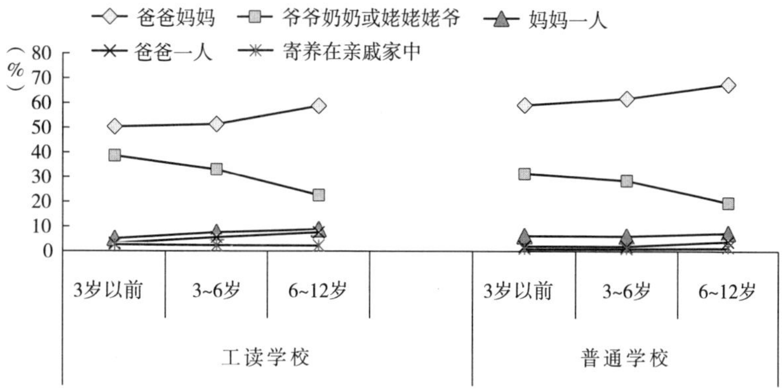

图 4　青少年主要抚养者的变化特征

当我们进一步比较工读学校与普通学校学生父母作为第一抚养者的差异时，发现：在 3 个年龄阶段，普通学校学生父母作为第一抚养人的比例，始终高于工读学校学生。这提示我们：工读学校和普通学校学生的早期家庭养育环境存在差异，普通学校学生可能得到更多的来自父母的直接关爱和照顾（见图5）。

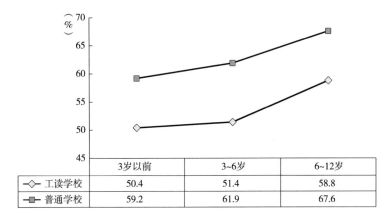

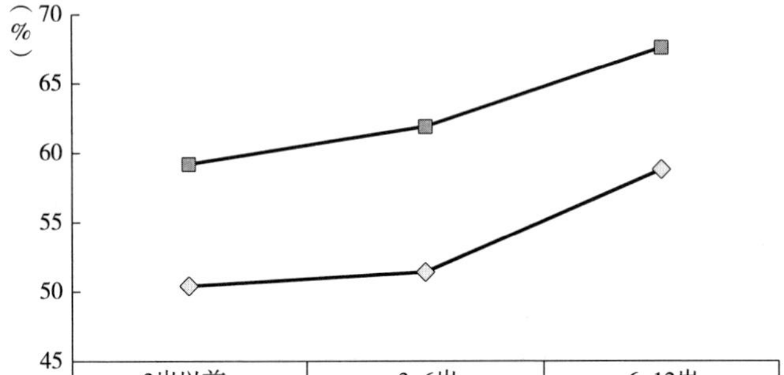

	3岁以前	3~6岁	6~12岁
工读学校	50.4	51.4	58.8
普通学校	59.2	61.9	67.6

图5　工读学校与普通学校学生父母作为第一抚养者的差异

3. 青少年单亲家庭特征

如表8所示，工读学校学生的单亲家庭比例为24.2%，非单亲家庭占比为75.8%；普通学校单亲家庭比例占11.7%，非单亲家庭占比为88.3%。

表8　单亲家庭情况分布

单位：人，%

单亲家庭情况	工读学校学生		普通学校学生	
	人数	百分比	人数	百分比
非单亲	1397	75.8	1888	88.3
单　亲	447	24.2	251	11.7
合　计	1844	100	2139	100

如图6所示，工读学校学生的单亲家庭比例要高于普通学校学生（24.2% vs. 11.7%），相比普通学校学生，有更多的工读学校学生生活在单亲家庭中。

具体到单亲的原因，工读学校学生和普通学校学生呈现出相同的分布，最主要的原因是“离异与父同住”或“离异与母同住”。

单亲工读学校学生中“离异与父同住”的占46.0%，“离异与母同

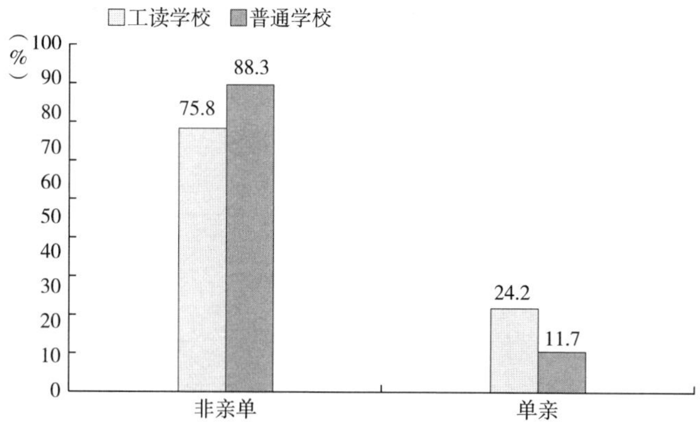

图6　工读学校与普通学校学生单亲家庭情况差异

住”的占30.6%，父亲早逝的占8.8%，母亲早逝的占6.5%，父亲曾服刑的占5.4%，母亲曾服刑的占2.7%。单亲普通学校学生中“离异与父同住”的占45.8%，“离异与母同住”的占29.6%，父亲早逝的占10.7%，母亲早逝的占7.2%，父亲曾服刑的占3.1%，母亲曾服刑的占3.6%（见表9）。

表9　单亲的具体原因

单位：人，%

单亲家庭原因	工读学校学生		普通学校学生	
	人数	百分比	人数	百分比
离异与父同住	335	46.0	367	45.8
离异与母同住	223	30.6	237	29.6
父亲早逝	64	8.8	86	10.7
母亲早逝	47	6.5	58	7.2
父亲曾服刑	39	5.4	25	3.1
母亲曾服刑	20	2.7	29	3.6
合　并	728	100	802	100

再分析青少年家庭的继父或继母情况，工读学校学生中无继父或继母的占比85.7%，有继父或继母的占比14.3%；普通学校学生中无继父或继母的占比93.5%，有继父或继母的占比6.5%（见表10）。

如图7所示，工读学校有继父或继母学生的比例明显高于普通学校学生（14.3% vs. 6.5%）。这反映：有继父或继母的家庭教育环境可能会影响到工读学校学生的成长历程。

表 10　有无继父或继母情况

单位：人，%

有无继父或继母	工读学校学生		普通学校学生	
	人数	百分比	人数	百分比
无继父或继母	1581	85.7	1999	93.5
有继父或继母	263	14.3	140	6.5
合　计	1844	100	2139	100

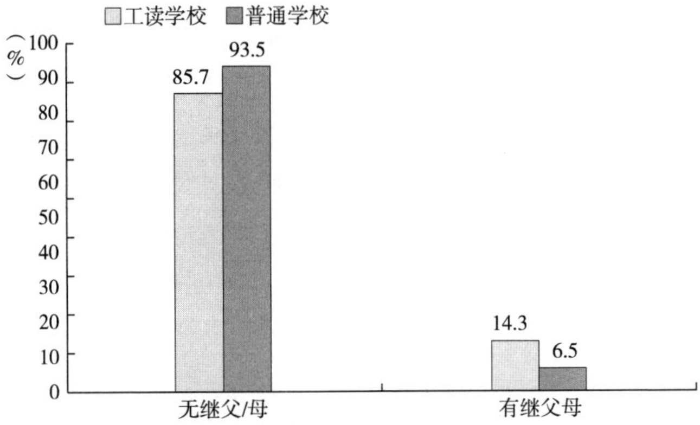

图 7　工读学校与普通学校学生有无继父或继母情况差异

4. 青少年家庭情感因素

调查分别考察了青少年父母间情感及青少年与父母的情感关系。

从“父母间感情”来看，总的来说，两类学校学生“父母间感情”的总体趋势基本相同，多数青少年“父母间感情”处于一般以上的水平。

工读学校学生父母间感情很好的占 37.6%，较好的占 25.5%，一般的占 22.6%，父母不生活在一起的占 7.9%，不好的占 6.5%；普通学校学生父母间感情很好的占 51.3%，较好的占 23.9%，一般的占 16.8%，父母不生活在一起的占 4.9%，不好的占比 3.0%（见表 11）。

进一步对比发现，普通学校学生父母间感情在“很好”这种类型水平上所占的比例要高于工读学校学生，在其他几种情况下所占的比例要低于工读学校学生。总体来看，工读学校学生父母间感情要差于普通学校学生（见图 8）。

表 11　父母间感情情况

单位：人，%

父母间感情情况	工读学校学生		普通学校学生	
	人数	百分比	人数	百分比
很好	693	37.6	1097	51.3
较好	470	25.5	512	23.9
一般	416	22.6	360	16.8
父母不生活在一起	145	7.9	105	4.9
不好	120	6.5	65	3.0
合　计	1844	100	2139	100

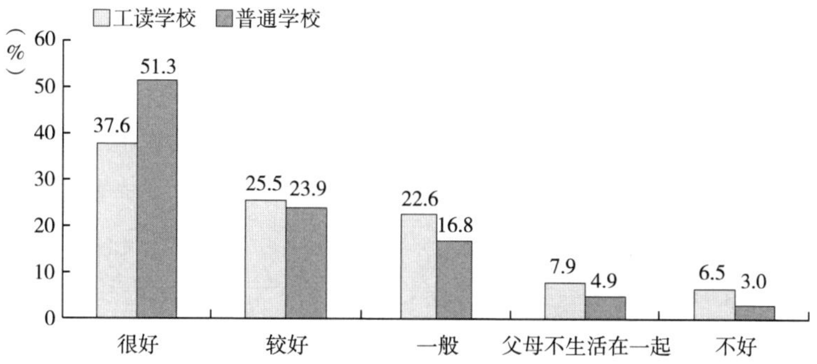

图 8　工读学校和普通学校学生父母间感情的差异

从“与父母的情感”来看，总的来说，青少年与父母的情感关系多处于一般以上水平，青少年与母亲的情感要好于与父亲的情感。

工读学校学生与父亲感情良好的占比 55.2%，一般的占比 33.6%，不好的占比 11.2%；与母亲感情良好的占比 66.1%，一般的占比 28.4%，不好的占比 5.5%。总的来说，工读学校学生与父母感情处于良好水平的较多，但一般水平的也超过了 1/3，达到 33.6%；工读学校学生与母亲的感情要好于与父亲的感情。

普通学校学生与父亲感情良好的占比 70.1%，一般的占比 26.6%，不好的占比 3.3%；与母亲感情良好的占比 80.3%，一般的占比 17.3%，不好的占比 2.4%。总的来说，普通学校学生与父母感情处于良好水平的占大多数，与父亲感情一般的不到 1/3，与母亲感情一般的不到 1/5；普通学校学生与母亲的感情要好于与父亲的感情（见表 12）。

表 12　与父母感情情况

单位：人，%

	工读学校学生		普通学校学生	
与父亲感情	人数	百分比	人数	百分比
良　好	1018	55.2	1500	70.1
一　般	619	33.6	569	26.6
不　好	207	11.2	70	3.3
合　计	1844	100	2139	100
与母亲感情				
良　好	1218	66.1	1718	80.3
一　般	524	28.4	369	17.3
不　好	102	5.5	52	2.4
合　计	1844	100	2139	100

如图 9 所示，工读学校学生与父母感情良好的比例要低于普通学校学生；与父母感情一般或不好的比例要高于普通学校学生。尤其是在“与父亲感情不好”这方面，工读学校学生与普通学校学生的比例差异较大（11.2% vs. 3.3%）。

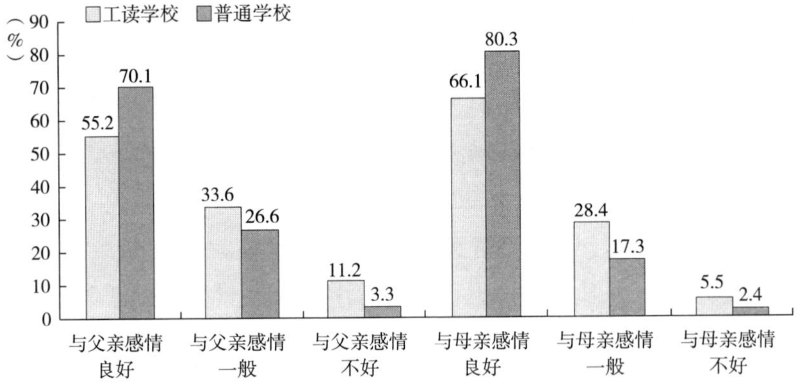

图 9　工读学校与普通学校学生在与父母感情方面的差异

5. **青少年家庭氛围**

当被问及“你认为你所在的家庭充满温馨与爱吗?”多数青少年的回答是“家庭温馨，彼此关心、尊重”。温馨和谐的家庭氛围是当前青少年家庭的主流氛围。

工读学校学生“家庭温馨，彼此关心、尊重”占61.2%，“不存在家庭暴力，但仍未感觉到家庭的温暖”占25.7%，“父母关系不和睦，存在家庭暴力”占9.4%，“与家人不生活在一起”占3.7%。温馨和谐的家庭氛围在工读学校学生中占多数，“没有暴力但缺乏温暖”的家庭也占一定的比例。

普通学校学生“家庭温馨，彼此关心、尊重”占78.5%，“不存在家庭暴力，但仍未感觉到家庭的温暖”占15.2%，“父母关系不和睦，存在家庭暴力”占4.4%，“与家人不生活在一起”占1.8%。温馨和谐的家庭氛围是普通学校学生家庭的主流（见表13）。

表13　家庭氛围情况

单位：人，%

家庭氛围	工读学校学生		普通学校学生	
	人数	百分比	人数	百分比
家庭温馨，彼此关心、尊重	1129	61.2	1679	78.5
不存在家庭暴力，但仍未感觉到家庭的温暖	473	25.7	326	15.2
父母关系不和睦，存在家庭暴力	174	9.4	95	4.4
与家人不生活在一起	68	3.7	39	1.8
合　计	1844	100	2139	100

如图10所示，在正向家庭氛围（家庭温馨，彼此关心、尊重）方面，普通学校学生占比要高于工读学校学生（78.5% vs. 61.2%）。在其他几种消极家庭氛围方面，工读学校学生的占比要高于普通学校学生。

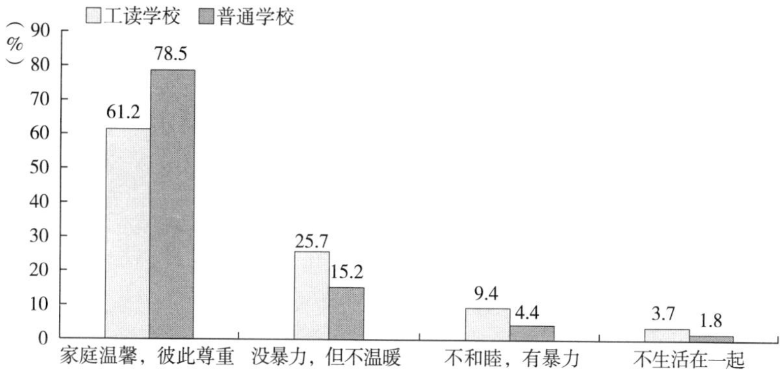

图10　工读学校和普通学校学生家庭氛围差异

相比普通学校学生，有占比更多的工读学校学生生活在缺乏关心与尊重或者存在冷暴力的家庭氛围之中。

6. 监护人养育方式

工读学校学生监护人中“关心疼爱，事事过问”占42.0%，“要求严格，正确引导”占34.4%，“放任自流，不管不问”占10.2%，“经常打骂，家庭暴力”占6.3%，“一味顺从，过分溺爱”占5.7%，“赶出家门”占1.4%。

普通学校学生监护人中“关心疼爱，事事过问”占43.3%，“要求严格，正确引导”占47.6%，“放任自流，不管不问”占4.1%，“经常打骂，家庭暴力”占2.2%，“一味顺从，过分溺爱”的占2.2%，“赶出家门”占0.6%。

总的来说，“关心疼爱，事事过问”“要求严格，正确引导”两种相对积极的养育方式在工读学校学生和普通学校学生中都是主流（见表14、图11）。

表14　监护人养育方式情况（多选题）

单位：次，%

监护人养育方式	工读学校学生		普通学校学生	
	人次	百分比	人次	百分比
关心疼爱，事事过问	1127	42.0	1335	43.3
要求严格，正确引导	924	34.4	1470	47.6
放任自流，不管不问	274	10.2	126	4.1
经常打骂，家庭暴力	168	6.3	68	2.2
一味顺从，过分溺爱	154	5.7	67	2.2
赶出家门	38	1.4	20	0.6
合　计	2685	100	3086	100

从工读学校和普通学校的差异来看，工读学校学生监护人采用最多的养育方式是“关心疼爱，事事过问”，普通学校学生监护人采用最多的养育方式是“要求严格，正确引导”。普通学校学生监护人更多地采取“关心疼爱，事事过问”“要求严格，正确引导”两种相对积极的养育方式；工读学校学生监护人更多地采用其他4种消极养育方式。

7. 家庭成员（除父母之外的其他直系亲属）有无犯罪记录情况

工读学校家庭成员中没有犯罪记录的情况占比91.1%，有犯罪记录的

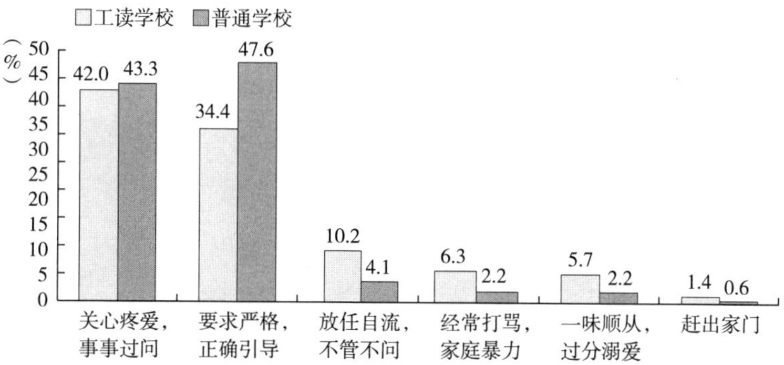

图 11　工读学校与普通学校学生监护人养育方式的差异

占比 8.9%；普通学校家庭成员中没有犯罪的情况占 96.3%，有犯罪记录的占比 3.7%（见表 15）。

表 15　家庭成员（除父母之外的其他直系亲属）有无犯罪记录

单位：人，%

家庭成员犯罪记录	工读学校学生		普通学校学生	
	人数	百分比	人数	百分比
没有	1680	91.1	2059	96.3
有	164	8.9	80	3.7
合　计	1844	100	2139	100

如图 12 所示，工读学校学生家庭成员有犯罪记录比例要明显高于普通学校学生（8.9% vs. 3.7%）。

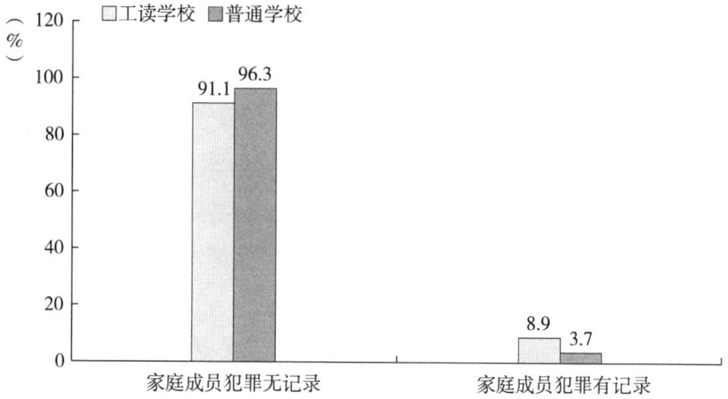

图 12　工读学校与普通学校学生家庭成员犯罪记录情况差异

8. 学生零花钱情况

工读学校和普通学校学生零花钱的情况基本一致，多数学生是“有一些，但不固定”。其他几种情况的比例比较均衡。值得注意的是，学生中有10%左右报告自己没有零花钱（见表16）。

表16 学生零花钱情况

单位：人，%

学生零花钱情况	工读学校学生		普通学校学生	
	人数	百分比	人数	百分比
没有	200	10.8	267	12.5
有一些，但不固定	760	41.2	972	45.4
有并且时间固定	177	9.6	248	11.6
每次10元以下	113	6.1	209	9.8
每次10～50元	236	12.8	248	11.6
每次50～100元	166	9.0	105	4.9
每次100元以上	192	10.4	90	4.2
合　计	1844	100	2139	100

9. 与家长交流情况

首先，我们来看“青少年是否希望家人关心自己的学习”。是否希望家人关心自己的学习，反映学生对学习的态度和效能感，也从一定程度上反映家长对学生学习的态度。工读学校学生希望家人关心自己学习的占比50.6%，无所谓的占比39.0%，不希望家长关心自己学习的占比10.4%。普通学校学生希望家长关心自己学习的占比77.3%，无所谓的占比19.3%，不希望家长关心自己学习的占比3.4%（见表17）。

表17 是否希望家人关心自己的学习

单位：人，%

是否希望家人关心学习	工读学校学生		普通学校学生	
	人数	百分比	人数	百分比
希　望	933	50.6	1654	77.3
无所谓	720	39.0	412	19.3
不希望	191	10.4	73	3.4
合　计	1844	100	2139	100

如图 13 所示，普通学校学生比工读学校学生更希望家长关心自己的学习（77.3% vs. 50.6%）。工读学校学生中对家长是否关心自己学习持无所谓态度的比例是普通学校的 2 倍多（39.0% vs. 19.3%），而不希望家长关心自己学习的学生是普通学校的 3 倍多（10.4% vs. 3.4%）。这一结果可能是因为工读学校学生普遍存在着学习困难，如学习基础差，学习效能感低，长期在学习上没有成功感，因此也不愿意家长关注自己的学习。

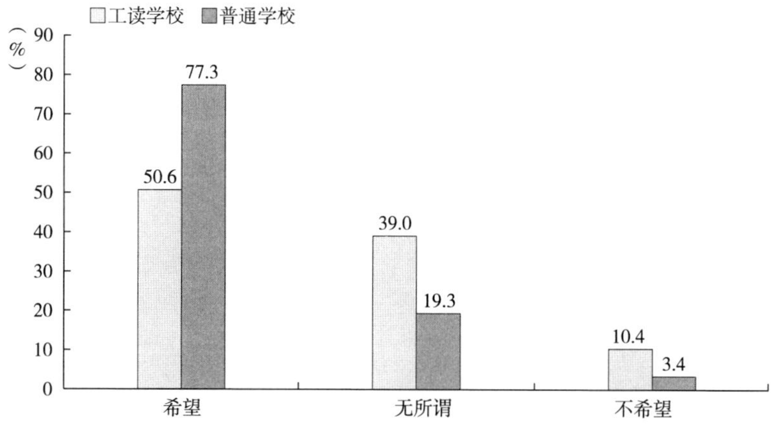

图 13　青少年学生是否希望家人关心自己的学习

从与家长交流的内容来看，工读学校学生与家长交流学习的占 38.2%，交流感情的占 29.1%，交流娱乐的占 21.7%，交流金钱的占 11.0%。普通学校学生与家长交流学习的占 47.6%，交流感情的占 26.1%，交流娱乐的占 20.0%，交流金钱的占 6.3%（见表 18）。

表 18　与家长交流内容（多选题）

单位：次，%

与家长交流内容	工读学校学生		普通学校学生	
	人次	百分比	人次	百分比
学　习	1222	38.2	1796	47.6
感　情	930	29.1	987	26.1
娱　乐	694	21.7	756	20.0
金　钱	350	11.0	237	6.3
合　计	3196	100	3776	100

从总体趋势上来讲，工读学校学生和普通学校学生与家长交流的内容首先是学习和感情，然后才是娱乐和金钱。

进一步分析，普通学校学生比工读学校学生在学习方面和家长有更多的交流，而工读学校学生比普通学校学生在感情、娱乐、金钱三个方面与家长交流更多。这一结果与前述“普通学校学生比工读学校学生更愿意家长关注自己的学习”的结果是一致的（见图 14）。

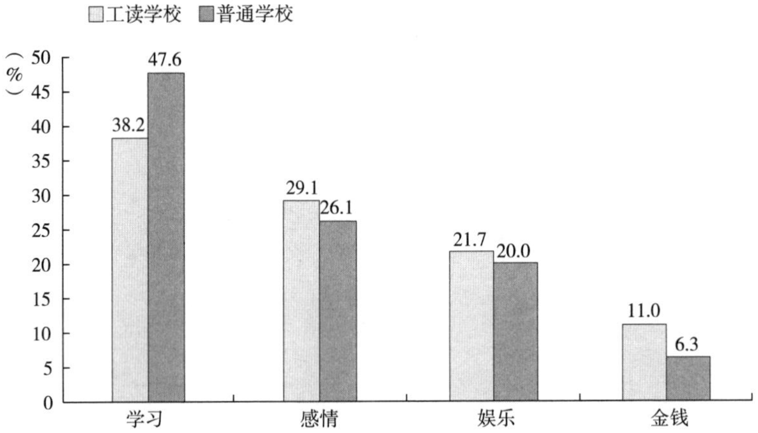

图 14　工读学校与普通学校学生与家长交流内容的差异

三　学校认可程度

1. 青少年非正常离校情况

青少年存在非正常离校问题（如逃学、旷课等）关联其在学校是否能够找到存在的价值及对学校学习生活的认可程度。总的来说，对于普通学校学生来说，非正常离校是一种罕见的现象，但对于工读学生来说，非正常离校的情况时有发生。

如表 19 所示，工读学校学生中“从没有离开学校、不在学校上学”占比 61.6%，“离开过，时间不超过 3 个月”占比 24.8%，“离开学校时间超过 3 个月”占比 13.6%。将近 40% 的工读学校学生都曾出现过非正常离校、中断学业的情况。

普通学校学生绝大多数都没有出现过“经常离开学校、不在学校上学”的情况，占比 96.9%。“离开学校，时间超过 3 个月”占比 2.4%，

“离开学校时间超 3 个月” 占比 0. 7% 。

表 19　青少年非正常离校情况

单位：人，%

非正常离校	工读学校学生		普通学校学生	
	人数	百分比	人数	百分比
没有	1135	61. 6	2072	96. 9
离开过，时间不超过 3 个月	458	24. 8	52	2. 4
离开学校时间超过 3 个月	251	13. 6	15	0. 7
合　计	1844	100	2139	100

由图 15 可见，工读学校学生和普通学校学生在 “是否经常离开学校、不在学校上学” 这一问题上有非常大的差距。从现实情况来看，普通学校学生很少有经常离开学校、不在学校的现象，逃学、旷课在普通学校发生比例较少。而在转入工读学校之前，工读学校学生中有相当比例的中断学业的情况，或者说经常逃学、旷课是其转入工读学校的重要原因。

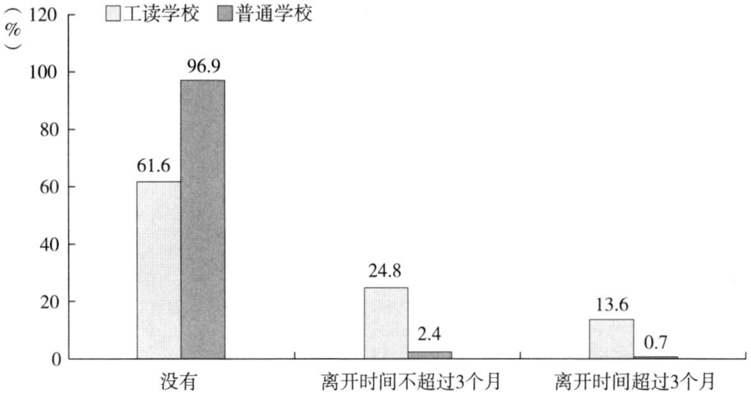

图 15　工读学校和普通学校学生非正常离校情况差异

具体到学生离校的主要原因（10% 以上），工读学校学生离校的主要原因是 “没有学习兴趣”“与老师、同学关系紧张”“和社会闲散人员一起玩”，分别占比 42. 6% 、14. 5% 、13. 6% 。普通学校学生离校的主要原因是 “没有学习兴趣”“与老师、同学关系紧张”“家庭贫困，无力负担学业”“初中毕业未能考入高中”，分别占比 34. 5% 、19. 1% 、17. 2% 、12. 6% 。

进一步分析显示，两种类型学生对“学生离校原因”的回答中，共同归因占比最多的是“没有学习兴趣”“与老师、同学关系紧张”，说明这两个因素可能是影响青少年正常上学的重要因素。

不同的是，“和社会闲散人员一起玩”是工读学校学生非正常离校的重要原因，但在普通学校学生中较少发生（3.3%）。所以，不良社会交往是可能导致工读学校学生逃学、辍学的重要原因。工读学校一般采用相对封闭式管理，就是要切断学生与不良社会少年的联系，从而减少其问题行为的发生与发展。

另外，“家庭贫困，无力负担学业”“初中毕业未能考入高中”是普通学校学生不能继续学习的主要原因，在工读学校学生中发生比例较少。主要原因有二：一是工读学校学生其他非正常离校的原因稀释了这两个因素的比例；二是工读学校学生初中毕业后基本都会升入职高学校继续学习，而不是到普通高中就读。

表 20　青少年离校原因（多选题）

单位：次，%

学生离校原因	工读学校学生		普通学校学生	
	人次	百分比	人次	百分比
家庭贫困，无力负担学业	200	7.6	440	17.2
没有学习兴趣	1117	42.6	881	34.5
初中毕业未能考入高中	140	5.3	321	12.6
与老师、同学关系紧张	381	14.5	486	19.1
因违反学校规章制度被开除	174	6.6	78	3.1
在学校遭受歧视	168	6.4	189	7.4
和社会闲散人员一起玩	356	13.6	85	3.3
因被公安、司法机关处理过，没有学校愿意接收	89	3.4	71	2.8
合　计	2625	100	2551	100

再具体到各因素的差异，工读学校学生非正常离校原因比例高于普通学校学生的因素是：“没有学习兴趣”“和社会闲散人员一起玩”“因违反学校规章制度被开除”“因被公安、司法机关处理过，没有学校愿意接收”；普通学校学生非正常离校原因比例比工读学校高的因素是：“家庭贫困，无力负担学业”“与老师、同学关系紧张”“初中毕业未能考入高中”

“在学校遭受歧视”。

除上述差异外，“因违反学校规章制度被开除”“因被公安、司法机关处理过，没有学校愿意接收”这两个因素在普通学校很少发生，但在工读学校是学生入学的重要原因（见图16）。

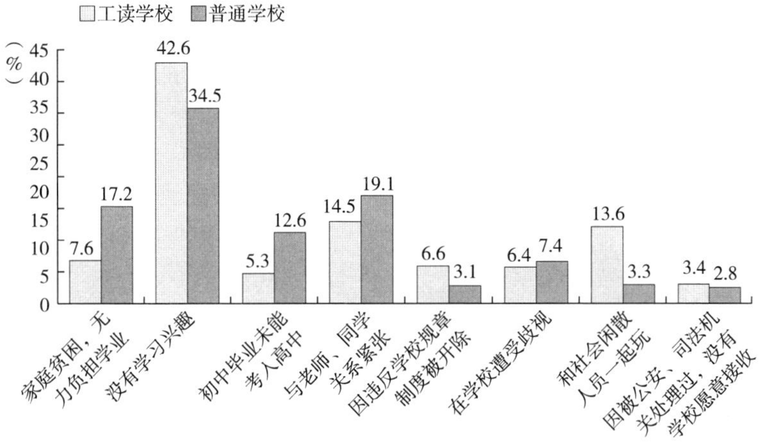

图16　普通学校与工读学校学生非正常离校原因差异

2. 青少年学习状态、学习兴趣与学习压力

从学习状态来看，工读学校学生“学习比较努力”的占21.1%，“一般”的占32.5%，“不太好，但我会努力”的占33.0%，“不太好，但无所谓”的占13.3%；普通学校学生“学习比较努力”的占38.4%，“一般”的占30.4%，“不太好，但我会努力的”的占28.6%，“不太好但无所谓”的占2.6%（见表21）。

表21　青少年学习状态

单位：人，%

学生学习状态	工读学校学生		普通学校学生	
	人数	百分比	人数	百分比
比较努力	390	21.1	822	38.4
一般	600	32.5	651	30.4
不太好，但我会努力	609	33.0	611	28.6
不太好，但无所谓	245	13.3	55	2.6
合　计	1844	100	2139	100

如图17所示，工读学校学习状态中大多数人处于“一般”或“不太好，但我会努力”的情况；普通学校学生中多数人处于“比较努力”“一般”或“不太好，但我会努力”。

两种类型学校学生学习状态中差异比较大的是：工读学校“比较努力”的学生数明显低于普通学校学生（21.1% vs. 38.4%）；工读学校学习“不太好，但无所谓”的学生明显高于普通学校（13.3% vs. 2.6%）。这反映工读学校学生的学习状态明显比普通学校学生差。这可能是工读学校学生学习能力、基础、成绩等多方面的因素造成的。

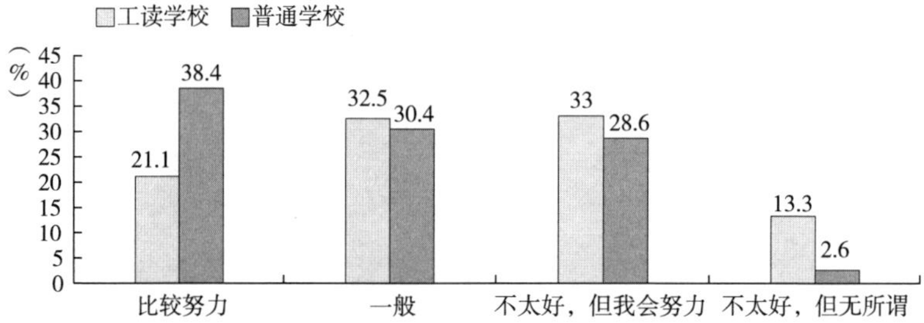

图17　普通学校与工读学校学生学习状态的差异

从学习兴趣来看，当被问起“你对在学校所学的东西整体上感兴趣吗?”工读学校学生对学习感兴趣的占24.6%，一般的占62.5%，没兴趣的占12.9%；普通学校学生对学习感兴趣的占50.0%，一般的占46.3%，没兴趣的占3.6%（见表22）。

表22　青少年学习兴趣

单位：人，%

学生学习状态	工读学校学生		普通学校学生	
	人数	百分比	人数	百分比
感兴趣	454	24.6	1070	50.0
一　般	1153	62.5	991	46.3
没兴趣	237	12.9	78	3.6
合　计	1844	100	2139	100

如图18所示，工读学校学生与普通学校学生在学习兴趣方面存在着明显的差异。工读学校学生大多数学生的学习兴趣“一般”，普通学校大多

数学生对学习“感兴趣”。工读学校学生对学习感兴趣的学生明显少于普通学校（24.6% vs. 50.0%），对学习没有兴趣的学生明显多于普通学校（12.9% vs. 3.6%）。学习兴趣低一方面是工读学校学生学习基础差、能力低的原因，另一方面学习兴趣低导致工读学校学生学习效果普遍不够理想。

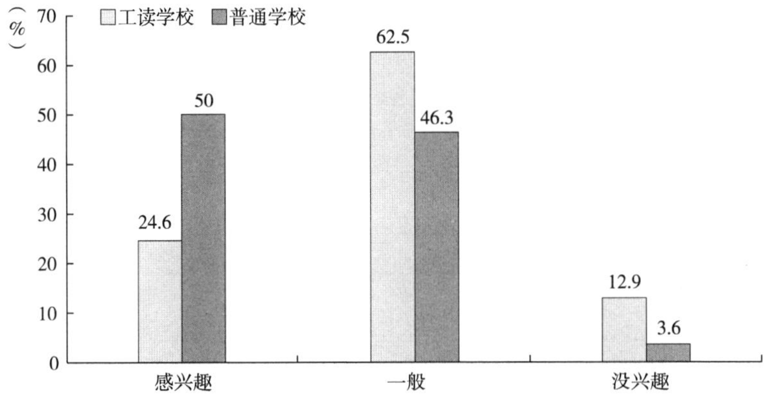

图 18　工读学校与普通学校学生学习兴趣差异

从学习压力方面来看，工读学校学生学习压力一般的占 54.6%，学习压力大的占 23.0%，不大的占 22.5%；普通学校学生学习压力一般的占 55.9%，学习压力大的占 33.7%，学习压力不大的占 10.5%。工读学校和普通学校学生学习压力情况分布基本相同，大部分学生学习压力都处于一般或大的状态（见表 23）。

表 23　青少年学习压力情况

单位：人，%

学习压力情况	工读学校学生		普通学校学生	
	人数	百分比	人数	百分比
一　般	1006	54.6	1195	55.9
大	424	23.0	720	33.7
不　大	414	22.5	224	10.5
合　计	1844	100	2139	100

具体到学习压力来源，工读学校学生学习压力来自父母的占 31.9%，来自老师的占 27.0%，来自同伴竞争的占 23.8%，来自社会就业的占 17.2%。

普通学校学生学习压力来自父母的占28.5%，来自老师的占23.9%，来自同伴竞争的占33.9%，来自社会就业的占13.7%（见表24）。

表24 青少年学习压力来源情况（多选题）

单位：次，%

学习压力来源情况	工读学校学生		普通学校学生	
	人次	百分比	人次	百分比
父　　母	871	31.9	971	28.5
老　　师	738	27.0	812	23.9
同伴竞争	651	23.8	1153	33.9
社会就业	471	17.2	468	13.7
合　计	2731	100	3404	100

如图19所示，工读学校学生学习压力的主要来源是父母和老师，普通学校学生学习压力主要来自同伴竞争、父母和老师。普通学校学生学习压力来自同伴竞争的比例明显高于工读学校学生，而工读学校学生来自老师和社会就业的压力要高于普通学校学生。

在普通学校学习是学生的最主要任务，同伴间学习竞争激烈，因此来自同伴间的学习竞争压力很大。而在工读学校，学生行为转化与学习同等重要。与此同时，小班化教学，同学间学习成绩相差大，同伴间竞争压力相对较小。在这种情况下，工读学校学生的学习主要靠教师督促和引导，来自教师的学习压力较普通学校会稍高。另外，工读学校学生多数在职高或初中毕业后就会走向社会，提前就业，会比普通学校学生面临更多的社会就业压力。

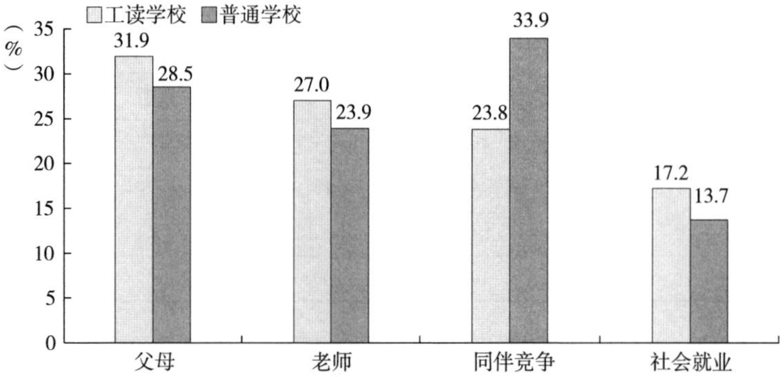

图19 工读学校与普通学校学生学习压力来源差异

3. **青少年所在班级学习气氛**

总的来说，青少年所在班级的学习氛围多处于一般及以上水平。

工读学校班级学习氛围很好的占 18.0%，较好的占 28.8%，一般的占 38.1%，较差的占 9.8%，很差的占 5.4%。普通学校班级学习氛围很好的占 35.3%，较好的占 30.8%，一般的占 25.8%，较差的占 5.5%，很差的占 2.6%（见表 25）。

表 25　青少年所在班级学习气氛

单位：人，%

班级学习氛围	工读学校学生		普通学校学生	
	人数	百分比	人数	百分比
很好	331	18.0	755	35.3
较好	531	28.8	658	30.8
一般	702	38.1	552	25.8
较差	180	9.8	118	5.5
很差	100	5.4	56	2.6
合　计	1844	100	2139	100

如图 20 所示，普通学校班级学习氛围处于很好或较好状态的比例要高于工读学校，工读学校班级氛围处于一般及以下的要多于普通学校。出现这种差异的原因可能是工读学校班级工作中除了学习氛围的营造外，还要开展各项教育活动，并且聚焦于学生问题行为转化。基于学生特点，很多工读学校没有正常开展文化课的学习，而是增加法治教育、活动性课程，因此学生感受到的班级学习氛围相对要比普通学校弱一些。

4. **师生关系与同学关系情况**

青少年对师生关系的满意度方面，工读学校对师生关系非常满意的占 29.0%，满意的占 36.4%，一般的占 30.9%，不满意的占 3.7%。普通学校学生对师生关系非常满意的占 43.0%，满意的占 36.4%，一般的占 19.0%，不满意的占 1.6%。总体来说，工读学校学生和普通学校学生对师生关系处于满意及非常满意的水平（见表 26）。

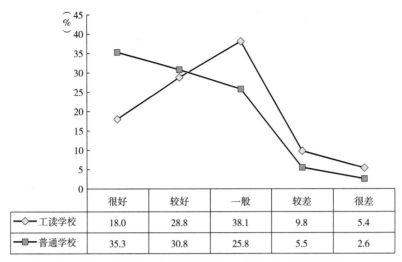

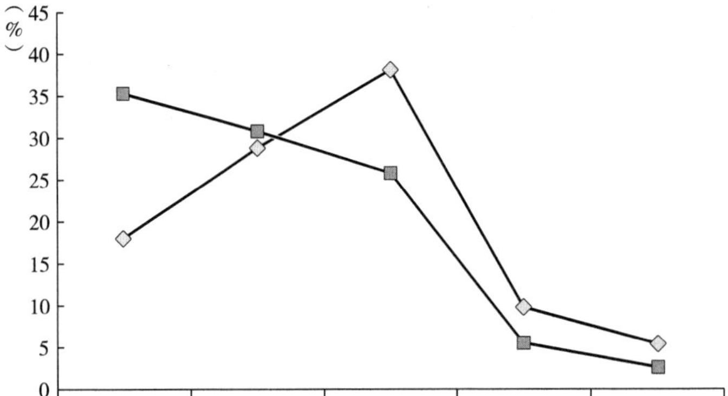

	很好	较好	一般	较差	很差
工读学校	18.0	28.8	38.1	9.8	5.4
普通学校	35.3	30.8	25.8	5.5	2.6

图 20　工读学校与普通学校学生所在班级学习氛围差异

表 26　青少年对师生关系的满意度

单位：人，%

师生满意度	工读学校学生		普通学校学生	
	人数	百分比	人数	百分比
非常满意	535	29.0	919	43.0
满　　意	672	36.4	779	36.4
一　　般	569	30.9	406	19.0
不 满 意	68	3.7	35	1.6
合　计	1844	100	2139	100

如图 21 所示，进一步分析发现，在“非常满意”这一类型比例上工读学校和普通学校学生有较大差异，工读学校学生中对师生关系“非常满意”的明显低于普通学校学生（29.0% vs. 43.0%）。产生这一现象的原因可能有二：（1）部分工读学校学生在普通学校就读时，就对教师的教育有反抗、偏见，会将紧张的师生关系带入工读学校。（2）工读学校教师对学生要求严格，在日常教育中需要严格矫正学生的各种行为问题，容易导致师生关系紧张。

关于青少年受教师表扬情况，如表 27 所示，工读学校学生中有时受到表扬的占 75.3%，经常受表扬的占 17.9%，没有受到表扬的占 6.8%；普通学校学生中有时受到表扬的占 74.5%，经常受到表扬的占 20.2%，没有

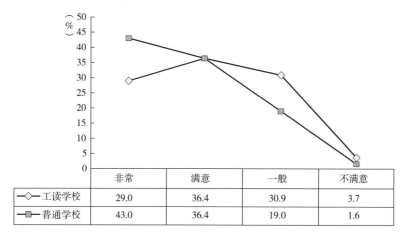

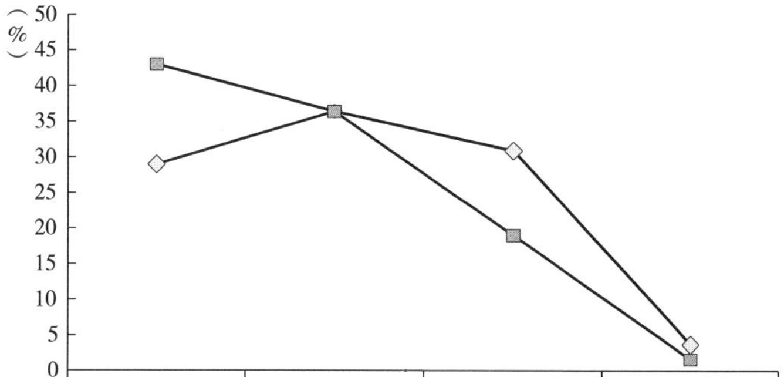

	非常	满意	一般	不满意
工读学校	29.0	36.4	30.9	3.7
普通学校	43.0	36.4	19.0	1.6

图 21　工读学校与普通学校学生对师生关系满意度的差异

受到表扬的占 5.3%。

可见，工读学校和普通学校学生在校受教师表扬的情况基本一致，多数学生在学校受到过教师的表扬。特别值得注意的是，工读学校的学生在普通学校时，由于各种行为问题，很少得到普通学校教师表扬。但是，当他们转入工读学校以后，得到一定比例的表扬，这对其行为的改善大有裨益。

表 27　青少年受教师表扬情况

单位：人，%

受教师表扬情况	工读学校学生		普通学校学生	
	人数	百分比	人数	百分比
有时	1389	75.3	1594	74.5
经常	330	17.9	432	20.2
没有	125	6.8	113	5.3
合　计	1844	100	2139	100

是否受同学歧视方面，总的来说，青少年受到同学歧视的是少数。工读学校学生没有受到同学歧视的占 78.4%，受到过同学歧视的占 21.6%；普通学校学生没有受到同学歧视的占 85.9%，受到过同学歧视的占 14.1%。工读学校学生受到同学歧视的比例要高于普通学校学生（21.6% vs. 14.1%）（见表 28）。

表 28　青少年受同学歧视情况

单位：人，%

受同学歧视情况	工读学校学生		普通学校学生	
	人数	百分比	人数	百分比
没有	1446	78.4	1837	85.9
有	398	21.6	302	14.1
合　计	1844	100	2139	100

具体到受同学歧视的主要原因（10%以上），工读学校和普通学校学生受到同学歧视大多是因为成绩不好、欺负同学、说谎、家庭贫困（见表29）。

表 29　青少年受同学歧视原因（多选题）

单位：次，%

同学歧视	工读学校学生		普通学校学生	
	人次	百分比	人次	百分比
家庭贫困	409	13.2	571	15.4
成绩不好	971	31.4	1268	34.3
说谎	451	14.6	536	14.5
欺负同学	494	16.0	453	12.3
身体有残疾	255	8.2	278	7.5
父母离异	183	5.9	201	5.4
没有学籍，不是正式生	130	4.2	147	4.0
被司法机关处理过	203	6.6	243	6.6
合　计	3096	100	3697	100

如图22所示，不同点在于：普通学校学生更可能因为成绩不好受到歧视，工读学校学生更可能因为欺负同学而被歧视。这反映普通学校与工读学校学生群体中有不同的人际氛围，普通学校中更注重学习的比较，工读学校学生更关注的是同伴间的关系。

5. **校园欺凌和校园暴力**

工读学校学生中没有实施过校园欺凌和校园暴力的占75.7%，实施过校园欺凌和校园暴力的有24.3%。普通学校学生中没有实施过校园欺凌和校园暴力的占95.9%，实施过校园欺凌和校园暴力的占4.1%。

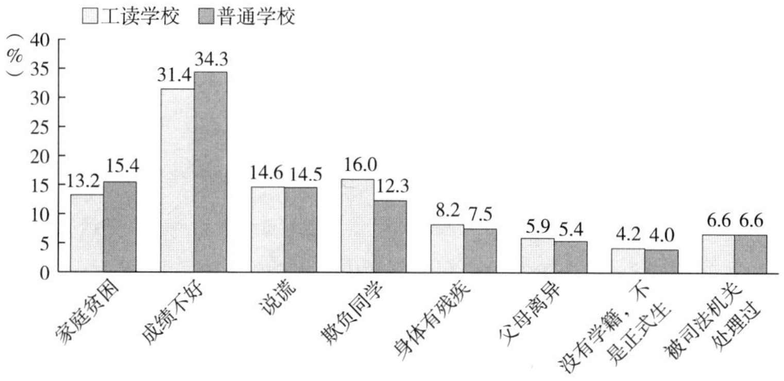

图 22　工读学校与普通学校学生受同学歧视原因的差异

工读学校学生中没有遭遇过校园欺凌和校园暴力的占 77.8%，遭遇过校园欺凌和校园暴力的有 22.2%。普通学校学生中没有遭遇过校园欺凌和校园暴力的占 91.8%，遭遇过校园欺凌和校园暴力的占 8.2%（见表 30）。

表 30　是否遭遇过校园欺凌和校园暴力

单位：人，%

实施过校园欺凌和校园暴力	工读学校学生		普通学校学生	
	人数	百分比	人数	百分比
没有	1395	75.7	2052	95.9
有	449	24.3	87	4.1
合　计	1844	100	2139	100
遭遇过校园欺凌和校园暴力	人数	百分比	人数	百分比
没有	1434	77.8	1964	91.8
有	410	22.2	175	8.2
合　计	1844	100	2139	100

如图 23 所示，工读学校学生实施过校园欺凌和校园暴力的比例高于普通学校学生（24.3% vs. 4.1%）。工读学校遭遇过校园欺凌和校园暴力的学生比例高于普通学校学生（22.2% vs. 8.2%）。这说明工读学校学生相比普通学校学生，既有可能是校园欺凌和校园暴力实施者，也可能是校园欺凌和校园暴力的受害者。

当被问及“实施或遭遇校园暴力的情况你的父母或其他监护人是否知晓”时，工读学校学生回答“不知晓的”多于“知晓的”（51.0%

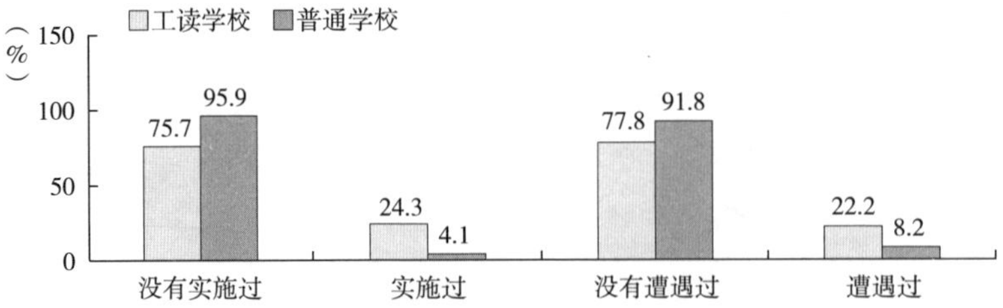

图 23　工读学校学生和普通学校学生是否实施或遭遇过校园欺凌和校园暴力的差异

vs. 49.0%），普通学校学生回答“不知晓的”少于“知晓的”（38.4% vs. 61.6%）（见表 31）。

表 31　校园暴力的情况你的父母或其他监护人是否知晓

单位：人，%

监护人是否知晓	工读学校学生		普通学校学生	
	人数	百分比	人数	百分比
不知晓	941	51.0	822	38.4
知　晓	903	49.0	1316	61.6
合　计	1844	100	2139	100

工读学校学生虽然更可能实施或遭遇校园欺凌或暴力，但他们也更有可能向父母隐瞒这些情况。没有父母的关心和支持，一般的校园欺凌或暴力行为可能会增加，甚至导致工读学校学生其他问题行为。这提示教育者要更加关注工读学校学生群体，及时发现可能隐蔽的校园暴力和校园欺凌行为（见图 24）。

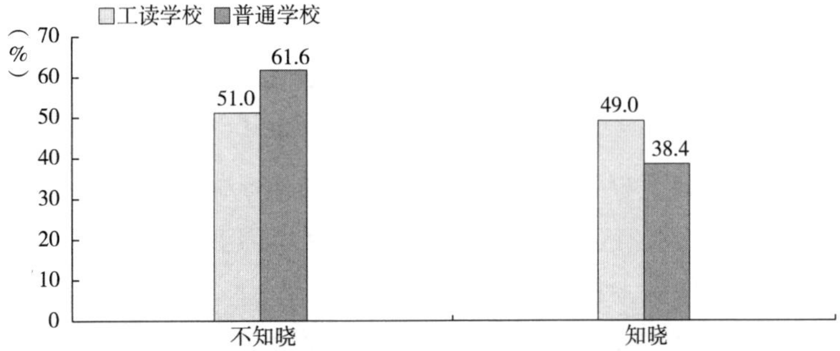

图 24　实施或遭遇校园暴力的情况你的父母或其他监护人是否知晓

当被问及“校园欺凌和校园暴力最佳的处理方式”，工读学校和普通学校学生回答趋势基本一致，主要采取的方式是：“告知家长或老师寻求帮助”和“诉诸法律”，说明大部分学生都会选择正确的方式处理校园欺凌和校园暴力（见表32）。

表32 认为校园欺凌和校园暴力最佳的处理方式（多选题）

单位：次，%

监护人是否知晓	工读学校学生		普通学校学生	
	人次	百分比	人次	百分比
告知家长或老师寻求帮助	1346	55.5	1917	66.1
诉诸法律	537	22.1	765	26.4
同样通过暴力手段报复	386	15.9	144	5.0
忍气吞声	157	6.5	75	2.6
合　计	2426	100	2901	100

具体到两种类型学校学生在处理校园欺凌和校园暴力的差异时，调查发现：普通学校学生比工读学校学生更认为需要“告知家长或老师寻求帮助”和“诉诸法律”，而工读学校学生比普通学校学生更愿意选择“同样通过暴力手段报复”和“忍气吞声”。这提示，我们需要进一步对工读学校学生加强专项教育，引导其学会以积极的方式处理校园欺凌和校园暴力（见图25）。

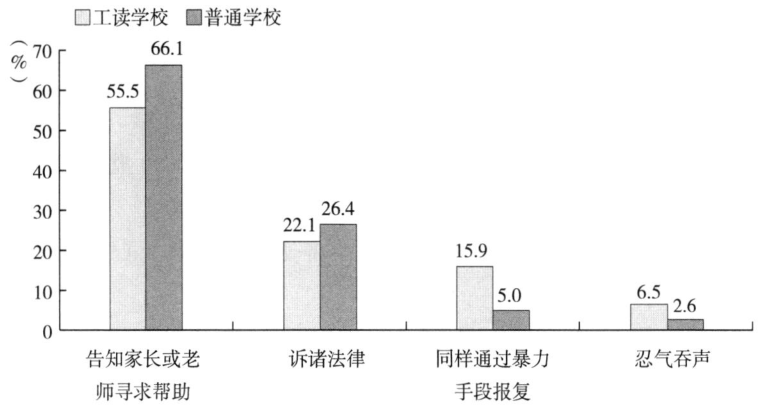

图25 青少年认为校园欺凌和校园暴力最佳的处理方式的差异

四　成长环境及社会交往

1. 青少年成长环境

当被问及“你居住的地区有下列哪些活动场所?”时，统计结果中，有10%以上青少年学生选择的场所有：工读学校学生报告居住地区附近有的活动场所比例从高到低的是网吧（16.4%）、电影院（15.4%）、图书馆（14.5%）、游戏厅（11.5%）；普通学校学生认为居住地区附近有的场所比例从高到低的是图书馆（24.1%）、电影院（15.8%）、文化馆（14.0%）、青少年宫（12.6%）、网吧（10.2%）（见表33）。

表33　居住地活动场所（多选题）

单位：次，%

居住地周边场所	工读学校学生		普通学校学生	
	人次	百分比	人次	百分比
歌舞厅	615	9.7	267	4.6
游戏厅	725	11.5	347	5.9
网吧	1034	16.4	597	10.2
台球馆	576	9.1	327	5.6
电影院	971	15.4	925	15.8
洗浴中心	532	8.4	425	7.3
青少年宫	433	6.9	736	12.6
文化馆	513	8.1	822	14.0
图书馆	912	14.5	1415	24.1
合计	6311	100	5861	100

由图26可见，普通学校学生报告居住地周边有图书馆、文化馆、青少年宫、电影院的比例要高于工读学校学生，工读学校学生报告居住地周边有歌舞厅、游戏厅、网吧、洗浴中心的比例高于普通学校，即工读学校学生报告居住地周边有更多娱乐性场所，普通学校学生报告居住地周边有更多文化性场所。

产生这一差异的原因，一是工读学校学生和普通学校学生家庭居住地周边环境确有明显差异；二是工读学校学生日常更多地去娱乐性场所，普通学校学生更多地去文化性场所。

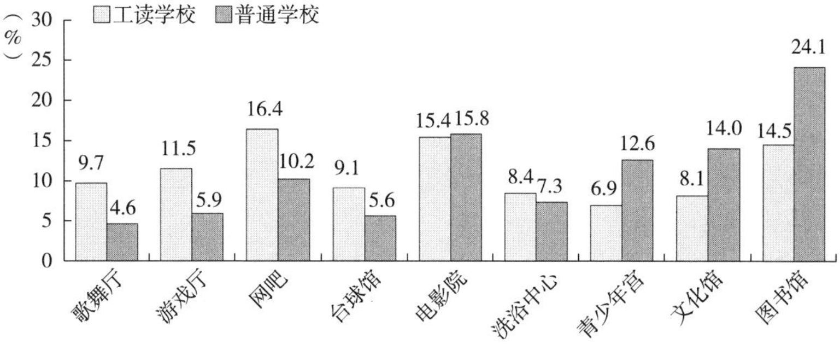

图 26　工读学校与普通学校学生居住地周边活动场所差异

青少年经常去的活动场所方面，如表 34 所示，10% 以上的工读学校学生经常去的活动场所有：电影院（21.2%）、图书馆（18.7%）、网吧（13.9%）、游戏厅（10.8%）；10% 以上的普通学校学生经常去的活动场所有：图书馆（40.4%）、电影院（19.8%）、文化馆（16.1%）、青少年宫（13.9%）。

联系到前一项目（你居住的地区有下列哪些活动场所?），调查发现学生报告的居住地周边有的活动场所和经常去的活动场所是一致的。

工读学校和普通学校学生都经常去电影院和图书馆，但工读学校学生还会经常去网吧和游戏厅，普通学校学生还会经常去文化馆和青少年宫（见表 34）。

表 34　青少年经常去的活动场所（多选题）

单位：次，%

最经常去的场所	工读学校学生		普通学校学生	
	人次	百分比	人次	百分比
歌舞厅	398	9.6	54	1.4
游戏厅	446	10.8	94	2.4
网吧	575	13.9	72	1.9
台球馆	304	7.3	72	1.9
电影院	876	21.2	765	19.8
洗浴中心	185	4.5	93	2.4
青少年宫	243	5.9	536	13.9
文化馆	337	8.1	621	16.1
图书馆	775	18.7	1561	40.4
合计	4139	100	3868	100

如图 27 所示，普通学校学生比工读学校学生更多地去图书馆、文化馆、青少年宫；工读学校学生比普通学校学生更多地去歌舞厅、游戏厅、网吧、台球馆、电影院、洗浴中心。

与前一项目结果一致，工读学校学生更多地去娱乐场所，普通学校学生更多地去文化性场所。

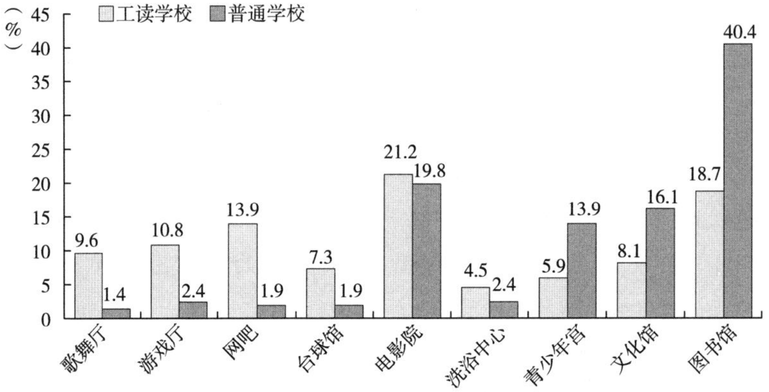

图 27　工读学校和普通学校学生经常去的场所的差异

2. 青少年同伴交往情况

在交往对象方面，62.0% 工读学校学生经常和“在校学生”一起玩，17.8% 经常和“社会闲散人员，不学习不工作，学历是初中以下”的伙伴一起玩，10.3% 经常和“社会闲散人员，不学习不工作，学历是高中以上”的伙伴一起玩，9.9% 经常和“已经工作的人”一起玩。89.5% 普通学校学生经常和“在校学生”一起玩，2.5% 经常和“社会闲散人员，不学习不工作，学历是初中以下”的伙伴一起玩，2.4% 经常和“社会闲散人员，不学习不工作，学历是高中以上”的伙伴一起玩，5.6% 经常和“已经工作的人”一起玩（见表 35）。

表 35　经常在一起玩的伙伴们（多选题）

单位：次，%

	工读学校学生		普通学校学生	
	人次	百分比	人次	百分比
在校学生	1568	62.0	2085	89.5
社会闲散人员，不学习不工作，学历是初中以下	450	17.8	58	2.5

续表

	工读学校学生		普通学校学生	
	人次	百分比	人次	百分比
社会闲散人员，不学习不工作，学历是高中以上	261	10.3	56	2.4
已经工作的人	250	9.9	131	5.6
合　计	2529	100	2330	100

如图 28 所示，普通学校学生一起玩的伙伴结构相对比较单纯，多为在校学生。工读学校除了交往在校学生外，还有相当比例的学生和“社会闲散人员，不学习不工作，学历是初中以下”交往，和这些人员交往有可能导致工读学校学生出现不良行为。

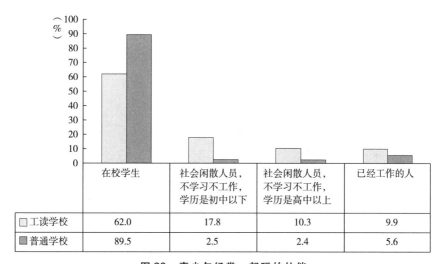

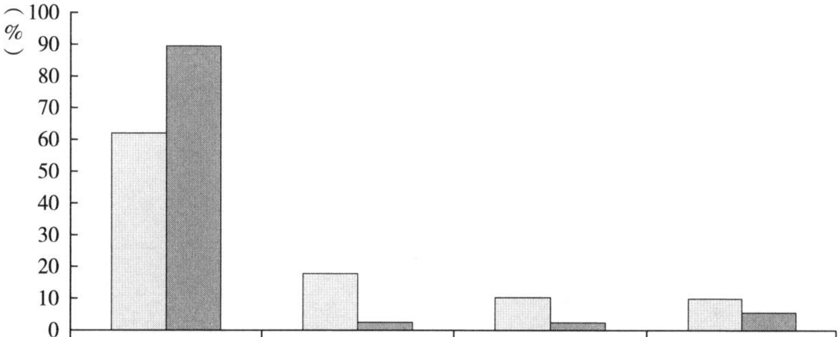

	在校学生	社会闲散人员，不学习不工作，学历是初中以下	社会闲散人员，不学习不工作，学历是高中以上	已经工作的人
工读学校	62.0	17.8	10.3	9.9
普通学校	89.5	2.5	2.4	5.6

图 28　青少年经常一起玩的伙伴

在朋友间关系满意度方面，工读学校学生对朋友间关系非常满意的占 31.9%，满意的占 41.9%，一般的占 23.7%，不满意的占 2.5%；普通学校学生对朋友间关系非常满意的占 41.9%，满意的占 39.7%，一般的占 17.0%，不满意的占 1.4%。

可见，青少年学生对朋友间关系普遍比较满意，普通学校“非常满意”的比例略高于工读学校（见表 36）。

3. **青少年异性交往情况**

工读学校学生认为谈恋爱是为了“寻找情投意合的伴侣”占 47.4%，

“成家过日子，抚育儿女”占19.1%，“满足性欲望”占11.5%，“满足新鲜感”占22.0%。普通学校学生认为谈恋爱是为了“寻找情投意合的伴侣”占51.0%，“成家过日子，抚育儿女”占24.5%，“满足性欲望”占7.3%，“满足新鲜感”占17.3%（见表37）。

表36　对朋友间关系的满意度（多选题）

单位：次，%

	工读学校学生		普通学校学生	
	人次	百分比	人次	百分比
非常满意	588	31.9	897	41.9
满　　意	773	41.9	850	39.7
一　　般	437	23.7	363	17.0
不 满 意	46	2.5	29	1.4
合　计	1844	100	2139	100

表37　谈恋爱的目的（多选题）

单位：次，%

	工读学校学生		普通学校学生	
	人次	百分比	人次	百分比
寻找情投意合的伴侣	1188	47.4	1417	51.0
成家过日子，抚育儿女	480	19.1	680	24.5
满足性欲望	289	11.5	202	7.3
满足新鲜感	551	22.0	481	17.3
合　计	2508	100	2780	100

可见，工读学校学生和普通学校学生认为谈恋爱的目的大多是“寻找情投意合的伴侣”“成家过日子，抚育儿女”“满足新鲜感”。

18岁以前，工读学校学生中有71.6%学生没有发生性关系，28.4%学生发生过性关系；普通学校学生中有88.6%没有发生过性关系，11.4%发生过性关系。可见，工读学校学生中有一定比例的学生在18岁以前发生过性关系（见表38）。

从图29中，我们发现，在其他年龄段，工读学校和普通学校学生发生性关系的比例相似，都在3%以内。但在13～15岁，总共有19.5%的工读学校学生第一次发生了性关系。尤其是 14 岁这一年，8.3% 的工读学校学生报告第一次发生了性关系，而普通学校学生在这一年发生性关系的比例只有 1.4% 。从预防的角度看，13 岁、14 岁可能是对工读学校学生进行性教育的重要年龄。

表 38　第一次发生性关系的年龄

单位：人，%

	工读学校学生		普通学校学生	
	人数	百分比	人数	百分比
没有发生过	1320	71.6	1895	88.6
10 周岁以下	39	2.1	18	0.8
11 岁	26	1.4	26	1.2
12 岁	50	2.7	57	2.7
13 岁	115	6.2	42	2.0
14 岁	153	8.3	30	1.4
15 岁	92	5.0	16	0.7
16 岁	30	1.6	14	0.7
17 岁	3	0.2	7	0.3
18 岁	16	0.9	34	1.6
合　计	1844	100	2139	100

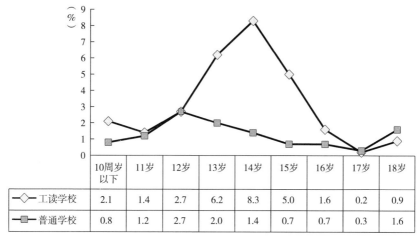

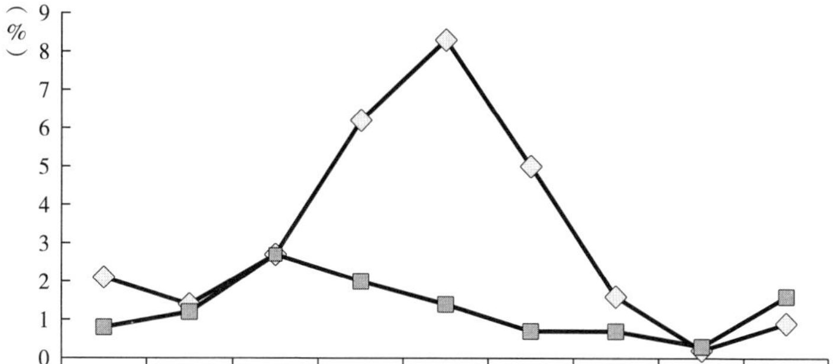

	10周岁以下	11岁	12岁	13岁	14岁	15岁	16岁	17岁	18岁
工读学校	2.1	1.4	2.7	6.2	8.3	5.0	1.6	0.2	0.9
普通学校	0.8	1.2	2.7	2.0	1.4	0.7	0.7	0.3	1.6

图 29　青少年第一次发生性关系的时间

4. 青少年社会支持情况

调查分别从"你认为对你产生正面影响最大的人是谁?""你认为对你产生负面影响最大的人是谁?""你遇到的最大困难是什么?""遇到了困难,你最想将这些问题向谁倾诉?""你最不想向谁述说自己的内心话?"五个方面研究青少年的社会支持情况。

工读学校学生报告对自己产生正面影响最大的人依次是:虚拟人物(25.4%)>朋友(23.6%)>父亲(18.8%)>母亲(13.9%)>老师(9.6%)>祖父母或外祖父母(4.6%)>兄弟姐妹(4.0%)。

普通学校学生自我报告对自己产生正面影响最大的人依次是:虚拟人物(42.0%)>朋友(15.3%)>父亲(15.1%)>母亲(11.3%)>老师(8.8%)>兄弟姐妹(3.8%)>祖父母或外祖父母(3.6%)。

在谈及对自己产生正面影响最大的人的时候,工读学校和普通学校学生选择的分布情况基本一致。非常有意思的是,工读学校和普通学校学生都倾向于将"虚拟人物"作为对其产生正面影响最大的人。可能虚拟人物离自己的生活很远,遵循"距离产生美"的心理原则,自己就更加喜欢。除了虚拟人物外,对工读学校和普通学校学生产生正面影响较大的是(10%以上):朋友、父亲、母亲(见表39)。

表39 对青少年产生正面影响最大的人(多选题)

单位:次,%

	工读学校学生		普通学校学生	
	人次	百分比	人次	百分比
虚拟人物	657	25.4	1182	42.0
朋友	609	23.6	430	15.3
父亲	487	18.8	426	15.1
母亲	358	13.9	318	11.3
老师	249	9.6	249	8.8
祖父母或外祖父母	120	4.6	102	3.6
兄弟姐妹	104	4.0	108	3.8
合　计	2584	100	2815	100

如图30所示,在共同点之外,我们看到虚拟人物对普通学校学生的正面影响明显大于工读学校,朋友对工读学校学生的正面影响明显大于普通

学校。看来，普通学校学生更有可能从虚拟人物处得到情感认同，工读学校学生更愿意从朋友那里寻求同伴支持。

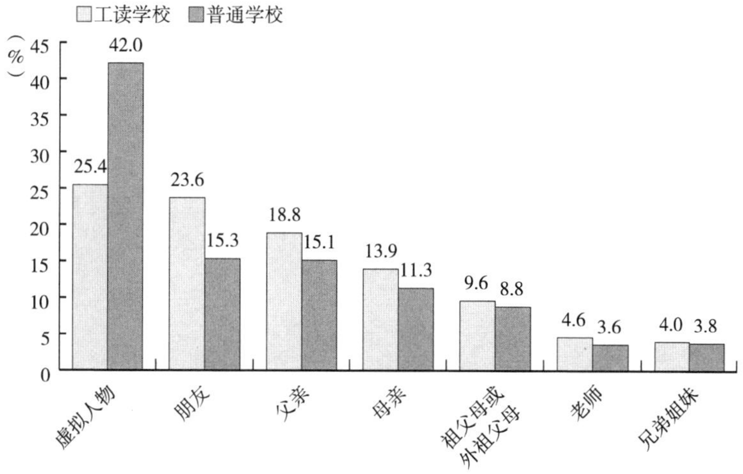

图 30　对青少年产生正面影响最大的人

工读学校学生自我报告对自己产生负面影响最大的人依次是：母亲（23.1%）>父亲（22.0%）>老师（14.8%）>朋友（13.5%）>虚拟人物（9.7%）>祖父母或外祖父母（8.6%）>兄弟姐妹（8.4%）。

普通学校学生自我报告对自己产生负面影响最大的人依次是：母亲（20.9%）>父亲（20.6%）>老师（17.9%）>朋友（14.0%）>兄弟姐妹（9.1%）>虚拟人物（8.8%）祖父母或外祖父母（8.7%）。

与前一项目中，把虚拟人物作为最有正面影响的人不同，当被问起对自己产生负面影响最大的人时，工读学校和普通学校学生的答案都是自己最亲近的人：母亲和父亲。这种现象就像我们在生活中往往对不熟悉的人彬彬有礼，而对自己最亲近的父母或爱人没有耐心，经常发火。这是由于亲密关系之间的特殊社会心理造成的（见表 40）。

43.1% 的工读学校学生认为自己遇到的最大困难是学习状况，31.1% 的工读学校学生认为自己遇到的最大困难是自身性格、能力问题，17.5% 的工读学校学生认为自己遇到的最大困难是家庭关系，8.4% 的工读学校学生认为自己遇到的最大困难是朋友关系。

普通学校学生有 54.7% 认为自己遇到的最大困难是学习状况，27.7% 认为是自身性格、能力问题，9.4%认为是家庭关系，8.1%认为是朋友关系。

总的来看，表41中4种困难因素在工读学校和普通学校学生心目中的难度排序是相同的，且两种类型的学生都把学习状况作为自己最大的困难。

表40　对青少年产生负面影响最大的人（多选题）

单位：次，%

	工读学校学生		普通学校学生	
	人次	百分比	人次	百分比
母亲	893	23.1	1131	20.9
父亲	850	22.0	1113	20.6
老师	574	14.8	970	17.9
朋友	523	13.5	757	14.0
虚拟人物	374	9.7	474	8.8
祖父母或外祖父母	331	8.6	473	8.7
兄弟姐妹	326	8.4	491	9.1
合　计	3871	100	5409	100

表41　遇到的最大困难

单位：人，%

	工读学校学生		普通学校学生	
	人数	百分比	人数	百分比
学习状况	795	43.1	1170	54.7
自身性格、能力	573	31.1	593	27.7
家庭关系	322	17.5	202	9.4
朋友关系	154	8.4	174	8.1
合　计	1844	100	2139	100

如图31所示，进一步分析发现，普通学校学生把学习状况当成最大困难的比例要高于工读学校学生（54.7% vs. 43.1%）。工读学校学生把家庭关系当成最大困难的比例要高于普通学校学生（17.5% vs. 9.4%），即学习在普通学校学生心目中的重要性可能高于工读学校学生，而工读学校学生的家庭关系问题要高于普通学校学生。家庭关系问题是困扰工读学校学生成长的特殊因素。

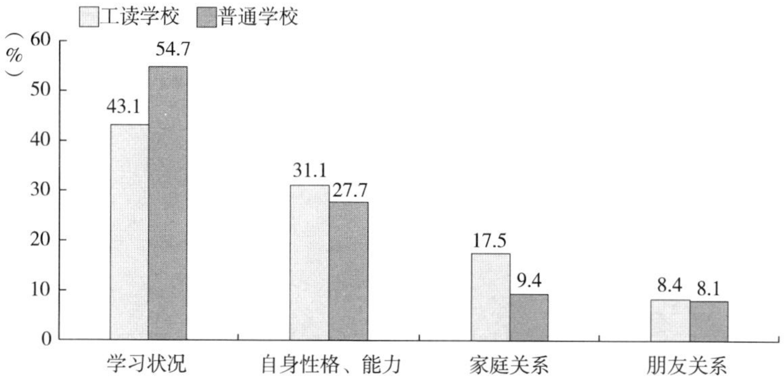

图 31　青少年遇到的最大困难

工读学校学生遇到了困难，29.3% 的想向父母或其他监护人倾诉，27.1% 的想向同学朋友倾诉，19.0% 的不向任何人说。

普通学校学生遇到了困难，42.0% 的想向父母或其他监护人倾诉，28.2% 的想向同学朋友倾诉，17.7% 的不向任何人说。

可见，遇到困难时，工读学校学生和普通学校学生的主要倾诉对象是父母或其他监护人、同学朋友，且有一定比例的工读学校学生和普通学校学生不向任何人诉说（见表 42）。

表 42　遇到了困难，你最想将这些问题向谁倾诉

单位：人，%

	工读学校学生		普通学校学生	
	人数	百分比	人数	百分比
父母或其他监护人	541	29.3	899	42.0
同学朋友	499	27.1	604	28.2
恋人伴侣	300	16.3	94	4.4
老师	64	3.5	96	4.5
网友	89	4.8	67	3.1
不向任何人述说	351	19.0	379	17.7
合　计	1844	100	2139	100

如图 32 所示，不同点在于，普通学校学生选择向父母或其他监护人倾诉的比例高于工读学校学生（42.0% vs. 29.3%）。工读学校学生选择向恋人伴侣倾诉的比例高于普通学校学生（16.3% vs. 4.4%）。可能的原因是，

普通学校学生的家庭人际氛围更好一些，且工读学校学生有恋人伴侣的比例要高于普通学校学生。

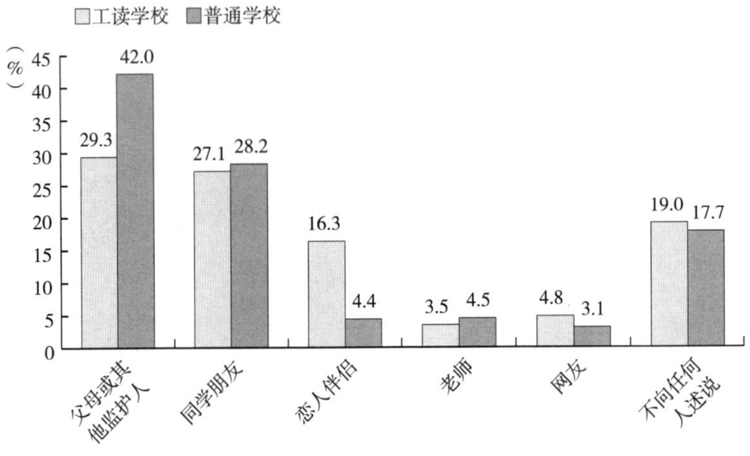

图 32　青少年遇到困难向谁倾诉

普通学校学生和工读学校学生面对“最不想向谁述说自己的内心话”这一问题时的反应趋势是一致的，他们的排序都是：父母或其他监护人 > 不向任何人述说 > 网友 > 老师 > 同学朋友 > 恋人伴侣（见表 43）。

调查发现，工读学校和普通学校学生“最不想向父母或其他监护人说自己的内心话”。非常值得注意的是：工读学校学生和普通学校学生都会“在遇到了困难，最想将这些问题向父母或其他监护人倾诉”。这一现象可能体现了与父母交往时青少年“独立 vs. 依赖”并存的特点。一方面，他们渴望独立，所以不想对父母说心里话；另一方面，他们又具有依赖性，遇到了困难，又会最想找父母。

表 43　最不想向谁述说自己的内心话

单位：人，%

	工读学校学生		普通学校学生	
	人数	百分比	人数	百分比
父母或其他监护人	722	39.2	564	26.4
不向任何人述说	364	19.7	519	24.3
网友	271	14.7	497	23.2
老师	233	12.6	270	12.6

续表

	工读学校学生		普通学校学生	
	人数	百分比	人数	百分比
同学朋友	145	7.9	231	10.8
恋人伴侣	109	5.9	58	2.7
合　计	1844	100	2139	100

5. 反主流文化影响

关于“是否接触过一些反主流文化，诸如自杀、性虐待等信息”，工读学校53.8%的学生“未接触过，反感非主流文化”，23.5%的学生“接触过，没有兴趣”，14.6%的学生“未接触过，但不反感”，8.2%的学生“接触过，十分想尝试”。有31.7%的工读学校学生接触过反主流文化。

普通学校73.9%的学生“未接触过，反感非主流文化”，13.2%的学生“接触过，没有兴趣”，10.1%的学生“未接触过，但不反感”，2.8%的学生“接触过，十分想尝试”。

进一步分析显示，有31.7%的工读学校学生接触过反主流文化，有16.0%的普通学校学生接触过反主流文化（见表44）。

表44　是否接触过一些反主流文化，诸如自杀、性虐待等信息（多选题）

单位：次，%

	工读学校学生		普通学校学生	
	人次	百分比	人次	百分比
未接触过，反感非主流文化	1038	53.8	1638	73.9
接触过，没有兴趣	453	23.5	292	13.2
未接触过，但不反感	282	14.6	225	10.1
接触过，十分想尝试	158	8.2	62	2.8
合　计	1931	100	2217	100

两种类型学校学生对反主流文化的接触情况分布趋势大致相同，从高到低依次是“未接触过，反感非主流文化”>“接触过，没有兴趣”>“未接触过，但不反感”>“接触过，十分想尝试”。但工读学校接触过反

主流文化或对反主流文化不反感的人群要显著高于普通学校。

数据显示，过分暴露在反主流文化的影响下，可能导致工读学校学生做出一些反主流的行为（见图33）。

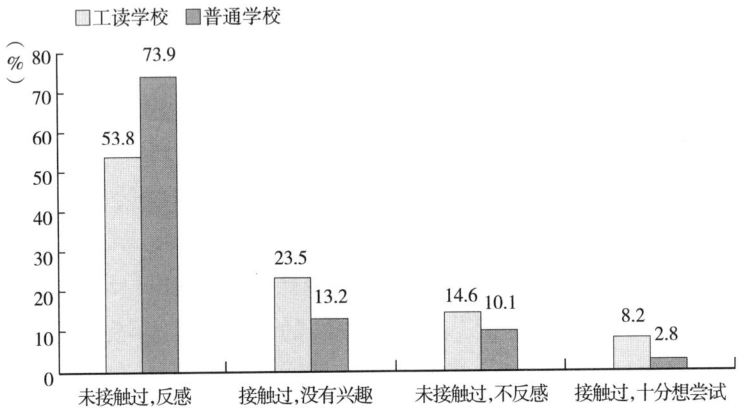

图33　青少年是否接触过一些反主流文化，诸如自杀、性虐待等信息

6. 是否有组建或加入黑社会性质组织的想法

“是否有组建或加入黑社会性质组织的想法”从一定程度上反映着其受不良社会交往的影响。85.0%的工读学校学生没有组建或加入黑社会性质组织的想法，10.1%的工读学校学生有组建或加入黑社会性质组织的想法，4.8%的工读学校学生表示已经组建或加入黑社会性质组织。

96.7%的普通学校学生没有组建或加入黑社会性质组织的想法，2.3%的普通学校学生有组建或加入黑社会性质组织的想法，0.9%的普通学校学生表示已经组建或加入黑社会性质组织（见表45）。

表45　青少年是否有组建或加入黑社会性质组织的想法

单位：人，%

	工读学校学生		普通学校学生	
	人数	百分比	人数	百分比
没有	1568	85.0	2069	96.7
有	187	10.1	50	2.3
已经加入	89	4.8	20	0.9
合　计	1844	100	2139	100

比较发现，普通学校学生很少有组建或加入黑社会性质组织的想法，也极少有学生组建或加入黑社会性质组织。工读学校学生有组建或加入黑社会性质组织的想法的及已经组建或加入黑社会性质组织的学生比例要明显高于普通学校学生。此问题中，学生表示已经加入黑社会性质组织，并不一定代表其已经实际加入，有可能是学生觉得这样表达比较“炫酷”“与众不同”。另外，学生对黑社会性质组织的理解可能比较宽泛，有可能把他们在社会上交往的不良小团体也等同于黑社会性质组织（见图34）。

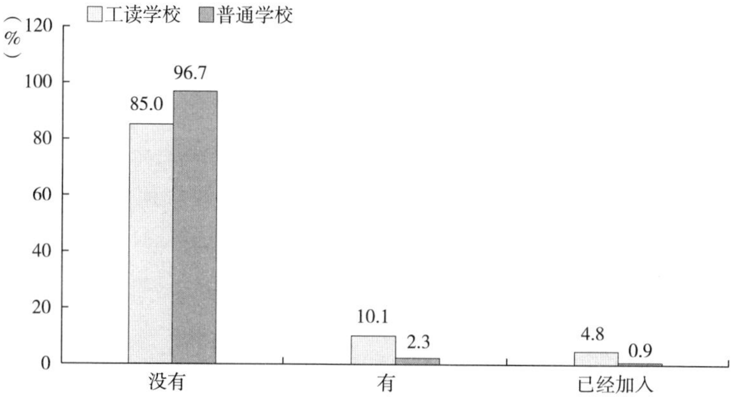

图34　青少年是否有组建或加入黑社会性质组织的想法差异

五　网络及虚拟因素

1. 青少年初始上网时间

网络社会，青少年上网是一种很正常的现象。8.3%的工读学校学生在6周岁以下就开始上网，5.9%的普通学校学生在6周岁以下就开始上网。随着年龄增长，工读学校学生在10岁时，出现了开始上网的最高峰（17.1%），在12岁出现了开始上网的次高峰（16.5%）。普通学校学生同样也在10岁时出现了最高峰（21.6%），在12岁时出现了开始上网的次高峰（18.7%）（见表46）。

从图35来看，工读学校和普通学校学生开始上网年龄的趋势基本保持一致，都是在10岁和12岁时出现两个高峰。工读学校学生在12岁时，累积开始上网的人达到81.1%（累积百分数）；普通学校学生在12岁时，累积开始上网的人达到82.2%（累积百分数），即，无论是工读学校学生，还是普通学校学生，在12岁时，大多已经都开始了上网。

表46　开始上网年龄

单位：人，%

	工读学校学生		普通学校学生	
	人数	百分比	人数	百分比
6周岁以下	153	8.3	126	5.9
6岁	115	6.2	95	4.4
7岁	118	6.4	102	4.8
8岁	159	8.6	157	7.3
9岁	165	8.9	161	7.5
10岁	316	17.1	461	21.6
11岁	167	9.1	256	12.0
12岁	305	16.5	399	18.7
13岁	137	7.4	159	7.4
14岁	98	5.3	59	2.8
15岁	34	1.8	15	0.7
16岁	10	0.5	3	0.1
17岁	4	0.2	3	0.1
18岁	8	0.4	13	0.6
18岁以上	55	3.0	130	6.1
合　计	1844	100	2139	100

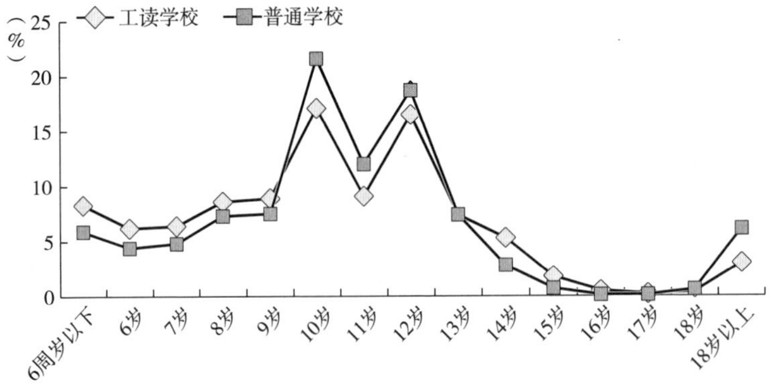

图35　青少年初始上网时间

2. **青少年上网基本特征**

从上网方式来看，工读学校学生48.0%通过自己家里电脑上网，27.4%通过移动终端上网，19.6%在同学或朋友家里电脑上网，4.9%的学生在网吧上网。

普通学校学生62.0%通过自己家里电脑上网，30.0%通过移动终端上网，6.4%在同学或朋友家里电脑上网，1.6%的学生在网吧上网。

可见，工读学校学生和普通学校学生大多都选择在自己家里的电脑上网，或通过移动终端上网。工读学校学生还有一部分人选择在同学或朋友家里的电脑上网（见表47）。

表47　最经常的上网方式

单位：人，%

	工读学校学生		普通学校学生	
	人数	百分比	人数	百分比
自己家里电脑	886	48.0	1327	62.0
移动终端	505	27.4	642	30.0
同学或朋友家里电脑	362	19.6	136	6.4
网吧电脑	91	4.9	34	1.6
合　计	1844	100	2139	100

由图36可知，普通学校学生比工读学校学生更愿意在自己家里电脑上网，工读学校学生比普通学校学生更多地选择在同学或朋友家里电脑上网。可能是普通学校学生家里配备电脑的比工读学校学生家里多，或者是工读学校学生喜欢到同学家或朋友家里，和他们一起上网。

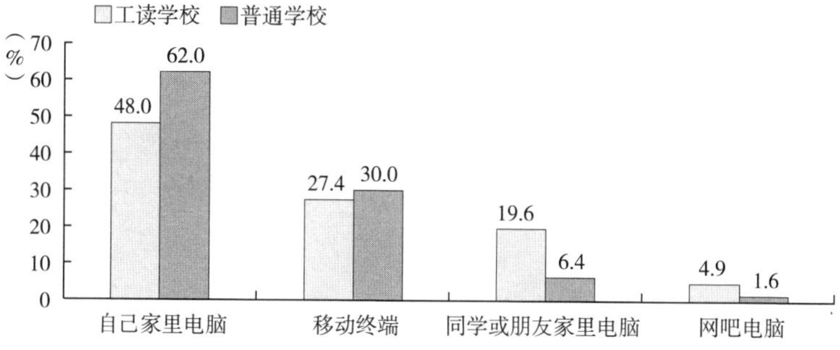

图36　青少年最经常的上网方式

另外，工读学校学生有 4.9% 会去网吧上网，而普通学校只有 1.6%。从现实来看，网吧的数量比往年减少很多，而且大多正规网吧都对未成年人有限制。去网吧上网反映工读学校学生更可能突破规则限制，更可能迷恋网络游戏。

从上网频率看，工读学校学生 39.3% 一天多次上网，15.2% 一天一次上网，12.4% 2～3 天上一次网，15.6% 一周上一次网，17.5% 一周上不了一次网。

普通学校学生 12.6% 一天多次上网，17.2% 一天一次上网，13.4% 2～3 天上一次网，27.4% 一周上一次网，29.4% 一周上不了一次网（见表 48）。

表 48　青少年上网的频率

单位：人，%

	工读学校学生		普通学校学生	
	人数	百分比	人数	百分比
一天多次	725	39.3	269	12.6
一天一次	280	15.2	368	17.2
2～3 天一次	229	12.4	286	13.4
一周一次	287	15.6	587	27.4
频率更低	323	17.5	629	29.4
合　计	1844	100	2139	100

如图 37 所示，工读学校学生“一天多次上网”占比最多，普通学校学生“一周上不了一次网”占比最多。工读学校学生上网频率明显高于普通学校学生。

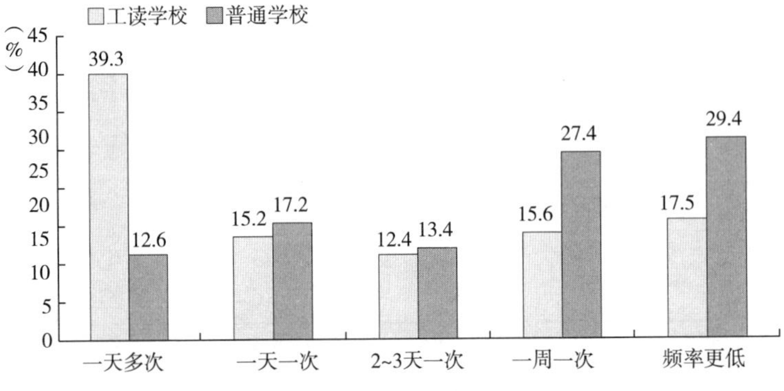

图 37　青少年上网的频率

在每天上网的时长方面，工读学校学生每天上网时间不到 1 小时的占 14.2%，1～2 小时的占 22.6%，3～4 小时的占 23.3%，5～6 小时的占 10.0%，超过 6 小时的占 29.9%。

普通学校学生每天上网时间不到 1 小时的占 41.9%，1～2 小时的占 34.3%，3～4 小时的占 13.5%，5～6 小时的占 3.9%，超过 6 小时的占 6.4%（见表 49）。

表 49　每天上网的时长

单位：人，%

	工读学校学生		普通学校学生	
	人数	百分比	人数	百分比
不到 1 小时	262	14.2	897	41.9
1 至 2 小时	416	22.6	734	34.3
3 至 4 小时	430	23.3	289	13.5
5 至 6 小时	184	10.0	83	3.9
超过 6 小时	552	29.9	136	6.4
合　计	1844	100	2139	100

如图 38 所示，工读学校学生每天上网时长占比最多的是每天超过 6 小时（29.9%），普通学校学生每天上网时长占比最多的是每天不到 1 小时。在每天上网时间 2 小时以内的区间内，普通学校学生的比例高于工读学校，在 2 小时以上的区间，工读学校学生的比例高于普通学校。

可见，工读学校学生的上网时间显著高于普通学校，尤其是在 6 小时以上区间，差异非常明显。

结合上一项目，调查结果发现，工读学校学生在上网频率和每天上网时长上都高于普通学校。

青少年上网主要做什么？工读学校学生上网（10% 以上）主要是玩游戏（18.2%）、听音乐（16.1%）、聊天（14.8%）、看视频（14.3%），主要的内容基本是与娱乐、放松相关的活动。

普通学校学生上网（10% 以上）主要是听音乐（17.9%）、查学习资料（15.2%）、聊天（13.0%）、看视频（12.2%）、玩游戏（12.1%），主要内容一部分与学习相关，一部分与娱乐相关（见表 50）。

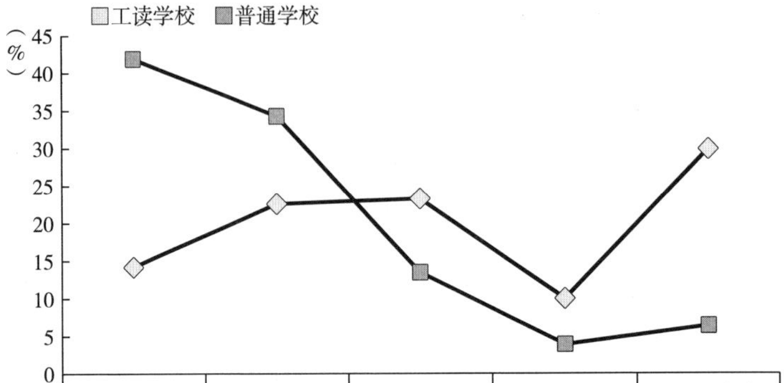

	不到1小时	1~2小时	3~4小时	5~6小时	超过6小时
工读学校	14.2	22.6	23.3	10.0	29.9
普通学校	41.9	34.3	13.5	3.9	6.4

图 38　青少年上网的时长

表 50　青少年上网主要做什么（多选题）

单位：次，%

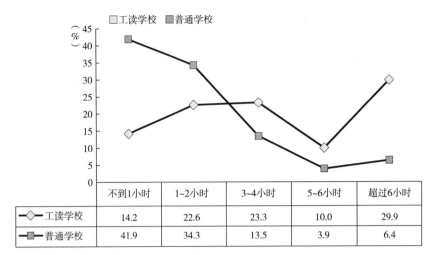

	工读学校学生		普通学校学生	
	人次	百分比	人次	百分比
看新闻	404	5.4	746	9.5
收发邮件	164	2.2	238	3.0
查学习资料	431	5.7	1195	15.2
听音乐	1216	16.1	1405	17.9
看视频	1074	14.3	957	12.2
聊天	1114	14.8	1021	13.0
购物	517	6.9	389	5.0
玩游戏	1367	18.2	945	12.1
博客、微博、微信或空间等社交平台	470	6.2	335	4.3
贴吧/论坛/BBS	136	1.8	112	1.4
看小说	535	7.1	476	6.1
浏览网络色情暴力信息	103	1.4	19	0.2
合　计	7531	100	7838	100

如图 39 所示，普通学校学生上网时，看新闻、收发邮件、查学习资料等与学习有关的活动明显高于工读学校学生；在听音乐方面，普通学校学

生要高于工读学校学生；工读学校学生在玩游戏、看视频等娱乐性项目上花费时间要显著高于普通学校学生。

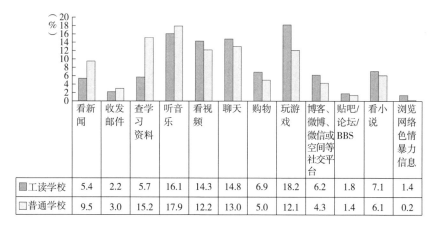

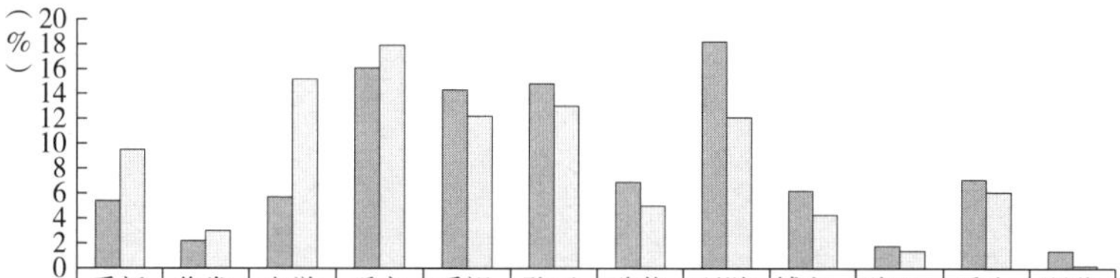

	看新闻	收发邮件	查学习资料	听音乐	看视频	聊天	购物	玩游戏	博客、微博、微信或空间等社交平台	贴吧/论坛/BBS	看小说	浏览网络色情暴力信息
工读学校	5.4	2.2	5.7	16.1	14.3	14.8	6.9	18.2	6.2	1.8	7.1	1.4
普通学校	9.5	3.0	15.2	17.9	12.2	13.0	5.0	12.1	4.3	1.4	6.1	0.2

图 39　青少年上网主要做什么

3. 青少年是否能控制上网冲动

如表 51 所示，青少年不能控制自己上网冲动的问题普遍存在。工读学校学生中能控制自己上网冲动的占 60.4%，22.2% 不能控制自己的上网冲动，17.4% 需要别人提醒。普通学校学生中能控制自己上网冲动的占 69.4%，10.8% 不能控制自己的上网冲动，19.8% 需要别人提醒。

表 51　是否能控制上网冲动

单位：人，%

	工读学校学生		普通学校学生	
	人数	百分比	人数	百分比
能	1114	60.4	1485	69.4
不能	409	22.2	231	10.8
需要别人提醒	321	17.4	423	19.8
合　计	1844	100	2139	100

如图 40 所示，普通学校能控制上网冲动的学生要高于工读学校学生；工读学校学生不能控制上网冲动的比例显著高于普通学校学生。即工读学校学生的上网自控能力低于普通学校学生。

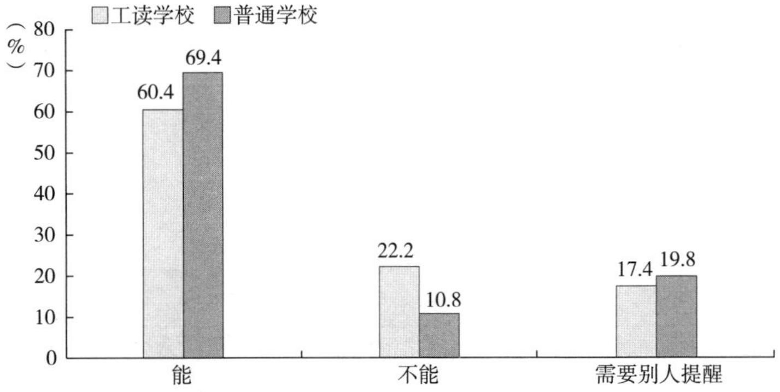

图 40　青少年是否能控制上网冲动

4. **互联网对青少年生活方式的改变**

生活在互联网时代下青少年的生活方式正在被互联网改变。56.3%的工读学校学生认为互联网“多少改变了自己生活方式”，21.1%的工读学校学生认为互联网“几乎没有改变自己”，14.9%的工读学校学生认为互联网“完全改变了自己的生活方式”，7.7%的工读学校学生认为互联网“目前没有改变自己，但将来会”。

54.1%的普通学校学生认为互联网“多少改变了自己生活方式”，26.4%的普通学校学生认为互联网“几乎没有改变自己”，9.7%的普通学校学生认为互联网“完全改变了自己的生活方式”，9.7%的普通学校学生认为互联网“目前没有改变自己，但将来会”（见表 52）。

表 52　互联网是否改变了青少年的生活方式

单位：人，%

	工读学校学生		普通学校学生	
	人数	百分比	人数	百分比
多少改变了生活方式	1039	56.3	1158	54.1
几乎没有改变	389	21.1	565	26.4
完全改变了生活方式	274	14.9	208	9.7
目前没有改变，但将来会	142	7.7	208	9.7
合　计	1844	100	2139	100

如图 41 所示，无论是工读学校学生还是普通学校学生，多数认为互联网“多少改变了生活方式”。此外，工读学校学生中认为“完全改变了自

己生活方式”的比例高于普通学校学生。总的来说，互联网对工读学校学生的影响要大于普通学校学生。

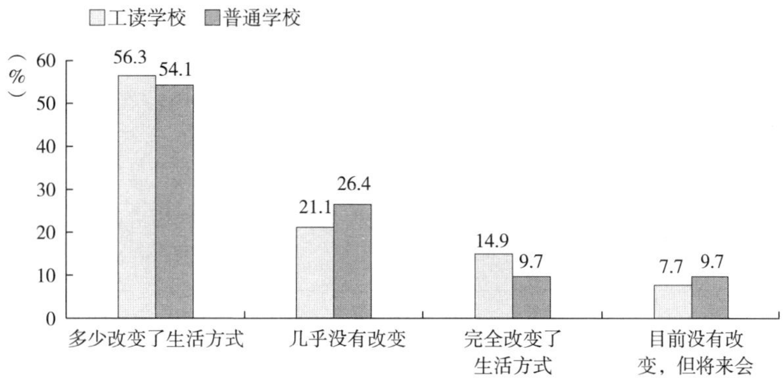

图 41　互联网是否改变了青少年的生活方式

六　法律认知情况

1. 青少年了解法律知识的途径及居住地法治教育情况

如表 53 所示，工读学校和普通学校学生了解法律知识的主要途径（10% 以上）是学校法治课堂、互联网、广播电视媒体、同学朋友，其中以学校法治课堂最多。

表 53　青少年接受法治教育情况（多选题）

单位：次，%

	工读学校学生		普通学校学生	
	人次	百分比	人次	百分比
学校法治课堂	1480	30.7	1792	29.6
互联网	921	19.1	1125	18.6
广播电视媒体	665	13.8	948	15.7
同学朋友	513	10.7	658	10.9
报纸杂志	460	9.6	705	11.6
司法行政机关	448	9.3	460	7.6
移动终端	329	6.8	364	6.0
合　计	4816	100	6052	100

当问及青少年“在你的居住地，是否经常向居民或村民进行法治教育？”17.3%的工读学校学生回答“经常宣传教育”，41.1%回答“有时宣传教育”，18.3%回答“不宣传教育”，23.3%回答“不清楚”。27.2%的普通学校学生回答“经常宣传教育”，42.8%回答“有时宣传教育”，10.4%回答“不宣传教育”，19.6%回答“不清楚”。总的来说，多数青少年居住地“有时”对居民或村民进行法治宣传教育（见表54）。

表54　在你的居住地，是否经常向居民或村民进行法治教育

单位：人，%

	工读学校学生		普通学校学生	
	人数	百分比	人数	百分比
经常宣传教育	319	17.3	582	27.2
有时宣传教育	758	41.1	915	42.8
不宣传教育	337	18.3	223	10.4
不清楚	430	23.3	419	19.6
合　计	1844	100	2139	100

比较分析发现，工读学校学生居住地向居民或村民经常进行法治教育的比例要明显低于普通学校学生，不进行法治宣传教育的比例要明显高于普通学校学生。可见，普通学校学生居住地的法治教育开展情况要优于工读学校学生（见图42）。

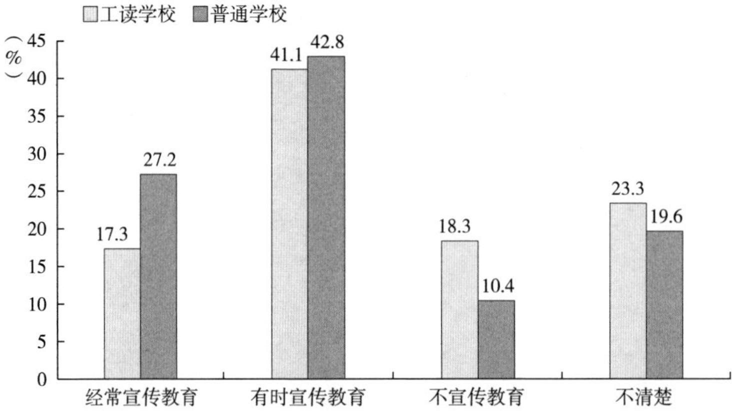

图42　工读学校与普通学校学生居住地法治教育情况差异

2. 青少年接受学校法治教育情况及对法治教育课程的看法

工读学校学生67.8%表示学校长期开设法治教育课程，19.2%认为学校开设法治教育课程，但没有坚持，13.0%的工读学校学生表示学校没有开设法治教育课。普通学校学生70.5%表示学校长期开设法治教育课程，18.0%的学生认为学校开设法治教育课程，但没有坚持，11.5%的学生表示学校没有开设法治教育课程。

总的来说，当前青少年所在学校大部分都开设有法治教育课程，也存在一部分开设但没有坚持的情况（见表55）。

表55　青少年接受法治教育情况

单位：人，%

	工读学校学生		普通学校学生	
	人数	百分比	人数	百分比
长期开设	1250	67.8	1509	70.5
开设，但没有坚持	354	19.2	385	18.0
没有开设	240	13.0	245	11.5
合　计	1844	100	2139	100

75.1%的工读学校学生认为法治教育课程“很有意义，愿意学习，知法守法”，12.2%的认为法治教育课程“毫无意义，流于形式，与我无关”，7.7%的工读学校学生学习法治教育课程是为了“应付考试”，5.0%的工读学校学生认为法治教育课程“很有用，知法才能钻法律的空子”。

90.3%的普通学校学生认为法治教育课程“很有意义，愿意学习，知法守法”，3.6%的认为法治教育课程“毫无意义，流于形式，与我无关”，3.5%的普通学校学生学习法治教育课程是为了“应付考试”，2.6%的普通学校学生认为法治教育课程“很有用，知法才能钻法律的空子”（见表56）。

表56　青少年接受法治教育情况

单位：人，%

	工读学校学生		普通学校学生	
	人数	百分比	人数	百分比
很有意义，愿意学习，知法守法	1384	75.1	1932	90.3
毫无意义，流于形式，与我无关	225	12.2	77	3.6

续表

	工读学校学生		普通学校学生	
	人数	百分比	人数	百分比
应付考试	142	7.7	75	3.5
很有用，知法才能钻法律的空子	93	5.0	55	2.6
合　计	1844	100	2139	100

如图 43 所示，比较发现，工读学校学生对待法治教育课程明显比普通学校学生消极，认为“很有意义，愿意学习，知法守法”的比例明显低于普通学校学生（75.1% vs. 90.3%）。而在“毫无意义，流于形式，与我无关”“应付考试”“很有用，知法才能钻法律的空子”等几项错误认知方面的比例又明显高于普通学校学生。

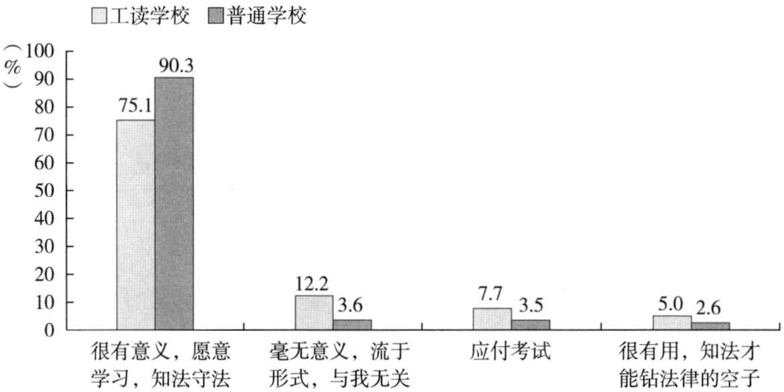

图 43　工读学校与普通学校学生在法治教育课程看法差异

3. 青少年是否了解相关法律知识

工读学校 76.3% 的学生对犯罪、行政处罚、刑事处罚相关的法律知识了解一点，15.7% 的学生了解很多，8.0% 的学生不了解。普通学校 74.7% 的学生对犯罪、行政处罚、刑事处罚相关的法律知识了解一点，18.9% 的学生了解很多，6.4% 的学生不了解（见表 57）。

两种类型学校的学生对与犯罪、行政处罚、刑事处罚相关的法律知识了解程度相似。大部分学生对相关法律知识的了解一点，但不深入。从现实来看，学生了解相关法律知识主要渠道是义务教育阶段《道德与法治》课程的相关章节，缺乏系统深入的了解。

表 57　青少年是否了解与犯罪、行政处罚、刑事处罚相关的法律知识

单位：人，%

	工读学校学生		普通学校学生	
	人数	百分比	人数	百分比
了解一点	1407	76.3	1597	74.7
了解很多	290	15.7	405	18.9
不了解	147	8.0	137	6.4
合计	1844	100	2139	100

《未成年人保护法》和《预防未成年人犯罪法》是与青少年密切相关的两部法律。工读学校 78.5% 的学生了解这两部法律的部分内容，12.8% 的学生不了解，8.7% 的学生了解全部内容；普通学校 73.9% 的学生了解这两部法律的部分内容，13.7% 的学生不了解，12.4% 的学生了解全部内容（见表 58）。

可见，两种类型学校学生对《未成年人保护法》和《预防未成年人犯罪法》的了解程度相似，大部分青少年只是了解部分内容。

表 58　青少年是否了解《未成年人保护法》和《预防未成年人犯罪法》

单位：人，%

	工读学校学生		普通学校学生	
	人数	百分比	人数	百分比
了解部分内容	1448	78.5	1581	73.9
不了解	236	12.8	292	13.7
了解全部内容	160	8.7	266	12.4
合计	1844	100	2139	100

4. 青少年对法律作用的认知

工读学校学生中有 78.4% 的学生认为法律的作用是“保护自己和他人”，10.1% 的学生认为是“惩罚违法者”，7.3% 的学生认为是“禁止自己做很多事情”，4.2% 的学生认为是“没什么用”。普通学校学生中有 86.4% 的学生认为法律是“保护自己和他人”，7.8% 的学生认为是“惩罚违法者”，3.6% 的学生认为是“禁止自己做很多事情”，2.2% 的学生认为是“没什么用”。

总的来说，大多数青少年认为法律的作用是“保护自己和他人”“惩罚违法者”，对法律作用有较为正确的认知。但工读学校学生比普通学校学生更倾向于认为法律的作用是“禁止自己做很多事情”或者“没什么用”（见表59）。

表59　法律的作用

单位：人，%

对法律作用的看法	工读学校学生		普通学校学生	
	人数	百分比	人数	百分比
保护自己和他人	1446	78.4	1848	86.4
惩罚违法者	186	10.1	167	7.8
禁止自己做很多事情	135	7.3	77	3.6
没什么用	77	4.2	47	2.2
合　计	1844	100	2139	100

5. 青少年认为不满14周岁的人实施危害社会的行为是否应该负责任

78.5%的工读学校学生认为不满14周岁的人实施危害社会的行为应该负责任，21.5%的学生认为不应该负责。89.1%的普通学校学生认为不满14周岁的人实施危害社会的行为应该负责任，10.9%的学生认为不应该负责（见表60）。

大部分青少年认为不满14周岁的人实施危害社会的行为是应该负责任的。普通学校学生认为应该负责任的比例略高于工读学校。

表60　不满14周岁的人实施危害社会的行为是否应该负责任

单位：人，%

	工读学校学生		普通学校学生	
	人数	百分比	人数	百分比
应该负责	1448	78.5	1906	89.1
不应该负责	396	21.5	233	10.9
合　计	1844	100	2139	100

6. 了解法律后，青少年是否会实施犯罪

当被问及“若了解法律知识的话，你会实施犯罪行为吗?”76.4%的工读学校学生认为，了解法律知识后不会实施犯罪行为；16.4%的工读学校学生认为，不清楚了解法律知识后会不会实施犯罪行为；7.2%的工读学校学生认为了解清楚法律知识后仍然可能实施犯罪行为。

90.6%的普通学校学生认为，了解法律知识后不会实施犯罪行为；6.0%的普通学校学生认为，不清楚了解法律知识后会不会实施犯罪行为；3.4%的普通学校学生认为了解清楚法律知识后仍然可能实施犯罪行为（见表61）。

表61　了解法律知识后，是否还会实施犯罪行为

单位：人，%

	工读学校学生		普通学校学生	
	人数	百分比	人数	百分比
不会	1409	76.4	1938	90.6
不清楚	303	16.4	129	6.0
会	132	7.2	72	3.4
合　计	1844	100	2139	100

由图44可见，了解法律知识后，普通学校学生比工读学校学生更倾向于不会实施犯罪行为（90.6% vs. 76.4%），即普通学校学生更可能做到先知法、后守法；工读学校学生学习法律后，不一定会做到守法，这反映工读学校学生对法律的漠视。因此，对工读学校学生的法治教育不能仅仅停留在法律知识的讲授上，法治教育要跟进相应的引导监督措施。

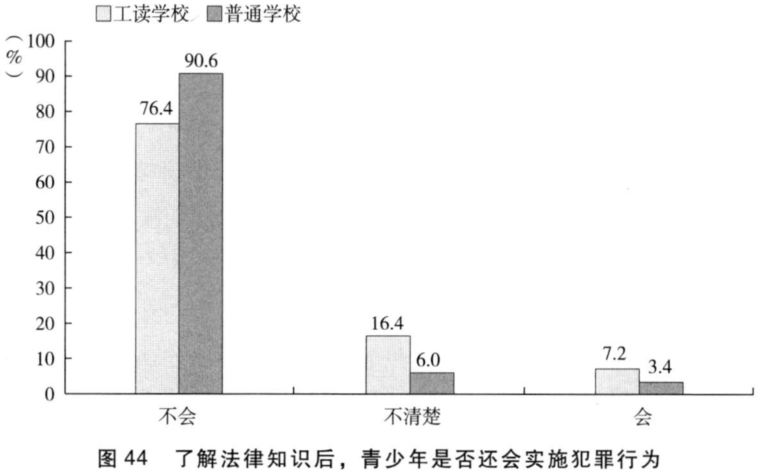

图44　了解法律知识后，青少年是否还会实施犯罪行为

七　师生对青少年问题行为原因的认识

1. 青少年对未成年人不良行为或严重不良行为、犯罪行为原因的认识

关于未成年人有不良行为或严重不良行为的原因，工读学生和普通学校学生的看法趋势基本相同，他们选择未成年人有不良行为或严重不良行为的原因比例从高到低依次是："没有养成好习惯" > "贪玩 、不爱学习" > "交友不慎" > "沉迷网络" > "追求刺激" > "玩游戏" > "喜欢享乐"（见表62）。

表62　青少年对未成年人有不良行为或严重不良行为原因的认识（多选题）

单位：次，%

	工读学校学生		普通学校学生	
	人次	百分比	人次	百分比
没有养成好习惯	1160	17.6	1572	20.4
贪玩 、不爱学习	1124	17.0	1267	16.4
交友不慎	1012	15.3	1243	16.1
沉迷网络	992	15.0	1219	15.8
追求刺激	921	14.0	944	12.2
玩游戏	787	11.9	821	10.6
喜欢享乐	600	9.1	649	8.4
合　计	6596	100	7715	100

关于未成年人违法犯罪的最主要原因，除"学校教育缺位"这一选项在10%左右外，青少年对其他选项的选择比例分布比较均衡，且在20%～25%。认为未成年人违法犯罪的最主要原因从高到低依次是"个人价值观扭曲" > "冲动、意气用事" > "家庭教育失职" > "社区环境不良"，选择"学校教育缺位"因素的学生相对较少。工读学校学生中选择"冲动、意气用事"作为未成年人违法犯罪最主要原因的比例相对普通学校学生较高（24.4% vs. 21.6%）。可能是工读学校学生自身行为或观察到的同伴行为更倾向于"冲动、意气用事"（见表63）。

表 63　青少年对未成年人违法犯罪的最主要原因的认识（多选题）

单位：次，%

	工读学校学生		普通学校学生	
	人次	百分比	人次	百分比
个人价值观扭曲	1108	25.3	1402	25.6
冲动、意气用事	1068	24.4	1182	21.6
家庭教育失职	906	20.7	1186	21.7
社区环境不良	859	19.6	1104	20.2
学校教育缺位	442	10.1	598	10.9
合　计	4383	100	5472	100

2. 教师对青少年不良行为客观原因的认知

工读学校教师和普通学校教师对于青少年不良行为客观原因的看法比较一致，认为客观原因主要是“家庭教育不好”“网络文化不健康”“社会风气不良”。选择“家庭教育不好”作为青少年不良行为客观原因的比例最高，选择“校园风气不正”的比例最低（见表 64）。

表 64　青少年不良行为的客观原因（多选题）

单位：次，%

	工读学校教师		普通学校教师	
	人次	百分比	人次	百分比
家庭教育不好	356	29.6	488	32.9
网络文化不健康	325	27.0	442	29.8
社会风气不良	319	26.5	366	24.7
校园风气不正	203	16.9	188	12.7
合　计	1203	100	1484	100

3. 教师对青少年不良行为或严重不良行为家庭教育方式原因的认知

具体到家庭教育方式方面，从对教师的调研结果来看，工读教师和普通教师都认为“过分溺爱”“放任自流”与青少年不良行为和严重不良行为有一定关系。选择“过分鼓励独立自主”“严格管束”选项的比例较少（见表 65）。

4. 教师对青少年不良行为或严重不良行为以及犯罪个人因素的认知

工读教师选择影响青少年不良行为或严重不良行为以及犯罪的个人

因素比例排名前三的是“是非辨别能力差”“价值观念扭曲”“自我约束能力差”，普通学校教师选择比例排名前三的是“意志力薄弱、易受影响”“是非辨别能力差”“价值观念扭曲”。“是非辨别能力差”“价值观念扭曲”是两种类型学校教师都关注到的影响青少年不良行为或严重不良行为以及犯罪的因素；相比之下，工读学校教师更关注“是非辨别能力差”，普通学校教师更关注“意志力薄弱、易受影响”（见表66）。

表65　青少年不良行为或严重不良行为家庭教育方式的原因（多选题）

单位：人，%

监护人教育方式	工读学校教师		普通学校教师	
	人数	百分比	人数	百分比
过分溺爱	202	52.2	286	52.1
放任自流	169	43.7	223	40.6
过分鼓励独立自主	12	3.1	20	3.6
严格管束	4	1.0	20	3.6
合　计	387	100	549	100

表66　青少年不良行为或严重不良行为以及犯罪个人因素（多选题）

单位：次，%

监护人教育方式	工读学校教师		普通学校教师	
	人次	百分比	人次	百分比
意志力薄弱、易受影响	328	18.1	454	19.8
是非辨别能力差	344	19.0	444	19.4
价值观念扭曲	341	18.8	435	19.0
独立处理问题能力差	253	14.0	313	13.7
自我约束能力差	337	18.6	417	18.2
缺少主见	209	11.5	229	10.0
合　计	1812	100	2292	100

5. 教师对青少年不良行为、严重不良行为以及犯罪的心理因素认知

如表67所示，工读学校教师和普通学校教师对青少年不良行为、严重不良行为以及犯罪的心理因素认知较为相似，认为“逆反心理”“寻求刺激”和“盲目随从”是引发青少年不良行为、严重不良行为以及犯罪的心理因素的教师最多。

表 67　教师对青少年不良行为、严重不良行为以及犯罪的心理因素认知（多选题）

单位：次，%

	工读学校教师		普通学校教师	
	人次	百分比	人次	百分比
个人表现欲	227	10.0	288	10.3
逆反心理	339	15.0	466	16.7
一时冲动	268	11.8	320	11.4
物质欲望	301	13.3	335	12.0
寻求刺激	325	14.3	360	12.9
报复	199	8.8	281	10.0
他人教唆	293	12.9	360	12.9
盲目随从	315	13.9	387	13.8
合　计	2267	100	2797	100

6. 教师认为哪些因素加剧青少年不良行为或严重不良行为

除上述原因外，工读学校教师和普通学校教师选择“不能正确利用网络”“贫富差距的拉大”“流动人口的增加”作为加剧青少年不良行为或严重不良行为的重要因素。其中，选择“不能正确利用网络”的教师比例最高，选择“市场的激烈竞争”的教师比例最低。这一结果与前述学生调查中“互联网改变了青少年的生活方式”的结果相一致（见表 68）。

表 68　加剧青少年不良行为或严重不良行为的因素（多选题）

单位：次，%

	工读学校教师		普通学校教师	
	人次	百分比	人次	百分比
不能正确利用网络	368	36.9	475	35.2
贫富差距的拉大	256	25.7	355	26.3
流动人口的增加	242	24.3	355	26.3
市场的激烈竞争	131	13.1	166	12.3
合　计	997	100	1351	100

青少年问题行为调研结果讨论

路 琦 付俊杰*

一 青少年不良行为现象不容忽视，预防工作迫在眉睫

青少年发生不良行为是其进一步产生严重不良行为和犯罪行为的基础。未成年人犯罪预防重在防微杜渐，应该从不良行为开始。调查发现，普通学校青少年有不良行为的在20%以上，发生最多的是“沉迷网络以至于影响正常学习和生活”“抽烟、饮酒”“旷课”，发生率分别是8.2%、5.8%、3.8%。工读学校青少年有不良行为的在85%以上，“抽烟、饮酒”“沉迷网络以至于影响正常学习和生活”“多次旷课、逃学”“无故夜不归宿、离家出走”的发生率分别为16.8%、14.6%、12.9%、11.9%。这说明当前青少年学生的一些不良行为是在青少年群体中有一定发生率的危害性现象，不能视为少数现象而忽略，必须引起足够重视。开展不良行为预防是青少年犯罪分级干预预防的第一步，预防的重点应该是抽烟、饮酒、旷课、沉迷网络、逃学等在青少年中最常发生的、不利于其健康成长的行为。

二 具有严重不良行为是工读学校学生的典型特征

调查发现，普通学校青少年严重不良行为发生率在10%以内，工读学校青少年严重不良行为的发生率在50%以上。严重不良行为在普通青少年

* 路琦，中国青少年研究中心行为规范与青少年犯罪预防研究课题组组长；付俊杰，北京市海淀工读学校教科研主任。

中较少发生，而在工读学校学生中较为常见，两者的发生率有较大的差距。具有严重不良行为是工读学校学生的典型特征，基本符合当前工读学校收生的重要标准和现行法律标准：年龄已满 12 周岁不满 18 周岁、有严重不良行为的“特殊问题青少年”（个别学生年龄小于 12 周岁或超过 18 周岁）。工读学校学生严重不良行为发生较多的是“随意殴打别人（三次以上）”“抽烟成瘾”“酗酒”“多次追逐、拦截、辱骂、恐吓别人（三次以上）”“携带管制刀具，屡教不改”“在公共场所起哄闹事”“结伙斗殴，追逐、拦截他人，强拿硬要或者任意损毁、占用公私财物等行为”。这些行为都比较有破坏性，不加以矫治、惩戒，很容易发展成犯罪行为。

三　多种因素影响青少年不良行为与严重不良行为

1. 青少年基本认知及心理性格特点

相关研究表明，青少年核心自我评价会影响内化问题行为①。本次调查发现，在性格自我认知上，青少年自我评价总体上是正向阳光的，无论是普通学校学生还是工读学校学生，积极性格因素的自我评价比例要高于消极性格因素。但是，具体来看，工读学校学生与普通学校学生在性格自我评价方面存在着明显的差异，工读学校学生比普通学校学生消极。这可能与工读学校学生成长过程中不断遭受挫折体验，成功感较弱有关。

研究发现，科学家、体育明星、影视明星是青少年普遍崇拜的偶像。但比较研究发现，工读学校学生最崇拜影视明星、体育明星和虚拟世界人物，普通学校学生最崇拜科学家、文学家和现实中的人物英雄。工读学校学生更喜欢虚拟的、刺激的、离自己较远的崇拜对象；普通学校学生更喜欢现实的、通过努力能达到的崇拜对象。相关研究表明，中学生的偶像崇拜与其自我概念有密切关系②。研究结果提示工读学校学生和普通学校学生在自我概念方面可能存在着差异。工读学校学生真实的自我和理想的自我可能具有更大的差异，更希望在虚拟的偶像世界中得到慰藉。

总的来说，青少年在对成功归因（调查问卷涉及的 6 个方面）的时

① 王玉洁等：《青少年核心自我评价与内化问题行为的关系》，《中国学校卫生》2015 年第 3 期（总第 36 期）。

② 姚计海、申继亮：《中学生偶像崇拜与自我概念的关系研究》，《心理科学》2004 年第 1 期。

候，倾向于选择内归因。但是，普通学校学生在个人努力、聪明才智、机会三个方面的成功归因百分比高于工读学校学生。工读学校学生在人际关系、运气、家庭条件背景三个方面的归因百分比高于普通学校学生。普通学校比工读学校学生在成功上更具有内归因的趋向。根据韦纳的归因理论，归因有原因源、稳定性、可控性三个维度。其中，原因源维度与自尊感有密切关系。当个体将成功归结于内在原因时，会产生自豪、满意，而归结于外在原因时，只会产生幸运感。反过来，当个体将失败归因于内在原因时，会产生羞愧自卑，而归结于外在原因时，则很少有羞愧感 。工读学校学生在归因时更趋向于外部归因，当他们出现“问题行为”时也可能将其归结于外部环境的影响，而不从自身找原因，不会产生自责感，因而不会主动地去调整其“问题行为”。

2. 家庭依附程度

研究发现，工读学校学生父亲和母亲本科学历比例要低于普通学校学生，父母在本地工作的比例小于普通学校学生，父母作为第一抚养者身份的比例要低于普通学校学生，单亲家庭比例要高于普通学校学生，有继父或继母情况的要多于普通学校学生。即从家庭结构、父母陪伴、父母文化、抚养者特征等方面来看，工读学校学生的家庭养育环境要比普通学校学生差。在幼年没有得到很好的照顾，可能是其在青少年时期出现问题行为的原因。

从家庭情感因素来看，工读学校父母间情感质量要差于普通学校。相关研究也表明，父母婚姻质量对儿童的行为问题有显著的负向预测作用①②。因此可以说，工读学校学生父母间感情问题可能与工读学校学生问题行为密切相关。另外，工读学校学生与父亲情感及与母亲情感都要差于普通学校学生，尤其是与父亲的关系差距非常明显。相关研究表明，父子关系和儿童的攻击、违纪问题有显著的双向作用③。工读学校学生父子关

① 梁宗保等：《父母婚姻质量与儿童行为问题的追踪研究：儿童努力控制的调节作用》，《心理发展与教育》第 5 期。

② 李剑侠、郭菲、陈祉妍：《父母婚姻质量、教养行为与女生外化问题的关系》，《中国临床心理学杂志》2012 年第 1 期。

③ 张晓等：《亲子关系与问题行为的动态相互作用模型：对儿童早期的追踪研究》，《心理学报》2008 年第 5 期。

系较差一方面可能导致学生产生行为问题；另一方面，学生的违纪行为问题也可能是父子关系较差的原因。

与父母间情感及与父母的情感结果相一致，工读学校学生与普通学校学生家庭氛围也存在着差异。普通学校学生拥有正向家庭氛围的要多于工读学校。相比普通学校学生，有一部分工读学校学生生活在缺乏关心与尊重或者是存在着冷暴力的家庭氛围之中。

相关研究表明，父母不良养育方式与青少年行为问题密切相关①。本次调查也发现，工读学校学生监护人与普通学校监护人的养育方式也存在着一定的差异。普通学校学生监护人更多地采取“关心疼爱，事事过问”“要求严格，正确引导”两种积极的养育方式；工读学校学生监护人更多地采用其他4种消极养育方式（放任自流，不管不问；经常打骂，家庭暴力；一味顺从，过分溺爱；赶出家门）。

调查发现，工读学校学生家庭成员（除父母之外的其他直系亲属）有犯罪记录比例明显高于普通学校学生。家庭成员出现犯罪问题对青少年的行为发展可能有不良的示范作用。

从与家长交流情况来看，青少年与家长交流的内容首先是学习和感情，然后才是娱乐和金钱。但是，工读学校学生与家长交流娱乐和金钱的比例高于普通学校学生；普通学校学生比工读学校学生更希望家长关心自己的学习，工读学校学生中对家长是否关心自己学习持无所谓态度的比例是普通学校的2倍，不希望家长关心自己学习的学生是普通学校的3倍。可以看出，有问题行为的青少年在与家长交流的过程中，对学习持有回避的态度。

3. **学校认可程度**

青少年非正常离校（逃学、旷课）本身就是一种不良行为，同时也是其他不良行为的重要诱因，从一定程度上反映青少年在学校是否找到自身的价值感。调查发现，工读学校学生和普通学校学生在是否经常离开学校、不在学校上学这一问题上有非常大的差距，工读学校学生曾经出现过非正常离校的占比近40%，普通学校学生仅是3.1%。青少年非正常离校会出入不适宜青少年出入的场所、交往不良社会人员，极易导致其他不良

---

① 高雪屏、于素维、苏林雁：《儿童青少年多动冲动行为与父母养育方式的关系》，《中国临床心理学杂志》2003年第1期。

行为、严重不良行为，甚至是犯罪行为。针对学生非正常离校情况，大多数工读学校都有“旷课学生教师要找回”的管理措施，就是为了避免工读学校学生非正常离校引发其他问题，这个做法普通学校可以借鉴，这样也许可以避免普通学校青少年不良行为、严重不良行为的形成和发展。

基于“挫折—侵犯”理论，相关研究发现，儿童青少年学业挫折会引发攻击性行为，进而产生其他不良行为①。调查发现，工读学校学生的学习状态和学习兴趣比普通学校差，班级学习氛围不如普通学校学习氛围理想。从教育实践来看，工读学校学生从普通学校转入工读学校前，在行为问题之外，大多伴随着学业问题。在学业上的挫折经历、无成功感是其产生行为问题的诱因。

在师生关系和同伴关系上，调查发现，工读学校中对师生关系“非常满意”的比例要少于普通学校，受同学歧视的情况要多于普通学校。在歧视原因方面，普通学校学生更可能因为成绩不好受到歧视，工读学校学生更可能因为欺负同学而被歧视。此外，工读学校学生遭遇过校园欺凌和校园暴力的比例要高于普通学校学生；相比普通学校学生，在实施或遭遇校园暴力后，工读学校学生不愿意将相关情况告诉家长或寻求老师帮助，更愿意选择“同样通过暴力手段报复”和“忍气吞声”。可见，工读学校学生要面对更多的校园人际关系问题，容易引发更多的问题行为。

4. 成长环境及社会交往

相关研究表明，不良成长环境对青少年心理和行为都会产生影响②。调查发现，工读学校学生自我报告居住地周边有更多娱乐性场所（歌舞厅、游戏厅、网吧、台球馆、洗浴中心），普通学校学生自我报告居住地周边有更多文化性场所（图书馆、文化馆、青少年宫）。而且，在日常生活中，工读学校学生更多地去娱乐场所，普通学校学生更多地去文化性场所。周边不良环境的浸润，可能会对青少年行为发展造成影响。此外，调查发现，工读学校学生比普通学校学生更多地与社会人员进行交往；在18岁以前，与异性发生性关系的比例也高于普通学校学生（特别是14岁这

① 屈朝霞、童玉林、路红红、陆耀明：《同伴交往、学业成绩对儿童青少年攻击行为的影响——基于挫折—侵犯理论的研究》，《青少年犯罪问题》2012年第4期。

② 刘丽新、夏斌、黄汐滨：《不良成长环境对青少年心理和行为的影响》，《中外医学研究》2014年第6期。

一年有8.3%的工读学校学生报告第一次发生了性关系）；比普通学校学生更多地接受了反主流文化（如自杀、性虐待等信息），或对反主流文化不反感。工读学校学生有组建或加入黑社会性质组织想法的及已经组建或加入黑社会性质组织的学生比例要明显高于普通学校学生。超越年龄的社会交往、异性交往与反主流文化的影响可能会彻底改变青少年的发展轨迹。

在社会支持方面，值得注意的是，工读学校和普通学校青少年都倾向于将虚拟人物作为对自己产生正面影响最大的人，将亲近的人（母亲和父亲）作为对自己产生负面影响最大的人，表现出一种“距离产生美”的社会心理效应。与此相一致，青少年最不想和父母或其他监护人述说自己的内心话，但在遇到困难时，又会最想将这些问题向父母或其他监护人倾诉。这一现象体现了青少年面对父母独立和依赖并存的心理特点。相比普通学校学生，工读学校学生把家庭关系当成最大困难的比例要高，且更不愿意在遇到困难时向父母和监护人倾诉，而是愿意向恋人伴侣倾诉。这说明工读学校学生更加缺乏家庭方面的社会支持，将支持对象转向恋人伴侣，相比普通学校学生缺少来自家庭方面的保护性因素。

5. 网络及虚拟因素

青少年网络成瘾、网络偏差行为与一般问题行为存在着密切的关系[①]。调查发现，当前大多数青少年在12岁以前都已经“触网”，10岁和12岁是青少年两个开始上网的高峰。工读学校学生相比普通学校学生，在上网方面具有明显的特征：上网时间更长，频率更高，上网更多是进行娱乐性活动而非学习性活动，愿意到同学或朋友家里、网吧上网，上网自控能力更低。也就是说，相比普通学校学生，工读学校学生有更多的网络偏差行为和更多的网络成瘾表现，学习生活更多地被互联网改变和打乱。与上述结果相一致，参与此次调查的教师也认为网络改变了青少年的生活方式，不能正确利用网络是加剧青少年特别是未成年人不良行为或严重不良行为的重要原因。

6. 青少年法律认知情况

加强法治教育有利于预防和减少青少年违法犯罪[②]。调查发现，学校

① 王莉等：《青少年网络成瘾、网络偏差行为与一般问题行为的关系》，《中国特殊教育》2010年第8期。

② 金文玺：《加强法制教育是预防青少年违法犯罪的重要举措》，《中国青年研究》2010年第11期。

法治课堂是青少年了解法律知识的主阵地；互联网、同伴朋友、广播电视媒体、居住地法治教育宣传也是青少年了解法律知识的渠道。对于课堂法治教育，工读学校学生的态度明显比普通学校学生消极，认为“很有意义，愿意学习，知法守法”的比例明显低于普通学校学生；认为“毫无意义，流于形式，与我无关”“应付考试”“很有用，知法才能钻法律的空子”的比例又明显高于普通学校学生。面对同样的课堂法治教育，持有消极的学习态度，可能会影响青少年法治教育的实际效果。

从青少年对法律知识的掌握情况来看，工读学校学生和普通学校学生掌握情况基本一致。他们对犯罪、行政处罚、刑事处罚相关的法律知识及《未成年人保护法》《预防未成年人犯罪法》的相关内容只是了解一部分。青少年法治教育仍然任重道远。

大多青少年认为法律的作用是“保护自己和他人”“惩罚违法者”，对法律作用有较为正确的认知。但工读学校学生比普通学校学生更倾向于认为法律的作用是“禁止自己做很多事情”或者“没什么用”。也就是说，工读学校学生更多的是看到法律对自己的管束而不是保护。

学习法律之后，是否能让青少年更守法？调查发现，90.6%的普通学校青少年表示在学习法律知识后，不会实施犯罪行为。而工读学校学生表示在学习法律知识后，不会实施犯罪行为的比例是76.4%。这一差别反映少数工读学校学生对普法教育有错误的认知甚至漠视普法教育。这提示对有不良行为的青少年的普法教育应该更加注重针对性、严肃性。

7. 师生对未成年人不良行为或严重不良行为、犯罪行为原因的认识

师生对未成年人不良行为、严重不良行为、犯罪行为原因的认识基本没有表现出学校类型的差异。青少年学生认为未成年人有不良行为、严重不良行为、犯罪行为的原因主要是：“没有养成好习惯”“贪玩、不爱学习”“交友不慎”。

教师认为未成年人不良行为的客观原因主要是“家庭教育不好”“网络文化不健康”“社会风气不良”。具体到家庭教育方式，教师认为“过分溺爱”和“放任自流”两种监护方式可能会造成青少年不良行为和严重不良行为。

具体到青少年个人因素，两种类型学校的教师都认为“是非辨别能力差”“价值观扭曲”影响青少年不良行为、严重不良行为以及犯罪行为。

此外，工读学校教师更关注“是非辨别能力差”，普通学校教师更关注“意志力薄弱、易受影响”。这种差异可能是因为两种类型学校教师接触的学生有差异。工读学校学生出现“问题行为”往往“自发性”较强，源自“是非辨别能力差”；普通学校学生出现“问题行为”往往是受他人影响的，多伴随“意志力薄弱、易受影响”。

具体到青少年心理因素，无论是普通学校还是工读学校教师都认为“逆反心理”“寻求刺激”和“盲目随从”是引发青少年不良行为、严重不良行为以及犯罪等问题行为的心理因素。这三种因素是青少年心理教育与法治教育需要重点关注的方向。

预防和教育矫治青少年问题行为的对策建议

路　琦*

一　完善青少年问题行为预防和教育矫治体系

需要进一步从整个预防青少年违法犯罪的角度统筹安排，确保青少年特别是未成年人得到分级分类教育引导和处置。需要进一步在社会治安综合治理工作体系中建立和完善“党政主导，职能部门负责，社会各方有序适度参与，预防青少年违法犯罪专项组协调沟通”的预防工作机制。需要通过构建以相对独立的实体化协调办事机构为核心的，相互关联、相互支撑的“六化”预防工作体系，① 推动预防工作取得新的更大成效。

需要进一步形成制度安排，确保普通未成年人、有不良行为未成年人、有严重不良行为等“特殊问题青少年”（有严重不良行为，或有犯罪行为但因不满刑事责任年龄免予刑事处罚，或检察机关决定相对不起诉、附条件不起诉，或有轻微犯罪行为被判处非监禁刑的未成年人等②）和被判监禁刑的犯罪未成年人等都能得到分级分类教育引导、教育矫治和教育改造。

需要充分整合各方力量，在线上和线下创建“无标签”色彩的常设公益性服务机构，如“青少年社会性发展服务中心”（ 或称青少年社会适应性教育服务中心，简称“中心”） 等 ，搭建起普通学校、专门（工读）教

---

* 路琦，中国青少年研究中心行为规范与青少年犯罪预防研究课题组组长。

① 路琦：《论建设以实体机构为核心的未成年人违法犯罪预防体系》，《中国青年研究》2012年第5期。

② 路琦：《创新和完善我国工读教育的现实思考》，《工读教育研究》，社会科学文献出版社，2019。

育、社区矫正等专业力量与社会（青少年和家庭）普遍需要的服务转介平台，为青少年特别是有不良行为或有严重不良行为的未成年人及其监护人提供方便的“就医”渠道、合适的“就医”场所，特别是提供分级分类转介“治疗”等专业服务。①

需要尽快完善法律，尽早颁布新修订的《预防未成年人犯罪法》，为预防工作提供更有效的法律保障。建议修法重点关注对未成年人的犯罪预防、教育矫治和社会正常关系的修复，进一步平衡好三者间的关系；建议充分体现深入贯彻宽严相济刑事政策、科学传承古代息讼思想、积极借鉴恢复性司法理念等中西方思想精华的内容；机构与职责等是修法的关键，建议进一步统筹好综合施策和分工负责的关系，增强法律的实用性和可操作性；不良行为与严重不良行为的划分界定很重要，建议进一步研究论证；建议将收容教养制度或相关措施激活，进一步确保分级分类教育矫治措施的完整性；建议进一步做好与《民法典》《刑法》《刑事诉讼法》《社区矫正法》《未成年人保护法》、正在制订的《未成年人网络保护条例》，以及中办、国办印发的《关于加强专门学校建设和专门教育工作的意见》等的衔接，统筹完善法律法规的相关规定。

二　加强重点预防，充分发挥专门学校教育矫治作用

需要加强教育矫治力量，充分发挥专门（工读）学校对“特殊问题青少年”群体的教育矫治作用。

目前，就我国国情看，专门（工读）学校教育仍是预防青少年违法犯罪系统工程中分级分类教育引导“问题青少年”的一个重要环节，不容忽视。2019 年 3 月，在党中央的关心和重视下，在工读人和从事预防青少年违法犯罪工作者的密切关注、积极参与下，盼望已久的新文件出台了，中共中央办公厅、国务院办公厅印发了《关于加强专门学校建设和专门教育工作的意见》（以下简称《意见》）。《意见》的出台为长期以来缺少法律法规保障的专门（工读）学校教育工作提供了新的政策支持，同时，也对新时期专门（工读）学校建设和专门（工读）教育工作提出了

---

① 路琦：《创新和完善我国工读教育的现实思考》，《青少年犯罪问题》2012 年第 5 期。

新的要求。

需要根据不同地区的实际情况，增设或整合现有专门（工读）学校资源，使教育转化有严重不良行为等“特殊问题青少年”的力量与实际需求相匹配。在规划和布局时，建议能与上述建议中提到的“中心”等机构的建设同时考虑，以促使多方力量进一步形成合力。

需要与时俱进，不断增强专门（工读）学校履职能力。专门（工读）教育有其办学优势和特长，但若要切实履行好新职能，需要不断增强其履职能力。建议重点加强八个方面的工作[①]，确保其集中精力做好有严重不良行为等“特殊问题青少年”的教育矫治工作，使“特殊问题青少年”能遵守法律，有一技之长，能自食其力，成为对社会有用的人。

三　强化家庭预防，改善家庭因素对青少年的不良影响

家庭对青少年个体身心发展和行为规范养成具有重要影响作用。本研究对教师的调查显示，工读学校教师和普通学校教师都认为：家庭因素是我国青少年犯罪的最重要因素。

需要为人父母者尽到监护责任。调研数据显示，12 岁之前的 3 个年龄阶段（3 岁以前、3 ~6 岁、6 ~12 岁），普通学校学生父母作为第一抚养人的比例，始终高于工读学校学生；从获得大额零花钱的情况看，工读学校学生要多于普通学校学生（10.4% vs. 4.2%），这与工读学校教师和普通学校教师都认为“过分溺爱”和“放任自流”两种监护方式最可能造成青少年有不良行为和严重不良行为的数据相一致。这提醒我们：在基本生活有保障的情况下，相较于经济和物质上提供的条件来说，父母作为主要抚养者的陪伴监护对孩子的健康成长更重要。同时，数据显示，工读学校有继父或继母学生的比例明显高于普通学校学生（14.3% vs. 6.5%）。这提醒我们：监护状况可能会影响到未成年人的健康成长。

需要未成年人的监护人（父母或祖父母或其他成年人）不断提高自身修养和素质，营造和谐健康的家庭氛围。好家长引领好家风传承。[②] 调研

① 路琦：《创新和完善我国工读教育的现实思考》，《工读教育研究》，社会科学文献出版社，2019。

② 关颖：《家庭教育是什么——家长学习读本》，广东教育出版社，2018。

数据显示，工读学校学生拥有负向家庭氛围（“放任自流，不管不问”“经常打骂，家庭暴力”“一味顺从，过分溺爱”“赶出家门”）的要明显多于普通学校学生（23.6% vs. 9.1%）；工读学校学生家庭成员有犯罪记录比例明显高于普通学校学生（8.9% vs. 3.7%）。

需要进一步鼓励社区、学校以及社会组织等广泛举办家长学校，开展教育子女的专题培训和交流活动，为所有家庭提供基础性、普惠性教育服务。建议制定政策措施鼓励各方力量创设和完善服务机构（如前述建议中提到的“中心”等），为有特殊需要的家庭提供所需的日常服务。“有效的家长培训和家庭干预可以改变父母的教养态度和行为”。[①] 建议建立完善亲职教育制度和青少年心理应急救助制度，为青少年不良行为预防、犯罪预防和再犯罪预防，以及遭遇重大灾情或因疫情处于困境的青少年家庭提供政策法规支持和服务保障。

四　重视网络预防，完善网络空间建设

调研数据显示，在回答“哪些因素加剧青少年不良行为或严重不良行为”时，无论是工读学校教师群体还是普通学校教师群体，选择“不能正确利用网络”的人数都是最多，均超过1/3（36.9% vs. 35.2%）。中国预防青少年犯罪研究会近年来的多次调研也都显示，未成年人犯罪超过70%与网络相关。

近年来，国家对青少年特别是未成年人的网络保护事宜高度重视，制定并出台了一系列互联网管理法律法规，起到了一定的积极作用，但目前尚没有关于未成年人网络保护的专门法律法规。2016年，国家互联网信息办公室就《未成年人网络保护条例（草案征求意见稿）》公开征求意见；2017年1月，国务院原法制办公室决定，将国家互联网信息办报送国务院审议的《未成年人网络保护条例（送审稿）》及其说明公布，征求社会各界意见。中国预防青少年犯罪研究会受国家互联网信息办委托，开展了未成年人网络保护专题调研，参与了“草案征求意见稿”起草阶段的相关工

① Child Welfare Information Gateway. “Parent Education to Strengthen Families and Reduce the Risk of Maltreatment”, 2013.

作，并参与了国务院原法制办关于“送审稿”的征求意见工作。我们作为在预防青少年违法犯罪领域工作多年的研究者，深知“条例”出台的重要性。本次中国青少年研究中心的调研进一步显示，与普通学校学生相比，工读学校学生有更多的网络偏差行为和更多的网络成瘾表现，学习生活更多地被互联网改变和打乱。尽快出台“条例”为未成年人在网络空间提供更好保护，是国家、社会和家庭等各方所共同期待的事情，是需要各方共同努力推动的事情。

建议尽早出台《未成年人网络保护条例》，为更好营造健康、文明、有序的网络环境，为青少年特别是未成年人健康成长保驾护航。建议“条例”的制定要强调行业自律，需要网络信息服务平台、视频平台，游戏服务提供者、智能终端设备制造商、进口代理商等主动提高责任意识，不发不义之财，不做违规违法之事；要畅通广大网民对网络监督的渠道，为及时发现问题、解决问题提供信息等支撑；要强化相关部门督导检查责任，让违反相关法律法规，制作、发布、传播违规违法信息者，受到应有的惩处。“条例”的制定若能建立健全上述三方有效衔接的机制，促使三方进一步形成合力，定能为青少年特别是未成年人营造一个更加清朗的网络空间。

建议加强青少年网络素养教育。与普通学校学生相比，工读学校学生上网更多是进行娱乐性活动而非学习性活动，且上网自控能力要低。根据不同年龄段的实际情况，开展有针对性的网络素养教育有助于引导青少年用好网络，避免利用网络危害他人或被侵害，避免被网络所奴役而沉迷网络以至于影响正常的学习、生活和身体健康等。

五　加强家庭、学校和社区的联动，确保青少年问题行为得到及时干预

教育引导有问题行为青少年的过程，就是干预其行为、重新培养其行为规范意识、改掉其不良行为习惯的过程。这个过程单靠家庭或单靠学校都不能取得很好的效果，需要家庭、学校和社区等的相互配合和密切联动。

专业的服务机构若配备力量充足，应能发挥工作载体和枢纽作用，自

然且有效地将家庭、学校和社区链接起来。建议尽快根据实际情况建立试点（如前述建议中提到的“中心”等），并及时评估、完善和推广。同时，建议进一步加强社工等专业队伍建设。调研数据显示，在回答“您认为对不良行为或严重不良行为未成年人的矫治工作面临哪些困难”时，无论是工读学校还是普通学校的教师们都认为“社会力量不足，不良行为青少年很难得到帮扶和矫治”是最大的困难。

需要注意反主流文化的消极影响，加强核心价值观教育。调研数据显示，工读学校学生有组建或加入黑社会性质组织的想法的及已经组建或加入黑社会性质组织（学生对黑社会概念的理解还需进一步探究）的学生比例要明显高于普通学校学生（14.9% vs. 3.2%）；在回答“你认为未成年人违法犯罪的最主要原因”时，无论是普通学校学生还是工读学校学生，均将“个人价值观扭曲”排到了第一位，这需要教育工作者采取有效方式唤起学生的内在自觉，激起学生的内在修正，从而实现青少年价值观向核心价值观的亲近。

需要进一步加强普法宣传，重视普法效果。调研数据显示，普通学校学生居住地的法治教育开展情况要优于工读学校学生。在被问及“在你的居住地，是否经常向居民或村民进行法治教育”时，工读学校学生认为“不宣传教育”“不清楚”的共计41.6%，普通学校学生持此态度的共计30.0%。针对“学校开设法治教育课程情况”的问题，工读学校学生和普通学校学生认为“没有开设”的超过10%（13.0% vs. 11.5%）。数据还显示，5.0%的工读学校学生认为法治教育课程“很有用，知法才能钻法律的空子”。这个占比虽不算高，但这提醒我们：目前某些地方的学校和社区普法工作做得还不到位，甚至有一些学生对法律的认知有错误，需要引起警觉，需要根据未成年人特点有针对性地、全面地去解读法律，这与前述的“未成年人违法犯罪的最主要原因”为“个人价值观扭曲”有相关性。

需要继续营造良好环境，确保有不良行为或有严重不良行为“特殊问题青少年”顺利融入正常社会。“问题青少年”容易受到歧视，需要教育行政部门、普通中学、各级各类职业技术学校、高等院校、企事业单位等公正对待，为其提供合适的就学就业渠道和机会。当然，社会各方也应该配合得当，避免因为过多的主体对其进行关注关心而给予其“特权”，从而引起不良和负面的影响，带来适得其反的效果[①]，这不仅让受害人受到伤害，“问题青少年”本身也可能会因其享有“特权”的保护而有恃无恐，问题行为愈演愈烈，直至走向犯罪或重新犯罪的道路。

① 路琦：《工读教育与未成年人违法犯罪预防》，《预防青少年犯罪研究》2013 年第 1 期。

第二编

矫治青少年问题行为的专门教育理念举措探究*

* 本编内容系国家财政专项资金资助课题、中国青少年研究中心行为规范与青少年犯罪预防研究课题阶段性成果。

用爱浇灌蒙尘的花朵：专门教育的隐喻与实践

肖建国*

如果你是一名专门教育工作者，你会经常被好奇的人们问起："什么是专门学校?""专门学校的学生都是什么样的?"你可能会回答："专门学校是对有严重不良行为的未成年人进行教育矫治的场所。"也许会解释道："专门学校就是专门管理调皮捣蛋的孩子的嘛!"而笔者会这样说："专门教育工作就是用爱来浇灌蒙尘的花朵，让蒙尘的花朵重新娇艳绽放。"

这种回答源自一种比喻。专门教育实践者常把专门学校学生比喻为"蒙尘的花朵""受了病虫害的花朵"，认为专门学校教育工作是"用爱浇灌蒙尘的花朵"。这种比喻其实是一种朴素的教育隐喻，是人们运用隐喻性思维解释教育事实、描绘教育理想的认知活动与语言现象。① 这一源于教育实践的隐喻，生动地描绘了专门教育的对象、理念和方法，蕴含着专门学校教师爱护每一个祖国花朵的朴素教育情怀。本文以"蒙尘花朵"的教育隐喻为统领，阐述对专门学校学生、教师及教育措施的认识，给读者呈现一个更加鲜活、易于理解的专门教育，以期增进人们对专门教育的认识和关注，并对普通学校不良行为学生的教育有所启发。

一　办学思想和具体举措②

（一）蒙尘的花朵：专门学校的学生

无论是在教育领域还是在公众视野，人们都普遍认为"儿童是祖国的

---

* 肖建国，北京市海淀工读学校校长。

① 张祥云：《人文教育：复兴"隐喻"价值和功能》，《高等教育研究》2002 年第 1 期。

② 按照本书体例，第一部分为"办学思想和具体举措"，具体到本文指的是在"蒙尘花朵"隐喻下的对专门教育的理解、专门教育理念和相应的举措。

花朵，民族的希望”。花朵是美丽的，是生命力的象征，以花朵隐喻学生，表达出教育者对儿童青少年的美好期盼及呵护之情。[①]

“世上没有两片完全相同的树叶”，自然界有“娇艳的花朵”也有“蒙尘的花朵”。在学生群体中有天赋异禀、积极向上的孩子，也有资质平平、迷失方向的孩子，这符合事物的差异性规律和统计学的正态分布规律。有教无类，因材施教，专门教育的特殊对象就是“蒙尘的花朵”。

“蒙尘的花朵”到底应该包含哪些学生？相关法律和文件的表述不尽相同，但总体都规定专门教育的对象应该包括不良行为、严重不良行为、违法或轻微犯罪青少年。[②] 2019 年，国务院办公厅《关于加强专门学校建设和专门教育工作的意见》（厅字〔2019〕20 号）进一步明确：专门学校是教育矫治有严重不良行为未成年人的有效场所。

从教育实践来看，现有的 95 所专门学校虽然具体招生的标准有所不同，但大多服务于严重不良行为或有轻微违法犯罪的学生，学生大多转自普通学校，无法适应普通学校的学习、生活。以笔者所在的学校为例，学生从普通学校转入的参照标准是：心理行为偏常、学习困难或有轻微违法犯罪。2018 年，新生入学调查发现：《预防未成年人犯罪法》中的 9 类不良行为，学校学生都有涉及，14% 的学生曾经接受过派出所的问询；学生大部分学业不良，70% 左右的学生厌学或对学习持无所谓态度；非原生家庭（含离异、单亲、重组、隔代或远亲抚养）占比 34%；父母文化程度普遍较低，大多没有固定职业，一些家庭经济状况比较困难；家庭教育方式中粗暴、过度干涉、溺爱的类型占 56.96%。这一结果与全国专门学校的调查结果具有一致性。[③]

可见，专门学校学生与普通学校学生在行为、学业、家庭背景等方面均有差异。这些差异让原本处于花季的少年遭受人生的挫折，让原本娇艳的花朵蒙上浮尘。但是，“蒙尘”并非“湮灭”，中学生还处于思想与行为高可塑性阶段，蒙尘之下仍然是美好的心灵。他们具有很大的潜质，有教育转化的可能，这是专门教育的基础和逻辑起点。

---

① 刘晓静：《“教育实践指导性命题”的修辞研究》，南京师范大学硕士学位论文，2005。

② 肖建国、付俊杰、王会军：《未成年人违法犯罪预防视角下的工读学校适合教育》，《预防青少年犯罪研究》2018 年第 3 期。

③ 路琦、郭开元、刘燕：《新时期专门学校教育发展研究》，《中国青年研究》2018 年第 5 期。

（二）特殊的园丁：专门学校的教师

“园丁自有回天力，洗净花尘放异香”，花朵的隐喻总与园丁隐喻密切相连，“蒙尘的花朵”呼唤“特殊的园丁”，即专门教育的实施者，如图1所示。

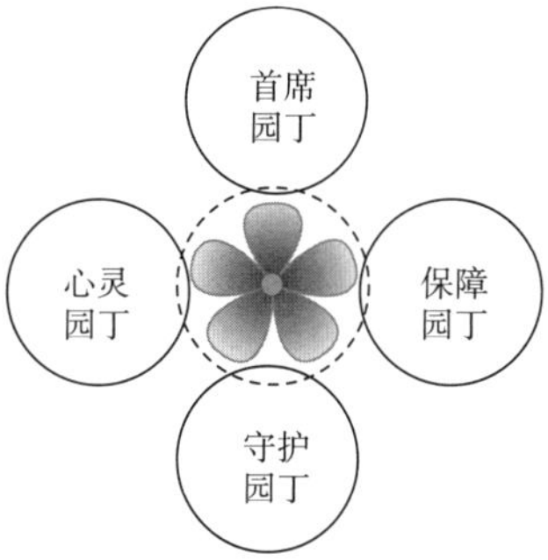

图1　浇灌“蒙尘花朵”的园丁们

浇灌蒙尘花朵的园丁有班主任、任课教师、心理教师、生活老师、德育管理人员以及全员德育视角下的所有教育参与者。笔者所在的学校每班配备两名班主任，他们是蒙尘花朵的首席园丁，24小时全方位精心育苗，全面负责学生发展与成长。心理教师是蒙尘花朵的心灵园丁，他们的工作如细细微风、涓涓细流，能拂去、洗净学生心灵上的蒙尘。生活老师和德育管理人员是蒙尘花朵的保障园丁，他们准备好滋养花朵的土壤、肥料，除去周边的杂草，为花朵营造良好的成长环境。此外，专门学校的所有教师都可以是蒙尘花朵的守护园丁，他们或欣赏、或浇灌，多方位给予花朵阳光和雨露，让学生笑靥如花，让学校花开满园。

从技术层面来讲，无论哪种园丁都需要熟知蒙尘花朵的习性，尊重“植物”的规律，循序渐进地培育学生。从精神层面来讲，园丁要有敬业和默默奉献的精神，专门学校的园丁具有“爱生敬业、主动担当、团结协作、坚守奉献”的教师精神。从教育情怀来讲，园丁是最富有田园诗意的比喻，象征着专门学校教师扎根教育沃土的信念和淡泊名利、守护蒙尘花朵的情怀。

（三）农业观与生长观：专门教育的理念

在教育隐喻研究里有两组对立的观点：农业与工业、生长与塑造。①②

① 蔡连玉：《“教育即农业”的隐喻与社会建制》，《教育理论与实践》2014年第25期。

② 吴晓琳：《“教育是什么”的隐喻探析》，《当代教育论坛》2008年第2期。

专门教育在这两组隐喻中趋向农业观与生长观。

与传统农业精耕细作、家庭化生产相一致，专门教育也是小规模的，学生一般控制在300人以内，注重个性化教育，根据不同的学生实施“适合的教育”，为学生提供个性化的成长平台，让学生在各自原有的基础上得到发展。专门学校主张“用放大镜观察学生的闪光点，用显微镜发现学生的上进心，用发展的眼光看待每一位学生”，就如同农民下地一棵棵地拔除杂草，力争让学生内心的每一点能量都能放大，成为其成长的动力。再者，庄稼是农民的“命根子”，农民会想尽办法去呵护。专门教育工作过程中，教师同样倾注全身心的爱，以润物无声的方式促进学生成长。

专门教育还有两个基本理念：“在成功中成长”和“静待花开”，它们蕴含的正是杜威“教育即生长”的隐喻。专门教育并不是要把学生雕刻成既定的样子，而是相信每一个学生都有向上、向善发展的可能性。专门学校学生之所以暂时表现出种种不良习惯，主要原因是受到不良环境的影响、遭遇过挫折，导致自身的生长力被抑制。所以，专门学校为学生搭建了一个个小台阶及众多的小平台，让学生能够相对容易地获得成功的体验，修复过去失败、自卑的挫折体验，从而获得生长的自主动力。在学生生长的过程中，专门学校重视学生特有的“时序”，在创设好教育情境后，给予学生更多的等待，在“慢”教育中让每一朵花儿的生命力渐渐恢复，静静绽放。

（四）五维生态教育：专门教育的举措

花朵的生长离不开土壤、阳光、水、温度、养料。蒙尘花朵的培育也离不开良好的教育生态，以下是与蒙尘花朵隐喻有关的教育措施，如表1所示。

表1　“蒙尘花朵”隐喻与专门教育举措

	花朵生长的条件	蒙尘花朵的培育
1	土壤	创设适宜的环境
2	温度	用爱温暖蒙尘的花朵
3	阳光	正面教育指明方向
4	水	心育滋润心田
5	养料	优势视角和特色教育为学生发展赋能

（1）土壤：创设适宜的环境。研究表明，青少年不良同伴交往会增加其冒险性行为。[①] 专门学校学生很多不良行为问题都与其不良社会交往存在关联。专门教育的首要特点就是半封闭、集体化管理方式。半封闭教育下，学生周一至周五住宿在校，最大限度地减少与原有不良社会人员接触的可能性，从而阻断了学生与负面成长环境之间的联系，降低了学生采取冒险性行为的可能性。专门学校集体化管理源自马卡连柯集体教育理论，即创设良好的班集体和学校大集体环境氛围，充分发挥共青团、学生会的作用，以集体为教育对象，以集体教育个人，解决了很多面对学生个人无法解决或很难解决的行为问题。此外，笔者所在学校地处北京西山山脉，依山傍水，风景秀美，古色古香的四合院富有浓郁的文化氛围。这种典雅有序的环境是一种隐性教育资源，能给学生带来良好的心境，使其内心得到整合，获得心理上的平衡与宁静。

（2）温度：用爱温暖蒙尘的花朵。笔者所在学校有一处温家宝同志的题词："没有爱心，就没有教育"，时刻提醒着过往的老师们：师爱是专门教育工作的基础，而全天候全方位的陪伴是专门学校师爱的最集中体现。在这里，能保证每一个学生都能得到足够的关注。两位班主任与学生同吃同住，一起学习生活，24 小时陪伴学生，建立起如师如父、兄弟姐妹般的亲密师生关系。孩子们在老师的接纳与陪伴下，逐渐找回了在家庭中缺失的支持系统，重获安全感与信任感，获得成长与前行的动力。

（3）阳光：正面教育指明方向。叶圣陶先生说："对于中小学生来说，我想还是应该以正面教育为主，着力培养他们辨明是非和美丑的能力。"[②] 专门学校学生虽然表现出许多品行问题，仍然要坚持"和善而坚定"的正面教育。笔者所在学校将立德树人根本任务和社会主义核心价值观教育融入学校德育实践，设置了正面养成教育、学生典型引领、正向主题教育等多种正面教育环节，如表 2 所示。正面教育如同阳光，给学生的发展指明了方向，帮助学生认识到自身不足，养成良好品行，树立正确的人生观、世界观、价值观。

---

① 任婧：《不良同伴交往与青少年冒险行为的关系：学校联结的中介作用》，陕西师范大学硕士学位论文，2018。

② 万秋红：《叶圣陶"正面教育思想"内涵初探》，《时代学习报·教研参考》2018 年 9 月 28 日。

表 2　正面教育环节

正面教育名称	正面教育内容
正面养成教育	在日常德育课程中设有三餐队列行进、军事化内务整理等正面养成教育环节，涵养学生良好行为和基本素养，奠定学生社会适应基础
学生典型引领	组建手拉手班级，为新入学学生配备高年级学生辅导员；优秀学生评比多元化，除常规的学习外，为每一个有进步的学生定制个性的表彰项目（如人际和谐奖、默默无闻奖），让更多的学生看到成长的希望
正向主题教育	设立明理、守法、健康、上进、感恩、友善、诚信、自立 8 个一级德育主题和 35 个二级德育目标（如“明理”的第 1 个二级目标是“知是非”）及 155 个具体指标（如“知是非”的第 1 个具体指标是“听父母师长的话、听得进劝告”）；围绕以上指标体系分年级以日常教育、主题班会等形式加以落实，促进学生形成正确的思想认识、良好行为习惯与情感态度

（4）水：心育滋润心田。泰戈尔说：“使卵石臻于完美的，不是锤的打击，而是水的载歌载舞。”心育如水，浇根洗尘，能使蒙尘花朵重放光彩。笔者所在学校特别重视心理健康教育在专门教育工作中的作用，设有学生心理中心，配备 4 名专职心理教师和 10 余名兼职心理辅导员，建立了学生心理健康三级关怀系统，如表 3 所示。此外，学校还对有相同发展需要的学生进行团体辅导，对家长进行家庭教育与亲子沟通辅导，基本实现了心理关怀普及到每一个学生。

表 3　危机三级关怀系统

级别	内容	对象	关怀者
一级普遍关怀	学生每周上一节心理课；每日填写自己的心情事件，教师每日共情、反馈	全体学生	专职心理教师、心理辅导员
二级特殊关怀	一般心理困扰的学生由专职心理教师进行个体心理辅导	少数学生	专职心理教师
三级危机干预	心理困扰突出学生，由德育副校长牵头，成立包括心理教师、辅导员、班主任、任课教师、重要家人在内的成长支持小组，共同开展教育	危机学生	危机关怀团队

（5）养料：优势视角和特色教育为学生发展赋能。蒙尘花朵由于过去成长中曾经遭遇挫折，导致成长动力不足，自我效能感较低。很多专门学校学生在原来学校从未有展示的机会，被严重边缘化。为使蒙尘花朵重获

生长的动力，我们采取优势视角，关注学生的优势和长处，将共性和个性相结合，带动学生成长。在共性方面，学校每年开展20次以上低门槛、重参与的活动，让所有学生都能多次走到台前，展示亮点，成为焦点。在个性方面，学校基于学生的兴趣与能力，创设陶艺、乐器、合唱、舞蹈等16个小组参与平台，让每一个有特殊能力与需要的学生找到施展的舞台，实现了全体学生全面发展与关注学生个性发展的有机结合。在优势视角下，每一个学生都在学校找到了自己的兴奋点，得到关注，在一次次参与的过程中重拾自信，阳光成长。此外，学校还是北京市科技教育示范校、海淀区校园足球特色校，并具有纸艺非遗传承项目，一大批孩子在科技、足球、艺术等特色教育项目中得到锻炼和滋养，实现了自我价值。

二　印象最深的几件事

（一）办学思想大讨论：认识蒙尘的花朵

今天，当你走进海淀工读学校，你会看到：校园美丽整洁，教育设施先进，师生、生生和谐向上，有很多家长、学生慕名到校参观，咨询入学事宜。但是，在十几年前，笔者初任校长时，情形完全不一样。那时，教师忙于处理各种学生问题，经常用“看、管、压”的方式教育学生，学生顶撞老师的情况也时有发生，笔者也经常充当“灭火队长”的角色，和班主任、任课教师一起不断处理各种紧急情况，不断调和生生矛盾、师生矛盾、家校矛盾。

这样下去该怎么办？问题的症结到底在哪里？专门学校仅仅是要把学生管住吗？带着这些疑问和问题，从2004年起，学校组织干部教师开展了多次多层级、广泛深入的讨论，现在大家把那次讨论称作“办学思想大讨论”。

经过大讨论，我们发现，教师对学生的认识还不够充分，把学生看作“洪水猛兽”般的存在，认为学生不严管就会出乱子，造成教师严管和学生对抗之间的矛盾，极大地抹杀了学生内心的积极力量和成长可能性。找到问题的症结后，海淀工读学校教师继续讨论，最后提出了“以人为本，和谐发展，科学管理，争创一流”的办学思想，并将其作为学校长期坚持的办学理念。

在人本和谐理念的指导下，教师的学生观和教育方式发生了根本性的转变，教师不再像过去一样，千方百计地只想把学生管住，而是真正以学生为本，相信学生有成长进步的巨大潜能，有内在向善向好的成长趋向，想方设法搭建平台，以学生的内在动力和创造性实现学生自我成长。

学生 W 是典型的专门学校学生，多次偷窃、与女同学不良交往，曾多次离家出走，与父母关系极其紧张，父母对其完全失控。来校后，W 说话总是针对别人，欺负同学，并伴有一些暴力倾向，也曾多次离家逃学，并变卖家里的贵重物品用来消费。

面对 W，如果是之前，教师肯定是要采用严管来矫正其严重不良行为。但是，随着人本和谐理念在教师心中的深入，班主任采用了另外一种方法：送他到学校美术教室，上“一个人”的美术课。

W 同学第一次来到美术教室，不屑一顾地坐在那里，什么都不看，只是低着头。美术老师告诉他在美术教室可以随意走动，随意看教室内的作品。整整一个上午，W 并没有和美术老师讲话，直到下午，他开始问老师：“老师，这是什么，是用什么做的？怎么做的？我可以做吗？”原来，W 对美术教室里的纸艺青铜产生了兴趣。美术老师给他讲解了青铜器历史和纸塑作品制作的方法，并鼓励他只要一步步跟着制作，将来也能做出青铜器纸塑作品，还可以参加比赛。

之后的一周时间，W 同学几乎每天都来美术教室。老师亲切地告诉他：“这个时间我就给你一个人上美术课！”通过制作纸塑作品，W 有了很大的改变。经过努力，他的纸艺作品终于制作完成，不仅在校内多次进行展览，还作为学校礼物，送给兄弟学校。他的一件“青铜礼鼎”纸塑作品在 2015 年北京市第 18 届艺术节工艺比赛中，荣获了市级工艺制作比赛一等奖。他创作的“纸塑爵杯”也参加了海淀区的比赛并获得殊荣。

通过美术工艺制作和成功体验的获得，W 同学变得安静、沉稳，和同学、家长的关系明显改善。他说：“通过制作手工艺，我不仅学习了技能技法，更学到了做人应该踏实做事的道理。谢谢学校给我这个改正错误的机会，我会再接再厉，继续创作出精美作品。”

学生 L 父母离异，生活在重组家庭，转入学校前经常旷课、打架，无证驾驶、改装摩托车，曾因偷盗摩托车被警方处理，但是他非常聪明，音乐、运动能力强。来校后，他依然我行我素，是学校的一个“刺儿头”，教育转化难度很大。

他的班主任兼体育教师在一节体育课上，发现了L同学的运动天赋，带领L练习田径，牺牲了大量的中午和周末时间。经过一段时间的准备和练习，L同学在2019年4月参加了海淀区第48届春季田径运动会，并在跳远比赛中取得了第四名的好成绩。有了成绩之后，他变得更加专注，抛开了摩托车，就连平时心爱的“飘逸”发型也剪成了圆寸。他说：“这叫削发明志，从头做起。”

在接下来的一个暑假里，班主任和L都没有休息，一直在刻苦地训练。功夫不负有心人，在2019年10月的海淀区第49届秋季田径运动会中，他一路过关斩将，站上了第一名的领奖台。在他最后一跳的时候，大家看到了一个曾经因为家庭变故无人管理的特殊学生，打开了人生新的上升通道，勇敢地展翅飞翔。

学生W和L的转变让笔者进一步坚定地认识到：专门学校的学生也是祖国的花朵，只不过暂时蒙上了尘埃。只要教师树立“以学生为本”的理念和“学生是成长过程中的人”“是具有内在创造性和内在价值的人”的学生观①，专门学校教育的生态和办学面貌就会发生改变。

（二）发展心理与科技教育：滋养蒙尘的花朵

如前所述，蒙尘花朵需要更多的养料，特殊的学生呼唤特色的教育。在“适合我们学生的教育”理念的指导下，近年来，学校发展出心理、科技、法治、社工、红十字、校园足球6种适合专门学校学生的教育形式。可以说，每发展一种新的特色教育，就为学校的“适合教育”增加了新的内涵，也带来学校办学品位的显著提升。在这6种特色教育中，最先发展的是心理教育与科技教育，成效也最显著。

学校的心理中心建立于2004年。当时之所以考虑筹建心理中心，是因为那时很多教师在处理学生问题时，多是凭经验或感觉办事，处理方法单一片面，有时存在治标不治本的现象。鉴于专门学校学生心理偏差的特点，笔者感觉到心理教育可能是提升班主任教育、科学矫治学生的途径，因此，学校从兄弟学校引入了刘燕和曾南萍两位具有专门学校心理一线工作经验的老师，开辟了专门的空间，成立了学校的心理中心。

---

① 张香兰：《中小学德育管理创新需要什么样的学生观》，《教育科学研究》2010年第1期。

在成立心理中心之初，老师们对心理教育是否真正能促进学生转化有不同的看法，认为通过心理教育解决学生问题很难见成效。但是，笔者认定专门学校的心理教育工作极端重要、大有可为，所以坚定地推动心理工作落地，让心理老师始终围绕班级、围绕学生积极开展工作，为学生的心理成长服务。之后的工作中，心理教育逐渐得到老师们的认可，越来越多的班主任、任课教师在教育学生的过程中主动寻求心理中心老师的帮助。有心理方面的难题找心理中心解决，成为老师们的一种共识。

实践凝练智慧。在大量个案、团体辅导、班级与家长心理工作经验的基础上，学校设置了11个功能区的心灵成长空间，构建了涵盖心理评估、心理课程、个体—团体—家庭心理辅导等多层次心理服务体系，建立了包含“专兼职+专家督导”的心育师资团队，探索出“心情天气预报”“三级关注生机制”“心理辅导员机制”“成长支持小组”“心理戏剧教育”等多种适合专门学校学生的心理教育策略。近年来，学校被评为“北京市职工心灵驿站”“海淀区心理健康教育示范校”，心理中心负责人高亚娟老师连续获得“感动海淀人物”“北京市师德榜样”“首都劳动模范”等荣誉称号。越来越多的学生在丰富心理资源的浸润下，启动内在心理动力，修复心理机能，健康快乐幸福成长。学校还积极地把心理教育的成果与经验对外辐射，在区域内和同行分享，让更多的人关注专门学校学生心灵成长，以心理教育的方式突破专门学校学生教育转化的难题。心理教育成为学校发展的重要品牌。

同样，抓科技教育也是源于学生的需要。2005年，时任海淀区教育科学研究所所长吴颖惠（现为海淀区教育科学研究院院长）向我们推荐开展科技教育。笔者认为科技教育符合专门学校学生动觉性的认知特点，对学生的操作能力和成功体验都大有裨益，所以立即通过吴颖惠所长找到当时中央教科所的王素研究员，并通过王素研究员找到天津科技馆，同年设计并建设学校首间科技教室。

在科技教室筹建的同时，学校着手推进科技教师队伍建设。在2005年4月的一次全体教职工会上，笔者向大家宣布：“学校正在建设科技教室，准备在校内开展科技教育，有没有老师对科技教育感兴趣?”王飞老师第一个举了手，成为学校科技教育的带头人。半年后，第一间科技教室正式投入使用。在这一间教室里，原来无所事事的一部分同学开始走进科技教室，王飞老师带着他们利用业余时间“玩科技”。仅仅在一年后，同学们的自制乐器项目（用废旧材料、自己种植的葫芦等自制的吉他等乐器进行演奏）就在青少年未来工程师竞赛中，荣获北京市第一名和全国第一名的好成绩。成绩之外，我们还发现，参与科技比赛的同学在行为表现方面进步显著，体现出科技教育在专门学校的特殊价值。

通过科技教育取得进步的不只是自制小组，还有更多的学生，如 H 同学。初一就转入海淀工读学校读书的 H 同学，经常和老师对着干，不想上学。到了初二，他被科技活动吸引，对手掷航模、结构承重、食用菌种植、科学实验等兴趣浓厚，多次在科技竞赛中获奖，在科技节上表演自己设计的科学实验……这些经历让他对自己有了新的认识和定位，变得积极上进，和老师、同学的关系融洽了，成为学校“模拟创业”课题的核心成员。2018 年职高毕业时，他和小伙伴注册了公司，争取到新东方创始人之一徐小平先生高达百万元的风险投资。他表示：在海淀工读学校参加科技活动的经历，帮助我踏上了自力更生的创业之路。

学生的成绩和成长带来学校科技教学的蓬勃发展，越来越多的老师加入科技活动育人的队伍中来，水火箭、航模、无线电测向、木梁承重、机器人等一系列科技项目陆续走进校园。在建立第一间科技教室之后，学校又建立了智乐屋、飞行探秘教室、风筝教室、机器人教室、组培实验室、生态体验园、创意空间等 17 个科技教育专用教室和场地，总面积约 1100 平方米。

多年以来，科技教育从零起步，成就了学生，成就了教师，也成就了学校。以近三年为例，学校被授予全国中小学校气象科普基地校，科技负责人王飞老师被评为北京市科学骨干教师，5 位科技兼职教师被评为海淀区带头人、骨干教师，4 名学生当选海淀区科技小院士，450 多人次学生获得各级竞赛奖励。2016 年和 2019 年，学校两度荣获“北京市科技教育示范校”的殊荣。但笔者认为，荣誉之外，最重要的是“科技育人、科技赋能”。通过学校普及性的科技教育和个性化的科技校本课、社团与比赛，让对学习、对生活失去信心、自卑叛逆的专门学校学生重新认识自己，找到了人生的方向。

（三）同伴和集体教育的力量：每个人都是护花使者

工读（专门）教育历来重视同伴和集体教育。工读教育先驱马卡连柯集体主义教育理论的核心内容是“在集体中，为了集体，并通过集体而进行教育”。[①] 在我国工读（专门）学校办学早期，就成立了学生自律组织——队长会议。笔者任校长以来，在老工读队长会议的基础上，组织成立学生会，每年一换届，至今已到第14届。

与普通学校的学生会不同，我们的学生会成员要参与学生一日生活管理之中，以达到通过集体促进学生的自我教育。所以，在我们学校你会看到学生会成员在校园的各个岗位上发挥自己的作用：寒冷的冬天，他们课间在校园巡视；天黑了，他们去操场关门；一日三餐，他们维持秩序，等所有同学打完饭才能吃饭；大型活动时，他们承担服务和管理工作；新生入校，他们找新生谈话放松，帮着整理内务，练习队列，解决矛盾。这些同学是表现优秀的高年级学生，经过竞选成为学生会干部。能成为学生会干部，为同学服务，是学校相当一部分学生的价值追求。曾经有学生中考成绩足够上普高，但就是要留在本校职高加入学生会。学生会干部已经成为校内优质的教育资源，在学生教育转化与和谐校园建设方面起到了重要作用。

事实上，发挥集体教育作用的不仅是学生会干部。学校的每一个同学和整体的教育氛围都有集体教育的力量。

小Z是一名典型而又非典型的专门学校学生。说他非典型是因为他是一名小学生，按照惯例，学校是不收小学生的。说他典型，是因为他具有诸多不良行为习惯：经常欺负同学，破坏公物，拿着棍棒在校园乱转，对老师的教育暴力抵抗，偷窃并变卖教师笔记本电脑，以至于六年级的同学见着这位三年级的同学都得绕着走。

接收这位同学，开始学校是不放心的，感觉小学三年级就有诸多不良行为，转化起来难度肯定会很大。但是，事实是小Z来到学校后，虽然表现出一些不良行为，但慢慢地都得到了转化，没有像原来那样“顽皮”，反而因为其小成为学哥、学姐眼中的开心果。

现在看来，小Z能够顺利得到转化，除了学校为他单独开班上课、给予全方位的关注外，更多的是源于集体教育的力量。在笔者所在学校，有

---

① 顾艳：《马卡连柯集体教育理论对当代高职教育的启示》，《柳州职业技术学院学报》2012年第1期。

一项传统："老生让新生"，就是老生和新生出现矛盾时，老生要主动化解矛盾，不能欺负新生。小 Z 则是全校最小的学生，老师和学生都来关注他，帮助他。他能清楚地感受到，不再像以前那样不受人待见，能感受到集体的温暖，以前为了寻求关注而表现出的不良行为，就自然得到改观了。

笔者有一张和小 Z 的合影。那是 2018 年的春游，全校集体爬山。小 Z 爬得很卖力，最先一批到达目的地。为了表扬他和最先到达的同学，笔者奖励他们每人一根花脸雪糕。他拿着雪糕坐在我旁边，脸上笑开了花。

（四）专门学校学生的发展：蒙尘的花朵同样娇艳

笔者 22 岁初任班主任的时候，曾经带过一名学生小 M。小 M 同学性格暴躁，在情绪自控方面有严重障碍，是当时北京西直门地区一个小团伙的成员。来校后，小 M 依然不乖，动不动就和同学急眼，经常和同学打架，还因为交女朋友逃学、旷课。

面对只比笔者小六七岁的小 M，笔者没有采取特别的办法，只是跟他说："遇到烦心事，就来找我聊聊。"之后，他一遇到不开心的事就找笔者聊。甚至有时半夜笔者已经入睡，小 M 心烦、睡不着，就会来到床前把笔者叫醒。笔者会像往常一样为他疏解情绪，提供解决问题建议，分享人生经验……直至深夜。就这样，在两年多的时间里，我们单独交流不下百次，慢慢地建立了信任关系。在他的眼中，笔者不仅是老师，也是好哥们。小 M 的品行也在这两年里发生了很大的转变，遇到特别愤怒的时候，他能够化解自己的情绪，有时特别激动的时候经过笔者的一声提醒也能安静下来。

毕业之际，笔者最不放心的是小 M，担心他走出校门之后会因为脾气性格问题毁掉美好前程，特意叮嘱他："毕业后随时联系我，有什么事给我打电话。"他在毕业后也确实经常联系笔者，并且保持很好的品行状态。毕业后一年，小 M 考入了公交集团，并从一名售票员慢慢地成长为北京 26 路公交车司机。许多年过去了，小 M 依然坚守在公交岗位上，服务北京市民出行。如今，作为一对双胞胎的父亲，小 M 有着幸福的家庭，过着平凡而充实的生活。小 M 回学校看笔者时，经常说的是："是学校和您救了我，要不然我也可能像西直门那帮'哥们'一样，走上违法犯罪的道路。"

"培养明理守法、身心健康、有幸福能力的合格公民"——这是笔者所在学校的育人目标。围绕这一目标，学校、教师通过自身的实践与奉献，推动学生的转变与成长。

2019 年，采用班主任回访法，对 170 名 2014 ~ 2018 届职高毕业生调查发现，5 届学生毕业后正式就业的占 52.41%，自主创业的占 13.10%，自由职业的占 0.69%，继续学习的占 31.03%，未就业的占 2.76%，毕业生大多都有稳定的去向，未就业学生只有 8 人。

若干年以后，这 5 届学生也会像小 M 一样，像从学校走出的近万名学生一样，成长为对社会有益的合格公民。

三　思考和展望

（一）专门教育的边界问题

专门教育中的“专门”二字，意味着专门教育和普通教育不同，有其独特的边界。如前所述，《关于加强专门学校建设和专门教育工作的意见》（以下简称《意见》）指出专门学校是教育矫治有严重不良行为未成年人的有效场所。从《意见》来看，专门教育的工作边界和教育对象似乎是严重不良行为，但从笔者对全国专门学校的了解来看，不同学校实际的教育边界具有较大差异。除严重不良行为以外，有的学校接收有违法犯罪行为的学生，有的学校也接收没有明显心理行为问题的学生。总之，专门教育工作的实际边界是模糊的。

在现代社会分工日益细化和明确、提倡专业的人做专业的事的今天，专门学校要想稳步发展就要有自己的边界。笔者认为对专门教育的边界应做如下限定，如图 2 所示。

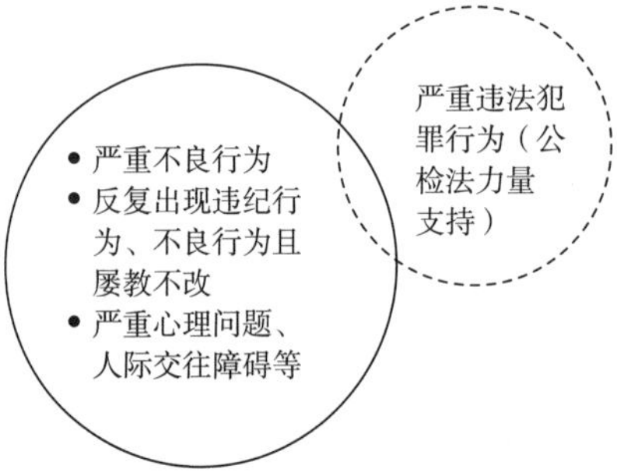

图 2　专门教育的边界

第一，专门教育的职能一直以来就是早期预防、超前干预。对于有严重违法犯罪行为的学生，尤其是其中年龄超过16周岁的学生，已经超越了学校教育边界，要谨慎接收。如果这部分学生确实需要专门教育，必须有公检法部门的专业支持。

第二，严重不良行为学生是国家政策规定中明确的专门教育的工作对象，应该成为专门教育实践和研究的主要关注点。

第三，对于反复出现违纪行为、不良行为、严重影响普通学校的教育教学秩序且屡教不改的学生及时转送专门学校，教育转化效果良好。这部分学生如果继续得不到专门教育，可能会产生严重不良行为甚至是犯罪行为，他们也应被纳入专门教育的边界之内。

第四，具有严重心理问题、人际交往障碍、情绪障碍的学生，在普通学校得不到特别关注和专业矫治，可能会成为受欺凌对象，或产生自闭、自伤等问题。他们转送专门学校后，能得到更多的关注和保护，并接受专业的心理辅导，应属于专门教育的工作边界。

（二）专门教育的学生观问题

学生观在通常的表述中是指教育者对学生的某种理解、认识和评价，是教育者一定的认识立场、观察角度、评价尺度的反映。[①] 学生观的建构是其他教育思想和教育行为产生的前提，有什么样的学生观，就会有什么样的教育思想和教育行为。任何教育主张、教育行为、课程的设置与实施等都离不开某种特定学生观的先行确立[②]。如果你把学生看成花儿，就会去用心呵护；如果你不能理解学生的“问题行为”，把他们看成朽木，就会产生“朽木不可雕也”的心理预期，真正的教育就很难发生。

在2004年以前，学校之所以出现师生对立的情况，本质上就是教师没有形成正确的学生观，只看到专门学校学生学习基础差、行为习惯差、爱违纪的问题，没有看到他们的动手能力强、可塑性强、敢作敢为的优势。经过办学思想大讨论，教师树立了“以人为本”的学生观，认为学生是蒙尘的花朵，就会带着满腔热情去爱护、帮助学生，就会形成师生良性互动的校园氛围。

---

① 刘弋贝：《学生观问题的再认识》，《东北师大学报》（哲学社会科学版）2014年第4期。

② 杨世民：《夸美纽斯的人性观对当代科学学生观建构的启示》，云南师范大学硕士学位论文，2005。

虽然近些年，教师的学生观整体上有明显改观，但是在日复一日的紧张工作中，仍然有部分教师对于学生的不良行为表现和学习基础不能接受，尤其是刚入职的青年教师，表现得更加明显。所以，引导教师建立积极、正确的学生观是专门学校管理的基础性工作之一，必须常抓不懈，一以贯之。

（三）专门学校的未来发展

在国家日益重视未成年人保护事业的今天，有关专门学校的政策陆续出台，社会各界越来越认可专门学校在预防未成年人犯罪工作中的作用，专门学校迎来了较好的发展形势，专门学校的数量近年来也有所增加，学校教育与改革发展进入了新阶段。

但是，专门教育领域依然存在诸多问题，如：政策法规欠缺，教育管理缺乏统一的办学评价标准，欠缺有效的教育矫治措施，等等[①]。较之普通教育，专门学校面临着教育转化学生的艰巨任务，很多专门学校忙于处理学生各种问题行为，缺乏对课程的针对性思考和研究。多数学校没有建立起完备的课程体系，或者简单地将半军事化管理和普通中学的学科课程结合起来。事实上，国家和地方的义务教育课程设置，并不完全适合专门学校的办学情况，极大地制约着专门学校个体和整体专门教育事业的发展。

因此，在专门教育向好发展的趋势下，各专门学校应加强协同，基于当前专门学校的办学形势和学生特点，进一步优化专门学校的课程设置，共同建构适合专门学校的课程体系，提高专门教育整体的核心竞争力。

总之，蒙尘的花朵同样娇艳，迟开的花儿一样美丽。在全国专门教育同行的共同努力下，相信会有更多的学生在专门教育的帮助下快乐、幸福地成长，专门教育的明天会更加美好！

---

① 路琦、郭开元、刘燕：《新时期专门学校教育发展研究》，《中国青年研究》2018 年第 5 期。

用爱构建师生成长的幸福家园

——太原市明德学校办学感悟

王春生*

2018 年 12 月，太原市明德学校迎来 40 周年建校的高光时刻，校庆低调简朴，出版了纪念文集《明德之路》，收入教师各科教学研究成果 60 多篇，召开教师教学工作研究会，总结过去，为今后的工作构建新的思考和思路。

40 年来，学校取得了良好的社会声誉和办学成绩，笔者从 1993 年开始担任校长，至今已经在这所学校担任校长 26 年，对这所学校的成长有一些感悟，具体为：三大方法、四点措施、五大举措。

一　开拓创新：三大方法引领学校发展

1993 年之前，学校招生模式基本上为公安局强制送生模式，招生模式实为收生模式。办学过程中，虽然在转化教育方面取得了一定的成绩，但在办学规模、文化课教学管理、教师职业认同等方面，确实存在学生人数偏少且不稳定、无法按教学常规和教学大纲要求编班上课、教师课堂教学能力有待提高、发展受影响等现象，影响和制约了学校的发展。为了解决困扰办学发展的这一症结，确立了通过解决学生毕业时能有一技之长的出路问题，从而提高对学生的吸引力、扩大办学规模、增加学校发展动力的办学思路。

经过学校的积极努力，太原市政府批准学校在工读教育基础上开办第

* 王春生，太原市明德学校原校长，中国教育学会专门（工读）教育分会理事长。

四职业中学校，1993 年笔者上任伊始，便同领导班子抓住更改校名这一契机，针对校情，采用三大方法引领学校发展。

（一）以校园文化立校，拓宽多功能办学模式

（1）学校领导班子，在总结学校发展经验与教训的基础上，根据学校发展面临的新情况，为加快学校的发展，制定了“开拓进取、励志创新”的校风；“自尊诚实、文明守纪”的校训；“视生如子、不教不厌”的教风；“一专多能、勤学苦练”的学风；“真抓实干、吃苦奉献”的工作作风；“教学会做人，领你走向成功”的办学理念，同时树立了“一切为了孩子，为了一切孩子，为了孩子的一切”的全新教育观念。

（2）学校为了能够从根本上消除多年来根深蒂固的工读负效应的影响，改变工读学校在人们心中的形象，根据国家有关文件精神，1993 年 10 月 23 日，太原市第四职业中学校在学校挂牌，实行两块校牌、一套班子的管理体制，使学校的职业教育由过去学校自己摸索办学变为政府行为，纳入太原市职业教育发展轨道，从而使学校的办学步入一个崭新的发展时期。

1994 年，经教育局批准，学校开办了汽车维修专业，首次招收 32 名符合条件的工读毕业生进入职业高中班学习，学校自筹资金，修建了占地 80 余亩的驾驶员培训练车场，购买了东风牌教练车（大货车）15 辆。于 1995 年成立了太原市机动车驾驶员培训 27 驾校，形成了工读教育与职业教育共同发展、产教结合、以专业办产业、以产业促专业、滚雪球式的办学模式，成为全国工读教育的一大亮点。1996 年学校自筹资金，购置了计算机设备。经教育局批准，增设了信息技术专业，使学校职业教育融入正常的发展轨道，办学步入一个发展时期。

（二）以人事改革为突破口，加强教职工队伍建设

俗话说：正人先正己，因此，创建一支既具有良好的师德，又具有无私奉献精神的教职工队伍，是学校发展的当务之急。

（1）学校领导班子经过广泛研究，征求群众的意见，从 1994 年起，学校就以人事制度改革为突破口，实行教职工岗位工作聘任制，校长聘任中层干部、班主任，中层干部聘任处室工作人员，班主任聘任包班教师和任课教师，实行定岗定编，优化组合，竞争上岗，打破了干好干坏一个样、平均主义大锅饭的体制，使全体教职工的工作责任心与积极性有了较

大的提高，为学校的发展注入了新的生机与活力。

（2）没有规矩不成方圆，学校先后制定了《振兴学校行动方案》《各处室工作目标管理考核办法》《班级工作处室工作目标管理考核办法》《班级管理暂行条例》《学生违纪处罚条例》《优秀学生奖学金条例》《毕业证发放暂行条例》《教职工履行岗位职责责任追究制度》《教职工奖罚条例》《教职工岗位工作量化考核细则》等一系列规章制度，使学校的教育管理步入规范化发展的轨道，建立起一整套充满活力的内部运行机制。

（三）以学生成才为目标，全面提高育人质量

工读教育的性质决定了学校的一切工作必须以对学生的思想品德教育为核心，始终坚持教育与保护相结合的原则，实现育人的高规模化，形成了全员科学育人的新机制。

班为载体，全员育人。学校在实施教师聘任工作时，确立了班主任的核心地位，给以充分的组合自主权，在具体管理过程中，包班集体首先把学生作为管理、服务的对象，教师与学生同吃同住同娱乐、同活动，教师们个个都集导师、家教、生活管理员于一身，对学生进行全面的心理辅导、学习辅导、生活辅导，使学生在教师的管理与教育中逐渐学会了管理控制自己，学会做自己的主人。

科学管理，导之以行。职业教育必须遵循一些共同的教育规律、原则、方法。经过我们不断的探索、总结，逐步形成了初具特色的教育、管理机制，概括讲就是："四严、四清理、五率、五化、五教育、十制度、一考核。"

健全的制度，科学细致的管理，是对品德行为偏常的工读学生进行转化矫治教育中不可忽视的主要环节，但工读学生不良品德行为成因各不相同，需要在科学分析的基础上，进行标本兼治，在管理中力争做到有的放矢，对症下药。为此，建立了学生情况研究制度，积极鼓励教职工进行工读教育理论的学习与研究，撰写论文，不断提高学校的转化教育理论水平。

经过不断研究总结，对工读学生品德心理行为偏常的客观、主观原因有了比较清醒的认识。学校对工读学生偏常品德行为造成的原因都有了比较全面的了解，对不同的学生都能具体问题具体分析，采取不同的对策，在争取家庭、社会密切配合的同时，重点在加强管理、提高学生自律自控

能力上下功夫，积极进行心理疏导，使在校生的转化成功率逐年提高。1994 年来无一人升级处理，成功地实现了教育、矫治与预防青少年违法犯罪的工读教育功能。

德育为首，全面育人。对学生进行《宪法》《刑法》《社会治安管理处罚条例》《预防未成年犯罪法》等法规的教育。学校利用重大节日、纪念日活动，对学生进行革命教育，女人每年清明、五四、七一、国庆等重大节日、纪念日等，工会、共青团、教导处都会紧密配合，开展一系列纪念活动，如清明扫墓、五四表彰、党史知识竞赛、歌颂祖国辉煌成就、难忘九一八、纪念一二九征文等多种形式的活动，对学生进行光荣革命传统和美好前途理想教育。

改善学校的育人环境。学校新建了校门、办公楼、理化生实验室、学校报告厅，装修了学校实验楼，翻建整修了学校所有的平房、危房，更新了锅炉和校园管网，硬化了校园路面、篮球场，把校园后面的荒地建成了机动车驾驶员培训场，配备了理化生实验设备、汽车维修专业设备和网络教室。

从 1994 年起，开办了汽车驾驶与维修职业高中班，为工读学生毕业时能学有一技之长寻到一条全新的发展道路，形成了学校工职并举的工读教育办学新模式。

2000 年，学校与太原市经济管理干部学院联合办学，在校内办起了高职大专班。

在办学过程中，为淡化工读教育称谓的负效应，避免将太原第四职业中学校与太原工读画等号，学校采取策略手段，面向社会招收部分初中应届毕业生，进入学校职高班，改变了纯工读学生的生源结构。

1997 年，学校首批职高毕业生中三名学生参加高考，被太原大学等高校录取，取得了开门红的好成绩，受到了社会的一致好评。此后，每年职高毕业率、技能等级合格率都保持 100%，升学率逐年提高，圆了许多学生大学梦，有效地促进了工读教育转化率的巩固与提高。

2003 年，山西电视台录制的大型世界文化交流片《育德之师》以学校为素材进行了专题报道。《中国教育报》《山西晚报》《山西青年报》等多家媒体对学校的办学成绩进行了报道。

1995 年 1 月 26 日，太原市职业教育现场会在学校召开，各界代表 200

多人参加大会。

1997 年 7 月，全国部分工读学校理论研讨暨现场会在学校召开。

1998 年 6 月，太原市公安法制工作会议在学校召开。

1999 年 11 月，太原市预防未成年人违法犯罪理论研讨暨表彰大会在学校召开。

2000 年 4 月 5 日，山西省综治委和中央综治委到校考察，对学校工作予以高度评价。

2001 年 5 月，太原市教育系统预防未成年人违法犯罪工作现场会在学校召开。

2002 年，“全国工读教育新时期德育工作现场研究会”在学校召开，教育部王建国副司长、德育处李育先率全处人员参加了大会。

2002 年，学校被山西省劳动保障中心授予“太原市第四职业学校职业技能培训鉴定基地”。2004 年太原市人民政府首批命名学校为“中小学法制教育基地”“太原市职业教育先进单位”“太原市职业教育对口升学优秀奖”“太原市职业教育教学优胜奖”，受到了太原市人民政府的表彰，被评为“全国预防青少年违法犯罪先进集体”。

二　扎实推进四点措施使学校提升

随着依法治国进程的推进，市县区公安机关不再承担强制送生的任务，学校没了依靠，一下子没了生源，2006 年全年初中招生仅 6 人。

面对这样的生存困境，学校《2009～2011 年学校发展规划》提出把学校建成“全国一流、优质、精品、特色”的现代化专门教育学校的目标。

同时，学校也认识到办学存在的主要问题：（1）工读称谓的标签负面效应。（2）工读教育不能满足家长的需求，不能跟上主流教育发展的趋势和学生发展的需要，不能很好地为学生终生发展奠基。教学质量低，学校始终缺乏对社会的吸引力。

我们强烈意识到只有把工读教育办成优质教育，才能使学校摆脱困境，走上良性循环、可持续发展的道路。

为了适应时代的发展，消除“工读”二字带来的负面效应，我们给上级部门递交了更改校名的申请，我校更名为“太原市明德学校”，并积极推进四大举措。

1. **关心教职工生活，提高师生福利待遇**

学校实行了教职工免费早餐和假期坚持工作的教职工免费午餐制度，协同有关单位将特教津贴工资的25%和15%增加到50%，坚持每日多趟教职工和学生放假返校接送，对56名贫困家庭的学生资助了生活补助，为173名同学申请了国家资助项目，对因病住院的教职工给予经济上的帮扶。

2. **提升教师文化，打造一流教师队伍**

学校制定了《教师发展规划》，规划中把教师发展目标定为“一年过关，三年成熟，五年做骨干名师”。

（1）自主学习。每年80学时，开展读书活动，读书笔记交学校审核，读书心得组织小组交流，评选出优秀者在全校进行交流。

（2）合作学习。以教研组为实质合作互动单位，做到“三定”（定负责人、定活动场所、定时间）、四有（有计划、有记载、有总结、有制度）。

（3）集中培训。集中培训每年达到40学时以上，做到有计划、有读书笔记、有考核。

（4）请专家名师来校进行专业引领。请了140多位专家名师来校进行帮助和指导，做到了四个引领（观念引领、专业引领、课题引领、学科引领）。

（5）鼓励教师外出培训，组织和鼓励教师每年按时参加省市教科研、教育学院中心组织的学习和培训，按时参加全国工读系统的培训。

（6）鼓励教师参加更高层次的学历进修，全部教师都取得了本科学历，有11名教师攻读硕士学位。

（7）组织教师学习《大纲》和《课标》。通过多年“以考促研，以赛促训，德能双升”的形式达到教师固本提升。每年组织教师的课标考试和同学科教师同题异构的教学能力评价。

（8）每年精心组织学校“优质课”竞赛活动。组织竞赛优胜者开展示范课展示引领，在专家名师指导引领下，使全体教师的课改理念、专业素养、教学能力都有很大的提升。

（9）组织校本课题研究活动。每年认真组织全体教师开展课题研究，举行开题报告会、中期交流会、结题报告会及总结表彰会。

（10）开展教育转化案例研究，全体教师人人撰写教育转化案例或实验报告，转化案例或实验报告。

（11）学校每年编辑出版学校教科研文集，帮助教师推广成果，根植做明德教师的自信。

3. **课程改革**

（1）构建学校新的课程体系。构建了明德学校自主合作的“361”课堂教学新模式，切实提高了课堂教学效率，构建起有效和高效课堂。

（2）制定学校教改策略，减缓坡度，降低难度，放慢进度，延长学时，循序渐进加强补差。

（3）进行“太原市明德学校课程改革”的调查与研究。组织学校骨干教师编写《太原市明德学校改革要求及进度》，通过太原市教科研中心的论证。

（4）改革传统课堂教学模式，以学定教，先学后教，以学为主；变教室为学室，变教师为导师；变低效为实效，为不同层次学生提供服务，让平凡者不平凡，让学困者变优良。

（5）加强校本兴趣课程建设，紧抓兴趣活动课程的研发，开设声乐、器乐、绘画、舞蹈、信息技术等校本兴趣课程，坚持“天天有兴趣，日日有活动”，“让学生在学中动、动中学”。

（6）成立心理健康中心，完成心理健康教师的岗前培训，掌握心理健康教育技能，购置图书和箱庭疗室的器材、生物测试仪器等，开展心理健康教育辅导的专题讲座和团体个体活动，对个体调试治疗，使心理健康教育走在省市前列，形成学校办学的一大特色。

（7）学校先后与太原市口腔卫生学校、天津第一商业学校、太原市口腔医院进行联合办学，与山西大昌汽车集团有限公司、山西省联通公司、山西红十字口腔医院、时尚形象设计中心、彩霞形象设计中心等企业联合培训。

学生每年岗位技能达级率在100%，其中中级工领证率达98%，每年就业率在90%以上。

4. **开源节流并重，积极创造**

（1）新建教学楼，新建200平方米田径运动场，新建学校围墙，更新了锅炉和管网，新建了环保公厕，对学生公寓楼、供水管网、学校食堂、实验室、开水房、阶梯教室、校园内平房破损的墙体进行了改造、修缮、粉刷，增加了校园环境中的照明路灯。

（2）配齐新教学楼所有的设施用品，更新了教职工所有的办公桌椅、文件柜，人人配备了电脑和手提电脑，配齐更新所有的餐厅用具，配备新式大轿车。

（3）新建了学校信息技术网络教室，配备了三个计算机网络教室和相关的设施设备，给每个班级和相关办公室配备了多媒体设备，安装了教室监控。

（4）新建了美术、音乐、舞蹈、体育测试、汽车专业、美容美发专业的专业教室，配齐了所需专业设备，购置理化生实验仪器和教具，大幅度增加学校图书的储藏量，购置了大量的教学软件。

学校实施了科研兴校的战略，全校教师进行了课题研究，完成 100 多项校本课题研究，完成论文 200 多篇，其中 60 多篇发表在相关核心期刊上，有 20 多万字，为教育教学质量的提升打下了基础。

自学校教学改革以来，学生学业总成绩平均提高了 30 分，而且学校教师应邀到全国各地进行示范课教学，有 30 多所学校领导和教师到校，就教师专业发展、课程改革，进行研学和交流。

教育转化成功率平均达到 95% 以上，职业技能等级证一次性领证率保持在 100%，其中中级工领证率在 85% 以上，参加全国对口高考的学生中，先后有 260 名学生参加全国的高等院校对口升学考试并被高等院校录取，未参加高考的 100% 成功推荐就业。

学校办学规模不断扩大，教职工编制由 60 人调整为 91 人，学校教职工达 85 名，其中专任教师 67 名，教师本科以上占到 100%，其中研究生学历占到 17%，教师平均年龄 35 岁，平均从事工读教育 12 年以上。在校生由 2004 年的 200 多人达到 600 余名，分为专门教育、职业高中（中专）教育两个层次，17 个教学班，其中初中班 10 个（学生 310 名），职高班 7 个（学生 330 名）。

2010 年，在学校成立 30 周年之际，王春生校长当选为中国教育学会工读分会常务副理事长、全国预防青少年犯罪研究会理事。学校被评为“太原市教育系统先进单位”“太原市德育示范校”“山西省平安校园先进单位”“山西省文明学校”多种荣誉。《山西日报》多家媒体报道了学校的办学经验。

三 追求卓越：五大举措使学校迈入新的高度

2012年开始，面对新的教育背景和日趋激烈的教育形势，学校制定了《2012~2016年学校五年发展规划》，把学校建成全国“一流、优质、精品、特色”的现代专门教育学校，成为校园环境优美、设施一流的学校。

为此，我们实施五大举措。

1. 创建一流管理文化

（1）把《2012~2016年学校五年发展规划》中的目标任务分解细化到每年学校工作计划中。通过民主评议考核，加强效能监督，整体提高了干部教师员工的执行力，保证了《2012~2016年学校五年发展规划》中目标任务的完成。

（2）层次管理和具体管理相结合。学校做到岗位有责任，做事有要求，过程有检查，中间有反馈，做中有整改，事后有总结，结果有评价，从而做到事事有人想，事事有人做，事事有人管。

（3）过程管理和终端控制相结合。学校全面推进质量认证，精细管理，加强全员执行学校规章和完成工作量、工作质量的考核工作，做到常规工作日日有考核，周周有讲评，月月都公告，公开公正地进行考核，让质量监控、评价激励作用得到充分发挥。

（4）精神引领和制度规范相结合，在严格执行规章的同时，做到“以人为本、刚柔相济、兼容和合、诚正仁爱”，求实创新，创造性地开展工作。

（5）成立精神文明单位创建工作组，将各项考核指标细化分解到各职能处室和承办人，确保在复查验收中不丢分，顺利通过2012~2016年文明单位的验收。

2. 围绕教学中心，提高教学工作领导力

学校紧紧抓住教学工作中心，持续提升全体员工服务中心的意识，加强对教育教学工作的领导。

（1）推进干部管理重心下移，深入一线，深入课堂，推进干部推门听课制度的落实，把干部每年听课不少于40节列入对干部的考核，实现了干部由被动听课到主动听课的转变。

（2）做到每学年召开两次教学工作会、四次学情分析会、四次全校学生完成作业、教师批改作业情况大检查和情况反馈会。

（3）推行了学校干部、教师、生活指导教师捆绑式包班制度和考核制度。

3. 创建一流师资队伍

以打造名师团队为抓手，狠抓教师队伍建设，以深化新课程改革和提高教师应用新课程的能力为着力点，通过精细化的管理保障教师发展的可持续性。

（1）强力推进“361”课堂教学模式，授课教师做到课堂教学目标三面向：面向全体学生；面向学生的自主学习；面向教学目标的有效达成。课堂教学做到三控制：授课时间不超过20分钟；学习自主合作探究不少于20分钟；课堂检测反馈不少于5分钟。亲近学生坚持做到三原则：教师必须提前3分钟到课堂候课；必须课中参与学生的自主学习；必须做到下课不拖堂。

（2）课堂是教学的主阵地，以研究课堂教学为着力点，引导教师认真研究教学的四大元素（学生、教材、教法、课标），提高课堂教育效果，构建高效的课堂教学。

（3）强化教师的认知——学生是学习教育的主体，落实教学应以研究学生为切入点，因材施教，启发式教学，践行赏识教育，推进教师对课标和教材的研究性学习。

（4）研读教材是教学实施的重要环节之一，教学以研究教材为根本点，做到吃透教材，举一反三。《课标》是教学实施的方向，教学要以研究课标为制高点，做到纵横捭阖，了然于胸。《课标》是编写教材和进行教学工作的主要依据，也是检查学生作业成绩和评价教学质量的重要准则。

（5）以考促研，以考促学。每年进行“课标—教材”知识考试，以赛促训，全员参赛，分学科举办优质课竞赛，同课异构竞赛，优质示范课展示，专家名师来校引领、评价、帮助，促进教师德能双升，着力打造出一支师德高尚、教艺精湛的教师队伍。

（6）认真研究学情，制定好行之有效的培优措施，中考高分段学生人数显著增多，2016 年 600 分以上高分数段学生达到 10 人，10% 学生升入省一类示范高中，60% 的学生升入普通高中，高考 85% 的学生升入本科院校。

（7）继续推进大阅读——共圆“书香梦”活动，为教师提供购书报销的支持，持续推进同读一本书和自选读书，撰写读书心得和笔记，坚持周五人人参与的领读活动，使读书活动开展得更深入。

（8）每年都编辑出版学校教科研文集，公开发行学校系列教育丛书，积极帮助教师推广教科研成果，树立教师新形象，提高教师的自信心和成就感。

（9）长春晨光学校等全国三十多所学校的领导、教师来学校研学培训，每年学校教师都应邀为全国各地学校教师进行课堂教学的展示和培训。

4. 树立一流的教育理念

（1）将特色兴趣课程管理纳入学校课程管理中，校本特色课程教育教学做到“四定”“四有”。“四定”指定时、定人、定教师、定活动场所；“四有”指有计划、有教案、有督导评价、有成果汇报。

（2）确保校本培训课程有序有效地开展，开展舞蹈、声乐、器乐、硬笔书法、绘画、手工制作、信息技术、柔道、摔跤、机器人、汽车模拟驾驶等校本兴趣特色课程，为学生的潜质开发提供载体，为学生潜质展示提供平台，根植培养学生的自信。开展心理健康教育，主动为学生服务。每周四下午 4：00 至 5：30 开展心理健康讲座式活动。

（3）对有情绪障碍、行为障碍、心理障碍的学生进行调适，每年至少 200 人次。对初一新生进行智力、气质等统计分析，并提出班级教育教学建议。

（4）将班会纳入课程管理，班会要做到有主题、有计划、有总结。

5. 实现学校一流的教育装备

（1）完成教学楼、办公楼的改造和装修，将旧食堂改造成柔道活动馆，新建摔跤室内馆。

（2）新建公寓楼、食堂、校园景观工程、蓄水池和消防池。新建三层小楼，扩建了办公楼，新建了校园围墙、学校库房、校门和教职工停车场；新建了 5 个环保厕所；和呼延村共同改建了通往学校的道路；新建篮球场；羽毛球场配齐了校本兴趣活动所有的功能教室。

（3）完成塑胶运动场的立项、招标工作，目前正在建设。

（4）装修学校会议室，整修粉刷所有的校园墙壁，整修硬化所有的校园路面，基本更新了学校供暖、供水管道，改建锅炉房和油库，新建大小化粪池3处，新建垃圾储存站，改建了太阳能浴室。

（5）完成供电设备的改造，由原来100千瓦的变压器增容到1000千瓦，更新了供电线路，新建供电室2处，新建应急发电机2个、工房2处。

（6）注重学校绿化工作，更新树木、花木，使学校四季常青，到处有花，鸟语花香，空气清新。

（7）做好学校亮化工程，使校园明亮整洁，每一处景观都成为明德文化特色的载体。

学校的五大手段带来教育质量显著提升。

中考60%以上高分数段的学生由个位数上升达到双位数，明德学子考入省示范高中人数翻番，升入普通高中学校的学生达60%以上。

高中对口高考升学率达到100%，其中，二本达线率达75%以上。

高中学生职业技能领证率达100%，中级工领证率达98%以上，和铁道“四电”基地以及大昌汽车公司联合办学工作进一步深化，为学生就业拓宽了稳定的渠道。

学校200名学生在全国省市技能大赛和各类比赛中获奖，获奖人数大幅度增加。学校两次代表山西省参加全国中学生柔道竞标赛，2015年分别获得男子、女子、团体总分第二名，2016年分别获得男、女团体总分第一名，取得历史佳绩。

2006年以来，70%的学生升入省市示范高中、普通高中。有400多名学生升入大专院校，200多人次在全国和省市竞赛中获奖。教师出版了《教育转化文丛》，其中有50多篇论文在各类核心期刊发表。

今天，学校基础设施发生了翻天覆地的变化，建筑面积由1993年的2184平方米发展到现在的178000多平方米，拥有教学楼、办公楼、餐饮楼、宿舍楼、室内体育馆、塑胶跑道运动场、驾校实训场所、机动车培训考试场。11000平方米教学实验大楼即将开工建设。校园绿化面积达到了70%以上，绿树成荫，鸟语花香，三季有花，四季常青。

关注每一个暂时落后孩子的终生发展

卫宝弟*

如果参考人的生命长度，专门学校所接收的孩子，能够接收教育改变的时间不过是人生一瞬，教师能做的工作很少，想到这里，笔者不免会生发出无能为力的慨叹，但教育是服务于人终生发展的长期行为，如果人生是跑道，那么对于这些所谓的“问题少年”而言，他们只是在跑弯道，是暂时落后的孩子，弯道未尝不能超车，我带着这样的心情，在几十年的教育生涯中，又顿生些许勇气与信心。

专门教育的概念在时代的变革中，数次被定义、被修改、被重新诠释，育华学校作为其中的实践者，在几十年的办学过程中，不断探索专门教育的本质，旨在帮助这些暂时落后的孩子重新找到努力的方向，树立未来的目标，鼓起生活和学习的勇气，也让一个家庭看到未来的希望，让每一个“暂时落后”孩子都成为社会的合格公民和劳动者。这条摸索之路是极有意义的，它就是一本特殊学生教育的参考书。

一　办学思想和具体举措

（一）教育的起点：我眼中的专门学校问题学生

专门学校，亦称工读学校，是为教育挽救有违法犯罪行为的青少年学生开办的学校。专门学校收容13~17岁、有严重不良行为但未达到违法犯罪程度的少年。这些人从常规的中小学退学，或者被学校认为不宜留校学

* 卫宝弟，上海市浦东新区工读（育华）学校党总支书记，校长，中国教育学会专门（工读）教育分会副理事长。

习，但不足以送少年管教所，故进入专门学校学习。[①]

2019年10月十三届全国人大常委会第十四次会议在北京举行，会议初次审议《中华人民共和国预防未成年人犯罪法（修订草案）》。该修订草案根据未成年人违法犯罪行为发生的规律，将未成年人的偏常行为分为不良行为、严重不良行为、犯罪行为由轻及重的三个等级，针对不同等级采取相应措施。因此，行为不端或有轻微犯罪行为的学生无疑是专门学校接收"问题学生"的最初类型标准。

但是在我们办学过程中也发现，普通中小学生中始终存在一定数量的特殊群体，他们有的数次留级，学业困难，年龄偏大，难以完成九年义务教育，他们严重厌学，离家出走，夜不归宿，结交不良同伴，存在校园欺凌，甚至有敲诈勒索、偷窃等行为；也有在经历专门学校学习，回归社会后又重新走上犯罪道路的青少年。另外，从个人更感性的角度理解，我们所面对的这群学生并非毫无可取之处。笔者曾看到叠被子可以和军训教官相媲美的学生；组装电脑不输给专业老师的学生；曾看到过篮球场上，他们奋力地怒吼；听过成人仪式中，他们最真挚的歌声，人的尊重需求与自我实现需求在这群特殊孩子身上同样被渴望。

当我们反思这些孩子的成长过程和问题形成原因时，又不得不承认，孩子本身是无辜的，没有一个孩子生来就是"问题孩子"，他们中间绝大部分是社会、家庭、学校教育多方共同作用导致的。同时，我们始终认为，孩子毕竟是孩子，他们还未成年，有着极大的可塑性。这些青春期的孩子矛盾、敏感，作为他们的老师、校长，笔者也万分期盼通过学校的教育，帮助他们梳理人生，找准定位，助力他们重新起跑甚至冲刺。

这就是专门学校的任务和使命，因此，育华学校作为专门学校的一员，始终在做如何将"问题学生"帽子摘除的工作，力图将这些孩子定性为"不适应普通学校教育"的暂时落后的学生。

（二）不变的初心：我眼中的专门学校办学宗旨

让有偏差的学生，成为能解决问题、充满希望的学生；

让无士气的学生，成为能提振士气、充满自信的学生；

让感失落的学生，成为能自食其力、充满技能的学生；

---

① 邹瑜：《法学大辞典》，中国政法大学出版社，1991。

让所有在校的学生，走在学会做人、学会做事、学会处世的成长道路上！①

经过40年的发展，学校坚决贯彻“二十八字”（不看过去看发展、不靠惩罚重激励、不是亲人胜亲人、不为钱财为人才）办学方针和“六心”（爱心、信心、尽心、细心、耐心、恒心）师德要则以及“为了每一个学生的终身发展”的核心理念，强调淡化特殊教育痕迹，重视教育的全面转型：从“一般学校”向“功能学校”转型。

立足于“破”，在教育模式上求新。通过推行活动教育模式，将社会环境引入特教课堂，实现课堂教育社会化和社会教育课堂化的双融合教育。

着眼于“立”，在人格培养上求精。真诚地、平等地对待每一个孩子，保护他们的自尊心，告诉他们：要做一个干净、整洁、穿衣得体、有自尊心和自信心的人。一步一个脚印，从最简单的事情做起。

致力于“专”，在分层教学上求细。针对随迁工读学生、托管生、中职生的不同特点，把学生的需求与开设课程的需要结合起来，从结果评价转向过程性评价、从单一评价转向多元评价、从个体评价转向全员评价。

着力于“创”，在成功激励上求深。学校看到学生们的闪光点，遵循赏识激励的方式，从“仪表、就餐、内务、路队、言谈、待人、仪式、集会”8个方面入手，坚持进行日评、周小结、月表彰。

聚焦于“能”，在本领培育上求专。学校密切关注职业技能方向信息，开设专业始终以国家紧缺专业为优先，以开放的心态与时俱进，聘请校外职业特级教师，为职业教育不断培养双师型教师。

落脚于“宽”，在创造就业上求实。学校为学生提供多种发展出路：（1）建立50多家实习场所和就业保障的合作单位。（2）设立三校生“高考班”，为学生提供学历进阶的平台。（3）学校与上海开放大学建立中高职立交桥项目。

在办学路上，育华学校始终为这群特殊孩子创造着新的生活，每天提供着知识、技能上的帮助，提高他们的生活和生存能力，尽力将学校的功能向后延伸，创造舞台，班班投入；减缓坡度，个个参与；勇敢放手，人

---

① 《成长路上“人人不缺”　成才道上“个个不赖”》，《文汇报》2017年3月17日。

人成长。

这是育华学校的使命、责任和承诺，也是学校的文化、特色和风范。“坚守者”与“引路人”是学校办学过程中给予自身的角色定位。

(三) 守望的距离：我眼中的专门学校预控体系

我们深刻地意识到：作为专门学校绝不能把注意力仅仅停留在对在校问题生的教育、挽救、转化上，而应着眼于青少年学生的预控问题，着眼于特殊学生的一生发展上。这主要包括：

(1) 加强对已有严重不良行为的工读学生的教育矫治，提高转化成功率；

(2) 教育对象向前延伸，对单亲家庭、联合家庭或父母没有时间管教家庭、家长无力或无法管教家庭的问题学生，即托管学校学生进行教育转化；

(3) 横向拓展，将特殊学生的教育转化与职业教育结合，解决其未来出路；

(4) 预控在校外，对普通中小学的问题学生进行协助性帮教，减少普通学校中问题学生的数量，将问题解决在初始萌芽状态，降低学生走上违法道路的可能性。

通过不断改革创新和不懈努力，学校形成针对区域暂时落后青少年保护的三级战略体系，如表 1 所示。

表 1　三级战略体系

预控内容	实施对象	具体措施	实施目的
提前干预的预控体系	普校中小学生	法治版面巡展，法治讲座，立卡帮教，同伴互助学生法治演讲，来校一日训	让有问题倾向的学生的问题在原校解决
	一般不良行为学生	托管教育	避免这些学生的问题进一步发展
严格管理的防控体系	严重不良行为的学生	严管教育	通过学校准军事化的教育管理，行为问题得到矫治，心理问题得到缓解

续表

预控内容	实施对象	具体措施	实施目的
面向未来的职业教育体系	高中阶段的问题孩子，（主要针对在我校职教就学的问题学生）	职业教育	为解决问题学生更好回归社会的问题，学校开设了职业教育课程，帮助学生掌握一技之能，为学生的未来做职业规划，确保学生不再重新走向犯罪

通过对四类学生的教育保护，建立完整的预控预防体系，践行学校对这些暂时落后学生的“助跑行动”，为区域内的各类暂时落后学生提供最适合的教育方式，为他们今后选择适合自己的生活道路奠定坚实基础。

（四）绣花针般的细心：我眼中的专门学校教育方法

学校招收的学生对象主要是普通学校在文化课学习上有困难、行为上有偏常、不适应在原校继续学习的学生。通过几十年的摸索，在教育、教学上都打上深刻的育华烙印。

以“好”立“基”。针对学生的行为表现实际情况，采取准军事化自我管理策略，明确“寝室看内务、班级看规范、出门看表现”的要求，不断细化标准，规范矫正性养成训练，狠抓行为，提升集体归属感和责任感，引导学生学会“求知、相处、做事、做人”。

以“爱”施“教”。教师面对这些特殊的对象，实行“偏爱”政策，最大限度地给予他们人格上的尊重和无微不至的体贴关怀。24 小时、每周 7 天的值班制度，师生吃住同行，建立了彼此间重要的信任关系，尽力为他们创造家庭式的亲情氛围，使之产生对学校生活与教育的认同感。

以“赛”鼓“气”。学校设有 18 项常规竞赛；在平时学生的品学评价中，强化评价的激励色彩；每学期有 50% 的学生能站上领奖台，使他们得到自尊需求的满足。

以“适”消“厌”。针对学生厌学情绪严重的特点，学校在文化教学上采取降低难度、减缓坡度、以新带旧、补缺补差的适应性教学。教师在学习评价中不以分数高低为标准，强调纵向比较的进步，建立奖学金制度，对学习上明显取得进步的同学每学期颁发奖学金。这种以成功激励为主的适应性教学极大地激发了学生的学习动机与学习热情。

以“心”纠“偏”。学校在教育工作的实践中积极开展心理疏导个案的研究，形成班级、部门、校长室三级心理辅导网络。针对个体进行心理辅导，以引导学生矫正认知错位为突破口，以调整不健康感情为重点，在学生行为的疏导中注重意志、毅力的培养。

以“动”增“健”。多年来，学校积极为学生创造各种文体活动的场地、条件。课余生活的积极组织，促进了学生的身心健康，活跃了学生的个性。各类德育活动、社团课程、研究型课程的探索、开发，有助于培养学生的一技之长，使学生的个性潜能得到充分挖掘和发展。

通过严格的教育管理，以心理疏导与法治教育、科学化管理与准军事化管理、文化教育与职业教育相结合的方式，每一位育华人，都在为每一位孩子回归社会、立足社会做好准备。

二 印象最深的几件事

（一）办学历程：无比艰辛的改革创新过程

育华学校40年办学之路艰辛，在办学宗旨不变的前提下，学校不断改革创新，不断发展。

1986～1987年，在高妙根校长的带领下，全校上下解放思想，大胆创新，正式启动“开放、民主办学”的改革模式，对工读学校的办学理念和功能进行重新定位。高校长拆除高墙，扯掉铁网，废除禁闭室，撤下刺眼的标语，换掉站岗的公安，在全国率先提出“淡化工读色彩，强化教育意识”的办学理念，在全国引起一片震动。

1994年，学校增办职业教育培训部，为工读毕业生的就业“助跑”。1997年学校提出构建浦东新区青少年教育保护中心的设想。2003年，学校成立浦东新区法制教育中心，并开设托管高中部。经过20年的探索和改革，学校“一校多部”模式得到充分发展，实现工读学校办学由单一向综合、多元转变，形成了集工读教育、育英托管教育、育华职业教育、法治教育和心理咨询、德育社会实践实习基地于一体的多元化集团办学格局。

2009 年之后的十年间，浦东工读学校经历了新旧领导的交替，在高妙根校长退休之后，笔者接过接力棒，带领全校师生再次出发。面对日益变化的教育环境，学校确立了“全面传承，转型发展”的办学思路。尽管遭遇不少困难，但是在全体工读人的努力下，学校有了新发展。

（二）特殊教育：特殊孩子需要不同的教育方法

1. 这是确立目标和树立信心的教育

学校确立“以学生发展为本，使每一个孩子都能成才”的办学理念，确定学生培养目标，遵循一贯坚持的“在家做个好孩子，在校做个好学生，在社会做个好公民”的总体要求，培养品德优良、身心和谐、勇于负责、敢于担当的育华学子。

到了育华以后，我们所给予他们的，实际上比他们对学校的期望更多，这些曾经被边缘化的孩子，得到了来自学校的阳光，收获了信心。

进入学校前的他们讨厌上学，憎恨学校，他们不知道英文多少个字母，不知道乘法和乘方的区别，不知道常见字的写法、读法……他们感觉在学校抬不起头，同学不喜欢和自己玩，甚至感觉父母都不给自己好脸色看。

到了育华学校，一切都变了：他们发现，看上去很“凶”的老师，像他们的父母一样关心他们，像他们的哥哥姐姐照顾他们，有时就像自己的朋友一样，心里的不痛快能和老师倾诉了，心里的积忧能得到老师的理解。

他们发现，再也没有人看不起自己了，所有同学的学习都和自己差不多，只要自己努力，也能得到老师表扬，也能在家长会上获得从来没有拿到过的奖状了。

他们发现，父母不再和以前一样，每次家长会后，一回到家就抄起家伙朝自己身上一顿暴打了，因为老师说自己在校表现不错，按这样发展下去，很有希望。

他们发现，曾经和自己一样的学长学姐居然有人被评为区三好学生，有人得到了市级的各种奖项，每年居然还有 20 多人被大专院校正式录取，圆了自己认为永远不可能实现的大学梦。

于是，他们找到了自己的方向，开始安静地思考自己的未来。

其实，每一个孩子都有自己的闪光点，只是原本学校和家长没发现而已。尽管他们文化考试成绩有待提高，但是，这并不代表一切。虽然他们暂时落后了，但“落后”这个标签不能在他们身上粘贴一辈子。

在他们中间，有的拥有经商天赋，毕业后创业成功；有的是篮球场上、足球场上健步如飞的好手，而且有着非常强的团队荣誉感，毕业后去了部队，立了功；有的能闭着眼睛把电脑拆装，老师的电脑出了问题，都由他们帮忙解决……

育华设计了许多不仅仅是文化知识的基础课程，还有更多拓展性的课程，通过这些课程培养学生兴趣，激发学生特长，让他们自信阳光。在育华学校，我们的书画课程、插花课程，以及其他许许多多的课程项目，这些孩子在其中获得自信。育华学校墙面上贴着学生自己的作品，学校每年艺术科技节的活动，都展示学生自己亲手创作的艺术品。这些荣誉，对他们来说在原校是很难获得的。除此以外，我们还参加了全国、上海市区各级各类比赛，在这些竞赛中，他们获得了很多奖项。曾经有一个孩子，一开始非常不情愿地进入学校，通过刻苦训练，在一次比赛中，获得上海市一等奖，这让他对自己充满了自信，他看到了过去他所没有看到的闪光点。后来这个孩子参加学校第一届三校生高考复习班，成为第一个成功踏入大学——上海师范大学的孩子，大学毕业后，他顺利进入五星级酒店工作并迅速得到提升。前几年他带着他的未婚妻回学校看望老师并邀请他的班主任参加他的婚礼，他的未婚妻也是我们学校的，他们现在过着非常幸福的生活。

这就是一群特殊学生的昨天伤感、今天振奋和明天憧憬，而这一切发生在育华学校。

2. 这是习惯矫治和心理疏导的教育

笔者一直认为，我们要帮助暂时落后的孩子，帮助他们矫正行为，帮助他们能够重返家庭，重返社会，能够实现自己的人生价值。

育华在教学场域、教育内容和教学主体等方面实现了突破，让教师的课堂教学走出校门，走上社会，走进生活，让学生在活动中体验、在感悟中成长、在陪伴中蜕变。

育华在实践中积极开展心理疏导个案的研究，建立特殊学生档案，全面追踪辅导，加强面向全体学生的心理健康教育，定期举办心理健康辅导讲座，注重引导学生正确的人生观、价值观。

育华坚持以学生的健康发展为出发点和归宿，依据学生的基本行为特征，拟定了一系列规章制度和行为规范，实行寝室看内务、班级看规范、出门看表现等准军事化管理。一是努力矫正他们的社会认知错位；二是狠抓规范行为养成矫正性训练。这种教育与行为训练相结合的办法，让学生们从他律走向自律，逐步形成自主管理、自我教育的育德新境界。

3. 这是 24365 的陪伴成长教育

育华大张旗鼓地开展“爱”的教育，这是 24 小时、365 天陪伴成长的“爱”的教育。每个教师带着爱靠近学生，以真挚的情感走进学生的心灵世界，孩子们拥有家庭一般的舒适安逸、父母般的呵护关爱。教师不看他们的过去，给予他们人格上的尊重和无微不至的体贴关怀。为了提高学生的安全感，学校实行零距离专业陪伴，班级老师尽力为他们创造家庭式的亲情氛围，让学生体会到爱的温暖。学校制定“三级帮教”制度，进行全面指标和过程记录，这些指标不仅有行为规范、课堂表现、思想品德，更涵盖了评价维度，包括学习兴趣和学习习惯，同时关心他们的起居、身体以及心理状况。大量学生产生对学校生活与学校教育的认同感，每学期都有 10% 左右的学生光荣入团。

为了让学生们尽快有正确的学习、生活方向，笔者做班主任时，每天早早来校督促学生晨扫，辅导学生晨读，中午在教室里和学生们一起午休，或是教育辅导学生，课间也总是在教室里。

班上的小王是个自卑又自傲的孩子。她很要强，所有的事情都不假手于人，也从不在人前显出柔弱的一面；她又很自卑，源于她的家庭环境和生活情况。第一次去家访，笔者在她家门外整整等了一个小时，隔着门朝小王喊话，得到的永远是：“你走吧，不要再来我家了！”但是笔者不放弃，终于敲开了她的房门。接下来要敲开的是她的心门，一场马拉松式的心理疏导开始了。笔者找她谈话，她却总表现出一副“无所谓”的样子；笔者送一些生活用品给她，她总是原封不动地还回来；笔者想帮助她，她的嘴里吐出的永远是“不需要”。笔者也曾想过放弃，但是笔者坚信只要坚持下去，终究会破开小王心中的坚冰。慢慢地，小王开始对笔者的话有回应了，她开始给笔者传小纸条了，她开始面对面地和笔者聊天了，她开始关心起笔者了……

（三）职业教育：为学生奠定未来发展的基础

作为专门学校，眼光不能仅仅停留在对在校问题生的挽救转化上，而应着眼于学生一生的发展上。育华学校从来没想过要把学校办成职业学校，但是专门教育与职业教育结合的探索从来没有停止过。专门学校的职业教育目的之一是给予学生至少一项生存技能，让每一个曾经走过弯路的孩子、每一个暂时落后的孩子、每一个快要失去信心的孩子，学会未来职业生活的一技之长，让他们重拾信心，让他们能顺利地回归主流社会。

从1985年11月育华根据当时川沙县的经济发展趋势和人才需求的实际，开设电焊、缝纫、木工、园艺四个班起，专门学校与职业教育原本并行的两条线渐渐被拧成一股绳。2016年8月，上海市教委正式批准在育华增设“上海市外经职业技术学校育华办学点”，正式启动打通特殊学生中职教育通道的职业教育新模式。育华职教部目前开设四个专业，分别是中式烹饪、中式面点、高星饭店运营与管理、电商物流。部门专业教师师资雄厚，教学经验丰富。18位双师型教师中，半数拥有高级职业技能证书，在他们的指导下，各专业学生考证初级通过率达100%，中高级通过率超95%，并且在“星光杯”等市级专业技能比赛中屡获佳绩（见表2）。

表2　2017～2019年育华学校职教部学生专业考级汇总

考试班级	15级点心班			16级点心班		
考试项目	考试人数	通过人数	通过率（%）	考试人数	通过人数	通过率（%）
中式点心初级（5级）	30	30	100	39	39	100
中式点心中级（4级）	30	30	100	38	38	100
中式点心高级（3级）	4	4	100	28	28	100
考试班级	15级烹饪班			16级烹饪班		
考试项目	考试人数	通过人数	通过率（%）	考试人数	通过人数	通过率（%）
中式烹饪初级（5级）	33	33	100	35	35	100
中式烹饪中级（4级）	33	29	87.9	35	33	94.3
中式烹饪高级（3级）	/	/	/	17	15	88.2

续表

考试班级	15 级电商班			16 级电商班		
考试项目	考试人数	通过人数	通过率（%）	考试人数	通过人数	通过率（%）
计算机初级（5 级）	33	33	100	32	31	96.9
电子商务中级（4 级）	33	33	100	32	32	100
电子商务高级（3 级）	33	30	90.9	32	32	100

小李是烹饪班一名特殊的学生，说话嗓门大，不时地嘴巴里还有粗话、脏话冒出，看人的眼神孤傲不羁，他曾直言是被“骗”进育华的。教过他的老师一提到他就头痛，学习习惯差，成绩忽上忽下，为人处事带点大男子主义，稍有吃亏便不会善罢甘休，喜欢用打架解决问题。经过笔者的旁敲侧击、上门家访，发现其家庭教育奉行的也是“棍棒法”，从小对他非打即骂。这激起孩子的逆反、不服输心理。笔者从“不服输”这一点入手，对他下了“男子汉”之间的“战书”，从行规、技能各方面向小李发起挑战。当时学校刚刚引进雕工这门课，请的是外校老师，笔者与小李可谓站在了同一起跑线上。为了赢过笔者，小李铆足了劲儿。在一来一去的比试中，小李慢慢对雕刻产生了浓厚的兴趣，有了感兴趣的事情之后，他原本暴烈的性格也在慢慢冷静下来，因为雕刻本身就是一门需要“静”的技能。有了一技之长的小李在考级路上可谓顺风顺水，还代表学校参加市级比赛，还在实习期就被五星酒店——上海由由大酒店给内定录用了。

（四）高等教育：特殊孩子也能实现的梦

2010 年学校为了拓宽学生成才道路开办了第一届三校生高考班，把职三中有志于升入高校深造的孩子集中起来学习。那一年参加学习的 18 名孩子中尽管只有 5 名孩子被高校录取，却让我们非常高兴。看到被录取的孩子和家长异常激动的表情，作为专门学校的领导和老师又何尝不是激动万分呢？之后，我们的职三学生大专升学率逐年提高，到 2019 年录取 83 名，其中一名同学还被福建医学院临床医学本科专业录取（见表 3）。

小孙是高考复习班一名胖女孩，经常可以看到她默默地坐在角落里，几乎从不参加班里的玩闹，久而久之，她似乎成为一个透明人。笔者看在眼里，急在心里。但几次沟通，小孙都沉默以对，笔者和她的班主任也有些束手无策。但在接下来的关注中，笔者发现，小孙课间经常会自己买书

表3 2017~2019年职教部三校生高考汇总

年份	参加考试人数	录取高校人数	录取比例（%）
2017	49	46	93.9
2018	60	59	98.3
2019	83	83	100

刷题，只是她从来也不会问老师对不对。笔者决定主动出击，在小孙做题陷入沉思的时候稍微点拨一下思路，而且话题也仅限于题目。这样小孙反而有点放下心来，愿意慢慢主动问老师题目了。有了初步进展之后，她的班主任又慢慢地从一些题目设置入手，在小孙的作业回答中发现了小孙的自卑来源于身材。曾经被同学嘲笑的经历，让小孙无法迈出与人交往的第一步，即使进入一个新的集体，她也依然选择封闭自己。但是，三校生高考有一道面试关要过，如果她一直不吭声，实在是有负她的努力。于是笔者和她的班主任一起想办法，一方面发动班级的力量，有什么活动就邀请她一起参与，另一方面为小孙出谋划策，拟下科学减肥的注意事项。

一个学期过去了，小孙的体重减了一点，话语多了一点，微笑甜了一点。不久之后的面试，她信心满满地去了，再不久之后，她如愿以偿地进入了心仪的院校，成为光荣榜上的一员。

将近十年间，300多名曾经心理偏常且不适应普通学校教育教学管理的特殊学生，在学校的关心、培养下，进入高一级院校就读，完成“三校生”到“大学生”的角色转变，翻开了新的人生篇章。

（五）法治教育：为了让他们不来专门学校的提前预控

笔者始终认为专门学校学生不是越多越好，而是应该将问题轻微的孩子们的问题解决在普通学校。所以，育华学校2003年起就在原来学校校外组的基础上成立了法制教育中心，中心受教育局委托为浦东新区未成年人违法犯罪的预防控制及青少年的普法教育提供全方位服务。我们把专门教育向前延伸，建立了法制教育中心，旨在提前介入问题孩子的教育，让轻微问题孩子不要进来，把预控防线做到普通学校。

中心每两年更新制作一批当下青少年突出的法律热点问题宣传册，主动到各学校和社区进行巡展，充分利用富有教育意义的法治教育资源，发挥特有的教育功能。近十年来，根据形势变化，中心不断更新展板，进行两年一轮的巡展，总计巡展学校300余所，获得普通学校师生的欢迎和好评，收到9300多篇《法制在我心中，青春与法同行》学生征文稿，评出区级优秀征文5861篇，先后评选了56所学校为法治宣传版面巡展优秀组织奖单位。

中心组建成立的“浦东新区青少年法治教育报告团”，聘请富有法治教育经验的公、检、司、法、妇联、团委、青保办等部门的老师作为报告团成员，有的放矢举办法治教育报告、讲座。近十年来报告团老师为浦东新区803所学校做法治报告，听讲学生数近80539人次。有效提升未成年学生法治意识，降低他们交友不慎、逃课逃夜、沉迷于游戏机房等不良行为的发生率，增强他们安全防范意识和自我保护能力。

除了报告团外，中心还挑选一些品行好、有演讲才能的学生作为法治宣传员，组织成立了由专门学校的老师和学生一起参与的“师生法治宣传演讲队”，并颁发证书，增加学生作为法治宣传员的神圣感和使命感，让他们用同龄人的惨痛教训教育同龄人。演讲内容多来自专门学校学生中典型的、有教育意义的案例：有胸怀大志的好学生由于法治意识淡薄，交友不慎，参与团伙抢劫；有迷恋游戏无钱上网吧，从小偷小摸发展到偷窃数万元而被判刑的；有恶少横行，拳头下的悲剧；有毒品的危害；等等。最让人感动的是一位工读学生用眼泪写完的发自内心、感慨万千的悔恨信，而母亲的回信更是让人触景生情。

每一次声情并茂的演讲让每一名听讲学生都深受感动，会场里鸦雀无声，演讲完毕掌声响起，完全达到了法治教育的最佳效果。正如金苹果学校领导所说：“由于是同龄人演讲，再加上案例当事人有悔恨和感悟的内容，为学生上了一堂真实、生动的法治教育课。学生的现身说法，把一个个真实的案例和血的教训展现在学生脑海里，令每个聆听者受到真真切切的法治教育和心灵的洗礼。”

在普通学校里总有小部分学生表现为厌学、逃课、扰乱课堂秩序、欺侮小同学、撒谎、不服老师教育、结交不良朋友、沉湎网吧等不良行为，为确保正常的学校教育秩序，确保每位学生受教育的权利，针对学生的共性问题，中心以学习班的形式，定期对此类学生进行思想道德教育，促使其改正不良行为，成为一名合格的中学生。

中心除教育挽救专门学校学生外，还需担负起普通中学问题学生的帮教工作，此类学生我们称之为“校外预控生”。在对预控生进行帮教的过程中，需立卡跟踪、定期谈话、记录转变过程、最后做出评定，因此，他们又被简称为“立卡生”。

近十年来，全区立卡帮教的校外预控生人数30841名，帮教有效率达80%以上，为普通学校维护正常的教育教学秩序提供了一定的帮助，更为保一方平安、家庭和睦、社区和谐做出了贡献。

十多年来，通过加强对广大未成年学生的法治宣传和教育，启发学生从未成年人犯罪个案中吸取教训，引发思考，内化为遵纪守法的自觉行为。法制教育中心的工作也得到了各级部门的肯定和被服务学校的一致好评，法制教育中心专职教师们始终秉承着“服务第一、有求必应”的宗旨，无畏严寒酷暑、无畏冰雪风雨，以热情周到的上门协教服务，营造了校际良好的法治氛围。

三　思考和展望

未来十年，学校迈入将专门学校办成“专门医院”的战略目标新阶段，形成家庭、专门学校、社区之间的联动预防和调适机制，积累专门学校教师特有的教育教学、转化策略、管理风格，岗位育人、学科育人的经验，通过具有时代特征、专门学校特色的评价标准、转化要求、教育规律，转变“适应教育的学生”观念和行为，将专门学校办成“适应学生的教育”。这是专门学校发展的新阶段，是专门学校的新办学目标、新的任务。要办成“专门医院”，就需要专门教育研究与评估中心。

为深入贯彻落实《关于进一步深化预防青少年违法犯罪工作的意见》（中办发〔2016〕26号）和《关于进一步深化上海市预防青少年违法犯罪工作的实施意见》（沪委办发〔2017〕22号），推动专门学校教育的科学发展和内涵提升，进一步发挥专门学校在预防青少年违法犯罪工作体系中的作用，上海市教委2019年9月在学校挂牌成立“上海市专门学校教育研究与评估中心”。

上海市专门学校教育研究与评估中心的定位是上海市开展专门学校教育研究与评估工作的专业服务机构，负责开展专门学校教育研究和预防未成年学生违法犯罪研究；研究开发对问题学生的教育评估工具，对全市需要送专门学校教育的行为不良未成年学生进行入学评估和教育转化效果评估，受委托开展专门学校办学实践和办学成效评估，并指导专门学校专业发展。

中心的成立标志着专门学校从关注个案教育矫治逐渐走向研究评估的更高阶段，有利于准确把握新时期行为不良未成年学生的心理和行为状况、成长和教育需求，全面提升专门学校教育教学的专业性和有效性，提升专门教育内涵，为行为不良未成年学生提供针对性、专业化的优质教育服务。

励志图存铸伟业，自强不息创一流。今天的浦东育华学校正站在新的更高的历史起点上，努力抓住提升学校内涵发展的新机遇，共绘专门教育的美好蓝图。“通过学校的教育，让原本游离在辍学边缘的学生，重拾自信，正常地回归社会，成为社会的有用人才；让原本充满忧虑的家庭，重获希望，看到孩子感受亲情的渴望，成为家庭幸福的曙光。”① 这就是学校的定位和存在价值，这就是工读人40年来的追求，也是育华人不断汲取力量的源泉所在。

---

① 《精心呵护科学引导成人成才》，《文汇报》2016年4月20日。

有教无类铸就无私情怀　公民教育成就浪子重生

张立伦*

专门学校是教育矫治有严重不良行为未成年人的有效场所，是国家教育体系中的组成部分，也是少年司法体系中具有“提前干预、以教代刑”特点的重要保护处分措施。专门学校教育对象的特点，决定专门学校的教育目标是将学生培养成为具有一技之长、会生活、遵纪守法、合格的社会主义事业的建设者和接班人。

2012年3月，笔者到专门学校上任之初，虚心向学校的教职员工学习，深入调查研究，全面掌握学校的办学历史和办学现状，认识到，专门学校要想走出一条“康庄大道”，实现可持续发展，就必须从打造一支特别能吃苦、特别能战斗的具有无私奉献情怀的好教师队伍和将学校各项工作聚焦到公民教育理念引领学生发展两个方面着手，跳出专门教育狭小的圈子，融入教育大系统乃至整个社会大环境，走向广袤的天地，寻找和吸纳一切优质教育资源与教育元素，以实现专门学校内部的自我扬弃、自我发展和自我优化。在此基础上，再结合专门学校的实际办学情况，加以反思、改造、发展、创新，以创造性地构建出专门教育的全新教育理念和教育模式。

一　办学思想和具体举措

笔者所在的学校创办于1997年，虽然学校办学历史不长，但在办学实

---

* 张立伦，广州市新穗学校校长，民进会员，德育正高级教师。

践中不断摸索、创新，在“礼孝并重、仁爱兼容”校训引领下，逐步形成了以“塑形铸魂”为核心“养成教育”的办学特色。

专门学校要发展，作为专门学校的校长，就必须紧跟时代的步伐，与时俱进，加强对传统专门教育各领域的改革，强调“环境育人”、“文化立校”和“以德立校”，方能适应现代文明的需要，才能真正推动专门教育治理体系和治理能力的现代化。基于对专门教育使命的理解和办学传统的继承，通过几年努力，我们进一步明确了学校未来的发展方向：以“养成教育”（规训）为基础，以关怀教育（情感）为枢纽，以“公民教育”（方向）为目标，培养有传统内涵的“现代新人”，作为全新办学理念。

（一）加强“文化建设”，发挥濡染功能

1. 一个首要：营造富有教育意义的校园环境

营造有教育意义的校园环境是校园文化环境建设的基础，有教育意义的校园环境应该是充满绿化、美化、人文化、书香味和信息化的校园环境，充分利用学校的每一个空间、每一处角落、每一棵草和每一朵花，用激情去点缀它们、用诗意去装饰它们、用童心去布置它们，发挥其应有的教育作用，苏霍姆林斯基说，“要让学校的每一堵墙壁都会说话”，并指出：“隐性课程乃是一种真正的道德教育课程，是一种比其他任何正式课程更有影响的课程”。为此，让学校的每一个角落都富有教育意义，让学校成为“问题孩子”们乐此不疲的家园。这应该是每一个追寻教育理想的专门学校老师和校长应该思考的问题。文化的本质在于“随风潜入夜，润物细无声”的濡染、熏陶或陶冶，来启迪智慧，涵育德行，提升人格。这些资讯与“问题学生”的生活息息相关，亦熨烫人心，可以让我们的“问题学生”感受到一股浓浓的真情，而校园也因此氤氲着一股清幽厚重的文化气息。

2012 年，笔者到任学校时面对的是没有空调的教师办公室、教室、学生宿舍，雨天泥泞、晴天扬尘的沙土操场，散落在学校各个角落的班级。经过一年的努力，先后完成基本建设投资额 800 多万元，彻底改善了师生学习、生活的条件，可以说，学校的基本建设用一年多时间走了过去 15 年的路，学校的面貌发生了根本改变。那一年的寒暑假，笔者没有一天完整地在家里待过。随后，我们持续争取到上级领导的支持，不断完善校园环境，建成花园式学校。

2. **两大仪式：荡涤专门学校学生心灵**

（1）静坐、静站与问候礼。对于专门学校的“问题学生”来说，大多具有好强、好动、好冲动的个性特质，他们心绪复杂，时常被愤怒、恐惧、悲伤、忧郁等情绪困扰不安，容易为小事而大动干戈。学校通过睡前10分钟静站、餐前5分钟及观看新闻联播30分钟静坐仪式让他们在某一时间段保持静坐状态，凝神聚气，使得心情平静、心平气和，从而暂时摆脱各种纷繁复杂的念头与欲望的困扰，进入一种恬淡的境界，也让他们从中学会冷静，从而达到养生、静心、静性之功效。而由传统体育文化校本课程教授学生的问候礼，则由传统的“抱拳礼”构成，象征平和、恭敬、友善、吉祥。学生们在日常生活的各种场合中使用问候礼，从而养成了尊敬父母、教练，尊敬训练场地、器材，保持清洁整齐，尊敬服装，尊敬食物等卑己尊人的情怀，可以为“问题学生”养成基于平等和尊重的行为习惯和行为规范提供最根本的情感支撑，是一种以行为训练为主的养成教育。静坐、静站与问候礼同时也创设一个认同的日常文化情境，让“问题学生”置身其间，以产生耳濡目染的道德影响，促进其常规的内化和行为的养成。

（2）开展缅怀先烈，致敬英雄活动，举行祈祷仪式。通过向烈士敬献花篮、召开主题班会、升旗仪式、演讲比赛等活动，学生们经受了精神的洗礼，在心中矗立起一座致敬英雄的丰碑，可以起到静性、对比、感化、重塑的作用，能够让“问题学生”意识到“过去的我”，并主动把“过去的我”与“现在的我”进行对比，达到自我感化、重塑新我之功效，从而继承革命先烈的光荣传统和精神，不忘初心，努力成才，争做中华民族伟大复兴中国梦的实践者。

3. **三大举措：打造专门学校高贵的大学气质**

（1）讲普通话，用文明语。专门学校学生使用方言讲粗话、脏话，开口就出，非常流利，但是我们发现使用普通话爆粗口就比较困难。坚持普通话，有助于降低“问题学生”使用不文明语言的概率。“讲普通话，用文明语”也是时代对当代青少年的要求，问题学生大多处于少年期，早日使用普通话进行交流与沟通，对孩子将来融入现代社会将起到良好的作用。

（2）第二课堂：系列主题讲座。学校定期举办第二课堂，力争把第二课堂做大、做强、品位做高。如举办中山大学、华南师范大学、广州大学等名校研究生义务系列讲座，聘请高校中儿童文学、哲学、心理学、教育学、法律、社会学和医学等学科的研究生或者老师给我们的“问题学生”做全方位的知识普及性义务系列讲座，还请回优秀毕业生现身说“我与母校”的故事、家长诉述故事等。坚持下去，第二课堂系列主题讲座，就会形成专门学校的一种文化传统，开拓了“问题学生”的视野，增强了专门学校的大学气质，也为学校常规教学注入一种新的元素。与此同时，讲座人员的榜样示范对“问题学生”本身也具有一种耳濡目染的作用，这种教育是一种活生生的真教育。

（3）开展特色校本课程。结合专门学校教育特色以及学生全面发展的需求，除义务教育国家课程外，增设门类齐全的涵盖音乐艺术、棋类、传统文化（折纸、剪纸、中国结制作、茶艺、武术、国学、书法等）、球类、科技（电子竞技、机器人、定向越野、组建小型局域网等）、国防教育、戏剧欣赏、法治、心理和健康教育、社会实践活动等地方和校本课程。

组建民乐团，鼓励全体学生参与，每人至少学习一门乐器，活跃校园艺术氛围，每学年举行一次大型艺术节活动，学校合唱队每年参加海珠区合唱比赛并获奖，力求打造世界一流的专门学校音乐教育品牌。

与禅武国际联盟合作教授全体学生功夫操，组建功夫队、舞狮队，开发传统文化与行为规范相融合的校本课程，选派优秀学生到中山纪念堂参加广州市教育局组织的广州市第二届中小学岭南优秀传统文化教育成果展示，受到好评，未来还将派学生到匈牙利参加国际功夫比赛。

建成环境优美、功能齐全、面积达400平方米的心理健康发展指导中心，组建由毕业于心理学专业和具有国家二级心理咨询师证的教师组成的、一支13人的专兼职心理健康教育队伍，秉承悦纳、肯定，让生命积极绽放的教育理念，在日常教育教学中切实做到以规范机制护航、以专业团队掌舵、以课程活动为载体、以心理中心为主阵地，为学生的心理健康和行为矫治提供优质服务。

4. 四大文化：创设富有文化情境的专门校园

（1）班级文化：文化情境下的道德熏陶。正如约瑟夫·弗莱彻（Joseph Fletcher）说：“哪里有了境遇所提出的问题，哪里就有真正的伦理学。”构建班级主题文化就是根据文化情境来利用、优化和整合各种文本的、自然的、生活的、信息的、经验的教育资源，使得有限的教育从深度和广度上拓展空间，充分发挥它们在促进学生道德的濡染、浸润、启迪、诱导、整合、激励道德凝聚功能。在环境布置板块，可以通过主题情境（如亲情节、游戏节、童话节）来布置班级环境和学校廊道等；在活动板块以综合课程整合为目的，开展各种综合实践活动；在学科教学板块，将语文、科学、思想品德、地理等学科进行综合整合，促进学生的全面、和谐、健康发展；在教学的过程中，在案例分析时，渗透和倡导建构主义情景认知论，探索和尝试文化情景教学模式，促进专门教师的专业成长。班级主题文化在确保学科文化情境课程主体作用的前提下，充分利用并整合课程资源，围绕人文、艺术、体育、健康等文化主题，以德育为主导，以学科为龙头，以课堂教学为中心，从教学到教育、从课堂到课外、从校园及至家庭，开展形式多样的专题性教育周、文化节活动。

学校每个班级由5个值班老师组成一个团队，教师24小时值班，实行半封闭式、准军事化、小班额、寄宿制的专门教育管理模式，为创建班级特色文化建设提供了条件。班级的名字体现了各自不同的特点，如博雅班、共进班、乐进班、孝荣班。但各个班级的文化建设又有共同之处，即建成温馨、和谐的家庭式班级氛围，在这里，教师既是教师，又承担学生父母的角色，负责指导学生生活中每一件小事。

（2）节日文化：文化情境下的道德濡染。节日文化是一个民族精神和情感传承的重要载体，每个传统的节日都有特定的文化内涵，传承了很多文化、历史与传说，学校比普通学校更重视利用节日中的重大历史事件、历史人物，举行多种多样的纪念活动。“让儿童沉浸于经过优化的节日文化情境之中，其具有接通历史、感受民俗、体验生存、回归传统、宣泄情感、凝聚精神、寄托幽思等丰富的道德濡染效用。”例如，清明扫墓祭祖、端午悼念爱国先人、中秋阖家团圆、清明节祭奠追思、重阳登高敬老、元旦节迎新汇演；三八妇女节忆母亲、五一节劳动技能展示、六一节童声献母亲、七一节颂党歌咏比赛、八一节革命影片联播、教师节老师我想对您说、国庆节理想前途教育等，这些传统节日使得学生在集体聚会和庄严活动中增加对祖国、对家乡、对自然、对生活的热爱，加强了特定节日文化对学生的道德濡染。

（3）阅读文化：文化情境下的道德积淀。朱永新教授经常说这样一句话，“一个人的精神发育史实质上是一个人的阅读史”。读史可以明智，研哲可以晓理，品文可以传道，吟诗可以怡情，阅读是搜集处理信息、认识世界、发展思维、获得审美体验的重要途径。通过观察，笔者发现我们的“问题学生”还是比较喜欢看文学作品的，为此，发动班级的集体力量，共建专门班级的“图书角”，为问题学生营造一个良好的班级阅读文化氛围，不仅能够激发读书兴趣，还可以丰富他们的业余生活，提高学生读书意识，让他们在书香班级中接受书香的点滴濡染。

为了给专门学校学生创造良好的阅读条件，近年来笔者花大力气致力于学校图书馆建设。现已建成总面积为350平方米的图书馆，包含馆藏书室、杂志阅览室、电子图书阅览室，馆藏图书1.3万多册。杂志阅览室由教务处统一安排班级学生每周固定时间到阅览室阅览；也有送杂志上班级的活动，即由班级自订借阅规则，自行管理，根据班级人数和纪律情况借阅杂志。

（4）教师文化：文化情境下的道德研究。专门学校常常以班级为基本管理单位，通过班主任老师来选择值班老师，各班级执行班主任的工作任务。班级间缺乏沟通，教师与教师之间缺乏沟通与良性竞争，长期下去，各班级犹如“一方诸侯”，从而容易故步自封而导致职业倦怠，逐渐失去继续学习的动力。为此，笔者到任后，改变了这样单一的管理模式，多渠道地创设良好的教师文化氛围，开展文化情境下的道德研究，培养文化型教师，激发专门教师个体发展的内在驱动力，真正激发专门教师主动地去自我实现。文化人心中最大的安慰莫过于有一个表达和交流思想的机缘与舞台，学校举行“相约星期二”等教师文化沙龙，让教师参与文化交流、经验体会、反思个案、教育心得、教育小故事等交流，鼓励教师多阅读，多参加各级论文大赛，积极发表论文。其次，让教师参与专门学校校本课程开发，在深入研究“问题学生”学情的基础上，以主题、专题的形式编写适合“问题学生”学习的校本课程，如编写《专门学生文化读本》《专门学生亲情读本》《专门学生交友读本》《专门学生励志故事读本》《专门学生心理健康知识读本》《浪子回头金不换——专门学生特别报道》《专门学生文明礼仪读本》《专门学生法律法规知识普及读本》等校本课程开发，校本课程内容贴近专门学生的实际生活并为问题学生的未来发展奠定基础，同时也要符合专门学生的发展实际。

（二）改良“学校风气”，发挥熏陶影响

1. 使校风成为一种潜在的德育资源

校风，是看不见、摸不着的，但是，人们能切实感受到一所学校的校风。校风，作为专门学校的一种隐性的、潜在的德育资源，其具有很强渗透力、感染力、同化力和约束力，同时，校风还具有净化、活化、强化、内化、外化和优化等诸多功能，其主要的功能在于对全体专门学生的道德影响。良好的校风一旦形成，就会对专门学校各方面源源不断地“输送”各种潜移默化的道德影响，这就需要充分利用好、打造好这一德育资源，充分发挥校风的“育人”功能，为此，在专门学校内部必须树立一种积极的、优化的、民主的氛围，创设各种文化情境，以形成良好的学风、教风、作风和班风，将内发与外铄相结合，充分利用专门校风资源，发挥专门校风的功能，以良好的校风“立德育人”，对全体专门学生的健康成长，对促进专门学校健康、持续的发展，发挥导向、动力和保障作用。

学校坚持“亮点工程”建设，组织进行优秀班级评比、标兵评比、优秀日记评选、会操评比、校运会、亲子运动会、篮球赛、足球赛、艺术节、书法比赛、演讲比赛、学科组比赛等，通过获奖后的荣誉激励，在潜移默化中，让每个学生树立“班荣我荣，班耻我耻”的荣誉感，形成你追我赶、积极向上的风气。通过班干部选举、学生会选举，让学生参与班级、学校的管理中，激发学生民主意识，保障学生民主权利，形成班级、学校的民主氛围。

2. 将校风建成一种共同的情感氛围

良好的校风能够形成良好的校园文化，和谐、民主、平等、关怀等理念不仅要深入校园的每一个人心中，而且要渗透至专门学校工作的各个方面，甚至专门学校的一草一木，在专门教师和专门学生之间架起一座情感的桥梁，在校园内部形成一种共同的情感氛围。这种氛围的行为不是一蹴而就的，是需要一定的时间积淀的，专门校风的形成需要一个认同理解、相互教育、坚持成习的过程，需要思想认识和行为规范的约束，优良的专门校风一经形成，就会构成一种独特的教育心理环境，成为影响整个专门学校生活的重要因素，形成一种共享的情感氛围，这种情感氛围有利于个体不断地调整自己的心理情感，使之趋同于集体心理，集体心理才能因之得到加强和巩固，并植根于每个个体之中，使之内化为自己言行的准则，化为自觉行为，形成优良的专门校风。

学校的教师工作时间长，工作强度大，投入的精力多，并且有一定的危险性。工作任务是管教合一，一个人承担两个人的工作量，24 小时轮流值班，待遇不高。可是，老师们都兢兢业业、勤勤恳恳、无怨无悔地整天与“问题学生”厮守在一起，乐此不疲。这些体现了专门学校教师有深厚的专门教育情怀，他们具有普通学校教师所缺乏的韧性、耐心和心理抗挫能力、梅花傲雪的风骨，面对严寒，百花凋零，而他们依旧怒然绽放。老师们的辛勤工作使和谐、民主、平等、关怀等理念深入每一名学生心中。

3. 使校风成为一种共享的行为愿景

优良的专门学校校风，能够产生一种特殊的“心理感染”。“心理感染”就是指个人对某种心理状态的无意识的、不自主的顺从，它不是由于自觉地接受了某种信息或行为的模式，而是由于直接受到别人情感传播的感染。良好的专门校风作为一种新的心理环境，通过潜移默化，使专门学生将这种新的集体心理环境非强制地、非逻辑地移植到自己的心理系统之中，经过同化而成为个体的心理特征，自然形成一种共享的行为倾向，产生共同的行为方式、一种共享的行为愿景。这种优良的专门校风一旦形成，便产生出一种强大的向心力和内聚力，享受共同的行为愿景，成为集体中绝大多数人的自我要求和自觉行为，构成专门学校里一种新的风尚习惯和行为模式。

学校在实践中形成以“塑形铸魂”为核心的行为规范养成教育特色。一是从入校开始就对学生的走路、站、坐、就餐、就寝、内务、卫生等的各个细节、各个动作要领，甚至在课室里的坐姿、读写姿势、言谈、进门报告、新发的课本作业本上名字写在哪里、课本在课前准备要放在哪里等所有的动作规范和习惯提出具体的要求。二是通过新生军训期“强制”的方式让新生真正树立起纪律观念。与普通学校的军事训练相比，工读学校的军训作用非常突出，特别是在工读生刚入学的新生期，尤为重要。军训在新生行为习惯的养成方面有着其他教育方式不可替代的作用，军训不仅可以训练学生的身体素质，还可以训练工读新生的团队意识和纪律意识，为以后教育管理打下坚实的基础。

4. 使校风能够代表学校的品位格调

学校如人，每个学校都有其不同的“文化与性格”，感受一所学校的气质和气息，最容易从一所学校的校风中感受出来，只要身临其境，就能切身感受到。专门校风是一所专门学校的灵魂，是校园精神的集中体现，一所专门学校的校风，实际上可以看作一所专门学校的品位与格调，品味格调的高低，实质上是培养规格、办学水平高低的重要反映，一所高品质的专门学校，必然拥有高品质的校风，其实，校风也是一所专门学校的特色之所在，一个专门学校有没有特色，特色是什么，我们可以从校风中感受到，它是一所专门学校区别于其他专门学校的重要标志。

学校以“礼孝并重、仁爱兼容”为校训，将“礼”“孝”“仁”“爱”等儒家传统文化精髓作为道德教育和行为养成的要义和核心，努力营造一个浓厚的人文关怀的氛围，去开展一系列的人性化的教育活动，从而形成新穗学校独有的气质与格调。

5. 使校风成为学校品牌和信誉

良好的品牌和信誉是一所专门学校持续健康发展的基础和保障。专门学校校风会以它特有的方式对人产生广泛而深刻的影响，能够感染专门学校的每一名学生，优良的校风还具有强烈的约束作用，良好的校风犹如一种“无声的命令”，作为一种稳定的组织气氛，对专门学生中那些不符合校风规范的人形成一种无形的压力，以及时地改变他们的不良行为。此外，良好的校风还是一种特殊的“精神引领”，校风一旦形成，就会成为一种强大的、内在的精神力量，它能激发并引导全体师生奋发向上，凝聚成员的力量，形成一种共享的情感氛围、共同的价值观念和共同的愿景，形成一种合力，并发挥出全部的潜能，转化为他们的自觉行动。

在新穗学校，这种品牌和信誉主要体现在新穗教师的六种精神上：不忘初心、立德树人、为国分忧、为民解难的“担当”精神；有教无类、因材施教、百教不厌、诲人不倦的“敬业”精神；量身定制、个别教育、因人施策、精雕细琢的“工匠”精神；爱生如子、陪伴守护、不离不弃、润物无声的“大爱”精神；以校为家、公而忘私、不舍昼夜、无怨无悔的“奉献”精神；国际视野、勇于探索、先试先行、锐意进取的“创新”精神。

（三）提倡“关怀理论”，培养关怀能力

1. 要以“学生”为本

营造良好的专门校风，首先要树立以“专门学生”为本，坚持“一切为了专门学生、为了一切的专门学生，为了专门学生的一切”的办学理念。传统的专门学校教学忽视了对“人”的教育，忽视了对专门学生的“情绪”的关注，缺乏对专门学生“情感”的培植，缺乏对专门学生“情怀”的培养，忽视了对专门学生个体生活价值与生命意义的教育。这样一种校风历来已久，要改变这一传统的校风，就必须树立“以人为本”的教育理念，关注专门学生，关注专门学生的生活世界，关注专门学生的身心发展。传统的专门课堂教学往往以专门教师的“教”为本，以“书本知识”为本，以“静态”的教学为本，忽视了专门学生学习过程中的自主性和主动性；忽视了与专门学生之间、师生之间的情感交流；专门学生只能被动地适应，获得僵化的“知识”，这种教学在今天看来显得“目中无人”，没有做到“以人为本”，没有真正做到以“专门学生”的发展为本。实质上，教学过程是师生共同活动的双向过程。在这个过程中，专门学生应该是主体。课堂教学只有真正做到以“人”为本，以“专门学生”为本，以“专门学生的发展”为本，才能酝酿出高品位、高规格的专门校风，专门学校课堂教学才能真正焕发出耀眼的光芒，才能真正地实现专门学校教书育人的目的。

2. 以“育人”为首

正如《说文解字》中所说，“教，上所施下所效也”，“育，养子使作善也”。专门学校是一种培养转化人的事业，德育是专门学校教育的生命线，专门学校教育的核心在于德育，德育作为专门学校教育的终极目标，应然是专门学校教育中“最美丽的风景”。树立良好的校风，就必须在专门学校教育中，树立“以德育人，育人为先”的教育理念。《左传》上说，“太上有立德，其次有立功，其次有立言，虽久不废，此之谓不朽”。立德居其首，是为人处事的至高境界，决定着一个人发展的方向。必须改变传统的教育模式，树立“德育为先，育人为首”的教育理念，把培养全面发展的现代人、身心完整的现代人、自由发展的现代人、多方面和谐发展的现代人和可持续发展的现代人，作为专门教育的培养目标，自觉树立这样一种良好的专门校风，以促进专门学校“育人”的自觉性和科学性。

3. 以“关怀”为先

当前专门学校的校风，重视学科教学和行为训练，在这样的氛围下，专门学校教育强化控制，严于纪律，教师在“灌输”“填鸭”，专门学生被迫在“储蓄”，这不仅仅扼杀了专门学生的天性与活力，也抹杀了专门教师对专门学生的关怀能力，造成专门学校教育氛围中“关怀”的缺失。2007年全国中小学师德状况调查显示，绝大多数教师以为自己做到了关怀和理解学生，但是只有40%学生能够经常感到教师的关怀，因此，提高教师对学生的关怀品质和关怀能力是解决当前学校教育校风问题的一个重要方式。教育的目的应该是培养具有关心能力的人，培养关心型的学生，促进学生健康成长。“必须有一种广角的教育引导所有的学生关怀自己、关怀自己身边的人们”。关怀是一种关系、一种美德，更是一种个人品质。关怀理论应然成为现代专门学校教育的重要理念，良好的专门学校氛围，首先要创设一种关怀的情境，这种关怀涉及专门领导对专门教师的关怀、专门教师之间的关怀、专门教师对专门学生的关怀。专门学校内部只有创设了这样一种关怀氛围，专门学校内部的人际关系才会更加融洽和谐，专门学校的管理才会更人性化。专门教师作为关怀者，必须懂得如何去尊重专门学生个体的差异性，尊重和理解专门学生的个体内心的真实感受和真实体验，重视专门学生的尊严和价值，在教学过程中营造一种关爱的氛围，一种对话、真诚、接纳和理解的氛围，以促进每个专门学生个体身心的发展，同时，专门学生作为被关怀者，要求专门学生对专门教师的关怀做出积极的反应与及时的回馈，形成良好的关怀互动关系。为此，在专门学校教育中，要树立以“关怀”为先的教育理念，把“关怀”渗透到专门学校教育的各个层面，以触及专门学校教育的根本，只有这样具有“关怀”的教育才是真正的教育，才能真正培养出专门学生的良好道德情操和道德品性，以形成良好的专门校风。

（四）倡导“公民教育”，培养社会公民

公民教育（Citizenship education）在不同的历史时期和不同的环境下有不同的内涵，因此公民教育必须放在特定的历史时期和不同文化国度的背景下，才有其确切的内涵。公民教育是德育现代化发展的必然趋势，但是由于受到传统社会意义形态的影响，容易把公民教育简单地与资本主义性质联系起来，导致当代中国学校教育中公民教育的缺乏，公民教育的缺失导致学校德育内容不能符合时代发展的潮流。所以，现代的专门学校德育发展，一定要加强公民教育的内涵，重在培养“问题学生”的独立意识、尊重意识、关爱意识、民主意识和和平意识。公民教育的这些内容与新时期社会主义核心价值观基本内容（富强、民主、文明、和谐、自由、平等、公正、法治、爱国、敬业、诚信、友善）根本上是一致的，同时，这与专门学校教育转化“问题学生”的价值取向和历史使命是一脉相承的。通过公民教育对专门学校的有效渗透，培养学生公民品质，以达培养有传统内涵的“现代公民”应是未来专门学校发展的必然趋势。

二　风雨八载以校为家，改革创新硕果累累

2012 年，笔者由国家级示范性高中广铁一中调任广州市新穗学校，面对没有空调的教师办公室、教室、学生宿舍，雨天泥泞、晴天扬尘的沙土操场，散落在学校各个角落的班级以及教师因没有正常的职称晋升通道而出现的职业倦怠，笔者没有被这巨大的落差吓倒，反而激起更大的斗志，最终建成了花园式学校，目前学校的硬件设施在全国专门学校中排名前列。经过深入调研和多方论证，向上级部门争取到适合学校教师职称评审的条件，打通了教师职称晋升的通道，极大地提升了教师的积极性。笔者带头培养青年教师，坚持“传帮带”的优良传统，毫无保留地帮助青年教师成长，使教师业务能力提升的同时，职称职务都得到提升，并获得相应荣誉。对待学生，笔者常说，专门学校的孩子是不幸的，成长中缺乏关爱，走了弯路，所以我们要让他们感受到进入新穗学校是一种幸运，除了以爱心、耐心、细心、精心、信心感化他们，更要为他们创造最好的条件生活、学习。

2016 年 9 月，依照省、市部署，学校与广东省未成年犯管教所联合办学成立广州市新穗学校石井校区，目前共 24 个教学班、1000 多名学员，开创了未成年犯义务教育纳入地方国民教育体制先例，这是工读教育史上里程碑式的大事件，在全国是首例，影响深远；至今，石井校区接受阶段性义务教育的学员共 5760 人，183 名学员获得初中毕业证，圆满完成省、市领导交给的“给特殊孩子一张合格的毕业证书”的任务，在推进教育领域治理能力和治理水平现代化等方面做出了突出贡献。

2017 年 12 月 20 日，中国教育学会专门（工读）教育分会 2017 年年会暨广州市新穗学校现场研讨会在学校举行，来自中央、省、市的领导嘉

宾，全国20个省、市、自治区共52所工读学校和广州市内36所兄弟学校的领导和老师共计200名代表出席会议。中国教育学会专门（工读）教育分会林炎志理事长讲话指出，新穗学校办学有特色、有经验、有成果、有创新，与广东省未成年犯管教所联合办学，是工读教育的新生事物，值得全国借鉴学习。最后，学校师生自编自演的展示学校二十年办学成果的节目展演将现场气氛推向了高潮。

三　思考和展望

（一）拓展专门教育功能，提高教育质量和办学效益

经过几年的探索，我们现在已经完成“一校两区”集团化办学。海珠区石榴岗路为专门教育男生校区，白云区石井为省未成年犯管教所在押未成年犯学员教育专区，初步形成多功能、多元化、多层次办学的新格局，以满足社会需求。新穗学校的中长期发展规划为“一校三区”（目前看来，预计会发展为“一校多区”），即广州市新穗学校石榴岗校区（校本部）、广州市新穗学校石井校区（广东省未成年犯管教所校区）、女生校区，“两个基地”，即广州市普法教育基地和广州市家长教育基地，“五位一体”的发展规划。构筑立足广州市乃至广东省、辐射粤港澳大湾区的预防和教育矫正未成年人违法犯罪的专门教育体系：对有严重不良行为未成年人的专门学校教育、对涉罪未成年人的观护教育、对服刑未成年人的监狱改造教育的教育体系。

（二）完善学生人格，走以问题学生合法权益维护为核心的专门教育新路

传统的专门教育总是以问题学生的“问题”为基本出发点，针对学生不同的“问题”采取不同的教育、矫正手段，最终达到正常回归社会的目的。为了从根本上杜绝“头疼医头，脚疼医脚”的现象，做到从根本上防患于未然，我们转变思维，以维护问题学生合法权益为核心，以法治教育为切入口，以人性化调适为手段，以全面提高问题学生综合素质为目的，不断提高问题学生的社会责任感。

（三）继续进行校园微改造，优化校园环境

要为学生提供良好的受教育环境，同时在思想和行为上尊重学生，给

予问题学生善意的指导，使学生能在一个优美、和谐的环境中，身心愉悦。

（四）更加注重心理健康教育在学生养成教育中的作用

专门学生的问题不仅仅是法治意识薄弱，心理问题也是困扰这群学生成长的重要因素。因此，德育工作还要对他们的心理问题进行矫正。建立心理健康教育中心，进一步加强学生心理健康教育的规范性，鼓励学生大胆进行心理咨询，建立社区心理咨询和帮教网络，将校外协教功能拓展到社区帮教的范围。

（五）立足于课程整合，提升学生道德水平

（1）继续推行全员民乐课程和传统体育文化课程。（2）探索在石井校区开设职业技能课程。（3）根据专门学生的实际情况，对现有课程资源进行优化整合，如体育课程与体育特长训练、行为训练等进行整合。（4）增加主题综合活动课程，适当增设活动性、趣味性课程，如开设钢琴、电子琴、电影赏析、动漫、台球、绘画、声乐、舞蹈、篮球、武术、围棋、足球、书法等选修课程。把游戏、活动等多种元素融入课堂，改变专门学校日常课堂教学模式，使教学内容多样化，形式新颖化，从而慢慢提升专门学生对课堂的积极性与兴趣性。与此同时，通过充满文化情境的主题文化活动和课堂教学，增强学生的道德判断能力、道德认知能力、道德情感能力和道德敏感力。在人为创设好的主题活动中春风化雨，润物无声，让专门学生在活动中学习，在活动中玩，在活动中体验良好的自我感受，在活动中重塑德行。

（六）加强对外教育交流，为学生提供更高更广的学习与展示平台

继续与英国伯明翰市学校、英国伯明翰市林德沃夫学校、香港扶幼会则仁中心、香港东华三院邝锡坤伉俪中学、台湾新北市文教交流协会、匈牙利国际禅武联盟的教育交流与合作，每年派出不少于40名师生出访，同时接受不少于50名师生来访。

十年磨一剑　初心如磐石

——在金殿中学的学习、实践与成长

胡　亚*

经过霜打的禾苗，更需要阳光雨露的滋润才能返青；受过挫折的少年，更需要园丁们的辛勤培育才能茁壮成长！岁月辗转成歌，时光流逝如花。自 2007 年 3 月到昆明市金殿中学任职至今，屈指一算，已过去整整 12 载。

记得刚到金殿中学，映入眼帘的是一个不大的校园，校舍比较陈旧，两排 20 世纪 60 ~70 年代建的平房和 80 年代建的男女生宿舍楼、教学楼和食堂，只有一幢叫作“励志楼”的多功能建筑是新楼。教职工人数，加上 5 名驻校公安民警也就 54 人，学生人数 100 多一点。随着了解的不断深入，笔者发现这所学校还真特殊。金殿中学是经云南省人民政府批准，于 1981 年 9 月成立的。学校由市教育局主管，市公安局、团市委协办，校名是昆明市工读学校，是当时云南省唯一的专门学校。1990 年，又增设了“昆明市第九职业技术学校”校名。随着经济建设的转型、社会发展的不断进步和法治的不断完善，学校于 2001 年更名为昆明市金殿中学。学校实行“三自愿”的招生原则，即学生、家长愿意，原学校同意，择差招收 12 ~17 岁“三偏两难”问题学生，即学习偏常、心理偏常、品德行为偏常，普通学校难以教育、家长难以管教的学生，学校肩负着昆明市义务教育兜底的任务。学生生源基本覆盖全市普通中学。职业高中主要招收本校初中毕业生，继续进行教育矫治和培养学生的一技之长。目前，学校正在积极进行与成人高等教育、高等职业教育接轨的探索与实践。

* 胡亚，昆明市金殿中学书记兼校长。

一　记忆犹新的往事

2009 年，学校开始积极探索校外德育实践。4 月，学校决定由笔者亲自带领学生会干部和表现好的学生外出游学一周。消息一出，像是炸了锅一样，上上下下弄得神经紧张。因为这是金殿中学自成立以来首次跨省的集体学习之旅。当我到市教育局报批时，主管领导心有余悸地劝导慎重行事，一定要注意安全。就这样我们开始了广州、深圳的学习交流之旅。其中的一个细节引起笔者的注意。当我们在广州市新穗学校开展学习交流时，一个学生突然对我说他发现他们学校的学生好像不抽烟。笔者当时很惊讶，专门学校的学生怎么会不抽烟呢？我带着疑惑询问了新穗学校的负责人。他告诉我一个学生都不抽烟不可能，但他们学校抽烟的学生的确很少。同学们的互动交流给了笔者这样一个启发：何不通过开门办学，以同伴教育的方式得到收获？在接下来的几年里，学校先后派出 4 批、共计 40 余名学生，赴成都、重庆、上海、桂林和贵州等地的专门学校开展交流学习。

2010 年 3 月，昆明市发生了震惊全国的“云秀暴力”事件。昆明市云秀书院——官渡区第一中学的 11 名初三的男生群殴 1 名初二女生，一段长度 9 分 46 秒的视频在校园内疯狂流传，最后传播至全社会。事件发生后，省市领导高度重视，市区两级公安局、教育局积极应对。学校积极参与应对“云秀暴力”事件的过程。一是制定《昆明市金殿中学校外法治学习班实施方案》，二是迅速成立由公安局、原学校和金殿中学共同管理的校外法治学习班，对其中 7 名参与暴力事件的学生进行为期 12 天的培训。记得结业典礼上，笔者当时主持结业典礼，当省内外媒体的记者云集结业典礼现场时，笔者对记者提出要求，拍照时不能拍正面照，更不能够拍正面特写照，只能够拍背面和侧身照，媒体按照这个要求进行了宣传报道。据事后的跟踪调查，这 7 名孩子回到原校后，回归到正常学习状态，毕业时均参加了当年的中考。这一突发事件的处置对笔者震动很大，孩子们在结业典礼上发出的声声忏悔无时无刻不历历在目。这既是一个正视自己错误、在挫折中成长的典型案例，也是一个保护未成年人合法权益的成功做法；短训教育模式既能够进一步彰显工读教育的独特功能，起到强大的威慑作用，又能够做好教育的兜底工作，服务普通学校。笔者得到的启示是，学校的办学应当从单一模式走向多重模式。

第三件印象深刻的事是借他山之石，开展国学教育，为德育注入内涵。记得是在2011年5月17日至21日，在云南省文明办的亲切关怀和指导下，借助省弘扬传统文化企业家团队的力量，学校面向全社会举办首届中华传统美德进校园主题教育活动。5天时间，全校停课，全身心投入学习。师生、家长、相关领导和部分普通学校、企业负责人及社会各界人士以《弟子规》为主线，以“孝”为核心内容，通过学习、领悟圣人先贤教诲，通过聆听14位省内外各界人士解读和践行中华传统美德的深刻体验，全体与会者领悟了国家以人为本、人以德为本、德以孝为本的博大美德，取得了师生共育、家校共育的良好效果。其中有一个细节，让我终身受益！活动中，义工志愿者们手里端着碗，站在餐厅出口，当有同学要倾倒剩饭剩菜时，他们都会接过学生的饭碗，把剩饭剩菜倒入自己碗中。这一举动，深深震撼着同学们稚嫩的心灵。那一刻，我们深深感受到中华传统美德“正己化人”的至高境界。省文明办有关负责人在结业典礼上曾动情地说：本次活动超乎想象，甚至大大超出预期效果。金殿中学的学生同样是优秀的，能够坚持完5天的学习，并积极认真地践行传统美德。实践再次证明，金殿中学的学生是可以用古圣先贤的智慧去教化的。

此次主题教育活动是建校以来规模最大、内容最丰富、历时最长，且开启了全省中小学国学之先河的德育活动。5天的培训，创造出学校教育教学活动的多项第一：学习密度最大，每天10小时；每一节课的时间最长，达100分钟；学生自愿提交的110余篇心得体会，就其内容的真实性、深刻性和认识水平，胜似空前，超过以往任何一次主题教育活动。作为这一次主题教育活动的主导者，笔者更加坚定了培育人的道德智慧是教育第一使命或第一要务的信念！

第四件印象深刻的事情是对学生的家访工作。10余年来，每逢寒暑假来临，笔者总与老师们一块，穿梭在城中村的小巷深处和老旧居民小区，踏着山川河谷、田间地头曲曲弯弯通往村舍的羊肠小道，走进学生家里，和学生、家长促膝谈心。每一次的家访心情都很沉重，因为学生基本都来自“双弱势”家庭。家长文化水平低，基本没有教育孩子的能力，再就是经济条件不好，大都是城镇下岗职工、来自农村和外来务工家庭。如果他们的孩子再失去专门学校教育的这个兜底，不能够更有针对性地接受教育矫治，就有可能触碰法律底线，整个家庭就会失去和睦。这一个个鲜活的学生家庭，不停地敲打着笔者，督促笔者进行教育教学改革，提升教育教学和矫治工作水平，不断充实和完善育人理念，帮助孩子们重新扣好人生的第一粒扣子，不让一个孩子再掉队。

10 余年来，笔者和同事们始终坚持差异化办学，把这群“特别孩子”当作“特点孩子”来对待，紧紧围绕着获取有效教育的“最大价值率”，“量身定制”教育矫治策略，积极追求非智力因素状态下的最佳育人。

二　探索与实践

为进一步适应时代发展，10 余年来，我们始终把培育合格公民作为育人目标，按照“行为养成习惯，习惯形成品质，品质决定命运”的工作思路，通过“点上突破，全面覆盖，整体推进”的实施策略，逐步探索出了一套行之有效、有昆明特色的“131”教育矫治模式。一个基础即以德育为基础，三大支柱即养成教育、法治教育和心理健康教育，一条主渠道即以教学改革为突破，构建适合学生学习的课程体系。

（一）日常行为的养成教育

针对孩子们入校前的不良行为、严重不良行为，甚至犯罪行为，特别是扭曲，甚至是错误的世界观、人生观、价值观，学校从小节入手，制定日常行为规范，并持之以恒地付诸实践。

（1）以生活习惯的养成作为切入点，提升孩子们内在素质和价值取向。从 2008 年开始，学校启动了“德育风景线”工程，即整洁的内务、统一的着装、良好的文明礼仪、整齐的课间操、有效的课堂纪律、良好的进餐氛围、整齐的队伍行进、标准的仪容仪表。这 8 项一日常规，现已成为校园里 8 道亮丽的德育风景线。目前，风景线工程正在注入日常军事训练的新元素，期待着得到进一步升华。

8 项一日常规“亮”在何处？日复一日的队列行进、统一着装、仪容仪表和内务整理，培育着孩子们自尊自爱和自重的价值观。课堂纪律、进餐氛围，培育着孩子们敬法纪、守规矩、讲秩序的价值观。校园内、教室里不乱扔纸屑，不随地吐痰，不追逐打闹，不吸烟，不说脏话，见了师长要主动问好等文明礼仪，培育着孩子们文明、和谐、友善的价值观。10 余年来，我们始终坚守着教育的崇高理想：育人让人像人，育人让人更高大。①

（2）引入国学，提升养成教育的品质。立德树人是学校的根本任务，也是培育社会主义核心价值观的必然要求。欲获取知识与技能，树立正确的人生态度、情感与价值观，德必先行。自 2010 年起，在省文明办和省企业家团队的引领和扶持下，国学走进金殿中学。2011 年和 2014 年，学校面向社会举办两届中华传统美德进校园主题教育活动。

10 余年来，国学进课堂活动，围绕着“学习《弟子规》”“中华魂活动”“一封家书·感念亲恩”“做一个有道德的人”“志愿者活动日”“宪法日”“做一个有爱心的人”“爱在传递，爱与责任同行”“读《论语》，做一个有智慧的好人”“中华传统美德助我成长”“学习最美孝心少年”“晨读活动”等系列主题活动蓬勃开展。2011 年 12 月，德育案例《中华传统美德教育进校园——昆明市金殿中学中华传统美德主题教育活动》代表市教育局被中共昆明市委组织部创先争优活动领导小组办公室编入《争科学发展之先·创和谐社会之优——昆明市创先争优活动先进典型案例汇编》一书。

（3）建设养成教育阵地，营造浓郁的校园文化氛围。经过 10 余年的精心打造，我们让整个校园：墙壁会“说话”，黑板能“吟诗”，专栏常更新，教室、办公室、走廊、学生宿舍名言警句和优美的画卷随处可见，处处洋溢着浓浓的书香气息，且保证整个校园立体全覆盖。

（4）德育校本课程的开发。10 余年来，德育工作的探索与实践，有冥思苦想的不断创新，有日复一日的真诚坚守，更有苦尽甘来的幸福体验。圣贤的智慧和力量，正在潜移默化地启迪着孩子们的道德意识和行动。在此基础上，学校开发出了“一日常规”和“晨读三部曲”两门德育校本课程，并进教材、进课表、进课堂。

（二）多维度的育人探索与实践

10 余年来，学校积极探索和实践专门教育由单纯的纪律主导向着文化主导、关注学生未来发展转变的内容、方法及手段。

---

① 张楚廷：《教育哲学》，教育科学出版社，2006，第 290 页。

（1）“两张白纸”。10年来，学校的心理健康教育已步入常态化、制度化和规范化的轨道。从生命教育、青春自护、职业规划和历奇教育等课程设置，到“两张白纸”、专业志愿者献爱心和社工组织服务，心理健康教育丰富多彩、有声有色。

“两张白纸”，即针对“学生最喜欢老师说的十句话或做的十件事”“学生最不喜欢老师说的十句话或做的十件事”“老师最喜欢学生说的十句话或做的十件事”“老师最不喜欢学生说的十句话或做的十件事”的调查，成为师生相互倾听心声的纽带，师生关系变得比任何时候都更加和谐。同时，“两张白纸”也成为教师师德考核的重要依据和学校师德师风建设的重要抓手。此项工作已持续进行了10年，起到了师生共育、共同进步成长的良好效果。

2011年10月，受省综治办的委派，笔者亲自带领心理健康教育团队赴楚雄市北浦中学开展心理健康教育，为全市300余名师生做心理知识讲座和个案辅导。楚雄市是中央综治委命名的全国重点青少年群体服务管理和教育帮助的试点城市，北浦中学是楚雄市的重点初中。这是金殿中学首次走进名校，迈出运用心理健康教育资源服务普通中学的第一步。

（2）法治教育彰显专门学校特色。①法治课程设置。学校开设有心理健康、安全与法治、道德与法治、成长记录袋制作等课程，且进教材、进课表、进课堂，其中，道德与法治课周课时3节，其余各1节。②联合驻校公安民警，构建法治教育与学校、家庭、社会“三位一体”的新格局。③法治教育与丰富多彩、形式各异的教育活动相衔接。④禁毒教育步入常态化、科学化的轨道。⑤利用自身的法治教育资源优势开门办学。

2010年3月，昆明市云秀书院7名参与暴力的学生来到金殿中学接受教育矫治，就是开门办学的成功案例。2017年4月18日，学校和省、市人民检察院共同承办了由最高人民检察院、教育部联合开展的“法治进校园”全国巡讲活动，并在学校举行了云南站启动仪式和首场巡讲，起到了良好的示范作用。

（3）游学教育不断得到升华。10余年来，学校开展的游学教育已由单纯的校际学习与交流、感恩地球母亲的自然游和踏访革命圣地的人文游等，向着参与和服务社会转变。目前，游学课程建设已日渐成熟。

2014年4月24日，学校全体师生代表全市120多万中小学生参加了

“云南主会场—（昆明·2014）‘全国侵权盗版及非法出版物集中销毁活动’”。2016年10月24～25日，全体师生参加了在市中级人民法院举办的大型“青少年模拟法庭”庭审活动。法治实践让孩子们近距离见证了法治的威严，进一步增强了底线意识。

（4）课堂教学改革。文化主导、聚焦教学，推进有效教学，是新时代专门学校走可持续发展的必由之路。大量研究证明，未成年人的学习困难既是他们行为不良的成因，同时又是行为不良的结果，且都是非智力因素所致。为此，学校针对学生学习基础薄弱的实际，对文化课教学进行了改革。首先，在开齐义务教育课程的前提下，提升或降低课程难度。针对政治、语文、历史、地理等人文社会学科提高教学强度，计算机、体育等课程“肥上加膘”；“瘦身”英语、理科教学内容，并以放慢进度、循序渐进的原则组织教学。其次，以“乐学”为宗旨，积极推进有效教学。古语说得好：“独学而无友，则孤陋而寡闻。”① 自2012年9月开始，我们尝试运用小组合作学习理念，组织课堂教学，让孩子们在学习中学会倾听、学会合作、学会遵守规则，培育孩子们的核心素养。以“友善用脑”、思维导图、101种教学策略、课堂观察和“5+X”课堂教学模式等为手段，改进教学方法。目前，这一方法和手段已形成课堂教学的常态。最后，开发校本课程。先后完成了《法治教育》《茶艺》《书法训练》等8门校本课程教材的编撰工作，让学生学会一技之长。

（5）“小组管理”。自2013年9月开始，学校运用小组合作学习理念，在女生班实验班级“小组管理”，将传统的班委会管理模式变为以任务管理为主的小组管理，将全班划分为“学习组”“纪律组”“文体组”“生活组”以及“劳动组”五个小组，各小组进行自我管理。“小组管理”培育了孩子们集体主人的价值观，让师生情感变得更加和谐深厚。源于课堂教学互动的合作学习理念被成功地运用于班级管理，现已在全校推广。

（6）“活动德育”。以活动为载体，在活动中育人。学校努力做到天天有内容、周周有评比、月月有奖惩。小到爱护公物、建校劳动的主题教育，大到集体主义、感恩教育、中华优秀传统文化和爱国主义教育；小到兴趣小组、课外、训练和竞赛等活动，大到举办中华优秀传统美德进校园

① 《礼记·学记》。

主题教育、体育文化节、科技艺术节和美食文化节等大型活动，孩子们在活动中逐步树立起了自强、自律意识，并逐步弄懂了生活、合作、交流、做人、生存的基本知识和基本原则，逐步学会参与、竞争。

特别值得一提的是，始于2010年为奖励获奖班级而创设的吃烧烤活动，发展为2016年6月的学校首届美食文化节，将美食文化讲座、班级厨艺比赛和亲子活动有机结合，孩子们体验到了劳动的光荣和生活的乐趣。近10年来，集体主义精神、劳动观和生活观的教育无时不有、无处不在。

（7）创新“成长记录袋”。学生成长记录袋看似很普遍，因为它是对全体中小学生的要求。然而，就专门学校而言，它被赋予特别的含义，有着特殊的作用和价值。因为它不仅记录学生学习、生活的过程和点滴，还为学生提供自我评价、反省、矫正的平台和机会，纠正其错误的行为、认识和价值观。因此，学生成长记录袋在专门学校意义更重大。此项工作至今已开展了10年，反响较好，正在影响着全国的专门学校。

（8）目标规划。我们都知道，目标管理是《教育规划纲要》的要求。在学校目标呈现过程中，学生的发展目标是核心之一，学校发展成效最终之一体现在每一个学生全面主动发展目标的达成上。① 自2013年9月开始，学校尝试在班级制定学生目标规划，以每学期为一个周期，制定学生各方面进步的目标规划，帮助学生查找自身问题，引导学生自我纠偏，促进学生自我教育、自我成长，逐步学会正确规划人生。此项工作已取得了良好的育人效果。

（9）成长评价。学校在学生管理方面的工作可以概括为四个方面：一是加强学生的品德教育；二是促进学生的体质健康发展；三是加强学生心理健康教育；四是加强学生学业状况管理。② 我们结合专门学校学生实际，于2015年制定《昆明市金殿中学学生成长评价方案》，建立起德育管理评价指标体系和学业评价指标体系。成长评价以量化考核为基础，定量与定性相结合，评价学生思想品德；从学业表现、学习能力和学习品质三个维度，评价学生整个学习过程，并形成物化成果。成长评价工作实施以来，学生学习态度有了明显转变，稳定率有了较大提高。通过学生成长评价机

① 袁贵仁：《中小学校管理评价》，人民教育出版社，2014，第24页。
② 袁贵仁：《中小学校管理评价》，人民教育出版社，2014，第57页。

制的建立和运用，提炼出了学校的教育哲学，即养人目标：培育爱国守法、诚信感恩、身心健康、热爱劳动的合格公民；育人理念：帮助孩子重新扣好人生的第一粒扣子，不让一个孩子再掉队；办学目标：争创全国一流的专门学校。

三　办学效益

截至2019年8月，学校共毕业学生4100余名，转变率均在95%以上，先后有600余名学生光荣加入共青团。自2008年至今，先后有10个班级荣获省教育厅、团省委，市教体局、团市委先进班集体荣誉。每一名毕业生都能够升入职业学校。在毕业的学生中，有的参军入伍，有的成为个体经营者、公交车驾驶员、美容美发师、厨师等，有的还考入普高、大专院校，有的甚至成为国家公职人员。总之，他们成为合格公民和有一技之长的劳动者、建设者。

10余年来，学校共建成9个省、市级法治教育、心理教育、国学和德育示范教育基地。拥有春城名师和百优园丁1人，市级名班主任、学科带头人各1人，市级骨干教师、教坛新秀共4人；区级骨干教师、教坛新秀共3人；共50余人次被评为国家、省市级优秀共产党员、优秀党务工作者、优秀教师、优秀班主任和师德标兵等；先后有400余篇教师论文、课题和案例荣获国家、省市级奖励或发表。学校已形成一支甘愿吃苦、业务精湛、乐于奉献的党员干部队伍、教职工队伍。

2011年，德育案例《用爱心帮助“问题学生”健康成长》被教育部评为全国中小学德育工作优秀案例。2011年至今，学校先后被评为国家级绿色教育环境特色学校、省级德育工作先进集体、云南省文明学校和昆明市教育系统先进基层党组织，先后两次举办全国工读教育年会和经验交流现场会，被昆明市普法工作领导小组命名为“法律九进示范点”和“法治文化示范点”。2019年2月，被共青团中央命名为“青少年维权岗”；5月，被晋升为中国教育学会专门（工读）教育分会副秘书长单位；12月，被省教育厅评选为中小学党建工作示范学校。

39年的办学历程，特别是近10余年来的实践，金殿中学提炼出了育人的基本经验，那就是：贵在不让一个问题学生再掉队，无微不至、诲人不倦的教育理念；特在以德育为工作主线，不断深化改革，提升育人的品质；精在运用心理教育等手段，精心呵护，提高教育、矫治的科学化水平；恒在始终不渝地坚持法治教育，勇于担当家长的责任和义务，磨砺学生的意志品质；新在由传统的强制约束向着新时代文化主导转变，由封闭管理向着开放办学转变，由孤立发展向着协同共育转变，由知识德育向着全方位德育转变，由只关注学生现状向着规划学生未来转变，不断追求实现专门教育的最佳育人目标。

四　思考与展望

如果说普通学校主要从正面进行预防和警示教育，启发、引导未成年人树立正确的世界观、人生观和价值观，那么专门学校则主要从医治、矫正扭曲人格和不良行为入手，帮助和引导错罪未成年人回归普通学校、回归社会，重新树立起正确的世界观、人生观和价值观。在10余年的履职实践中，笔者对专门教育重要性的认识在不断加深。矛盾无处不在，无时不有，不论社会发展到什么阶段，教育水平发展得再高，学生总会存在叛逆、犯错，行为不良或者违法犯罪，需要特殊关爱。“勿以恶小而为之”，专门学校所做的教育矫治，帮助问题孩子防微杜渐，改正不良行为，防患于未然，降低了成人后再犯罪的概率。因此，加强专门学校和专门教育的建设发展是时代进步的具体体现，具有时代价值；它符合马克思主义辩证法的基本原理，是社会不断进步和发展的历史必然。

党的十九大报告明确提出：要完善以宪法为核心的中国特色社会主义法律体系，建设中国特色社会主义法治体系，建设社会主义法治国家。要努力让每个孩子都能享有公平而有质量的教育。当前，全国专门学校都在深入学习中共中央办公厅、国务院办公厅印发《关于加强专门学校建设和专门教育工作的意见》的精神及要求，这一文件的起点和要求高，内涵丰富，目标明确，有着鲜明的时代特征。文件首次明确提出“专门教育是国家教育体系中的组成部分”,[①] 确立了专门学校在国家教育体系中应有的地

① 中共中央办公厅、国务院办公厅印发《关于加强专门学校建设和专门教育工作的意见》，2019年3月。

位及作用。怎样适应新时代专门学校建设和专门教育的发展，积极参与社会治理创新，让每一个“问题孩子”都能够与社会共同进步、共同成长，是每一个工读人的使命、责任与担当，也是金殿中学发展的机遇和必须应对的挑战。

通过学习，笔者有这样的一些思考。（1）作为昆明市实施专门教育的唯一主体，金殿中学要进一步完善现有办学。以校园暴力和欺凌事件为抓手，以净化校园环境为目标任务，帮助做好控辍保学，做实全市义务教育的兜底工作，服务普通学校。与此同时，突出职业教育。将学生的后续教育向中等职业教育延伸，以达到或完成高中阶段教育，并积极向高等职业教育或成人高等教育延伸。（2）拓展专门教育功能，延伸预防犯罪职能。坚持立足教育、科学矫治、有效转化的方针，针对未达刑事责任年龄不承担刑事责任的特殊未成年人，增设学校型教育矫治办学模式，探索适合其身心特点的教育矫治，最大限度地发挥好金殿中学在矫治、转化未成年人违法犯罪工作中的独特作用。（3）建设科学的专门教育体系，建立昆明市青少年法治教育基地，面向全市中小学生开展普法教育，填补昆明市无市级层面法治教育实践基地的空白。

长风破浪会有时，直挂云帆济沧海。回眸10余年走过的路，笔者由衷的自豪，因为始终没有忘记工读初心。展望新时代，笔者牢记工读使命，深入学习贯彻党的十九大精神，以习近平新时代中国特色社会主义思想为指导，深入贯彻党的教育方针，牢记立德树人宗旨；深入贯彻落实中共中央办公厅、国务院办公厅《关于加强专门学校建设和专门教育工作的意见》文件精神和要求，一如既往，奋发前行，运用法治思维和方式，以更加积极有为的工作，不断创新专门教育，实现教育、矫治与关爱、保护、预防未成年人违法犯罪并举的办学模式，惠及全市青少年。

做一名专门教育的追梦人

盛萌芽[①]

专门学校校长应该是追梦者，也要做理想的播种者。专门教育追梦之路充满荆棘和坎坷，但是我们依然会记得仰望天空，因为播下的种子，也会成为满天的繁星。

一　办学思想和具体举措

（一）让学生在爱的阳光下健康成长

泰戈尔曾说："不是槌的打击，乃是水的载歌载舞，使鹅卵石臻于完美。"城西中学的教育就像温暖的水浸润着每一个孩子，让他们感受到教育的温度，成为最好的自己。习惯成就人生，选择成就梦想，当每一位学子离开城西校园时，留在他（她）身上的是良好的习惯和一项陪伴终生的爱好，这就是城西中学在爱的阳光下播下的种子。

1. 夯实养成教育，为学生美好人生奠基

习近平总书记在全国教育大会的重要讲话中强调了立德树人是中国特色社会主义教育事业的根本任务。学校十分重视德育的实效性探索，形成以行为规范教育为核心，心理健康教育、法治教育和生命教育为辅的"一轴三翼"育人模式。

叶圣陶先生说过："什么是教育？简单一句话，就是要养成习惯。"行为规范教育一直是学校德育工作的主轴，多年来形成"爱得深、管得严、重疏导、抓反复、靠科研"的工作方法，摸索出一套适合学校发展的德育

---

① 盛萌芽，杭州市城西中学校长。

模式，育人效果日益显现。

学校以半军事化的管理为标杆，遵循青少年身心发展特点，注重课程育人、管理育人、服务育人、环境育人“四育”理念，扎实开展养成教育。多年来，学校以“美丽学校”创建为抓手，着重培养学生的良好行为习惯，丰富学校校本课程、环境文化、主题活动等载体内涵，让学生学会生活、学会学习、学会做人，让良好的行为习惯伴随学生的一生。

（1）坚持规范，完善细节。

坚持规范，四位一体网格化。学校行为规范教育开展学生处、学生管理员（在职在编复员军人）、班主任、班干部四位一体网格化管理。充分发挥班干部作用，各班实施“干部轮流制度”“值日班长制度”等，让班干部“人人有事做，事事有人做”；班主任依据学校及班级管理的要求，制订学生个人积分考核细则，使学生个体评价公正客观、有理有据；学生处依据《美丽班级考核奖励办法》，从 8 个维度（回校率、出勤率、行为规范、内务卫生、课堂纪律、两操、就餐、就寝）对班级进行考核，聚焦学生在学校生活、学习的常规和细节，设立最美班级流动红旗，并给予奖励，深化学生行为规范教育的长效机制。

完善细节，督导评价立体化。学校加强检查，尽力做到“横向到边、纵向到位”。通过学校、家庭、社会三结合，做到教育“横向到边”；[①] 通过学生从周一上学进校门，到周五放学进家门，直到周末在家进行“纵向到位”的教育管理。加强检查监督机制，从细微处入手，从小事抓起。通过量化评估，自查自纠，值勤检查，监督改正，严格过程督导，以促进养成教育精细化。每学期通过学生自评与互评、班主任评定、积分汇总选出“行为规范示范生”，通过评比，可以让学生每天自我反省，同时树立身边学习的榜样。

（2）丰富活动，注重体验。

立足阵地，主题活动多样化。学校利用校会、班会、黑板报、国旗下讲话等阵地，开展行为规范主题教育活动。每学年新生发放《杭州市城西中学学生手册》，学校组织学生学习《中学生守则》《浙江省初中学生日常

---

① 杨雄、刘程：《关于学校、家庭、社会“三位一体”教育合作的思考》，《社会科学》2013 年第 1 期。

行为规范（试行）》。学校开展行为规范的知识竞赛，举办“争做文明学生”主题班会评比，在每周国旗下讲话中，有计划地适时安排一些以养成教育为主题的演讲，学生的自我教育、同伴教育的作用是巨大的，国旗下的讲话已经成为学校养成教育的重要阵地。

注重体验，行为养成特色化。①加强新生班适应期教育，优化教育形式。朱熹说：“论先后，知为先，论轻重，行为重。”学校在新生中开展为期两周的适应性教育，主要开展文明礼仪、生活常规、心理健康、组织纪律、学习习惯和法律法规等方面的专项教育和训练。这有利于学生尽快适应学校的半军事化管理和常规教育教学，也有利于新生的稳定和教育矫治。②注重军训成果，深化教育内容。学校每年开展一周的军训，主要以队列和内务卫生训练为主，同时开设国防教育、生存训练和消防知识等方面的学习和演练。通过军训，培养了学生的纪律意识和团队精神，磨炼了他们吃苦耐劳的意志，是爱国主义、集体主义教育和养成教育的极好形式。③加强学生自主管理，活化教育行为。苏霍姆林斯基说过：“真正的教育是自我教育。”学校让学生会充分参与学校事务的管理，尤其是对学生行为规范的自查自纠。学生会设立文明督查组，负责同学仪容仪表、文明礼仪、内务卫生、食堂用餐浪费现象和违纪行为的监督。自主管理不仅提升了学生的管理能力，是学生内化自我教育的良好形式，也让同伴教育的优势得以更有效的体现。

2. 尊重个性选择，为学生美好生活筑路

近年来，中学生习得性无助的学生数所占比例呈上升趋势。从有关资料显示，这种无助主要来自学校越来越大的学习压力，导致学生产生焦虑不安、行为退缩等心理状况。那么学生既可以承受又愿意接受的教育是怎样的呢？最好的教育就应该是能唤醒孩子内驱力的课程！所以，秉承“课程育人”这一教学理念，我们将学科、选修、校本等课程与德育有机融合，为学生提供了既有选择性，又有个性化，同时分小步走的课程体系。

（1）“五步三查”导学课堂自主学。

学校以构筑“美丽课堂”为载体，积极开展导学课堂的探索，将学习目标变为学生可知、可感、可接受的，将课堂转化为体验式情境教学，激发了学生的参与度、自信心和求知欲，进而有效地驱动了学生的学习力。

结合专门学校的学情，通过前期反复调查和研究，学校于 2016 年对语文、数学、科学、英语、社会五门课的课堂教学流程进行了改革，提出了以“导学课堂”为模式的实践与探索，旨在通过小组为单位，推行“五步三查”的课堂教学流程（五步：课前预习、小展示、大展示、点评、总结和检测；三查：三次学情调查），优化“四优一星”课堂评价，将课堂还给学生，全面推进学生的自主学习、合作学习和创新学习，从而培养学生合作精神、自信心和语言表达能力。通过自学、导学、导练，让学生真正参与知识更新的过程，从而更好地学会自主学习和创新发展。

（2）“三化五类”选修课程自主选。

2006 年，笔者从一所中等职业学校调任到城西中学当校长，借鉴中等职业教育实施学分制的实践经验，针对专门学校的学情，初次尝试“走班式”选择性课程教学模式。经过 10 余年的探索与实践，在加强顶层设计的同时，通过整合多方“选择性课程”资源优势，学校逐步将“选择性课程”体系化，形成具有个性化、兴趣化、生活化特点的五类课程，并通过有利于学生获得更多的选择和发展机会的走班方式，培养学生的生存能力、实践能力和创造力（见图 1）。

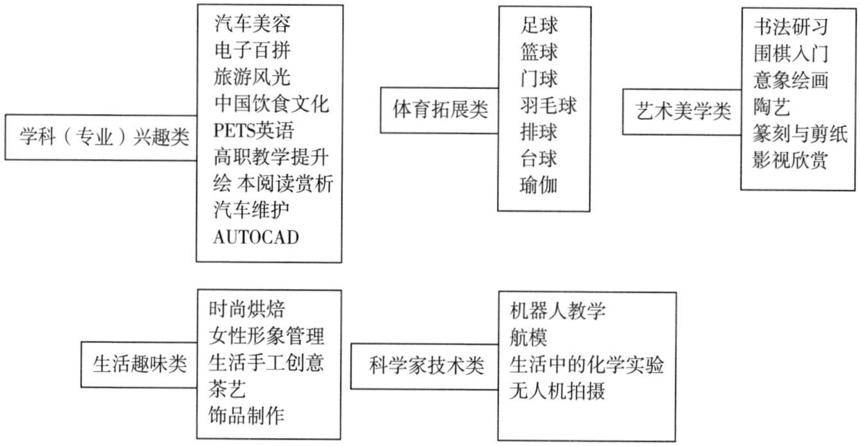

图 1　“三化五类”选修课程分布

以 2019 年为例，学校共开设选修课程 30 余门，充分满足了学生多元选择的需求。学科兴趣类课程重在学科知识与课外延伸的统一，培养学生专业素养和创新能力，如汽车美容、电子百拼、旅游风光、中国饮食文化、PETS 英语等；科学技术类课程重在科学实验、科技探索，增强学生的探究和创新意识，如机器人教学、航模、生活中的化学实验等；生活趣味类课程重在培养学生的兴趣，开阔视野，如时尚烘焙、女性形象管理、生活手工创意等；运动拓展类课程丰富了体育课程内容，符合现代课程改革的发展趋势，增强了体育课的实效性和趣味性，如足球、门球、台球、羽毛球、篮球、瑜伽等；① 艺术审美类课程重在人文性与艺术性的统一，培养学生的人文艺术修养，如书法研习、围棋入门、意象绘画、陶艺、篆刻与剪纸等。

（3）“三融合”社团课程自主发展。

“学生社团”作为学校选择性课程的有效补充，经过近三年的升级打造，已初现成果。在日常运行实施过程中，结合“三融合”原则，开展系列活动，即社团与研究性学习相融合，社团与社会实践相融合，社团与兴趣类选修课程相融合，目前已开设 10 余个“精品社团”，如话剧社、汉服社、Cosy 动漫社、门球社、心理社、瑜伽社、文学社、打击乐社、合唱团、美术社、校园广播社等。

学生社团的开设，不仅有效地促进了教师教学观念的更新，同时也实现了以学生兴趣和发展为本的教育理念转变；学生社团的开设，不仅让学生拥有更多的兴趣体验，同时也激发了学生的学习内需力，促进了学生自信心的培育，从而提升学校的办学内涵。

2015 年，学校围棋课程的学生温宝同学获得“杭州市青少年围棋挑战赛”三等奖；2016 年和 2019 年，学校学生分别获得“省机器人大赛”二、三等奖；文学社成员也在各级征文比赛中屡创佳绩；汽车美容社团、话剧社团均获得“杭州市优秀社团”称号；COSPLAY 社团的同学参与了一年一度的中国动漫展系列活动。

（4）“三立足”综合课程自主实践。

教育部《中小学综合实践活动课程指导纲要》指出，综合实践活动课程是培养学生综合素质的跨学科实践性课程，旨在全面推进素质教育，提升学生综合素质，撬动综合素质评价改革，基础教育领域切实担负起“实践育人”的重要使命。② 因此，学校在设计综合实践课程时，结合了学校

---

① 邢增爱：《拓展训练在高校体育教学中开展的可行性与必要性》，《才智》2018 年第 24 期。

② 姜飞：《基地本土特色综合实践活动课程的开发与实施——以衢州实践基地“生态创艺”课程为例》，《新课程（中学）》2018 年第 5 期。

的资源和条件，以学生的“社会生活”“实践体验”“学生成长”为前提，通过指导、体验、探究、实践等形式，开发适合学校学情的校本综合实践活动课程。

目前，综合实践课程主要以班级“开心农场”学农实践（《二十四节气》校本课程）、军训科目、急救技能（心肺复苏等）、消防知识、法律法规（模拟法庭等）、国防体验、校外实践（公益服务和职业体验）等为主，同时将课内课程与课外（校外）课程、书本教材与社会“活”教材、拓展型课程衔接；将传统文化教育与生命教育、法治教育衔接，使课程既富有生活性、趣味性和时代性，贴近学生的年龄和心理特点，符合学生发展需求，又回归生活，立足实践，着眼未来。

（二）让老师满怀理想并激情工作

学生的成长离不开教师的成长，学校的发展也离不开教师的发展。学校以“四有”教师培育为牵引，促进教师专业成长，积极打造师风师德好、育人能力强、带班能力强、教学能力强、科研能力强的“五强”教师队伍。加强教师梯队建设，深化“135”青年教师培养体系，加大教育教学拔尖人才的培养力度。培养一批班级管理工作和学生问题研究能力“双强”的高素质班主任队伍；结合课堂教学改革，有效提升教师课堂教学能力，培养一批教学理念先进、教学技能扎实的优秀教师，塑造一批在学生问题矫治方面有特长的“专家型”教师。

1. 搭建成长平台，为教师专业发展助力

（1）深化“135”青年教师培养体系。

学校对入职一年的新教师成立年轻教师培养小组，开展入职始业培训；组织优秀教师和年轻教师进行师徒结对，以优带新；下班跟班实习，以老教师“传、帮、带、推”式的直接指导，促进年轻教师快速成长。

针对入职三年的青年教师，通过青年教师教学基本功培训、青年教师的拜师结对、青年教师汇报课等方式，开展“教坛新苗”评选活动。

加强对入职五年后青年骨干教师的指导、培养力度，积极组织青年教师参加各级部门组织的各项竞赛活动，为青年教师的成长提供更多的平台，同时确定青年学科骨干教师及校外专家人选，推进“校际互助结对带教”工作，组织开展校级“教坛新秀”等各类教育教学评比，以带动青年教师的专业成长。

（2）名师引领班主任专业化发展。

落实专门学校班主任培养工程，提高教师、班主任专业化水平。结合“美丽学校”建设行动的重点项目“专业型的班主任——麦田里的守望者”的开展，依托杭州市“章建华心育名师工作室”和“方卫东班主任工作室”实施“工读型班主任”分段培养计划。坚持每月一主题的研讨式例会，基于“章建华心育名师工作室”领衔人平台，组建学生问题教育研究共同体；以“方卫东班主任工作室”领衔人平台，组建班主任培育共同体。学校通过专家讲座、教育反思、研讨交流、考察学习、实践操作等方式扎实推进此项培训，提升班主任的科研水平，更科学有效地指导班主任工作。通过两年的创建，学校“专业型的班主任——麦田里的守望者”项目被授予杭州市“首届美丽学校创建美丽项目”称号。

2. 落实爱与责任，点燃教师工作激情

（1）成长导师落实爱与责任。

专门学校的学生在学业、行为习惯、心理、社会适应等方面存在着明显不足。因此，学校通过实行小班化、半军事化教育管理下的养成教育和校本课程建设，以及班级“家文化”打造，对学生的教育矫治效果较为明显。在教育管理过程中，学校觉得单纯依靠班主任的管理存在不足，有效的德育不仅彰显校本个性，也要带有情感温度。由此，学校党员“成长导师制”应运而生，其基本内容涵盖“六个一”活动：师生间每周一次交流，每学期帮助改正一个错误，每年一次家访，每年一个微心愿，每学年撰写一篇科研论文（个案），并完成一份结对手册。通过建立和完善落实党员对“有特殊需要的学生”的教育服务的长效机制，学生在导师的关怀下，走得更稳更远。

（2）教工社团点燃工作激情。

有朝气的教师才能带出有活力的学生。学校支持并积极参与工会组建的各类教师社团活动，如城西教工篮球社团、瑜伽教学组、“轻舞飞扬”羽毛球社、“美味餐桌”烘焙团、“奇思妙想”陶艺社团等；开展教工趣味运动会、“城西杯”师生篮球赛、“西湖”徒步行等，一次次活动不仅愉悦了大家的身心，更让彼此的心在一次次碰撞后靠得更近，点燃了教工们工作的热情。

（三）让校园成为一个安全、幸福的家园

1. 构筑“家文化”，为城西美好教育造梦

让校园成为一个安全、幸福的家园是学校的愿景之一。2015 年，笔者第一次提出构建“家文化”的想法。“家”意味着温暖、关爱和真情；家是寄托温情的港湾。学校学生的特殊性给班集体良性发展造成一定的阻力，大部分学生因为缺少家庭的温暖导致他们行为偏差，学生更需要关爱，更需要一个温暖的“家”。我们致力于营造一种温馨和谐的氛围，让每一位学生能融入班级、学校大家庭中，感受“家”一样的温暖；我们致力于创设一个轻松愉悦的环境，让每一位教师在这里快乐地工作，给予学生更多“亲人”一样的鼓励；我们致力于构建一个平等互动的平台，让每一位家长理解我们的教育理念，共同助力孩子健康成长。

（1）环境育人：美化“家”之环境，共享“家”之温馨。

整洁的环境、完善的设施、合理的布局，有助于陶冶师生情操，塑造美好心灵，激发乐观精神和约束不良习惯。① 每学年的开学初，学校学生处要求各班完成班级文化布置，并在中后期进行检查评比。教室门口、走廊等成为老师和学生们展示他们心灵手巧才华的场所。一根线、一块布、一个纸盒，在班主任及美术老师的指导下，在学生手中全都成了灵动的宝贝。一幅幅美丽的墙画、一只只有趣的千纸鹤、一盆盆绿植、一个个美妙的创意跃然而出。

营造和谐、平等、民主的家的氛围，让学生积极参与班级的决策与管理。学生与老师一起制定和修改班规、班号、班训；教师也积极参与学校的规划与管理，这让学校收获更多创造性意见的同时，教师和学生的人格得到更自由的发展。学校很多班级开展了养花、种树、养小动物、好书推荐等活动，师生们一起参与体育竞赛，一起进行课外活动，甚至同台参加各类演出等，努力营造“家”的气息，时时刻刻都让师生感到自己是学校的真正主人。

（2）文化育人：构筑“家”之文化，营造“家”之和谐。

多维度优化班级考核。学校在夯实 8 个维度班级考核评价机制基础上，

---

① 朱任辉：《用家文化解锁学校幸福密码——赣州市潭东中学家主题校园文化建设纪实》，《江西教育》2019 年第 20 期。

开展了“幸福之家”班级文化创建评比活动，为班级建设创设更自主的空间。这既激发班主任工作的主动性，又为教师个性化的管理方式提供了创造性平台。通过班级精神（幸福名片）、班级文化布置（幸福空间）、学生评价制度（幸福宣言）、班级活动（幸福瞬间）、班级荣誉等评比，在全校形成注重“家”文化建设的新时尚。

多形式指导家庭教育。家校和学生之间是一个整体，这就是团队精神。所以学校、班级常常组织家长共同参与学校教育管理活动，通过开展“野外 cs 实战”班级活动、烧烤活动、包饺子活动，“趣味运动会”“小型亲子团辅”等，既锻炼学生的意志，增强学生的团队意识，也更好地修复和建构亲子关系。创建有班级特色的“家”文化，通过典型引领，以班级“小气候”温润学校“大气候”，引领学生、家长更好地融入学校大家庭。2017 年，学校的家庭指导教育课题《基于 NLP 疗法的青春期亲子关系的指导研究》获得省论文评审二等奖。

（3）活动育人：创新“家”之活动，激发“家”之热情。

“家”文化的构建需要全体师生的共同努力，相互配合，形成合力，也需要时间的积累、人文的积淀。在管理上，学校更注重学生参与活动的主动性与自主性。学校德育活动每月一主题，塑造美丽学生；依托艺术节、技能节等平台，开展健康向上的校园文体活动，提升学生的艺术素养和健康体魄；开展社会主义核心价值观、传统文化教育系列活动，如传统节日、中国古诗词系列讲座、经典诵读大赛等，通过领略中华民族传统文化精髓，提升民族自豪感和文化自信；开展团员下社区服务活动等，不断增强学生的爱国意识、社会意识、公民意识；开展重阳节敬老慰问活动，弘扬敬老爱老的中华民族传统美德；开展清明节扫墓活动、端午节“包粽子、做香囊”活动、元旦的辞旧迎新写春联活动，增强学生的家国情怀，弘扬民族传统文化，丰富学生的校园文化生活。在这里，孩子们是活动的主体，他们体验成功，收获自信。

（4）制度育人：完善“家”之制度，打好“家”之底色。

一个学校没有制度，就如一盘散沙。我们在原有制度的基础上继续完善各项规章制度，将各项制度进一步精细化、人性化，使每一位教职工都能清楚自己所处的坐标。2015 年暑假，笔者亲自带领所有中层干部及个别教职工一起把学校的所有制度进行了分类、修改、完善与增减，在 2016 年下半年把修改后的制度装订成册，做到教师和学生人手一册，让每一个家人明确“家规”。

二　印象最深的几件事

（一）丰富学校办学内涵，为学生职业能力发展护航

学校于1998年开办职业高中部，前期开设了适合男生的“汽修运用与维修”专业，2010年开设招收女生的“旅游服务与管理”专业。目前两个专业都已成为学校初中生升学的主要通道。2013年至2019年，学校组织学生参加高职考试，录取比例逐年递增。2016年至2019年，学校参加高考上线录取率均达100%。其中2015年和2016年师范类本科录取率达5%。

2016年浙江高考中，学校汽修专业的小Z同学交出了总分591分、全省第五的优异成绩单。能够取得这样的成绩，不仅小Z本人从未想过，甚至连家长也不曾想到。小Z出生在杭州，还在襁褓中的时候，母亲迫于生活压力离家远去，杳无音信。从此，“妈妈”成为小Z心中永远无法愈合的伤痛。为了挑起全家的生活重担，只有小学文化程度的父亲，工作辛劳却收入微薄。当别的孩子躺在妈妈怀里撒娇的时候，他只能心生羡慕，在他的脑海中母亲的形象早已消失殆尽；当被人嘲笑“你是个没妈的孩子”的时候，他也曾哭过，但回应他的只有父亲的呵斥、爷爷的叹息和奶奶的泪水。由于在成长的过程中缺失母爱，加上家庭压抑的氛围，这一切都让小Z变得愈加孤僻，很少主动与人交流，更别说向他人吐露自己的心事了。在这个家中，“妈妈”一词成为一个谁也不愿触碰的雷区。慢慢地，小Z把母亲离去的原因全都算到了父亲头上，他对无法改善家庭生活的父亲产生了怨恨心理。

小学毕业后，小Z进入DG中学，上初中后他接触到网络游戏，在游戏中他逐渐沉沦，开始旷课、逃学，甚至连考试也不参加，校园中已很少见到他的身影。父亲的棍棒、老师的好言规劝，这些不仅没有让他迷途知返，反而让父子关系和师生关系日趋恶化。2012年10月下旬，在学校老师的陪同下，小Z父亲把小Z送至城西中学。

进入学校后，两位班主任从生活上的点点滴滴关心他，关心他的食宿

是否习惯，关心他的家庭是否和睦，更关心如何消除他对网络的依赖。可以说，两位班主任无时无刻、无处无地关注着他。在老师的关心爱护下，在学校的严格管理下，加上师生、同学间融洽的关系，慢慢地，小 Z 打开了心结，与老师成了“亲人”，冷漠的他学会了关心照顾旁人；渐渐地，小 Z 与父亲的关系也得到了改善，开始变得亲昵；更可喜的是，一年后，小 Z 对网络游戏的痴迷逐渐消退，每个星期都能按时回校，从不旷课。

初中毕业后，小 Z 毫不犹豫地选择成为职高部汽车运用与维修专业的一名学生，他在日记中写道：“我最幸运的就是来到了城西，是它让我的青春不再迷茫，我不认为还有别的职高比它更适合我。”

进入职高部后，小 Z 变得更有担当，更有目标。在同学眼中，小 Z 人缘很好，是一个乐于助人并且做事很有分寸的好学生。在老师眼中，小 Z 的理解能力很强，学习时很专注，效率很高，对于未来有着非常明确的目标。

高二结束后，小 Z 遇到了人生中的一次重大抉择，他陷入了升学和就业两难的境地。一方面，以他的成绩，考大学绰绰有余；另一方面，家庭经济的窘迫，让年迈的老父更加拼命，以至于留下病根，身体每况愈下，一家四口只能依靠低保金勉强度日，假若进行实习，就可早日就业，尽早为家人分忧。当小 Z 在个人发展和改善家庭生活间难以选择时，学校主动帮他申请了学校助学金和政府奖学金，帮助他缓解后顾之忧。

进入高三后，班主任丁老师针对小 Z 的实际情况，从家庭生活、品德修养、学习进度等各方面，为他提供了全方位的指导。为了照顾他的家庭生活，丁老师帮他申请各种补助；为了磨炼他的意志，丁老师每天督促他进行长跑；为了提高他的学习成绩，丁老师分阶段为他制定学习目标，并对学习成效进行及时跟进。

高考前夕，小 Z 写道：“感谢城西中学，学校不仅为我分担了生活的压力，也给予我适度的学习压力。这里的老师学识渊博、睿智幽默，这里的同学开朗乐观、善良可爱。如果说我三年前选择留在城西读职高，是因为感激老师，是因为担心自己无法适应外面的学校，那么现在，我无悔于选择这里，因为在这里，我遇到了太多帮助、支持我的人，他们为我照亮了前行的路，他们指导了我太多，教会了我太多……正因有他们的爱，才令我坚持到现在。所以，无论最终成绩如何，我都很庆幸自己当初的决定。”曾经断翅的雏鹰，终于不再沉沦，再次展翅高飞了。2020 年，小 Z 师范毕业，大学里，他是一名优秀的学生会干部，一直以来他都希望成为一名优秀的老师，帮助和他一样的孩子。

回首小 Z 这一路的印记，曾经迷茫过、烦恼过、快乐过。我们无法想象当初如果被家人、老师放弃，他现在会变得如何。但有一点我们很清楚，对于每一个信任和选择城西中学的孩子，我们都会尽最大的努力为他们打造一片湛蓝的天空，带给他们一份成熟、一份宽容、一份责任、一份憧憬。

（二）提升教师队伍心理健康教育水平，为学生美好未来护航

专门学校的学生由于自我认知的偏差，家庭支持系统的缺位、学校教育的错位和社会支持系统的局限性，导致部分学生心理问题比较突出，极端事件时有发生，严重影响这部分学生的身心健康发展。作为专门学校校长的笔者，入职后的第一件事，就是邀请相关专家对全员教职工进行“浙江省学校心理健康教育 C 证”的培训，并任命教科室主任负责学校心理健康教育工作，同时陆续入编了 6 名心理学硕士，其中 5 名教师获得了国家二级心理咨询师资格，组成学校专职心理教师团队，运用积极心理学支持学生心理建设，并助推和谐校园心理环境建设。经过培训，学校拥有了一支善于运用心理专业知识、教育能力强的班主任队伍。

小 D 是一位家住杭州主城区的同学，初中在学校就读，口无遮拦，脏话连篇，孤僻，没有朋友，上课时常吵闹，有一次与同学有了不愉快，一拳打在墙上，造成手掌骨裂。时间一长，他就成了同学们眼中的“神经病”。在同学们的印象中，他是一个“暴君”，班主任认为该生“易怒，小气，敏感”。通过学习心理学知识，班主任开始尝试用更专业的知识分析学生及家庭人口信息，并及时请教心理专任教师给予指导。

班主任邵老师主动多次家访，从家访中了解，父母在小 D6 岁时离异，抚养权归爸爸。爸爸管教粗暴，他常年由年迈的爷爷奶奶带在身边，成长中对他特别关爱的长辈和朋友较少，最基本的人与人之间交际礼仪都不懂。基于以上情况，原先的不理解便转变成“情由可原”。于是班主任制订出一系列的计划。

（1）重拾勇气和信心，让学生体验获得成功的快乐。

老师时常要求他为班级做一些事情，比如打扫地面，整理书架，适当

给予鼓励和表扬。尤其是他升入高中后特别喜欢踢足球，在高中部组织的班级足球赛中，老师任命他为班级足球队长，为班级争光，为自己代言，后来每场足球赛都有进球。小 D 开始很卖力地为集体做事，慢慢地同学们对他的看法也改变了，他也慢慢地开朗起来。

（2）利用契机，指导学生控制不良情绪。

通过主题班会课、心理团辅课，设定生活中容易出现矛盾的场景，请同学们设想在这些情形下，他们的愤怒能达到什么程度，教会他们在这些怒火发作前对自己可能出现的一言一行先在大脑中过一遍，然后深呼吸再决定是否要把刚才内心的冲动释放出来。结合班级举行五人六足、包饺子等形式多样的活动，促进同学间的交流互动，增强同学间的集体意识和团结协作精神。

（3）应用积极心理学，发挥班级良好氛围的积极作用。

班主任通过形式多样的活动育人，架起沟通的桥梁，让班上开朗乐观的同学主动伸出热情的手，真诚地帮助和关心游离在群体之外的同学，消除彼此的隔阂，在班级中逐步形成一种相互尊重、取长补短、共同进步的氛围。

就这样，经过四年的持续关心和引导，小 D 不仅变开朗了，并于 2018 年顺利地从高中毕业，考入心仪的大学。在一次又一次的周记中，小 D 都向班主任老师表达了谢意："没有你，便没有我的今天。"一个又一个的成功个案，也让老师们有了更强的教育信心和更专业的教育手段。

（三）有效提升心育服务特色，为学校可持续发展护航

2011 年，由于原有的心理辅导室已不适应学校心理健康教育发展的需要，学校决定将位置相对静谧的原行政办公楼腾出，改建成学校心理辅导中心，总建筑面积 600 余平方米。学校先后投入 150 余万元，专设团体辅导室、心理剧场、行为训练室、沙盘游戏室、心语茶吧、情绪调节室、情绪放松室、心灵氧吧等功能室；以及可以让心灵回归自然的户外辅导场所"心灵绿洲"；同时，1500 平方米的户外心理拓展基地也在 2017 年投入使用。硬件提升的同时，心育服务特色也得到有效提升。

1. 完善课程建设，延伸心育服务宽度

学校将心理健康课纳入课表，每班每周一节。学校将理论与活动拓展相结合，预防性与发展性辅导相结合，同时根据季节性和时间性设计符合

学生需要的阶段性辅导课程。另外，学校根据心理教师自身的辅导特长，从同伴关系、亲子关系、潜能开发、生命教育、青春期教育五个维度开设了“外卖点单式”即时性团辅选修课程，做到班级有需求，随时进班上。

2. 丰富辅导形式，提高心育服务深度

学校心理工作，除了常规的个别辅导、心理剧和大型团辅活动之外，我们还开设了亲子关系、同伴关系、自我成长、生涯规划等专题进行有针对性的“同质小组”辅导。同时，我们还实行了“学生心理健康责任制”，即心理老师负责协助班主任做好所任教班级学生的心理支持帮扶工作。学生每周需完成两篇心情日记，心理辅导老师则一一批阅回复，做到全员文本辅导。从心情日记中发现有问题或情绪困扰的学生，心理老师则主动约谈学生，变被动咨询为主动服务。应用网络平台建立“点对点”好友在线咨询服务，实现“零时空”对接学生节假日的心理支持。如果预警到高危事件或者存在一定的安全风险，心理老师会及时跟班主任进行沟通，并汇报学校分管领导。

3. 重视预警机制，增加心育服务厚度

建立入校学生心理普查机制和完善心理健康档案，是学校心育的常态化工作。重点在于中期的“联合诊断与早期识别”，建立“三级预警”舆情筛查，以及后期高危学生的“1 + X”介入干预。“三级”是指行为过激和情绪波动较大、具有安全方面的危害性、需要学校层面干预者；“二级”是指行为习惯较差、会偶发情绪、需学生处层面干预者；“一级”是指行为习惯一般、无情绪波动、只需班级层面干预者。心理中心通过系统的心理测试结果分析，结合学生心理档案，协同班主任和学生处确定拟预警学生联合研讨会诊，确定“三级”预警学生并制定应对策略；然后确定“三级”预警学生责任人，建立“1 + X”介入干预团队；实行专人负责，团队动态帮扶。2017 年立项的市规划研究课题《“1 + X”介入式高危预警干预机制的探索》获杭州市优秀成果三等奖。

4. 拓展“亲子研学”，提升心育服务高度

本着为家庭教育服务、为普通教育服务的办学宗旨，2018 年开始，学校向普校推出“亲子研学”综合实践体验课程，通过以“行”促“知”，知行合一；以“合”促“和”，和合如一，让家长和孩子感知“在活动中体验，在体验中感悟，在感悟中成长”的教育理念。

农耕文化实践课程：让学生到农场体验耕种的快乐和劳动的艰辛，并从中认识农场中的各类果蔬农作物，开拓视野。家庭教育指导课程：让家长读懂青春期孩子成长阶段所需的心理支持，以及品德发展关键期应注意的几点事项，为构建和谐家庭支持系统提供援助。亲子拓展体验课程：通过亲子合作，在完成活动任务的同时，彼此建立信任关系；通过分享，家长感悟对孩子的包容与信任，孩子收获对父母的理解与尊重，和谐亲子关系得以修复。游览校园风光和亲子午餐会：再次重温儿时郊游的欢乐时光，在宽松愉悦的氛围下为亲子关系重构升温。

2019 年 4 月，一场亲子研学活动后，一名普校的学生写下感想："一次多么有趣的体验，没想到学校里还有这么好玩的课程。我从来没有和爸爸这么亲密过，我甚至不记得爸爸上一次拉我的手是什么时候，我也不记得牵着爸爸的手是这么奇妙的感觉。那一瞬间，我感受到了被需要。"

亲子研学综合实践课程的实施，不仅让学生增长知识，开阔眼界，也培养了亲子协作能力，有效增进亲子关系的和谐发展，同时也拓宽了学校作为心理健康特色示范校的社会辐射功能。

三　思考与展望

学校始终贯彻党的教育方针，坚持"为学生的健康成长服务，为家庭教育服务，为普通学校教育服务，为社会治安综合治理服务"的办学宗旨，秉承"爱与责任"的教育理念，理解、尊重学生，创建和谐师生关系，构建和谐校园；在实施九年制义务教育、保护和促进未成年人身心健康、预防青少年犯罪，以及社会治安综合治理等方面发挥积极作用。

每一个专门学校的校长都明白，专门学校的发展不是一帆风顺的。笔者真心感谢所有前辈的付出，感谢社会各界对学校的支持。当然我们还存在一些困惑和思考。

1. 个别学生矫治较难——教育矫治之困

学校绝大多数学生通过在校的学习，顺利完成了学业，成了社会的合格公民，其中部分学生考上了大学，部分学生参了军、入了党，但是也有个别学生因为缺乏家庭教育的有力支撑，与社会人员来往过于密切，受到社会不良习气感染，错误价值观已基本形成，改变非常困难，教育矫治失败，孩子中途辍学。

2. **学生学习缺乏动力——学科教学之困**

学科教学始终是专门学校的瓶颈。由于学生文化基础差，学习行为甚至心理习惯差，习得性无助感使学生主动学习的欲望极弱，特别是学科教学，学校在推行课堂深化改革的过程中，依然困难重重，我们鼓励师生小步走、分步走，但是面临升学考试压力，学科教学成绩想要突破很难。

3. **部分家长缺管失管——家庭教育之困**

学校的孩子大部分来自离异家庭，家长素质普遍不高，家庭教育缺位和不当现象十分普遍。有的父母平时对孩子不闻不问，双休日对孩子的教育基本是负数，甚至孩子生病了，学校将孩子送到医院救治，家长也不到医院；但是真的发生了意外伤害事故，这些家长又胡闹不讲理，家庭教育指导尤为缺乏。如何培训一支专业的、可以提供家庭教育指导的师资队伍，而不是仅靠班主任个人能力，是学校后续努力的方向之一。

专门学校也能五彩斑斓

罗立新*

“工读教育”抑或“专门教育”，在笔者看来一直是一个尴尬的名称。其尴尬在于其在教育领地的地位。从上到下，领导、专家对其存在持异议的不在少数。但是，中国工读教育人从1955年北京海淀工读学校在老一辈无产阶级革命家的关心支持下破茧而出至今，用非凡的智慧、卓然的成效、特别的奉献，在基础教育领域蹚出了一条希望之路，证明了其不可或缺的价值。2019年3月，《中共中央办公厅国务院办公厅印发〈关于加强专门学校建设和专门教育工作的意见〉的通知》（中共中央办公厅厅字〔2019〕20号）的颁布，可以说让许多工读人喜极而泣：其填补了自1987年国务院办公厅38号文件以来的政策空白；专门教育终于在教育领地里有了自己的身份编码；专门教育的存在即“社会功能”“司法功能”“教育功能”,① 从此毋庸置疑，无以替代。

但是，在笔者看来，中央文件的发布开启的只是新时代专门学校发展的序幕，因为全国专门学校的地域分布不均衡，发展水平不平衡，注定专门学校的发展要达到党和政府、人民的满意还有相当长的路要走。可以说，专门教育，永远在路上。

笔者的这篇拙稿，是自己和专门教育同人几年风雨兼程的真实写照，但愿能给初入专门学校的同人以抛砖引玉的启示。幸莫大矣！

---

* 罗立新，武汉市砺志中学校长。

① 李玫瑾等：《论工读学校的社会、司法和教育功能》，路琦主编《工读教育研究》，社会科学文献出版社，2019。

一　办学思想和具体举措

1. 理念引领　撬开封闭之门

2012 年 2 月，笔者通过竞聘从武汉西藏中学调任武汉市砺志中学。这是湖北省唯一的专门学校。同普通学校相比，砺志中学各方面堪称“一绝”：教育对象是那些学校难教、家庭难管的学生，我们称之为“两难学生”。在这所面积狭小、教学设施简陋的特殊学校里，我们的教师一年四季全天候陪护着学生。他们没有寒暑假，没有双休日，没有骄人的职称和荣誉，但他们在特别艰苦的条件下，忍受着心理的煎熬、同行的不解、职业的倦怠，坚守在让常人看不上眼的教育阵地。与之相伴的还有教育观念落后、铁门铁窗式的“关管看”的管理模式。当时办学条件简直就是“破旧差”的代名词，用教职工的话说，甚至连偏远农村学校都不如。这使学校濒临倒闭的境地。

经过与普通学校的比较分析，对工读学校的对比考察，笔者感悟到：专门教育也应该是优质教育；教育的转型首先应该从环境的优化入手；让学生回归正常，让孩子享受正常优质的教育资源；问题学生的出现不应怪罪孩子，应该反思的是家庭教育和学校教育；在教育学生的同时也应该通过家长学校培训指导家长；对学生需要平等尊重，我们要激发孩子的潜质，让学生在这里找回自尊、自信，找到兴趣、找到特长。为此，笔者提出“个性化订单教育”，平等看待每一个孩子，采用专科诊疗的办法和路径来教育矫治学生的偏常和顽疾。从人文关怀入手，创设各种平台和渠道，提供多种条件和机会，激发问题孩子尘封的潜能和兴趣，通过现代而丰富的活动、训练、实践、课程来生成体验而内化，最终达成思想行为的改变。我们把“滴水精神”作为学校的核心文化，将“滴水精神，点石功夫”作为教师的专门教育价值观。一个孩子的成长牵挂着一个家庭甚至几个家庭几代人的希望和追求。一个孩子的沉沦，意味着一个、几个家庭几代人希望的破灭、追求的失败，就是天昏地暗、天塌一般。“一个孩子一片天”，我们的办学理念就这样呼之而出。改“圈养”为“放养”，让学生回归正常生活轨道。譬如：学生在法定节假日与双休日正常放假回家，与家长同享天伦之乐，假期结束，学生按时返校，在校愉快地学习、生活，真正实现了“留人留心”，取得了理想的教育效果。新的办学理念的引领，带来了学校转型发展和内涵品质的质的飞跃。

2. **争取政策　改善办学条件**

封闭式的校园可以关住学生的身体，但是关不住学生的心理。课堂上老师讲得唾沫横飞，学生的心早已飞到校外。学校争取上级政策支持，对陈旧的校园进行装修改造。我们在打造标准化校园的基础上，千方百计美化校园，优化学习生活条件。学校建设了现代化的学术报告厅与学生操场，改造了标准化教室与西点制作、汽车美容、茶道茶艺、形象设计等职业培训设施。为了营造浓郁的育人氛围，13 亩的方寸之地，修起了感恩泉、静思亭、潜心园、怡乐谷、滴水石等富有文化内涵的文化景点。为了让每一面墙壁说话，我们将优秀教师的先进事迹与优秀毕业学生的寄语制作成牌匾，悬挂于教学楼楼梯墙壁和校园文化墙上，激励师生不断进步。

我们始终从孩子的角度去思考问题，始终把孩子的正当诉求作为教育的内容，始终考虑着孩子的内心感受、孩子的情感世界、孩子的发展空间，怎么让孩子觉得在砺志不失落、无落差、有尊严、有快乐、有温馨。感应水龙头、智能热水卡、冷暖空调、实木床铺、电子阅览、绚丽舞台、草坪音响、校园文化墙的穿透力、心理辅导室的高科技，所有这些，在大校名校固然不值一提，但在我们这里，这是人格的化身，是情感的天使，是智慧的演绎！因为只要心中装着孩子，眼前就会有精彩！

3. **聚焦成长　打造健康课堂**

由于历史的原因，工读学校曾给人以“坏学生，差学校”的印象，“简陋”“简单”成为工读学校的别称和代号。在教育教学方面，又往往是教学的碎片化、低效化，为了对工读正本清源，凸显问题孩子的正向成长，我们把聚焦课堂作为主战场，倡导个性化、订单式教育模式，力争让每一个孩子通过在这里的学习和生活，找回自信，找回自尊，找到兴趣，接受适合其发展的教育。

首先，改变和提高教师的专业素质。《国家中长期教育改革和发展规划纲要（2010～2020 年）》明确要求，提高教师业务水平。完善培养培训体系，做好培养培训规划，优化队伍结构，提高教师专业水平和教学能力。为了促进教师专业成长，实行专业引领专门教育，2012 年以来，我们采取了“请进来、走出去”的办法。一方面，我们取得武汉大学、华中师范大学、湖北大学、湖北省校长协会、武汉市教科院、武汉珞珈书院等教育科研机构的支持，邀请专家到校给学生做讲座。武汉市教科院的专家亲临学校课堂听课，悉心指导学校中青年教师。另一方面，我们选派教师到北京师范大学、华东师范大学、华中师范大学、四川师范大学、贵州师范大学、曲阜师范大学等高校学习进修，到北京、上海、广州、深圳、南京、太原、杭州、成都、西安、郑州等城市专门学校学习取经，与专家、名师面对面交流。广大教师专业水平不断提高，对学校发展与个人专业成长充满信心。几年时间，就有老师获得“武汉市十佳班主任”、武汉五一劳动奖章、武汉三八红旗手等殊荣，近十人走出国门学习进修。

其次，一箭双雕，打造健康课堂。学校完成湖北省“十二五”重点课题“以学生发展为本，建设健康课堂的研究与实验”子课题，致力于打造适合学生的专门教育健康课堂（已结题），教师们在教学实践中开展教育科学研究，在研究的基础上推进教学改革创新，设法让课堂“活”起来，让学生动起来。学校实行寄宿制小班化教学模式，班额控制在 20 人以内，教师与学生同吃同住同活动，悉心呵护、转化学生，用爱国主义教育、感恩教育、挫折教育、法治教育、心理教育、孝雅教育、社会实践教育及拓展教育等多种教育手段，对学生进行立体式、个性化的教育转化。探索 5M（“每”字的声母）健康课堂教学模式，即每一个孩子都有教学目标、每一个孩子都有学法指导、每一个孩子都要参与学习、每一个孩子都要当堂检测、每一个孩子都要正面激励。在此基础上，细化为 20 条评价细则，简明扼要，易于操作，具有很强的指导性。

这一过程的推进，既促进了教师专业素质、专业水平的提升，填补学校教科研的空白，同时更为重要的是，真正体现了“以生为本”，学生对文化知识学习的兴趣和动力明显高涨，因为 5M 让教育的触角始终围绕在学生的周围，学生的学习不再是被动和强迫，而是一件师生互动、教学相长的乐事。

4. 爱心陪伴，融化孩子冰山

由于是问题孩子，教职工必须实行全天候 24 小时贴身陪护，这种陪伴教育也是专门教育的独特性。这种陪伴不是遥控，隔着房子睡觉。学校男女生按年级分在不同的教室单元（单元里有教室、学生寝室、教师办公室、卫生盥洗间、学生生活用品储物间等），安全教育管理教师每天要真正意义地和学生同居一室。每个教师每个星期至少要陪护两天。在这样的陪伴中辅导学生学习、与学生沟通谈心、及时消除安全隐患、引导学生养成良好的行为习惯、处理学生中的突发事件等，其精神压力可想而知。但也正是这种世界上最伟大的陪伴带来的教育效果可让冰山融化，可谓春风化雨。

特别是一些典型个案的成功，让人欣慰，更让人震撼。

亲子关系紧张型——父母离异，长期遭受父亲家庭暴力的小彦，性格自闭，但是她声音甜美，老师推荐她担任学校大型活动主持人，帮助她在各项活动中展现才能，走出过去。小彦从湖北广播电视学校毕业后，成为一家电视台的主持人。小彦返校看望老师时，动情地说："没有砺志中学，就没有我的今天。"

行为偏常型——学生小亮，上初一时就开始逃学，谈女朋友，后来发展到盗窃财物。进校后，班主任制订详细的订单教育方案。先道德法纪教育，后行为习惯养成教育。进校一年，小亮完全变样。2014 年 9 月，小亮在家乡应征入伍，获得部队表彰，目前已经是一名优秀士官。

网络成瘾型——小彬因迷恋网络被家长送入学校，但他进校后就以绝食方式对抗教育。小彬绝食期间，老师全程陪伴，积极引导，在老师的耐心教育下，绝食六天的小彬终于败下阵来，端起了老师为他精心煮的水饺，配合老师完成各项学习和训练任务。看到儿子脸上重现阳光和自信，小彬的妈妈激动得热泪盈眶："孩子从小爱走极端，我们每次只能满足他的不合理要求，你们是怎么做的?"老师的回答很简单："教育目标的一致性和严格要求是融化坚冰的暖阳。"

5. 走进自然，陶冶学生情操

丰富生动的生活就是最直观、最有效的课程，因此，学校大胆地把学生带出校园，让大自然成为学生的第二课堂。自然的广阔和校外生活的魅力一下子吸引住了孩子们，让他们尽情地释放个性与欢乐。学校为学生购买了武汉市 24 个标志性景点的旅游年票，带领学生游览辛亥革命红楼、东湖、黄鹤楼、古琴台、江滩、木兰天池等风景名胜，并把拓展趣味运动会开到了广阔的木兰草原。学校让学生积极融入自然与社会，让孩子们在学习之余了解武汉的人文地理，欣赏武汉的自然风光与风土人情，我们还带领学生到湖南韶山、四川成都、福建厦门等地研学旅行。这些做法不仅开阔了学生的视野，陶冶了学生的情操，也提高了教育转化效率。

学校改变“关管看”的传统专门教育模式，在周末和元旦、春节、清明、“五一”、中秋、国庆等传统佳节，让孩子们与普通学校学生一样正常放假，与家长一起同享天伦之乐，这种让学生回归正常的生活轨道的做法，取得了理想的教育效果。学生也不负学校的信任与期望，假期结束都能按时返校并全身心投入学校的学习。

为了给孩子示范孝道教育，学校领导和老师把自己的老父亲、老母亲请到学校，面对师生为其洗脚，行跪拜大礼；为了对学生们进行感恩教育，学校多次开展以感恩为主题的“家长开放日”活动，邀请家长走进校园，体验学生生活，感受孩子的进步，也让孩子感受父母的关爱；“家长开放日”活动中，孩子们的舞台表演情真意切、书法作品风格多样、人物素描栩栩如生、被子叠放有棱有角。学生们出色的表现让不少家长感动得流下了热泪，他们真诚地感谢政府和学校。因为正是政府的关心和学校的坚持，让他们的孩子告别了过去，学会了感恩，懂得了做人做事的道理。

6. 融合智能　拓宽育人方式

（1）补天德育系统。这个系统是一个手机智能终端 App 系统，包括教师端、学生端和家长端。记录孩子的一日学习、生活常规；捕捉孩子成长的精彩瞬间；及时给予孩子激励性评价。之所以叫“补天”，是因为我们的办学理念是“一个孩子一片天”。孩子们进校的时候，他的“天”是破损的，我们要把孩子精神世界的“天”补起来。

（2）艳阳学业系统。为了让学生爱上学习，让孩子学习的过程可视，我们开发了“艳阳学业系统”，让学生的天空更加鲜艳，更加阳光。教师在系统中在线发布、批改、评价学生的作业；根据学生的实际进行个性化、差别化教育。家长对学生的学习情况一目了然。学生的学习兴趣点也一下子得以激发，师生互动变得相当顺畅，有效地克服了学生厌学懒学的状况。

（3）招生磁性网格系统。由于学校小，空间有限，我们开发了“招生磁性网格系统”。将武汉市 15 个区的每所初中学校问题孩子的信息一网打尽。信息包括：孩子姓名、住址、父母亲姓名职业、所犯罪错类型、何时进入砺志、进入砺志后的成长图片及视频，并将此过程可视化记录与呈现出来。所谓磁性，就是把学生入学时的强制变为招生教师零距离的答疑解惑，系统地对学生学习、生活、成长的瞬间进行立体的、全方位的展示，让学生自觉、自愿像被磁铁吸引一样走进砺志中学。一些暂时没有入校的问题学生，我们也通过热线电话、网络及时答疑、指导。至此，问题孩子入校不再是生拉硬拽的强制行为。

7. 职业体验，技能引擎未来

为推进"让每一个孩子都能成为有用之才"的教育目标，学校不仅教孩子文化知识，教孩子做人，还注重激发他们对劳动技能的兴趣，帮助他们掌握一技之长，为他们毕业后顺利融入社会奠定坚实的基础。

学校和湖北省人力资源职业培训中心、武汉市人力资源和社会保障局、武汉市群众艺术馆、武汉市多所中专职校等单位建立联系，遴选门槛低、薪酬较高的专业，针对学生的兴趣对学生实行个性化订单式教育，学校根据学生的兴趣特点，开设了管乐、舞蹈、刺绣、美术、书法等各种特长班，由专业老师进行辅导，使学生的潜能得到激发，艺术才能得到施展。管乐班是学校素质教育的品牌；刺绣课成为校本课程开发的亮点；舞蹈班编排的舞蹈多次在武汉市艺术小人才比赛中获奖；美术班让学生学会审美，在提升学生美术素养的同时也完善学生的品性人格；书法班让学生平心静气，在国学经典中修身养性。学校开设汽车美容、西点制作、茶艺茶道、形象设计、器乐、管乐等职业技能课程，每周三下午是专门的职业课程教学时间。学生根据自己的爱好参加所在兴趣班的教学活动。学生在学校学到西点制作技术，周末回家给父母做蛋糕，烤面包，孩子们制茶、泡茶、敬茶的绅士风范，形象设计的旧貌换新颜，汽车美容的有模有样，让家长高兴得合不拢嘴。我们力争使每个学生在校园能够找到兴趣点，最终掌握一技之长，让他们离校后能融入社会并自食其力，让孩子的未来不再是梦。通过开展各种教育教学实践活动，学生的面貌发生了巨大变化。学生不仅完成了文化学习任务，还学会了做人做事，养成了良好的学习生活习惯，施展了自己的个性才华。

二　印象最深的几件事

1. 1200 港币

一名王姓女生，出生在武汉，后父母离异，随母亲去了香港读初中，但很快香港的自由让这个孩子面目全非：抽烟喝酒，打架闹事，出入舞厅，夜不归宿。家长无奈，多方打听，怀着万全之意，将孩子辗转送回武汉，进到砺志。初二下学期进入砺志，不到一学期，孩子明显改观。初三毕业时，在香港染上的坏毛病，基本消失。临毕业时，其外婆拿出1200港币（相当于人民币1000元）向笔者致谢。笔者当然不肯接受。这时孩子的外婆泪如泉涌，双膝跪地："您今天不收，我就不起来！"笔者震撼了，只得先接受再做处理，以免伤害老人的情感。

在这几年中，跪着求笔者的家长不下于10起。除了感谢之外，还有请求，通过多方途径才打听到有砺志的存在，"要是早知道有砺志，把孩子送来就好了"。它给予笔者的思考和启发是：专门学校的存在是有社会需求的。尽管持有需求的绝对数量不大，但它在社会和谐稳定中的比重不是用百分比可以计算的；专门学校要办好，才能胜任挽救人、改造人、塑造人的重任，用办学的成效回应底层群众的关切；专门学校要理直气壮宣传自己，让学校的功能家喻户晓，不能因信息滞后而让有需求的家庭错失教育的良机。

2. 学生走进革命老区

湖南卫视有一档节目叫《变形记》，堪称教育的精品栏目。在笔者看来，其体验教育只是一对一，具有明显的个体性，条件相对特殊，难以复制。但笔者从中找到了另外一种灵感，从2013年开始，我们每年带领全校学生到全国著名的"将军县"（离武汉约100公里）——湖北省红安县的山区学校方西河中学开展"红安砺志行"活动。把专门教育课堂开到了革命老区，开到了老区学校，开到了农民家里。在10天左右的活动时间里，砺志中学的孩子与老区孩子结成一对一的学习伙伴，同吃住、同学习、同劳动，结对成长。零距离的接触，使学生们感受到老区人民勤劳朴实、自强不息的优秀品格，也使学生们懂得了珍惜，学会了感恩。活动结束时，结下深厚友谊的武汉孩子与红安孩子难舍难分，依依不舍地告别这片土地……这样的教育实践活动让孩子深受教育，提高了教育转化效率，受到老区群众与当地教育部门的高度评价。媒体纷纷对此进行报道，称其为"武汉砺志版的变形记"。

列举几个细节：孩子周末第一天入住对方家里，吃饭时发现自己的饭碗里有两个荷包蛋，再看小伙伴的饭碗里却没有；两天周末在对方家里吃住，家长要支付相当的费用，但老区家长居然就是不要；不仅如此，在结营仪式离别时，还给我们的孩子送出土特产，如土鸡蛋、花生、红薯等；分手时还抱着孩子“儿啊女啊”的泣不成声——这样的场景在课堂上能够生成吗？所以，在这里，我们找到了昔日刘邓大军挺近大别山胜利的基因。“红安砺志行”也让我们回想起当初我们制定了多套为预防孩子逃跑、抵触、对抗的预案，事后想起来不禁哑然失笑。这些让我们明白：相信孩子，赏识学生，让孩子获得应有的尊重和信任是教育的重要前提；社会化课堂呈现的教育内容丰富多彩，不是校园课堂可以比拟的，孩子从中接受教育、获得感悟的触角也是多方面的；这种教育效能的发酵不是一时一地，它可能陪伴孩子一生，终身受益。

3. **当学校变美之后**

记得2012年学校对硬件环境进行第一轮改造之后，我们尝试放寒假。当时就有很多同志担心，学生放了，春节后还会不会回来。因为在这之前，学校几乎就是监狱，只是不具备监狱的条件罢了。学生一年四季365天都是关在学校，教职工也是疲于奔命，没有寒暑假。但没有想到的是，到了节后开学前几天，居然有学生打电话给老师“可不可以提前到学校来”。这一年，我们将学生睡得铁质高低床换成了实木床，将课桌换成标准的新材质桌椅，水龙头、小便器换成自动感应的。直到现在，家具、用水器几乎没有维修过，寝室里也没有胡乱的涂鸦，桌面上居然没有划痕，要是在普通学校早已是千疮百孔。

这一现象给人的启发是：办学的理念多么重要。尊重学生、尊重孩子不是口号，真所谓“随风潜入夜，春风吹又生”。当我们对问题孩子给予爱的尊重时，孩子们回报的也必然是“投我以桃，报之以李”。

4. **师生同框搞军训**

在专门学校里，师生关系是很难处理好的。严了，学生抵触反抗；松了，学生“上房揭瓦”。这其中的关键是如何产生共情。于是笔者想到了“军民鱼水情”，想到了军营。学校每年组织自我成长主题教育活动，要求师生一同参加军训，包括校长、书记在内的所有教职工都被编入军训连队。老师与同学们一起参加训练。每天从早上6：30开始，晚上10：30结束。从立正稍息、站军姿，到跨立下蹲、原地踏步，从停止间转法到齐步走，再到较为难学的军体拳。师生们学习起来一板一眼，十分认真。十里拉练、紧急集合，老师们一个也没有退缩。出于安全和健康考虑，学校本没有安排老教师参加，但是老教师纷纷主动请缨。这些老教师克服年纪大、动作协调性不好的困难，坚持与学生同训练。在跨越“生死线”的拓展活动中，学校领导和众多老师一道做学生的“肉垫”。尽管他们被师生们踩踏得十分疼痛，但是一直咬牙坚持。广大师生彼此团结协作，互相鼓励，都在规定的半小时内跨越了“生死线”。“师生同军训”只是学校教职工与学生同吃同住同学习的一个缩影。

这样典型的镜头之所以让人挥之不去，那是因为老师的形象走进孩子们的内心，老师们深刻地体会了身教重于言传的教育内涵，这是多么的珍贵和重要。正如有学生所言：“老师和我们一起同甘共苦，我们感觉老师就像朋友一样，彼此之间的距离更近了。”

三　思考和展望

1. 为荣誉与尊严而战

2019 年中央 20 号文件颁布以后，有同志说，专门教育的春天来了。但笔者说，春天来了，还要有人能够感受春天。春天是属于能够享受春天的人。就全国而言，专门学校的地位和作用不是一份文件就能改天换地的。

中央文件解决了诸多长期困扰我们的理论上的问题。要把新时代中国特色社会主义的专门教育巩固好、建设好、发展好，还需要广大专门教育人知难而上，逆水行舟，奋发有为，锐意进取。“一语不能践，万卷徒空虚”。需要我们的校长同人，心怀大爱，用非凡的人格魅力和精神付出去思考、去谋划、去践行。除了要对学校性质、目标、任务、招生、教学、教师、机构、编制、经费等生存性问题有清晰的认识之外，还要更多地谋划育人文化、教育路径、校本课程、教师素质等发展性问题。只有专门学校有了令人信服的口碑，有了点石成金的本事，有了普通学校名不副实的“全纳”教育的担当，这时候，专门学校和专门教育人，才有荣誉，才有尊严。

有一位工读前辈在谈到全国工读学校发展的状况时，感慨道：“全国的工读学校可以分为三个 1/3，1/3 的学校势头很好，1/3 的学校发展平平，1/3 的面临生存危机，这其中最主要的原因是校长的担当和作为。因此，为专门教育的荣誉和尊严而战的指挥员、领头羊，当属我们的校长同人，因为一个优秀的校长是学校的灵魂，一个好校长就是一所好学校。

2. 劳动教育的全程再造

习近平总书记在全国教育大会上发表的重要讲话中指出，“要努力构建德智体美劳全面培养的教育体系”，“要在学生中弘扬劳动精神，教育引导学生崇尚劳动、尊重劳动，懂得劳动最光荣、劳动最崇高、劳动最伟大、劳动最美丽的道理，长大后能够辛勤劳动、诚实劳动、创造性劳动”。对劳动教育的深刻阐释，充分体现了以习近平同志为核心的党中央对劳动教育工作的高度重视，凸显了劳动教育的重要地位，是我国教育史上一个新的里程碑。

2020 年 3 月 26 日中共中央、国务院印发《关于全面加强新时代大中小学劳动教育的意见》，对加强新时代劳动教育进行了整体设计。（1）阐明基本内涵，强调当前劳动教育重点是在系统的文化知识学习之外，让学生动手实践，出力流汗，在劳动实践中进行教育。（2）明确总体目标，面向全体学生，从思想认识、情感态度、能力习惯三个方面提出要求，强调要体认劳动不分贵贱，培养勤俭、奋斗、创新、奉献的劳动精神。（3）健全劳动教育课程，设立劳动教育必修课和劳动周，保证必要的劳动实践时间，同时强调其他课程要有机融入劳动教育内容和要求。（4）规定劳动教育基本内容，要求开展日常生活劳动、生产劳动和服务性劳动。同时分学段提出教育内容要点，大中小学各学段各有侧重。（5）强化劳动教育评价，把学生劳动素养作为衡量学生全面发展的基本内容，注重评价结果在评优、升学就业中的使用。（6）强调实施途径多样化，家庭要发挥基础作用，注重日常养成；学校要发挥主导作用，注重系统培育；社会各方面要发挥协同作用，支持学生走出教室，动起来、干起来。

作为专门学校，在进行劳动教育时，更要考虑劳动教育本身就是和工读教育相伴相随的教育内容，是自己的主业。因此专门学校应该有自己的劳动基地，以保证教育的全程有效；投入的劳动时间应更充分，这是教育对象的特殊要求；还要能够保障劳动产品的形成，让学生既有参与感，更有获得感、幸福感。

3. 教师队伍的专业化

我们的管理者要时刻思考这样一个问题：我们何以为专门学校？它与

普通学校的区别和特色在哪里？除了硬件水平、办学规模、占地面积、招生对象的差异外，我们的特点和特色在哪里？

在习近平总书记对教师“四有”要求（有理想信念，有道德情操，有扎实学识，有仁爱之心）的基础之上，专门学校的教师要特别锻造或具备以下能力。

（1）专门学校教师要通晓教育学、心理学、法学、伦理学、社会学，尤其是教育学、心理学的理解和驾驭的能力。我们的教师必须沉下心来研究问题孩子形成的主客观原因、罪错类型、分类施策和精准施教的智慧。也就是说，既要研究怎么把问题孩子改变成好孩子，也要研究好孩子是怎么变成问题孩子的。这应该是专门学校教师区别于普通学校教师的基本功。

（2）与问题孩子的共情能力，也就是实操能力。对问题孩子的教育转化既要想得到，还要做得到。包括与问题孩子的语言沟通能力、情绪控制能力、是非曲直的判断能力、既爱憎分明又胸怀大爱的人格魅力。

（3）能够让问题孩子钦羡的专长和技能。没有让孩子信服、佩服的一技之长的教师，在专门学校立身是很困难的。我们的孩子不是没有潜质，而是缺少发现、缺少引领、缺少共鸣。教师的专长、学识、魅力是点亮问题孩子心灵的星星之火。所以说，专门学校的教师是肉垫、是园丁、是人梯。

在这些年的专门教育转型实践中，武汉市砺志中学获得了许多荣誉。学校先后荣获全国优秀青少年维权岗、全国养成教育特色学校、全国教育科研先进单位、“武汉市五一劳动奖状”、武汉市青少年教育先进集体、武汉市师德建设先进集体、武汉市经典诵读示范学校、武汉市校园文化建设先进学校，武汉市“人民满意中小学”等荣誉称号。

教育创新是砺志人的追求。“点石功夫，滴水精神”是砺志人的价值观。笔者和战友坚信：专门教育一定会成为优质教育。如今“优质学校”“优质生源”的概念充斥着教育领域和人们的社会生活。在一座省会城市，成百上千的问题孩子，可能可以忽略不计，但对于家庭而言，一个孩子就是百分之百，就是多个家庭的全部牵挂和希望；对于社区而言，一个孩子又是一个社区安宁稳定的根基。随着经济和社会的发展进步，对弱势群体的关注必定会成为政府和社会的重要课题。大凡问题孩子大都生活在问题家庭，而问题家庭大都属于弱势群体。试想一下，让问题孩子能够自食其力，自谋生路，不再坑爹坑妈，危害社会，他（她）是不是变得优秀了；专门学校让问题孩子转变好了，是不是优质教育？如今，在各级领导的关心和支持下，转型发展中的砺志中学，正在为有效预防、减少青少年违法犯罪、转化两难学生奉献绵薄之力。我们坚信：专门教育也可以出彩，专门教育的价值丝毫不逊于以升学论英雄的普通教育。

传承精髓　坚守初心　打造特色专门学校

邢成玉 *

伴随着我国经济社会的不断变革与发展，工读教育的办学情况也发生了很大变化。生源结构的转型促使专门学校的办学模式、教育教学的工作方式也随之改变。2019 年，中共中央办公厅、国务院办公厅印发了《关于加强专门学校建设和专门教育工作的意见》｛厅字〔2019〕20 号｝及《未成年人保护法》《预防未成年人犯罪法》的重新修订，都预示着专门教育迎来了前所未有的机遇和挑战。

吉林市第五十八中学（吉林市专门学校），原名吉林市工读学校，实行全程托管教育，是吉林市教育局直属的一所全封闭式的寄宿制学校，也是吉林地区唯一的教育、转化、救助“问题学生”的专门学校。作为专门学校的教育工作者，我们一直恪守用爱感化“问题学生”的原则，承载着引领孩子们走出心灵阴霾、走好青春之路的重任。在朝夕相处的过程中，我们感受到大部分的“问题学生”思想偏激，行为失控，心理失调，家教困难，但他们都有善良、本真的天性，只是在成长过程中得到的关爱和关注太少，得到的肯定和赏识太少，得到的专业指点和引领太少。兴办专门学校是家长的需求、百姓的需求，更是社会稳定的需求。学校的办学实践证明，以传统武术特长教育、心理健康教育为特色，为学校的发展注入了新的生机与活力。在我们的教育实践中，学生的生活得到关心，特长得到关注，心理得到疏导，行为得到引领，成绩得到肯定。我们力争让每个学

* 邢成玉，吉林市第五十八中学校长。

生都能日有所进，日有所获。

一　明晰思路，确定多元化办学之路

学校始终坚持“立足于特殊教育，并将特殊教育与基础教育、职业教育相融合”的办学思路。目前，“文化引领、‘三育’融合、普职衔接、分类教育”的办学格局全面推进。学校设有两个办学层次：义务教育初中部和职业教育高中部。初中部完成义务教育阶段的教学任务，为学生升学铺路。职业高中部完成职业技能培训任务，为学生就业搭桥。学校针对全体学生强化行为养成教育、公民道德教育、法治教育、传统武术特长教育和心理健康教育。以武术特长教育、心理健康教育为突破口，以普职结合的办学发展模式，多管齐下，让学生根据自身特点和理想定位，找到优势坐标，收获不同的历练和成长。

同时，学校确立了学生培养目标：总目标——学生有百种问题，教师有千种方法，刨光除垢，金玉其中；分目标——初中教育阶段：让优良者成器，让普通者成才，为每名学生搭建通往成功的平台；职业教育阶段：一技精、常识强、多面手、小能人。学校还确立了“让每一个学生健康快乐地学习成长”的办学宗旨，提出了“以人为本、因材施教、文武并重、和谐发展”的办学理念，构建了独具特色的办学发展模式。在发展新主题的指导下，我们重新明确了“三风一训”，即校风——像家、有爱、自信、成才；教风——乐教、善导、爱生、敬业；学风——修德、守纪、健体、求知；校训——崇文、修技、尚武、强身。

学校研究“问题学生”成长特点，确立了专门学校特色办学的总体思路：以点带面，通过武术特长教育和心理健康教育的崛起，带动“五育”并举，按照“特色项目—学校特色—特色学校”的步骤，全力做好创建特色专门学校工作。在培养学生个性特长的基础上，将其深度拓展成为学校的办学个性，成为全面深化素质教育、提高教育教学质量的有效载体，从而塑造富有生命感召力的学校精神，使专门学校的专门教育基业长青。我们努力实现学校发展的新目标——把吉林市第五十八中学办成国内同类学校中有特色、有影响力的专门学校。

二　改变策略，扩大学生来源

20 世纪 80 年代，我们招收的学生是有轻微违法犯罪、不够劳动教养或判刑的学生（警送生），贯彻以教育和改造为主的方针。从 1998 年开始，学校招收“三偏两难”学生，即招收“学习偏差、行为偏常、心理偏激，学校教育难、家长教育难”的学生。从 2003 年开始，我们招收在普通中学学习有问题、不能完成九年义务教育或流失、辍学的“问题学生”。所谓“问题”，包括家庭经济条件问题、家庭教育问题、学校教育问题、学生自身与同学相处的问题等。

为了扩大办学影响，为有需求的“问题学生”全方位地提供教育服务，在招生过程中，我们强调学校的教育职能，回避“工读”字样，减轻学生、家长的心理压力；争取各普通学校的支持，由各校提供辍学学生的通信方式或住址，招生教师以电访、到访等方式，做学生和家长的思想工作；学校主动和派出所、法院、少年法庭联系，争取把“问题青少年”送到专门学校进行教育管理；加强与各社区、住街派出所的共建工作，深入社区了解适龄学生辍学的原因，特别是走访离异家庭和对子女教育有困难的家庭，进行教育宣传。截至目前，学校共计与 8 个街道、2 个乡镇、22 个社区村委建立了长期联系，定期开展共建活动，更好地发挥了专门学校的教育辐射作用。

总而言之，“问题学生”是一个弱势群体。但是，无论招收的对象如何变化，学校专门教育的职能没有发生变化。专门学校的教育虽然不是教育的主体，但它是不可或缺的一个教育种类，是义务教育的完善和补充。由于专门学校的存在，这些“特殊的孩子”有学上、有书读。专门学校的育人、挽救职能始终没有改变，为社会服务、为普通中小学服务、为学生服务、为家长服务的宗旨没有改变。

三　科学精细，强化教育教学管理

（一）构建“自能教育”德育模式

学校坚持以立德树人为根本任务，积极探索符合专门学校学情实际的德育工作模式，构建科学的德育管理体系，不断促进学生身心的和谐发展，形成“自能教育”德育模式。面对“问题学生”个性化的“问题”，学校重点强化“问题学生分类教育转化”工作。依照学习障碍、行为障碍、心理障碍三个方面的问题，以教育转化为主，建立“问题学生”分类教育转化档案。学校及时关注转化过程，探究转化方法，不断寻求教育新策略。同时，在“自能教育”德育模式的指引下，我们全力打造德育“亮剑”工程。

1. 围绕一个核心——“自能教育”打基础

遵循“中国学生发展核心素养基本要点”的指导，以培养学生“人文底蕴、科学精神、学会学习、健康生活、责任担当、实践创新”为核心，结合学校实际，围绕“自能教育”德育模式，学校进一步拓展了“三课三自”的德育思路，即，在生活课程中锻炼学生的自理能力，在学科课程中培养学生的自主意识，在活动课程中提高学生的自立精神。学校根据学生的年龄特征和生活实际，分别确定了三个年级的德育工作重点：初始年级侧重“自理能力”的培养，过渡年级侧重“自主学习”的引导，毕业年级侧重“自我管理”的建设。

2. 发展两个特色——历练学生搭平台

中华传统武术国粹传承。学校适时将中华传统武术引进校园，拓展了一条适合自身发展的特色办学之路，收到了良好的教育效果，形成《开展传统武术特长教育创新案例》，在大力开展“阳光体育大课间”活动的基础上，每天利用课间操时间，进行学生“八极拳”的普及教育活动。

开展心理健康教育工作。建设心理健康教育辅导中心，开发心理健康教育课程。学校定期对教师开展心理健康知识的培训；学生可以通过多种方式预约，接受专业的心理辅导；建立全校学生的心理档案，及时掌握并追踪学生的心理健康情况；多渠道地向师生普及心理健康知识；制作宣传学校心理健康教育的专题片《点亮心灯助梦远航》和发展成果手册，全方位地开展特色心理辅导与训练。

3. 紧握三个抓手——精耕细作强管理

“星光班级”规范素质。在“自能教育”德育模式的指导下，学校成立自能管理组织——学生自能管理委员会，由学生处主任牵头，建立组织网络，制定检查标准，对每日三餐、午休、晚自习、晚就寝、两操、大课间、课外活动等情况进行检查，每月进行一次得分汇总，评选出“星光班级”，并予以公布。“星光班级”的评比，有效提高了争创过程中班集体的凝聚力和竞争意识，成为提升学生综合素质的有力抓手。

养成教育改善习惯。学校开展“培养良好习惯，促成养成教育”主题教育活动。活动以每个学期为一个周期，每月确定一个“习惯主题”，即3月、9月为生活习惯养成月，4月、10月为学习习惯养成月，5月、11月为卫生习惯养成月，6月、12月为行为习惯养成月。通过这种周而复始的养成教育活动，让学生更加深刻地认识到养成良好习惯的重要性，“四种习惯”也有了很大的改善。

舍务管理强化秩序。每个学期初，学校都要对住宿生进行为期一周的自理能力训练。舍务管理团队从起、洗、吃、穿、理等方面对住宿生进行具体细致的指导，培养学生的自理能力，让学生养成“爱劳动、会整理、讲卫生”的好习惯。同时，学生处制定《宿舍量化考核细则》，每天对宿舍内务进行检查，将之与“星光班级”的评比挂钩，起到规范学生行为习惯的作用，调动了班主任对班级管理的积极性。

4. 开展四类活动——入脑入心展风采

（1）结合国家重要节日开展主题教育类活动，培养学生爱国主义情怀，树立学生积极向上的思想意识，培育社会主义核心价值观；（2）开展法治教育类活动，使学生了解和掌握基本的法律常识，增强法治观念，提高安全防范意识；（3）开展心理健康教育类活动，疏导学生身心，培育积极健康向上的人格品质；（4）开展体育类活动，引领学生增强体魄，丰富业余文化生活。①

（二）构建“实效课堂”教学模式

由于专门学校办学发展的特殊性，我们的教育对象都是“问题学生”，“学生问题”具有多样性、复杂性、反复性等特点，因此，在抓教育教学常规工作的同时，让不同层次的学生切实得到相应的发展，探索符合校情、学情的“实效课堂”教学模式是我们一直在实践的课题。

以实施“提升课堂实效”为重点，进一步研究提高课堂教学实效的新

① 钱惠仙：《名优班主任成长＝经验＋反思＋特色》，吉林人民出版社，2011。

途径，促进教师的专业化发展。面对“问题学生”基础薄弱、学习动力不足等现实情况，学校教学管理团队经过反复尝试，提出深度构建“实效课堂”教学模式，适时采取“小组合作式”教学手段，促进学生的分层次发展，让学生乐于参与课堂的整个过程，构建“实效课堂”教学模式，旨在使每个学生都有所收获，得到长足发展。①

通过“专项练习的习题设计”教师教育教学技能“大练兵、大比武”活动、构建“实效课堂”专题辅导讲座、年级组长先行课、理化生实验展示课、任课教师研讨课、“传统文化进班级”学生古诗词默写大赛等教学活动，逐渐引领教师落实“实效课堂”教学模式，引导学生发展动手、动脑的综合实践能力。与此同时，学校采取“三位一体”的教学管理监控体系，即采取“教学校长—教务处—教研组”分级分层监控的手段，实施《任课教师量化考核方案》，坚持月常规检查制度，抽查和普查相结合，强化检查、讲评力度，将教师的教学常规、教学成绩等纳入评优选先考核制度，调动教师工作的积极性。创新教学常规检查形式，从“两级评语制”升级为“三级评语制”。学校设计、改版了管理工作簿册 16 大类，建立教师业务成长档案，进一步实现管理的规范化。通过教学工作推进会、讲评会、研讨会等方式，敦促教师的教学工作侧重于对学生基础知识提升和基本能力培养上，不断提高学生的学业水平，推动中考成绩取得新突破。

学校全面实施素质教育，注重培育学生核心素养，开展学生“四个一”提升工程，即要求学生努力拥有“一副好口才、一手好书法、一门好才艺、一项好运动”四项个性特长，扎实开展文化、体育、美育、艺术等教育活动。为了激发学生的学习热情，增强动手实践能力，学校成立了兴趣小组：武术训练队、书法兴趣小组、音乐兴趣小组、美术兴趣小组、焊接技能兴趣小组、网络搭建兴趣小组、3D 实训兴趣小组。学校还多次组织学生参加“技术服务进社区”社会实践活动，同时在吉林市龙潭区乌拉街镇汪屯村等地设立社会实践基地，师生参与面广，受到社区领导及群众的好评。

学校多年的办学成绩，得到了多方面的肯定。学校被评为省教书育人先进单位、连续多年的市目标管理成绩优秀单位、市教育系统先进集体、

① 雷树仁：《新课程有效教学模式探索》，陕西人民教育出版社，2011。

市语言文字规范化示范校。

（三）构建“四维网络”科研模式

本着“科研兴校育特色，质量强校促发展”的工作理念，追求教育科研工作的针对性和实效性。我们构建了“四维网络”科研模式，即明确一个目标，突出两个核心，抓准三个要素，落实四个策略。

在实践中，学校明确“问题即课题，工作即研究，成效即成果”的科研方针。针对办学特点，从“十五”期间至“十三五”期间，学校开展了23项各级各类课题研究，课题关注基础教育、职业教育，关注教学、德育、法治、校园安全等方面。按照教师的研究范围与实践能力承担课题，全校教师人人有课题，参研教师覆盖学校的各个工作岗位，参研率达100%。通过科研，学校解决了实际问题；通过组织编写校本教材，促使教师由经验型向科研型转变，有效提升了教师素养。学校每年都有多篇论文和优秀科研成果公开发表。2009年、2013年，学校先后出版了《青山着意化为桥——对问题学生及学生问题的研究与探讨》《专门学校办学引论》。学校被吉林省创新人才研究会评选为“吉林省创新人才100强品牌服务单位”。

四　特色办学，发展学生特长教育

（一）打造武术品牌，创建特色学校

2013年4月，国家体育总局、中国武术协会提出了武术“六进”工作，即进学校、进军营、进企业、进机关、进乡镇、进社区；确立了坚持武术标准化发展方向、以段位制引领武术“六进”工作的指导思想。而创建特色学校是新形势下全面贯彻《国家中长期教育改革与发展规划纲要》精神、深入实施素质教育的重要措施，是实现学校特色发展的有效办法。

我们把教育的思考点立足在中华优秀传统文化的学习和传承上，基于实际学情展开认真调研。调研发现，学生对文化瑰宝——中华传统武术有着不解之缘。“习武先习德”，武术练习历来重视武德教育，可以培养青少年尊师重教、严以律己的心理素质及坚韧不拔、自强不息的意志品质，特别是针对“独生子女”所共有的怕苦怕累、依赖性强等不良习惯都有着较好的矫治作用。从2013年开始，学校适时将中华传统武术引进校园，拓展了一条适合自身发展的特色办学之路，成效显著。

武术段位进校园这一创造性举措，目的是让学生通过趣味武术、初级段位套路的学习和掌握，不断加强习武的兴趣，实现终身锻炼、终身受益的目标。2013 年，学校在吉林省率先开展了在校学生集体武术入段工作，吉林市武术协会万名学生集体入段考试启动仪式分会场在学校进行。学校编写了武术校本教材《八极拳小架》《武术基本功教学》，以武术操为突破口，以大课间体育活动为抓手，确立“四定一保”，即“定专职教师、定活动时间、定活动地点、定活动内容、确保活动质量”的保障措施，将武术特长教育分为武术普及和武术特长培养两部分。武术普及教育，面向全体学生；每周一节武术课，专门普及武术段位内容；“阳光体育大课间”全部用于武术的普及和推广；学校创编了武术操，极大地激发了学生习武的热情。武术特长培养，面向学校武术竞赛队；结合学生的年龄和体质特点，循序渐进地开展了武术基本功、武术操、八极拳、刀剑、套路、擒拿格斗等具有针对性的课程；学校每个学期都组织武术队比赛，以赛带练，以赛促练，从中发现问题，总结经验，不断提升武术特长教育质量。

寒来暑往，不负韶华。从 2013 年至 2019 年，学校武术队在国家、省、市各类比赛中获得了金牌 64 块、银牌 64 块、铜牌 31 块、团体总分第一名、团体金奖、团体道德风尚奖等荣誉。学校被评为吉林省校园武术特色校、吉林省段位制工作先进单位、吉林省先进武术馆校、吉林省青少年武术培训基地。2014 年 6 月，吉林市武术协会青少年武术培训基地在学校挂牌成立。2015 年 1 月，经国家体育总局批准，学校创建了吉林市目前唯一的国家级武术俱乐部——“吉林市万兴青少年武术俱乐部”；目前，学校武术俱乐部已经加入全国体育运动学校联合会青少年体育俱乐部分会。吉林市电视台、吉林市教育电视台、《江城日报》《江城晚报》《吉林人才报》等新闻媒体多次报道学校武术特长教育的办学成果。

随着素质教育探索的不断深入，武术竞赛队的学生占在校生总人数的 40% 以上，很多学生家长也慕名把孩子送到学校，参加武术业余训练，学校特色办学的社会影响日益扩大，从而为“弘扬传统武术精髓，打造品牌特色学校”奠定了更为坚实的基础。

（二）开展阳光“心”育，助推学生梦想启航

学校高度重视“问题学生”的心理健康教育工作，启动《“阳光

‘心’育 梦想工程”——开展心理健康教育特色工作方案》，形成具有学校特色的工作局面和亮点成效。

学校打造了高标准、高质量的心理健康教育辅导中心，拓展了办学特色发展的新途径。心理健康教育辅导中心共有 9 个功能室，总面积约 300 平方米。硬件设施齐全，为心理辅导和心理咨询服务提供了有力保障。学生可以通过面谈、电话、网络、信箱等方式与心理教师联系。凡是接受辅导的学生都加以记录，并对记录的档案做到绝对保密，对个别疑难的案例进行“会诊”，如遇无法处理的情况，则及时予以转介。

学校现有专、兼职心理教师 9 人，其中，专职心理教师 3 人。专职心理教师中有 2 人获得国家心理咨询师证书，1 人为中国科学院心理研究所硕士研究生。学校定期安排心理教师参加学习培训，还有计划地对全校教师开展心理健康知识的培训。开设心理课是学校进行心理健康教育的主渠道，根据各年级学生的年龄特点、心理特征，学校制订了心理健康教学计划，每班每周开设一节课，由专职心理教师进行授课。每学期定期开展心理健康教育研讨活动，对心理课程的效果进行评价，提出改进措施。学校还明确提出：心理健康教育是每一位教师的责任，要把心理健康教育的理念和方法渗透到每一节课，真正做到“让心理健康教育普及到学校的每个角落”。各学科教师将心理健康教育列入教学工作计划中；备课时，有意识地设计心理健康教育的教学目标；在课堂教学过程中，体现教育智慧，抓住时机，进行心理健康教育渗透；教研活动时，进行交流探讨，不断完善改进工作。

除开展校内心理健康教育外，学校还非常注重对家庭教育的指导，定期举办家长心理健康教育讲座，通过多种途径，帮助家长纠正错误的家庭教育观念和教育方式，逐步提高家长的教育水平，使学生的健康人格在学校、家庭、社会构成的三维成长环境中得以形成与发展。

经过不断培训和反复实践，学校编写了心理校本教材《认识自我》《学会沟通》；省级心理课题“学生心理素质培养模式及实施策略研究”“专门学校‘问题学生’自卑心理救助案例研究”顺利结题，取得了丰硕的研究成果。2004 年，在首届吉林市中小学心理咨询室评选活动中，学校心理咨询室被评为“达标心理咨询室”；2014 年，学校被评为“吉林市首批中小学心理健康教育特色校”；2019 年，学校被评为吉林市教育局“阳光心育梦想工程”先进集体，1 位心理教师被评为先进个人。教师的师德修养和专业素养都得到了很大的提升，心理辅导方面的知识和技能也不断丰实，能够更加有针对性地应对学生的各种心理问题，更好地承担起学生成长的引领者和指导者的重任。目前，通过心理健康教育工作的逐步开展，多数学生能够健康向上、活泼自律，学生的整体素质明显提高。建校至今，在“问题学生”心理问题相对集中、广泛、压力大的情况下，没有一名学生因为心理问题而辍学或造成其他重大影响。

五　思考和展望

专门学校的前身是工读学校，工读学校是应对新中国成立之初我国的社会历史现状而诞生的。进入 21 世纪，伴随着经济社会的不断发展，工读教育也面临着全新的挑战和机遇。由“工读学校”到“专门学校”，改变的不仅仅是名称，还有办学思想、办学职能、办学理念和办学模式等方面。在新的历史时期，工读教育不仅名称要体现社会要求，其发展理念、发展模式和发展任务都要与社会发展同步。

（一）专门学校未来发展理念

1. 突破传统，创新思维模式

工读学校成立时的办学宗旨是对有轻微违法犯罪行为的青少年进行教育。这在当时稳定社会、保证顺利发展生产、安定团结、教育青少年遵纪守法等方面发挥了应有的历史作用。进入 21 世纪，专门学校的办学宗旨也发生了根本性的转变，即由过去只招收有轻微违法犯罪行为的青少年转变为招收“问题学生”。在这种情况下，专门学校也要做出相应调整，办学指导思想、办学方向和教育教学内容等都应有相应的改变。

现在，专门学校在原有的基础上寻找各自的发展空间，有从特色办学入手的，有从加强自身建设寻找出路的，有从国家新一轮课程改革中寻找突破口的。在学校内部，无论是招生工作，还是教育教学内容，仍然沿袭着过去的基础教育、职业教育模式，招收对象也不是过去意义上的工读生，而基本上是与其他初中、职业学校招收的学生一样。但是因为工读教育的历史背景，学校招生遇到极大的困难，专门学校只能花时间来证明自己不比其他学校差，而不能从整体功能上发挥它的独到优势。今天，优质教育资源相对集中，要使教育达到真正意义上的均衡发展，改变工读学校教育教学质量给人们留下的灰色印象，是需要经过一段漫长的历史过程的。各类教育职责不同，承担起自己的职责，才能发挥各类学校的应有作用。专门学校应立足本位，打破过去的框框，找到一条符合专门学校的发展之路。

2. 开放思维，前瞻性办学

半个多世纪的工读历史证明，工读教育有它的成功之处，有其他学校无法替代的特殊职能，可以说，工读教育在中国教育史上写下了辉煌灿烂的一笔。纵观各地工读学校的发展历程，都证明了工读教育存在和发展的历史必然性和可行性。然而，随着我国经济社会的发展，过去的“工读学校”和现在的“专门学校”，无论从办学内涵上还是办学外延上，都有着很大的差别，如何进行传承与融合，还需要国家的顶层设计。政策的权威性和统一性能更好地提高各级政府、人士对专门教育的认知和落实，届时专门教育才能走出目前的尴尬局面。

专门学校的属性是教育，教育的作用是早期的预防和干预，而司法的功能是“事后”的惩戒和改造，两者在教育的方式方法上有着本质的不同。专门教育要归本，资源要整合。今天，专门学校只有开拓未来，才能给自己带来希望。正如过去的发展一样，准确定位，着眼未来，谋求发展，专门教育必然会走出一条崭新的发展道路。

3. 关注自身价值，挖掘自身潜力

当下，专门学校面临着前所未有的发展新机遇。当今中国社会政治、经济、文化、教育空前繁荣，这是被全世界瞩目的国之业绩。“问题学生”的出现，在一定程度上给社会发展带来潜在隐患，给家庭带来不良影响。专门学校承担着特殊的教育使命，对“问题学生”进行专门教育，这既是时代发展的需要，也是专门学校自身谋求生存、谋求发展的必然出路。

（二）专门学校未来发展任务

开展对“问题学生”的专门教育是专门学校未来发展的总体任务。专门学校招收的“问题学生”将不再是“有轻微违法犯罪的青少年”，而是指在学习、情绪、行为等方面存在障碍的学生。因此，专门学校只有从自身特点出发，回归到行使专门教育的使命上来，弥补基础教育的不足，才能使“问题学生”得到良好的教育，为家庭和社会解除后顾之忧。

（三）专门学校未来发展模式

传承历史。各地的专门学校教育发展模式虽然不同，但都为当地教育发展做出了应有的贡献，专门学校仍然要在认真总结办学经验的基础上，找准自己的办学发展定位，继续行使为地方经济发展服务的职能。为此，现行的特殊教育、基础教育、职业教育并行的教育体系仍然是专门学校的主导办学模式。

改变现状。在传承历史的同时，必须改变办学模式，发挥专门学校向普通中学、职业学校辐射的功能，在符合时代发展、满足社会需求等方面有所创新，从而实现新时期专门学校的跨越式发展。

1. 要把专门学校办成小、初、高中“问题学生”教育的集合体

“问题学生”的“问题”没有年龄局限，成年人的“问题”有许多来自儿童时期，从儿童时期的行为障碍抓起，是应当且必要的。专门学校应从儿童的“各类问题”入手，以小学为起始年级，直到高中，全部招收有“各类问题”的学生。

对“问题学生”开展有针对性的专门教育指导工作，是现在和未来专门学校的特殊教育使命。至于小学的教育，仍以“问题改变”为主，一定要着眼于发展，从发展的角度去矫正训练“问题学生”，使之从小形成良好的行为习惯和健康心理。

2. 专门学校要为解决“问题学生”的“问题”服务

在教育教学方面，可根据不同障碍类型进行专门规划，按照不同教育引导内容，对“问题学生”实施教育，从根本上突破束缚，善于探索科学的教育教学方式。在办学规划方面，一切为了“问题学生”，设置专门的教育场地，购置用于专门教育的器械器材，为解决“学生问题”提供各种保障。

3. 可在普通中小学和职业学校设立“问题学生”工作指导站

对“问题学生”的教育应以专门学校为主，但是，从社会发展来看，教育要实现人性化管理，这体现在各个方面。专门学校的办学也要从实际出发，根据家长心理和社会习俗，把一些在普通中小学和职业学校就读的“问题学生”安排在普通班里，使他们在接受正常教育的情况下，仍然有机会接受特殊教育，接受针对个人进行的某一方面的专门辅导。

在这种情况下，专门学校可定期到普通中小学和职业学校进行指导，解决学校和教师在对“问题学生”教育过程中出现的实际问题，培训有关教师，发挥专门学校办学的辐射功能。

（四）专门学校对教师的要求

在对“问题学生”的专门教育中，专门学校的教师除了应当具备一般教师应有的基本素质和能力以外，还要有从事专门学校工作的特殊素质和特殊能力。

1. 特殊素质

（1）博大的爱心。“问题学生”的“问题表现”是逐渐发展而来的，在漫长的积累过程中，一些“问题”顽固难改，专门学校的教师必须有超乎寻常的爱心才行。首先，教师要认识到，所有“问题学生”的不良表现并不是他们本意要故意为之，他们有各种各样的“问题”是不幸的、无辜的。其次，要坚信，由于青少年正处在人生的发展时期，出现各种问题是正常的，更是可以改变的。要加强对他们的理解和帮助，每一个“问题学生”可能都是在责难非议中走过了许多年，他们渴望被理解，渴望被真心地关心、关注。给予他们理解和同情，距离问题的成功解决就时日不远了。最后，教师要坚持不懈地努力，使“问题学生”实现根本性的转变。“学生的问题”可能表现出反复性，对此，教师要以平和的心态来对待，要有耐心细致的工作态度，相信自己的能力，相信学生一定会健康成长。

（2）强烈的责任心。对“问题学生”的教育要不言放弃，永不言败。教育学生本来就是一项艰苦的工作，不可避免地会有失望、灰心的时候，越应保持清醒的头脑、坚定的信念，根据学生的障碍类型，扎实做好各项工作。

（3）恪守教师职业道德。从事专门学校专门教育的教师要以这种特殊职业为荣，以挽救“问题学生”为己任。关怀每个孩子，就是关怀每个家庭，就是尽一己之力，为社会做出贡献。

2. 特殊能力

对“问题学生”进行各种矫正训练，不同于一般意义上的说服教育，需要有专门理论做支撑，掌握专门教育的工作方法，从本质上把握与一般学校开展各项教育工作的不同，才能做好专门学校教育“问题学生”的各项工作。

（1）接受专门教育培训。实施各项矫治工作需要有专业性很强的工作技能，教师必须在接受专门培训的基础上才能从事这项工作。专门培训的内容有：学习障碍教育引导培训、情绪障碍教育引导培训、行为矫正原理和方法培训等。另外，心理健康教育辅导技术的初步掌握也是培训的重要内容。培训形式应理论结合实际，学习了解国内外关于“问题学生”的有关理论、实践知识，并进行实地考察、现场培训。培训的目的在于胜任本职工作，了解和掌握“问题学生”的特点和有效工作的方式方法，以便更好地开展工作，取得成效。

（2）较强的表达、沟通能力。专门学校的教师既要在本校做好专门教育工作，还要与家长保持密切联系，指导家长配合学校做好学生的教育指导工作；同时，还可能到其他学校实施指导帮助。教师指导家长和他人工作时，要目标明确，思路清晰，所以，教师的亲和力、信任感、自身的修养气质都是决定沟通是否成功的因素。另外，与其他学校的沟通能力，决定着专门学校办学的辐射功能发挥的效果。良好的工作效果是以良好的表达、沟通能力为基础的。

（3）注重实践积累。不断总结专门学校办学经验，促进专门学校的可持续发展，这是一种负责任的、历史性的选择。专门学校的专门教育使命，需要将理论用于指导实际工作，并在实践中积累经验，不断总结提高专门教育工作的认识和能力，做新时期专门学校改革创新的开拓者和实践者。

探索专门学校的办学思想及教育转化的策略与模式

夏　军　刘平华*

随着社会的日益开放，青少年犯罪现象和不能适应主流教育的各种行为偏差的“问题学生”日益增多。2006 年 11 月 8 日，位于川中丘陵地区的遂宁工读学校（又称专门学校）应运而生，挂牌为遂宁市第十五中学。学生招收方式主要是公安或检察机关建议送生（约占 90%），兼收 10% 左右的家长托管送生。学校经过 13 年的有益探索和积极创新，已逐步实现学校新校区的建设与教育管理的科学、规范、特色化发展，为推动社会的和谐与稳定做出了较大的贡献。

教育转化“问题学生”，帮助他们回归主流社会，是专门学校的核心价值所在。为此，专门学校必须与时俱进，转变办学思路，加强对专门教育的研究，加强对专门教育办学思想及其相应教育转化策略与模式的研究。

一　办学思想和具体举措

以办学思想为先导，凸显办学特色。遂宁专门学校坚持鲜明的办学方向，定位明确，切实履行对市辖区内有严重不良行为习惯和有一般违法或轻微犯罪的未成年人矫治教育职能。被送往遂宁专门学校就读的这些少年，普遍存在着自身的严重问题，或者说是家庭、学校的教育环境中“不和谐”的问题。据统计，离异留守家庭占 60%，普校辍学生占 80%，家庭

* 夏军，四川省遂宁市第十五中学校长；刘平华，四川省遂宁市第十五中学副校长。

教育方式不当占50%。就个体本身而言，他们的行为中自律差、厌学辍学、不良交友、面对生活事件处理能力欠缺、道德与法律意识淡薄等问题突出，其性格、思想和行为都已经出现了严重偏差。要把这样一群走上歧途的孩子重新拉回到正常的轨道上来，是一件非常不容易的事情。“学生管教难度大，教师岗位适应难，安全压力大”等诸多困难，在创办初期显得尤为突出，如何管理，如何教育，极大地考验着教职员工的师德、爱心、耐心、良知乃至智慧，也是摆在学校管理者和每位教师面前的一道难题，一切都只有在实践中摸索前行。

实践证明，作为“警送生”类的专门学校，安全管理和教育矫正才是学校工作的重中之重，“精细化管理、专业化矫治”成为学校客观的必然要求。新生的遂宁专门学校，在办学的具体实践过程中，“科学管理、和谐育人”的办学思想逐步发展成型，也为学校的教育发展和办学追求指明方向和路径。“科学管理”是基于学生的成长规律和教育规律而言，它涵盖教管模式、制度效力两个方面；“和谐育人”是基于学生的成长需要，促进学生身心和谐、形成健全人格而言，它涵盖育人环境、特色教育、体验培训三个方面。本文试从五个方面的内容，阐述笔者学校办学思想的具体举措。

（一）切实可行的办学方式与教管模式

办学方式：由于学生特殊，学校在教育方式、管理模式上，需采取全年候、半军事化、半封闭式的教育管理方式，阻断学生与以前负性成长的各种环境联系。学校把德育法治教育与行为矫治作为立校之本，把行为养成作为教育教学的切入点，以思想感化、行为矫正为主，兼顾文化课程学习和基本技能培训。

教管模式：学校实行分区域独立小班化办班，每班20~25人，每个班区配备教师团队5人（每班区设包教教师、值班和班主任三个岗位）。包教教师统筹一个寝室的学生管理、班主任统筹一个班级的学生管理，且每人肩负值班岗位工作。在日常工作中，一是实行教师24小时值班陪护工作制。各班区值班教师对学生全天的日程管理“横向到边”，在学生的学习、生活、思想等方面给予全方位的教育指导；二是实行教育转化包教责任制，每个教师对包教学生的管教责任“纵向到底”，凡事均负主体责任；三是实行以班主任班级管理为补充的网状管教工作机制，最大限度地发挥三个岗位“全员育人、环节相扣、协同作战”的综合教育效力，确保每一位学生充分享受到老师的关注和教育帮助。

（二）制度育人，夯实学生教育矫治的基础和环节

古人云“性虽善待教而成，性虽恶待法而消”，基于专门学校的特殊性，专门学校的教育应以纪律和制度为主导，才能确保教育矫治效果。

（1）入学前期适应性教育是关键。育人先育心，但对新入学的问题学生，需先治标，后治本。就读初期主要通过干预学生不良行为的办法，将其隔离教育一段时间，实行“以老带新”一对一的同伴帮扶，大量灌输法律常识、社会公德、校规校训等内容，让学生在头脑中树立起规则意识和法纪观念，以端正学习态度。与此同时，教师根据学生被送读之前的表现，以及在校的日常思想和行为情况，建立《入学评估调查及成长记录卡》，对学生存在的法治教育缺失问题，或个性思想品德或心理障碍问题，分析研判和精准掌握，采取分类指导、因人施教的“医院就诊式”进行个体教育。此阶段包教教师及时介入家校联系工作，开展亲情弥合或疏离，助力破解家庭教育中的“亲子冲突”难题，有力地促进学生静思、自我反省。

（2）习惯养成教育（行为矫正）贯穿始终。学校对学生实行集中食宿，集中管理，过严格的集体生活，对学生早晨起床到晚上睡觉的每个环节都做出规范要求。学生在班主任的指导下制定《班级管理公约》，在包教教师的指导下制定《寝室管理公约》，在值班教师的组织下开展每日—周—月常规考核的评比活动等进行系列自主管理。

抓好班干部的培养和引导，发挥少数优秀学生的榜样引领和示范带头作用，形成积极健康的集体舆论氛围和正能量，砥砺前行。建立学生民主评议相互提高机制，促使学生自觉养成各种良好的行为习惯，和谐共生。学习中期的这一阶段，学生思想最容易波动反复，不良行为也基本暴露出来，他们的个性心理、思想问题，正是我们教育转化的切入口和靶点。

（3）人生规划和离校跟踪教育是重点。对学生开展学业和职业人生规划教育，是笔者学校一项既常规又重要的教育安排。学习后阶段，学生形成较为平和稳定的性情，扭曲的价值认知和失范的行为得到矫正和调适，也有了强烈的离校愿望和人生目标追求，包教教师方可做离校推荐。离校后，学校将对学生及家长采取定期或不定期的回访，帮助学生解决一些实

际问题和困难：为难就业的学生联系工作，帮助他们重返普校入学，协调解决家庭经济困难等问题，确保学生管得住、出得去。

（三）发挥整体教育功能，营造学生健康成长的和谐氛围

调查显示，“问题学生”最容易出现性格缺陷、道德底线和法律红线问题，部分学生习得的性格、道德很难内化为自己固有的、稳定的行为习惯。单一的教育教学，难以刺激“问题学生”那木讷的神经，难以打开那封闭的心扉，难以转变那僵硬的态度。[①] 为此，学校实行“全方位”的人文教育关怀，发挥“学校、家庭、社会、司法”四结合的整体教育功能，拓展教育帮扶服务，促进学生和谐发展。

1. **校园育人**

除需要更为严格的管理外，专门学校的“问题学生”比普通学校的学生更需要充满文化情境的校园环境的正面熏陶和浸湿，更需要优秀教师的特殊关爱与守护，更需要优质教育的文化濡染和滋养。[②] 一是建设宜居宜学的生态校园环境。笔者学校坐落在城郊的一处山坳，依山傍水、青山苍翠，悠悠涪江水侧前缓流，清幽的校园环境带给学生平和安宁的心境，抚慰着“问题少年”躁动奔腾的青春。学校栽花、种草、植果树，培植园艺和景观树，配置室内外盆栽，绿化、香化、美化校园。每月升旗仪式后，学校常规组织师生开展苗圃的园艺栽培与维护，校园内四季鲜花争艳，瓜果飘香，生机盎然，妙趣横生，旨在唤醒学生知美爱美的环境意识、求美创美的人生追求。二是培养一支敬业乐教、有情怀的教师团队。专门学校对教师的师德和教育水平提出更高的要求，“传道、授业、解惑”需要良好的师德和灵活艺术的教育方式做支撑。专门学校的教师客观上要求“敬业乐教、严谨耐心、刚柔相济”“爱、宽、严”的结合。在教育工作中，有情怀的教师，以事明理，因人施教，因事施教，更受学生的欢迎和喜爱。三是开辟特色的教育文化。“筑工读之魂”——开展校园和班级文化：每班每日有微语分享展示，精心布置经典的名言警句，凸显“正直、诚信、守法、尚德”的文化内涵，展现新时期专门教育的新元素。“打造书香校园”——建立图书阅览室：现有学生人均书籍拥有量达 100 册以上，

① 王顺安：《中国专门教育制度理论研究述评》，《青少年犯罪研究》2009 年第 5 期。

② 鞠青著《中国专门教育研究报告》，中国人民公安大学出版社，2007。

学校每月以班为单位，组织开展常规主题阅读文化活动，促进学生在阅读中收获，在阅读中成长。“走进音影世界”——组织观影活动：每季度组织全体学生开展“弘扬主旋律—正能量”的观影及影评活动，以期调节学生身心、滋养学生心性，让学生获得思想启迪和精神教益。

2. **家校联动**

学校重视家庭教育的服务和指导，制度性地安排“周日亲情电话·周三亲情见面会”“传统节日陪餐活动”“重大活动的家长开放日”“扶贫慰问—家访活动”，开展微信视频或书信与家人交流活动，组织每半年的家庭教育（家长培训）讲座。通过这些举措，沟通协调家长与孩子的关系，消除学生与家长之间的情感障碍，帮助他们恢复正常的家庭亲情，有效弥补学生“缺管缺爱”或家庭教育能力不足的问题。学校越发重要地发挥着“难以管教”“亲子冲突”家庭最倚重的教育力量。

3. **拓展校外教育资源和渠道**

整合资源，司法融合。学校与市检察院共同建设“法治教育基地”，新建法治体验馆，以法治体验馆为载体，拓展与承载学校对内对外的法治宣传和教育辐射功能，供师生参观学习。组织开展“司法法治文化—社会关怀文化”的帮教活动，制度性地与市法院、市检察院、市公安局、市司法局四部门开展每季度的法治讲座，每年组织学生到市戒毒所、市看守所开展警示教育活动，与市区县法院、检察系统，开展法校、检校共育工作。倡导志愿者、社会组织和企业，来校开展“结对帮扶、文艺表演、节日慰问、助学资助、就业培训”等活动，协调社会成功人士、专家、优秀学生，来校做报告或“诫勉谈话”等20余次。这些人文关怀活动的引入，深受学生的青睐，在这种宽松、友善、和谐的氛围中，学生感受到被爱护、被关注，获得精神洗礼和感召。

（四）开发特色教育资源课程

1. **“德育与文化教学”对症下药**

学校在深入研究“问题学生”学情的基础上，结合学生生活体验与教育实际，对症下药，重点开设思想道德、心理健康、社会与生活、传统经典国学、文明礼仪—仪式教育等常规特色学科，将遂宁创建“文明城市”“旅游城市”鲜明的城市地域文化—主题观音佛教民俗文化、忠孝文化纳入课堂。课程倾向侧重对学生进行人生观及价值观教育、道德教育，渗透挫折磨难教育、感恩励志教育等，唤醒学生的迷途认知，导正学生的行为和观念，鼓励学生追求真善美，感悟做人做事道理，自觉抵制各种不道德观念和行为。

2. 法治课程寓教于情

除常规的法治法规课程外，学校还收集整理，形成涵盖“校园安全—心理健康”系列教育资源库，组织专课学习，主要通过动画、视频、PPT等多媒体方式展现课程，特别增加如“网瘾与犯罪”“交友与犯罪”“性格与犯罪”“珍爱生命·远离毒品”等内容。平时，常态组织学生观看警示专题光碟片，参加法律知识竞赛，聆听法律大讲堂，每周定时收看央视《道德观察》《法制报道》节目，通过这些生动案例和互动的方式，对学生进行规则教育、法治教育、生命教育、爱心共情教育，增强学生对法治规则的敏感能力、对法律的敬畏感，懂得安身立命，改过向善，趋吉避凶，平安度过青春危险期。

（五）以培训＋体验项目为依托，搭建适合学生成长的平台

基于学校全年无节假日、无寒暑假，如何让学生在校学习生活新鲜充实和有趣？怎样实现学校的科学发展、活力发展？学校除常规课程、充足的室外活动锻炼外，动静结合，大力开辟第二课堂，将学生的兴趣特长培养、行为心理训练、劳动体验培训作为学校的特色教育，许多被普通学校边缘化、没有得到兴趣特长培养和关注的学生，在这里被接纳，在活动中得到锻炼，在展示中被认可，获得自信与成功，快乐幸福地成长。

比如，学校借力与相关的专业公司合作，成熟稳定地对学生开展（如古筝、非洲鼓、吉他、葫芦丝、打击乐）器乐培训，寓教于乐，陶冶学生情操，提高学生艺术水平和审美趣味。

每周常态化开展教官对学生的军事行为训练课程，开展学生形体韵律操、茶艺、乒乓球、羽毛球、篮球等兴趣小组培训及运动比赛，展现学生蓬勃的朝气与活力，助力学生外部行为的塑造与良好品质的养成。

结合学校心理咨询工作的阵地建设，依托本地高校教育资源，引进和运用专业团队的项目研究成果，每周对学生开展心理培训和个体辅导。心理教师和相关包教教师全程跟进和引导，从心理层面实现“问题学生”的教育转化，收效较好。

开辟“开心农场种植园”“饲养生态鸡”等种（植）养殖劳动基地体验性教育课程。通过种植花卉果木及时令蔬菜瓜苗，培植学生体验生活、感受农作物成长与收获的意趣。

二　印象最深的几件事

遂宁专门学校创办以来，承载了太多的创办发展故事、教师教育故事、家长送读—学校遣返故事、学生成长故事。

（一）办学思想体系的形成

今天，遂宁专门学校校园美丽整洁，环境幽雅，场地功能齐全，教育设施先进，同学们文明理性，阳光向上。很多家长及其子女、普校师生、外地市县的政法部门、教育部门慕名到校参观考察。但在十几年前，学校创办刚起步，借办在市防邪办场所内，办学场地狭窄，设施简陋，条件艰苦，学生“难管难教，突发危机风险事件不时发生”，给学校提出了严峻挑战，学校管理干部和教师不断忙于处理各种学生问题、师生问题、家校问题。

这样下去该怎么办？如何认识和对待学生？教师到底该怎么管理和教育学生？问题的症结到底在哪里？

带着这些疑问，学校一方面积极推进新校区的迁建工作，另一方面，在无外来经验借鉴、模式支持的情况下，学校领导带领教师根据学生出现的“问题行为及事件”，深入研究思考。

经过反复讨论、分析、学习，学校认为，许多教师在对学生“问题行为”的认识和理解上存在问题。我们发现，问题学生有内在“向善向好”的成长趋向，有“成长进步”的需求和潜能；但另一方面，学生又具有诸多的“劣根性”“恶性”。教师思想上必须引起足够的重视，如按照以前对普校学生一样的认识和管理方式，将导致我们的工作重心严重偏离方向。教师自身的角色、教育观念和管理方式都需要进一步调整和跟进。最后，学校提出了“科学管理，和谐育人”的办学思想及配套的理念体系，采取“法纪约束、思想引领、心理干预、文化熏陶、劳动体验、人文关怀”的六大教育途径，遵循“顺天至性、养正至善、汇思行远”的办学思想，实现“明理守法、文明素养、爱心有为”的育人目标，用以指导我们的工作。

在办学思想体系的指导下，教师的学生观和教育方式发生了根本性的转变。教师透视自身的成长经历，观照学生的现实，认识到自己所从事工作的价值和意义，不再像过去一样，简单乏味地对待，而是在实践中，真正以学生为本，从人性视角、教管问题出发，探究学生内心需求的特点和成长规律。如今，教师对各种教管问题的研判更加精准和清晰，把握应对能力不断增强，安全及教育成效明显提升，学校的教育生态呈良性向好态势。

案例：小伟，男，初中一年级辍学流浪社会，因抢夺黄金项链，暂时无法联系上家人，被派出所于2008年9月8日送入遂宁市第十五中学学习。

刚到十五中学，小伟表现出性格扭曲、极端偏激、孤僻古怪，逆反心理严重，为人冷漠等一系列不良行为。教师对小伟做了大量耐心细致的思想教育工作，但效果不很明显。老师们通过集体会诊，决定查找造成这种不良行为的真正原因，首先还得从家庭着手，但他一直不告诉家庭地址和联系方式。于是老师发动寝室同学与他做朋友，找他聊天，主动去关心问候他。没有家人送来换洗衣服，同学们便积极“支援”。为打消他的抵触心理，笔者将自己孩子的衣服送给他，将自己孩子的特色小吃奖励给他，逐渐探听到事情的原委。

原来小伟年幼时，由在四川内江的外婆养大，小伟从小就很顽劣，不太听话，让父母及家人很伤脑筋，后来就跟随一直在阿坝州壤塘县打工的父母生活，表现仍然很差，家里几乎不想再管他了。当年发生5·12汶川大地震时，小伟父母打工的地点就位于震中附近地带，小伟的学校震垮后，他就被父母送回遂宁老家，由城郊的奶奶和小姨专门带他，并送入一所中学读书。小伟因爱好上网打游戏，在网吧结识了一些社会不良少年，被多次敲诈勒索，为了摆脱家校的管束，小伟没有向家人及老师反映，先后从家中偷了2000多元钱才摆平此事。有一次小伟上网无钱，遂把家里的手机拿去变卖，手机里有小姨（医生）从医的客户资料和药方，小姨得知此事后怒不可遏，从学校教室里把小伟拖出来狠狠地打了一顿，小伟觉得很没面子，就负气离家出走，流浪社会，多次参与抢劫。在一次抢夺黄金项链时被抓，送入遂宁市第十五中学学习。

包教老师与其家庭取得联系，动员和鼓励小伟家人积极参加对其的转化教育工作，交给小伟家人教育子女的科学方法，逐渐消除小伟和小姨之间存在的冲突与隔阂，让亲情融入小伟的转化教育工作中。

小伟曾在日记本中写道："我现在才后悔，由于我的任性，给老师和家人添了太多的麻烦，原以为这里的老师冷漠无情，凶巴巴的，其实他们都很关心人，这对于我们这些犯罪少年来说是多么的不容易！我不应该再隐瞒下去，应争取老师和家人的谅解。"小伟欣然接受老师的教育，不良行为的发生明显减少，对违法犯罪行为的危害性有了深刻认识，改过自新的积极性也不断提高。

在工作中，我们深知每个孩子的背后都有一个辛酸的家庭故事或是不如意的成长经历，在他们幼小的心灵中都曾有一些抹不去的伤痕，孩子们需要一些关怀，需要我们从心理上去接纳、感化他们，从生活上去细心照顾他们，从行为上去严格要求他们，从思想上以法规警醒他们，让他们和谐健全成长。

（二）发展体验性培训教育

学校根据"师资力量薄弱、年龄老化、新进人员少，学科教师专业提升培训不足"的实际现状，以项目为依托，引进专业团队，开展适宜的课程培训，为学校教育教学注入新的活力。比如，开展的器乐培训项目、心理培训项目，学生受益匪浅。

案例：小罗，男，13岁，个子矮小干瘦，性格内向。自从学习非洲鼓后，小罗的精神面貌焕然一新，他每次参加培训，都很用心，很认真，因此他比一般同学敲打得好得多。由于他的悟性和良好的基础，音乐老师专门为他设计一曲非洲鼓与吉他合奏曲子，平时言语不多的小罗，一登上舞台，无论是鼓点、节奏、韵律，还是表演的神情，他都表达得很细腻到位，伴随着欢快的鼓点，他在舞台上流畅完美地演绎了他的曲目。后来，小罗的性格开朗了许多，许多不良行为也在慢慢改变。

案例：女生小悦，父母离异，妈妈因贩毒吸毒被判刑关押服刑，从小由奶奶抚养长大，因不良交友、吸食毒品被派出所送入学校就读。入学后，教师发现该生对音乐有特别强的学习领悟能力，嗓音条件也不错。学校为她安排的吉他、古筝培训课程，她一学就会，平时课堂闲暇之余，还时常兴致勃勃地弹奏几曲。在一次大型文艺活动中，她声情并茂地演唱韩红的歌曲《天亮了》，情丝如扣，听得大家心酸感动，欢呼称赞。她在学校就读期满离校后，由学校推荐到市职业技术学校就读，现学习幼师专业，表现优秀。

案例：学校开展心理培训项目以来，一些脾气怪、自控能力差、遇到一点“不顺心的事”就冲动、暴躁、攻击类型的学生，得到较好的心理调适和矫正，他们的自控意识明显增强，心理调节能力明显提升。因故意伤害被送入学校就读的学生小胥，在接受学校心理培训项目“情绪管理课程”的学习后，在周记中欣喜地谈道：“这次情绪管理的学习，对于我来说，真是一堂难得的好课，真的是太重要了、太有学习的必要了。以前的我，一言不合就动手打架，数次都没有吸取教训，总控制不住自己的脾气，现在我知道该怎么处理了，不论事情发生有多突然、多严重，我都能从情绪上提醒自己，遇事不要冲动，有话好好说，总有办法能解决的。”小胥现在性情沉静温和，为人彬彬有礼，许多同学也乐意和他交往。

（三）学生的发展

案例：因“严重扰乱社会治安、故意伤害，曾先后 2 次被处以刑拘不执行”被送入学校就读的学生小龙，15 岁，家庭离异随母。小龙平时在家好吃懒做，举止轻浮，报复心极强，在当地为害乡里，称霸一方，常敲诈学生，恐吓乡邻，偷鸡摸狗，老百姓怨声载道，因危及人民群众的财产和人身安全，当地老百姓纷纷联名强烈要求严加惩处。小龙因一次打架受伤住院治疗，家长、群众、村干部趁其伤情略有好转未愈（担心伤好逃跑），提前直接将小龙从医院转送到遂宁第十五中学。学校了解到该生幼年时曾多次遭到他人欺凌，加之母亲离异未走出婚姻失败的阴影，而无心关爱管教他，导致其行为严重偏常。在校学习期间，包教教师帮助他认识以前的很多错误做法，了解到他法律知识欠缺薄弱，便为他提供许多法律学习资源，帮助他加强法治的学习。

小龙身材高大，身体素质好，根据他的特点，包教教师决定发展他的篮球特长，培养他对篮球的兴趣。在老师的指导下，渐渐地，小龙爱上了篮球，而且球技掌握得很好，很快便成为班级篮球队长。他有时情绪不好，教师就组织学生陪同他打篮球，慢慢地，他的负面情绪得到调节和转移。经过学校近一年耐心细致、系统性的教育后，小龙心性平和稳定，明白了许多做人做事的道理和法律常识，他在成长记录中写道：“以前，在我脑中根本没有‘法’这个印象，总觉得‘法’离我很远。我不懂法，也不知道怎样预防违法，但通过一年来的法治教育，我真正明白了它的含义，仿佛自己又长大了几岁。知道了‘什么可为?’‘什么不可为?’以及‘违反法律的后果?’‘承担的法律责任?’”。

小龙就读期满离校告别时，感念于老师的关怀和帮助，竟一时泪崩不止，三步一鞠躬，向老师表达最深情满满的谢意。小龙被领回家后，跟随亲戚外出到上海进厂打工，品行端正，为人友善，工作吃苦耐劳，踏实又好学。他边打工边学习，还参加自修，取得工商管理专科文凭，家人更是喜出望外，感慨不已。因良好的表现和突出的业绩，小龙赢得了老板的赏识和器重，被单位委派到重庆西南片区分公司任产销一体的经理，独挑大梁，年收入达20万元。小龙现已在重庆市置房安家，娶妻生子，过上幸福安定富足的生活。每年春节，小龙都会来学校看望老师，与学弟们交心谈心、结对子。

培养“明理守法、文明素养、爱心有为”的合格公民——这是笔者所在学校的育人目标和追求。围绕这一目标，学校、教师不断地实践与奉献，推动着学生的转变与成长。

近年来，学校对1240名离校学生进行跟踪调查，统计显示，学生离校后正式就业的占72%，从事自主创业的占10%，从事自由职业的占5%，继续到普校学习的占10%，未就业的占3%，毕业生大多有稳定的去向，成长为对社会有益的合格公民。

三　思考和展望

1. 拓展办学功能，挖掘办学资源优势

新形势下的专门学校，须准确把握新时代下社会形势与社会需求的变化，勇于承担在青少年学生违法犯罪的预防工作中所肩负的社会责任，满足人们对“人文，文明、文化”的内在需要。因此，应深度挖掘特殊教育资源优势，发挥“法制教育基地、德育建设基地”的辐射功能，拓展“家庭教育与心理咨询”的服务功能，为更多的亲子冲突家庭提供一个亲情隔离、彼此静思、改变接纳、共同成长的时间和空间，为普校师生搭建一个德育及法治警示教育的研讨交流平台，为社会治安的稳定、问题学生的及

时转化教育及违法犯罪源头的预防做出更大的贡献。

2. 坚持“监管与教育并重”“主题教育活动与教学并重”

纪律主导下的专门学校易导致学校文化氛围的缺失，专门学校的终极目标是育人，学校应该立足校情，做到“监管与教育并重”“主题教育活动与教学并重”。当专门学校纪律处于稳定状态时，以活动为载体，每周、每月、每季度、每个传统节日，应围绕某一个特定的文化主题，开展形式多样的校级或班队主题教育文化活动，让学生在活动中学习，在活动中成长，获得更真实的人生体验。

3. 加强对特殊困境少年的个体和环境影响的研究

加强对离校后改况较差或再次违法犯罪“复读生”“油皮子”的个体研究，这虽然是很少的一部分学生，但也是专门学校“问题”最深、最特殊的一类，他们的境遇更糟，教育矫治的难度更大。他们个人的主观思想行为问题、家庭管教现状和社会生活圈更为复杂，专门教育于他们而言，没有预期的教育抑制作用，或者说他们自身已经产生“耐药性”“抗体”，需要给予他们更多的成长时间，施加更多的教育影响、智慧与策略，让我们在艰辛的转化教育中，静待花开。

4. 特色课程体系的规范和开发问题

专门学校的特色课程教学方面，还存在“不优不精”的问题，教材缺乏系统性和规范性，与理想的教育教学课程还有差距。期待一些专业部门或有条件的专门学校在相关机构的领导下，组织科研和师资力量，加强专门教育课程体系的研究和开发建设，更好地推进专门教育的专业发展。

5. 加强学生的职业教育任重道远

根据优势发展和多元发展理论，对文化学习太差、年龄较大的同学，安排去普校继续就读也不适宜，需另考虑他们的发展出路。前几年，笔者学校依托本地国家级经济技术开发区具有众多电子企业的优势，开办学生职业技能体验性培训，以期帮助学生树立热爱劳动的思想，培养学生吃苦耐劳的品质，掌握一门实用技能。尽管这种培训非常必要，但在培训具体管理和运行中，达不到预期效果而只得放弃。目前，学校职培工作还停留在为大中专职校或用工单位推荐输送人员的层面。拟考虑借助大中专职校师资及其硬件条件开展职业培训的教育合作，这将是笔者学校需努力探索的。

遂宁专门学校的创办，在立足全市预防违法犯罪的矫治功能方面，探索形成了“以专门学校为主体、各方参与”的未成年人综合保护与预防犯罪格局，初步为全国各地举办专门学校提供一种新的区域特色发展模式。目前，全国各地办学模式不一，各校需根据本地实际，采取因地制宜的办学模式，努力发挥自身的优势，进一步把专门教育的价值做实、功能做优、形象做美，用心用情，为“问题少年”的安全和谐、健康成长，提供良好的教育服务。

探寻璞石成玉的秘籍

——南京市建宁中学专门教育模式初探

戴　喜*

2018 年 8 月，笔者从南京市金陵中学调到建宁中学任校长。前后工作的两校尽管同为市教育局直属学校，但这两校名称细微的语音差异之间，暗含着极大的差距：金陵中学始建于 1888 年，是一所拥有 130 余年历史的百年名校，是首批国家级示范高中，是南京初中学生人人心向往之的名校。建宁中学成立于 1979 年，是伴随着中国改革开放的脚步一路走来的专门（工读）学校。40 年来三易校址，却在南京城里一直默默无名，鲜为人知，是南京市初中生最“无奈”去的学校。

还未到建宁中学上任，就已有了解建宁情况的好友反复告诫笔者：“你去建宁之后，可千万别抓教学成绩啊！”“建宁的孩子们可不好打交道，你去了之后可千万要先做好稳定工作！”……这样的“谆谆告诫”似乎在不停地提醒笔者：建宁中学这一所专门学校，和笔者之前工作过的金陵中学大不一样。

当笔者真正走进建宁校园的时候，才发现，这样的不同是多方面的：全寄宿的校园里缺少了每天上学、放学时学生们的喧嚣；准军事化管理下的学生们显得很有规矩，虽不像外界所传的那样令人生厌，但感觉缺少了一些活力；就连学校的整体布局也和普通学校里大相径庭。全校行政楼、教学楼、宿舍楼相互贯通，每一个班级的教室和宿舍都在同一个楼层；甚至老师们也没有按照教研组或者年级组分配办公室，而是以班级为单位，组成一个个班级管理团队，直接坐在自己负责的班级隔壁。

---

* 戴喜，南京市建宁中学（市工读学校）校长。

在建宁中学一年多的时间，笔者渐渐明白建宁中学的老师们作为专门教育教师的艰辛与付出，也了解建宁的孩子们在学习、生活中遇到的挫折。笔者开始懂得：虽然老师和孩子们都没有普通中学那种学业成绩上的压力，但建宁的老师们对南京教育所做出的贡献和付出，一点也不比普通学校的老师们少；这群孩子们想要通过教育获得发展的需求，也一点不比金陵中学的学生们弱；他们就像一块块孕有美玉的璞石，笔者要和同事们一起通过探寻适合他们的教育方式，帮他们实现“璞石成玉”的成功蜕变。而探寻这璞石成玉的成功秘籍，正是笔者来到建宁工作的职责所在。

一　办学思想和具体举措

1. 爱心教育陪伴学生

面对一群特殊孩子，建宁中学的老师们似乎都拥有“妙手回春”的“神乎其技”。走进建宁的老师们，发现他们更大的特点就是全程陪同孩子们的生活，用心浇灌孩子们的成长。

在建宁，教师以“陪”为“培”，当每天清晨6：15闹钟响起，建宁中学的当班老师们一天的工作就正式开始了。6：30准时叫学生起床，7：00陪晨跑，7：15陪早读，7：30陪早餐。8：00开始上课。上完课，老师们要立刻回到班级管理团队办公室，中午11：45下课后陪午餐，12：30陪午休，1：40陪起床，2：00继续陪上课。下午4：30一天的文化课程结束后，老师们又开始了陪活动、陪晚餐、陪洗澡、陪洗衣服、陪上晚自习，甚至9：30陪睡觉的“陪”生活状态。

建宁中学的老师们就这样在年复一年、日复一日的重复中，坚守着自己的教育初心，呵护这帮特殊孩子的成长。专门学校的孩子都有着不同的“问题”，如果说硬要为孩子们总结一个共同特征的话，那就是都缺乏“爱”。他们有的是单亲家庭，有的甚至双亲不在，有的是常年不和爸妈在一起，缺少的是亲人的爱；他们有的成绩偏弱，厌学严重，得不到老师的认可，缺少的是师长的爱；有的性格懦弱，常常被同学欺辱，缺少的是朋友的爱。初到建宁，孩子们会把教师的这种陪伴理解为一种看管、一种约束，一段时间陪伴下来，孩子们会发现这种陪伴是“心”

的陪伴，是“爱”的陪伴。陪着陪着，学生逐渐打开心扉，因为这种爱心的呵护，是任何一个学生都会感受到的。在建宁的教师招聘中，“是否有着饱满的爱心”是学校选择的第一要务，我们经常说“性子急的老师不要来，没有爱的老师不要来”。建宁的老师们坚信：这些来自不同区域、不同学校的孩子们，就是一座座高山、一条条河流，只不过暂时处于沉睡的状态，处于滞流的阶段，只要用爱心去陪伴，就一定会唤醒他们。

曾有家长在学校百度贴吧上发问：“这究竟是所怎样的学校？是不是和电视上那些‘军事化管制’学校性质一样？”有名毕业生在下面回复道：“我 2004 年就来到这所学校，那时新校区才刚刚建好，设备环境是一流的。最为关键的是：这儿的老师用责任和担当陪伴着每一名学生！”“用责任和担当陪伴”听起来很简单，可对“特殊”的孩子们却有着极为重要的意义。陪伴更有机会交流，陪伴才能深入了解，陪伴也让学生着实感动。

学校教育的中心是“人”，学生的转变、成长、成人，离不开教师的教育、引导、示范。对于建宁中学的孩子们来说，更是如此。尽管和普通学校相比，专门学校教师工作压力大，自身的学科专业发展不占优势。但建宁中学的老师们，却用几十年如一日的执着和大爱，坚守着专门教育有教无类的育人初心。

2. 素质教育唤醒学生

作为一所专门学校，建宁中学目前招收的学生均有行为习惯偏常、学习基础较差等特点。甚至有一部分学生从小学高年级起就渐渐偏离了常规教育的轨道，这些孩子虽然智力水平正常且没有感官障碍，但因为基础较差，跟不上班级的进度，其学习成绩明显低于同年级其他学生。他们因为影响正常教育秩序，被老师批评，或者家长被约谈，再加上家庭教育的不得法或家长无教育能力，渐渐把孩子推到了老师与家长的对立面。他们为了寻找存在感，上课时故意讲话，扰乱课堂纪律，不服从甚至拒绝老师的教育与管理，因而学习成绩一路下滑。

专门学校的这些孩子，可能在最需要表扬和赞许的时候，遭遇了批评与指责，因而对学习渐渐失去了兴趣，缺乏学习动机和求知欲望，更没有获得成功的满足感，最终导致自信心的严重缺乏。

如何帮助这类学生找回信心和学习兴趣，建宁的老师们发现回归本源的素质教育也许更适合他们。

（1）“低小慢”的教学策略。

在建宁，学科专业课一直坚守着“低小慢”的教学策略。“低”是起点低，建宁的学生都是来自南京市各所初中的学生，建宁的老师们根据孩子的问题追寻到学生“丢失的起点”，从头开始，从小学开始，从最浅显的原始概念开始。“小”是坡度小，由于要完成和普教相当的课程内容，建宁的老师们必须拉长学生的课程研修时间，按照循序渐进的原则，用反复重复的办法，让学生缓步上升，螺旋上升。“慢”是进程慢，为了提起学生的学习兴趣，建宁的课堂有太多的精心设计的情境引入，给足学生探究讨论的时间和空间，留足学生消化内化的时间。学校各学科都根据课程标准对教材进行了瘦身与整合，舍弃了“偏难怪繁”的内容，更加强调学生基础知识和基本技能。这一切都是为了让孩子在建宁的课堂上，体会到学习带来的乐趣和成就感。

（2）关注核心素养的教学。

在建宁，渗透核心素养是各学科教学的重点任务。核心素养是学生应具备的能够适应终身发展和社会发展需要的必备品格和关键能力，突出强调文化基础、自主发展、合作参与、创新实践四个方面。针对这些传统教育中的受困者、受挫者，建宁中学为他们提供了“更强调育人，而不是育分”的学科教育理念，以实现全方位培养“适应生活、适应学习、适应社会的现代公民”的目标。

建宁中学的学科教学注重融合各方资源，延伸学科教育的宽度。以历史课程为例，学校充分利用南京当地资源，开展了一系列活动，如带领学生走上南京长江大桥，触摸明城墙，走进大报恩寺，组织学生参观南京大屠杀遇难同胞纪念馆、雨花烈士陵园、科举博物馆、南京博物院等。通过这些活动，将书本中的条目状的文字变成触手可及的文物，让学生深切感受鲜活的历史，培育学生的家国情怀，提升学生的人文素养。

建宁的学科教学将德育渗透到每一门学科，发掘学科教育的深度。坚持开展“课堂上闪耀的德育”活动，要求每一位教师在自己的学科课堂中融入德育，有意识地培养学生发现问题、分析问题、解决问题的能力，促进学生智力的发展。同时，有意识地渗透对学生的思想品德、情感态度、价值观的教育，以达到教学的德育效果，充分体现课堂育人特色。学生在“时时是课堂、处处为教室、事事皆课程”的德育环境中，逐渐改掉不良习惯，获得正确的人生观与价值观。

（3）助力成长的校本课程。

学校秉承“培德健行、立德树人”的办学思想，坚持“引领一个孩子，幸福一个家庭，和谐一个社区”的核心理念，以正面、积极、健康的价值导向引导转化学生，从根本上相信每一个学生具有无限的学习潜能和发展潜力。除正常的文化课程教学外，学校以校本课程为载体，为学生提供自我展示的舞台，不断增强学生的自信心。

学校的校本课程大致经历了三个发展阶段：最初是劳动课，如拆纱头、钉钉子、组装自行车等，避免学生无所事事，体现“工”和“读”的基本特性。后来逐渐改为兴趣活动课，如编中国结、剪纸、十字绣等，旨在激发学习兴趣，提升学习力、注意力。

随着时代的发展，学校按照继承与发展、改革与创新、调整与整合的思路，确立了技术、音乐、美术和体育四大类选修课程。技术类包括机器人、陶艺、手工、创客和西点课程；音乐类包括葫芦丝、古筝、陶笛和合唱课程；美术类包括篆刻、写意画、剪纸、扎染课程；体育类包括足球、篮球、羽毛球、空竹、滑板和轮滑等课程。学生每学期可以在诸多课程中选择两门，课程的选择既有自己擅长项目的坚持，也有从未接触过项目的挑战。

3. 专门教育转化学生

专门学校接收的对象主要是具有不良行为或严重不良行为的未成年学生。通过和班主任以及学生的交流，依托心理测评、问卷等形式，建宁的老师们总结出：在行为方面，建宁中学的孩子们不同程度地存在“自由散漫，自律困难”“能力不足，胆小自卑”“胆大妄为，社会习气”“自私自利，好逸恶劳”“叛逆对抗，喜怒无常”五点阻碍发展的问题。针对这五个特点，建宁逐步建立“适合学生天性，涵养学生德行，发展学生个性”的课程体系，开展形式多样的教育转化活动。尤其是从养成教育、劳动教育、心理健康教育、法治教育四个角度立体式地培养学生良好的生活习惯、健康的心理状态和合格的公民意识，取得了较好的教育转化效果。专门的课程体现了专门教育的科学内涵和专业性。

（1）养成教育。

陶行知先生教导我们："千教万教教人求真，千学万学学做真人。"建宁中学认为，教人求真和学做真人的根本在于帮助学生建立正确的人生观、世界观、价值观。这一切都要从养成教育开始。养成教育就是培养学生良好的行为习惯、语言习惯和思维习惯的教育。养成教育是促进学生健康成长的着力点和出发点。针对学生学习困难、自律困难的特征，建宁中学从内务、队列、礼仪等环节入手，新生入学第一课就是内务整理和队列训练，以准军事化要求严格规整学生的作息和行为习惯，帮助学生快速地适应学校军事化、寄宿制的管理。同时通过多种途径将养成教育渗透到学生的生活和学习中。

建宁中学以一日常规为抓手，注重习惯养成教育，加强学生自律。在教育教学过程中，坚持将习惯养成教育渗透到每一门学科、贯穿到每一项活动、覆盖到每一位学生。在校期间，学生从早晨起床到晚上熄灯，一律以课程的形式有序安排。比如：坚持采取"定时定点静站"的传统做法，保留"新生训练部"这个特殊部门设置，同时将冥想、反思与静站相结合，将惩戒教育与体能训练相结合，将平时表现得分与周末扣假留校继续接受教育相结合，加强学生自我约束。

"建宁中学的教育从来都不是去寻找适合某种教育的孩子，而是去寻找适合某些孩子的教育。"学校之所以不惜代价，冒着"明知山有虎，偏向虎山行"的安全风险，坚持开展普通学校已渐渐丢失的"养成教育"，就是想探索和寻找更适合建宁这些孩子的教育，培养他们明是非、懂情感、会感恩、有责任、善作为的道德素养。通过养成教育，以内务、队列等各项常规为抓手，利用学生喜闻乐见的活动课程，在潜移默化中，学生的自律意识和规矩意识明显增强，变得自信、自强，逐渐养成良好的生活、学习、文明、礼仪等行为习惯。

（2）劳动教育。

苏霍姆林斯基说"劳动是有神奇力量的教育学"，建宁中学深信，只有通过有汗水的劳动，人的心灵才会变得敏感、温柔。通过劳动，人才具有用心灵去认识周围世界的能力。"

在建宁，至今还保留着传统班级"包干区"制度，偌大的学校，只要是学生能做的事情，都会有学生参与。建宁中学没有图书管理员，学生全权负责图书的录入、编目与管理；建宁中学食堂每天都有同学把本班饭菜提前打好，就餐结束都有学生负责帮食堂阿姨收拾餐盘，打扫卫生，擦拭餐桌；建宁中学只有少量的物业人员，因为总有学生和物业人员一起守护美丽校园；建宁中学有自己的消防安全检查队伍，他们是一帮一丝不苟的建宁学子；各方来宾到校参观，接待引导并做讲解的全是建宁中学学生代表；学校的每一间功能教室、学校的每一个角落的维护管理都分包给了每个班级；在学校的西北角，每个班都有属于自己的一块菜地，学生在那里播下种子，呵护生命，等待成长，收获幸福；在校园里到处都能看到穿着“橘色马甲”的志愿者辛勤地操劳着。

（3）心理健康教育。

专门学校的学生由于其自身的特殊性，在性格、智力、情绪、自我认知等方面都存在不同的缺陷，从而导致行为偏常，如何矫正这类学生的行为，提高心理健康水平，成为建宁中学教师心理健康工作的主要目标。

通过入校普测数据看，建宁学生的心理健康水平较普通中学学生低，以症状自评量表（SCL-90）结果来看，建宁学生的心理健康问题主要集中在：敌对、人际关系敏感、焦虑和抑郁情绪高这四个方面。从心理健康诊断测验（MHT）结果看，学生的恐惧、冲动和孤独得分较高。

针对学生存在的心理健康问题，学校实行了一系列举措，坚持做好心理健康保健预防、教育矫正工作。学生进入建宁中学一周内，心理中心通过科学的测评了解学生心理健康状态，通过访谈了解学生成长经历和具有影响力的重要事件后建立学生心理档案，对学生中可能存在的心理问题进行及时、专业的预防及跟踪指导。学生回到班级，心理中心会为班主任提供一份详细的学生基本情况以及一份转化教育的建议材料。

在课程设置上，每个班级保证一周一节心理健康课程，心理教师结合学校学生心理特点，在课堂中融入情绪调节、人际关系、自我价值提升等内容的教学，帮助学生悦纳自己、关心他人、专注学习、健康生活。同时，学校开设“绎心剧社”心理剧社团，通过《微剧本、微活动、微讲座》等栏目，打造出“青春·希望”心理健康教育特色，让每一个学生拥有一颗阳光般的健康的心，理性应对各种学习和生活问题，守护心灵的净土。

在同伴辅导上，心理中心通过班级心理气象员的招募、选拔和培训，组建了建宁中学心理气象员服务队。这些班级心理气象员充分发挥助人自助功能，与班级心理老师积极配合，除了在班级宣传心理健康知识外，也担负着了解班级同学心理动向的工作。作为同班同学，班级心理气象员可以更容易融入同学中，对于新生，心理气象员可以做好情绪安抚、适应性指导等工作。对于班级其他同学，心理气象员可以从更直观、真实的视角把握同学所想，及时发现困难，寻求专业老师指导。

（4）法治教育。

进入专门学校的学生普遍法律意识淡薄，一些学生根本不知道什么是法律，甚至有些行为已经徘徊在违法犯罪的边缘还不以为然，不知道已经涉嫌违法犯罪；还有一些学生自以为很懂法律，认为自己未满18周岁，是未成年人，国家法律予以特殊保护，不管犯什么错、多大错，法律都不能把自己怎么样，从而走上违法犯罪的道路。这说明对专门学校的学生进行法治教育是非常必要和迫切的。针对以上学情，建宁中学把法治教育作为教育转化学生工作的重点。

建宁长期坚持每一名进入建宁中学的学生都要到训练部接受为期一周到两周的新生集训，在训练部的课程安排中，法定责任年龄、刑事责任与民事责任等法律常识性的知识占较多的学时，通过观看法律知识展板、法律课堂教学、个案法律辅导等补足学生应知应会法律知识的缺失。学校坚持把法治课列入班级课表，保证每班都有一节法治教育课，班级管理团队也经常与学生进行普法辅导。市公安局也经常派出公安干警入驻学校，积极配合学校开展形式多样的法治教育，目前，建宁中学正逐步形成法治课堂的系列讲座，南京市教育局也把全市法治教育基地设在建宁中学，依此向全市普通教育辐射。

建宁的教师虽然具有不同的学科背景，但基于专门学校对学生转化的职业要求，全体教师不断积累法治教育的知识和经验，把法治教育逐步融合在日常的教学和管理中。2019年建宁中学聘请“全国十佳公诉人”南京市人民检察院徐莉副主任作为建宁的法治副校长，聘请江苏博事达律师事务所的吴志刚博士为学校常年法律顾问，与综治、公安、检察、审判、司法、关工委、共青团、妇联、民主党派、司法院校、未成年犯管教所等有关部门建立了良好的合作关系，社会各界常态化地为建宁提供最新的法治教育资源。

与此同时，建宁中学的法治宣传教育，绝不仅仅是简单的“普法”，不只是给学生划下法律的“红线”，告诉他们有什么事情是不能去做的，更重要的是给他们一种高位的引领，让他们知道什么才是真正伟大的英模，帮助孩子们树立正确的人生观、荣誉观，让他们从英模的事迹中汲取榜样的力量，助推他们健康成长。我们将政法系统的英模人物请进校园，让他们和同学们进行面对面的访谈交流，与同学们分享他们身上所发生的动人故事。笔者记得在学校“我与英模面对面”的活动后，有一位当时在中专二年级就读的同学听了鼓楼区公安局顾全警官为了保护普通百姓，面对危险挺身而出的事迹后深受感动，晚上在日记里写道：“要向顾警官学习，从遵纪守法做起，用自己的实际行动来帮助顾警官和他的同事们。”

这些形式多样的法治教育活动，让学生逐步养成知法、守法、用法的习惯，学生的法治观念得到明显增强，建宁已连续多年无在校学生犯罪现象，据专业统计反映，南京市在江苏省未成年犯管教所中未成年人犯比例在全江苏省 13 个地级市中数量最少，取得了较好的社会效益，发挥了专门教育应有的作用。

4. 延伸教育助推学生

国家教委 1987 年在《关于办好工读学校的几点意见》中指出：“为学生提供必要的劳动和职业技术训练场所。这样有利于学生改造思想，并掌握一门生产劳动技术或职业技能，为毕业后就业打下基础。”

全国政协副主席徐匡迪院士说：“教育转化一个问题学生，其意义、贡献绝不亚于培养一个大学生。”专门学校学生文化基础薄弱，升入普通高中有困难。如他们初中毕业后就走向社会，因教育转化时间短，缺乏必要的生存技能，很容易重走“老路”。为此，建宁中学从 2006 年起开办中等职业教育，目的是向高中阶段教育延伸，将职业技能训练和教育矫治转化相结合，激发学生潜力，建立学生自信，掌握正确的谋生本领。学校在建立学生多路径成才“立交桥”、适应学生终身发展需求的同时，也拓展了自身的发展空间。

随着社会和教育事业的发展，建宁中学近年来的生源状态也在逐步变化。如果学校继续参照工读教育模式办中专，而不遵从职业教育自身内在的办学规律，那毕业生只能算得上成人，离成才目标还有一段距离。为此，探索学校从教育、转化的单一功能转变为预防犯罪、培养职业技能等多功能的教育模式，逐步形成综合立体的办学格局，走符合自身特点的“内涵式”发展之路，丰富企业社会参与、专业特色鲜明的职业教育内涵，培养有一技之长、能自食其力的人才，成为建宁人亟须解决的问题。建宁中学在建设中职教育的实践中，延伸了对“问题学生”的教育转化，对提高学生综合素质有较好的促进作用。掌握一定技能的中专生毕业后，大都在社会上找到自己的发展空间，有的就业，有的继续升学，有的参军，成就有意义的人生。

二　印象最深的几件事

1. 教师节大会上的一次演讲

2018 年 9 月 10 日，学校举行了每年一度的教师节庆祝大会。那时笔者和学校党总支书记都是刚刚到任。我们邀请在暑假内获得表彰的老师们上台为全校老师们演讲。其中有一位张老师的发言让笔者深受感动，甚至让坐在笔者旁边的书记当时泪崩。

张老师在他的演讲中说道：“建宁中学的老师们在日常的工作中承受着很大的误解。经常有其他单位的领导和老师们对他说：‘你们学校的学生看起来也还好嘛。’‘见到我都喊老师好，比普通学校的孩子们还懂礼貌。’甚至还有其他学校的老师‘羡慕’张老师的待遇：‘你们学校真好，都没有升学的压力。’‘你们好轻松，一个礼拜竟然只有四节语文课。’‘你们这种学生，假期一定不用补课吧？’”

张老师说：“对于这些评论，他一般只能尴尬而又不失礼貌地笑笑，然后欢迎对方多来学校指导工作。因为一个人如果不是专门学校的班主任，又没在专门学校里值过班、管理过学生，就一定不能体会专门学校教师那种生怕学生下一秒做出出格举动的胆战心惊；也一定不会体会专门学校教师每个周一早上，等待学生返校时的度秒如年；更不会明白专门学校教师在假期里一家一家的家访，还要苦口婆心做家长工作时的苍白无力。”

张老师还说：“专门学校的教师们没有钱，也没有权，甚至在专业发展上，和普通学校的老师们相比，也受到了很大的限制。其实有时候连自己都不知道，为什么在这样的情况下还在坚持。孔子说君子要‘知其不可而为之’。建宁中学的老师们也正是如此，用自己的默默坚守，筑牢了南京教育的最后一道防线。”

听了张老师和其他几位老师的发言，笔者才真正地意识到自己肩上的担子，笔者才真正了解到，原来在南京城的这个角落里，还有这么一群老师，愿意和这些被原校、亲人、父母甚至整个社会都遗忘了的孩子们一起，艰难地成长。也正是从那一刻开始，笔者决定竭尽所能，为南京市建宁中学做一点事情，让这所伴随着改革开放一路走来的学校获得新的荣光；为这个学校里的每一位老师、同学们去做一点事情，让他们在这个学校里获得属于自己的发展。

2. 值班中的“小中见大”

建宁中学有个很优秀的传统——每一位校长都要参与到学校一线的值班管理中来，与学生们同吃同住，这既拉近了校领导和同学们之间的距离，同学们总是很喜欢和校长唠唠嗑，说说自己的生活，同时这也给了笔者一个观察、思考专门教育规律、措施的很好机会。

记得刚到学校不久，笔者就认识了一位有些“特别”的女生，她长得很好看，但是头发却掉得厉害，甚至有些“谢顶”了。值班的时候笔者有时会找她闲聊，她告诉笔者，她在原校的时候压力特别大，每次考试都不敢参加，一到考试的时候就要偷偷从家里跑出去，生怕考得不好被班上同学笑话。因为压力大，她的头发也不停地掉，她开始变得不愿意再和别人打交道。但自从来到建宁之后，她感觉压力小了很多，不但在课堂上能听得懂，有时候在老师的鼓励下也逐渐敢站起来回答问题，考试成绩也慢慢得到了提升。随着自信心的回归，她脸上的笑容也逐渐多了起来，“颜值”也提升了不少。

再举一个小例子——晨跑。这一直是学校的一日常规中的重要环节，也是优良传统。值班过程中，笔者发现一个很有趣的规律：在学期初一个班级刚刚组建时，无论年纪大小，都时常会有少数学生试图找各种理由向值班老师求情，有的说“头晕”，有的说“肚子痛”，还有的干脆说“我跑不动”。而且，这种情况容易相互影响，即，有一个人不跑，就会有第二个、第三个、第四个人逃避晨跑。但是老生班就很少出现类似的情况。

这是因为建宁老师们用一个很“简单粗暴”的方式解决了问题——“陪跑”。除偶尔真的因为身体原因不能跑步的同学外，学校要求绝大多数学生都“必须坚持”。跑步过程中，值班老师会带领大家一起喊口号，给同学们鼓劲，偶有掉队的，老师们也会给予积极鼓励。这一招确实取得不小的效果，一般在一个多月后，班级学生不仅能基本保证全员参与，更能保持整齐队列。每次晨跑后的早读课，学生精气神也足了，教室里总能响起琅琅读书声。

3. **课程内外的教育转化**

2018～2019学年，笔者在当时的初二（1）班教数学。班上有个孩子名叫小姚。他很机灵，但和其他学生一样，对学习可以说是毫无兴趣，不管是作业还是考试总想着抄别人的，上课我问他问题，他总是习惯性地两手一摊，理直气壮地回答：“我不会！”但这样的习惯在校本课程的活动中慢慢被改变了。数学课上，笔者发现他的逻辑思维能力不错，对计算机也很有兴趣，于是就向指导老师推荐他参加了创客课程。指导老师也发现他是个好苗子，拉着他一起钻研比赛主题，鼓励他自己思考，提出解决方案，手把手地教他建模、编程，带着他和同学们一起设计制作了不少作品，其中的一个作品——“智能食品发酵机”还被推荐参加南京市第三届中小学创客大赛。比赛在金陵中学仙林分校举行，第一次代表学校参加这种大型赛事的小姚显得有些胆怯。但在老师的鼓励下，他勇敢地说出了自己的设计和观点，在答辩中圆满地回答了评委老师提出的问题，最后获得了全市一等奖。回到学校后，小姚“一炮而红”，成为学校里的“明星”。认识他的人越来越多，因此，他的“偶像包袱”也逐渐大了起来——他数学课上再也不好意思理直气壮地对我说“我不会了”，下课后也不敢抄答案了，班主任陶老师最近还向笔者报喜：小姚的妈妈也说，这孩子在家里，比之前自觉、懂事得多了。

精心设计、丰富多彩的文化课以及校本活动课程，让同学们能在建宁的课程中学会生活，学会合作，学会创造，逐步提高自己。但如前文所述，建宁的课程体系还远不止这么多。笔者刚到学校不久，就听说一个学校的女生班班主任陈老师利用班会课让学生尽快融入集体的教育故事：陈老师班上有一位同学小胡。在转来建宁之前，她已经快一年没有去过学校上课了。在她刚转来的时候，有一次和班上的老生发生了矛盾。她恶作剧地向别人的鞋子里倒了脏东西。陈老师让她道歉之后，还要给班上的每一位同学洗一双鞋，用自己的劳动来弥补自己的错误。不仅如此，陈老师还提前在班上做了工作，在她事先聊过的几位同学的带领下，全班每位同学拿来的都是拖鞋。这让小胡非常感动，和同学的关系也逐渐融洽起来，最后在学校读完了初中，顺利毕业。

4. 从建宁校园走上“学习强国”平台的标兵毕业生

在笔者来到建宁中学后，学校的中专部走出了一位三代从军、登上“学习强国”平台的优秀中专毕业生——吕同学。在记者到校采访的时候，吕同学和我们一起分享了他的成长故事。

在初中毕业时，他的家人带他看了好几所学校，也召开了家庭会议研究，最后他还是选择了留在建宁继续学业。上中专之后，吕同学说他当时最感兴趣的，就是发动机这门课了。他说在初中的时候，自己从来没有接触过类似的动手课程，之前上学都是语文、数学、英语那种需要文化考试的科目，当时他看到课堂上发动机模型运转起来的时候，一下子就被吸引住了，感觉特别神奇，特别好玩。后来，吕同学在专业课老师、他的副班主任姜老师的指导下，只用了两节课就完成了发动机模型的拆装，是全班同学里完成最快的。进入中专三年级，吕同学进入一家广汽本田的4S店实习。刚开始实习的时候他跟着师傅，负责车辆的保养工作。但是三个月之后分点，公司把他分配到了修理车间，吕同学感觉每天都有修不完的事故车。一个月三十天，最多只能休息三天到四天，还有二十天要加班到九点钟。用他自己的话来说，上学的时候周末回家，他经常玩游戏玩到晚上两三点钟，但是实习之后回家，他电脑都懒得开，经常倒头就在床上睡着了。由于工作认真、技能突出，吕同学被单位推荐参加广汽集团举办的“华东地区技能比赛”，并获得“双人快保”项目传祺车型第一名的好成绩。实习结束后，吕同学向自己的爷爷和爸爸学习，继承了家庭的优秀传统，报名参军，成为一名光荣的人民解放军战士。他希望能在退伍后自己创业，开一家属于自己的汽车修理厂，实现自己的人生理想。

吕同学的成功，与建宁中学中职教育的理念和实践是分不开的。建宁人始终践行“培德健行”的校训，教会同学们的不仅仅是知识和技能，更多的是观念、情感、态度和价值观。学校培养了一批自信、自立、自强、有法治意识和规则意识的社会有用人才。学校精心打造的令学生向往的中职教育，对中专生实行更具实效的教育管理，营造要想在本校中专部就读就必须加倍提升自己的积极氛围，主动参与自我管理、自我教育，为青春和理想更加努力，创造有尊严的生活和更美好的未来。

三　思考和展望

1. 专门教育的归属和划界

专门教育学校，或者说专门学校在我国目前主要分为三类：第一类是和学校一样，主要是由教育行政主管部门举办的；第二类则是由政法系统主办的；第三类则是由各部门联办，或是由民办机构所举办的。

这三类学校由于主办方不同，所聘用人员的性质区别很大：教育部门主办的学校是以师范毕业的教师为主，而政法部门主办的学校则是以教官、警官为主。由于人员的区别，各学校在具体工作中所采取的教育方法、策略都有所不同，收到的效果也不尽相同。

目前，在各级各类文件中，对专门学校的主办部门、指导部门都没有明确的要求和规定。事实上，仅仅依靠教育系统或政法系统的力量，也是不可能完美解决这一批“特别学生”教育管理的所有现实问题——教育不是万能的，惩戒、管教更是不能解决孩子成长过程中的问题。

近年来，建宁中学在办学的过程中探索出了一些较好的思路和举措，例如前文所述的各项法治教育活动，又如我们借助江苏省司法警官学校的力量，邀请警校的毕业班学生来校实习，发挥他们的专业优势，加强对学校学生的管理和引领。

但是这些还远远不够，在办学的过程中，我们还遇到了很多难以解决的“痛点”问题：比如我们的老师没有执法权，面对非义务教育阶段的学生，或是某些不懂法，甚至知法犯法的家长，如果说服教育无效，我们只能眼睁睁地看着孩子辍学，甚至流落社会。又如我们在学生、家长不愿意转学来到学校的时候无能为力，同时又不能及时掌握有可能滑向犯罪边缘的孩子信息，导致很多本应来到专门学校的孩子得不到应有的教育和矫治……这些问题都需要我们进一步加强部门联动，在办学的过程中更进一步地争取其他部门的支持与配合，以便取得更好的学生教育转化效果。

2. 专门教育师生的发展与评价

学校是一所南京市教育局的直属学校。作为学校的主管部门，市教育局始终重视南京市专门教育的改革和发展，始终将学校列入全市教育工作的整体计划中，给予通盘考虑，并在领导班子建设、校园建设、办学经费、教师待遇等多个方面向学校予以政策倾斜。近两年在市教育局的关心和指导下，学校的发展变化明显。

但是笔者想，这样的发展变化还远远不够。以学生的管理为例，尽管有了学籍管理方面的特殊政策，所有转学来到学校的学生不再纳入原校的考核，而是将学籍转入学校，待学生中考毕业后，再将学籍转回，由原校发给学生毕业证书，保证在孩子的档案中不留下曾在学校就读的痕迹。市教研室、市教科所等部门也在学校的课时设置、课程建设等方面给予学校较大的自主权限，保证了学校课堂教学的有效性。但是目前学校学生的考核，还仅仅停留在内部，学生如果想要进一步升学，一定要参加南京市的统一中考。即使报考学校中专部，在录取时，学校也不能对于平常在校表现优秀的同学给予相应的优惠、倾斜。

此外，专门学校老师的专业发展也一直是制约学校发展的最大瓶颈之一。作为全市，乃至全省唯一的专门学校，学校教师的职称评定一直被纳入普通初中序列。所有老师和普通中学老师直接竞争。这种竞争对始终缺乏正常循环教学经验的学校教师来说，是非常吃力的一件事。同时，由于教育对象的区别，在公开课、讲座、学课论文评比中，学校教师面对普校教师，也很难取得同样的机会和待遇。

面对这些问题，笔者和学校新一届领导班子在筹建学校中职教育新专业的时候，已经向上级部门申请中考录取时的自主招生权限，也希望通过更多的方式，创造本校老师和普校教师的交流机会，让本校的老师走出去，把外面的名师请进来，为学校的青年教师们创设更加适合的成长环境。

时光飞逝，一转眼笔者来到南京市建宁中学，已有近两年的时间。在这一段时间里，笔者和战友们一直奋斗在专门学校的第一线。新的工作让笔者对专门教育事业有了更加清晰的认识。迈进新时代，建宁中学的生源结构发生了较大变化，学生特征从原有的不良行为逐渐转变为学习困难、自律困难的新特征。新时代建宁的教师们更是与时俱进、开拓进取、践行使命，更加注重学生内驱力的调动，更加注重学生非智力因素的开发，更加注重学生对美好事物的追求，更加注重学生的个性化发展。新时代的建宁人将以“挖掘孩子的潜能，发挥孩子的特长，适应孩子的需求，促进孩子的成长”的育人方略，引领着一批又一批的学生怀着梦想飞向远方，创造属于他们自己的人生辉煌。

风起的日子，我和你在一起

——春雷学校办学十六年纪实

周　龙*

汨罗市隶属于湖南省岳阳市，有着“端午源头”“龙舟故里”“红色家园”的美誉，特别是作为中国素质教育发源地的汨罗，更是以全面实践、积极推进素质教育而誉满大江南北。

作为土生土长的汨罗青年，笔者于2004年2月创办了岳阳市春雷学校。这是一所由岳阳和汨罗两级政法委、教育体育局共同批办的民办专门学校，迄今已走过16年的风雨历程。16年以来，在上级部门的正确领导和社会各界的大力支持下，赖前贤之流风遗韵，秉时俊之家国情怀，笔者带领春雷学校秉承“自强不息，明德笃志”的校训，依托“善言善行，亦师亦友”的校风，在“博学严谨，春风化雨”的教风和“求知求道，允德允能”的学风滋养下，上下求索，艰苦创业，向着“建生动活泼校园，办适合学生的教育，创社会满意的学校”愿景进发，取得了可喜的办学成绩。目前学校已成功教育矫治包括来自台湾、澳门、香港、西藏、新疆等全国各地和英国、菲律宾等国家8000多名有着网瘾、早恋、叛逆及厌学等不良习惯的困惑孩子，线上、线下为家长提供了约60万人次家庭教育免费咨询，为15000多个家庭提供了现场家庭教育指导与培训，为建设法治社会、平安社会做出了一定的贡献。

一　风追诗赋汨罗波

教育是一门艺术，专门教育更是如此。面对有着网瘾、早恋、叛逆及

* 周龙，湖南省岳阳市春雷学校校长。

厌学等不良习惯的困惑孩子，面对家庭教育失调、学校教育失误、社会教育失衡的教育现实，面对大都由单亲家庭、离异家庭、暴力家庭、溺爱家庭、留守家庭等特殊家庭组成的专门学校学生家庭群体，笔者一直坚持走科研兴校道路、建协同作战网络、树服务社会品牌。

（一）高举科研大旗

16 年来春雷学校从无到有，从弱到强，从经验、粗放型办学到科学、集约型办学，从汨罗江畔横空出世到成为专门教育行业的知名学校，首先靠的是内涵发展、技术立校的办学思路。

1. 构建六大课程体系

经过十多年的创新实践，学校构建了六大课程体系：特训课程体系、心理课程体系、校本课程体系、文化课程体系、艺体课程体系和职业课程体系，从而极大地夯实了春雷教育的文化基础，提高了教育矫治效果。

（1）特训课程体系：对困惑孩子进行科学化、系统化的军事训练和拓展训练，磨砺意志，增强体质，养成习惯。如小婷（化名）在经过两个月的特训课程训练回到原来学校后，原来弱不禁风的她居然在学校运动会上获得了 800 米跑年级第一名，原来各种不良生活习惯也得到了纠正。

（2）心理课程体系：对困惑孩子开展心理辅导，及时疏导学生心理问题。通过班级辅导、个别咨询、网络咨询、热线电话、心理信箱等多种形式，对学生在成长、学习和生活中出现的问题给予指导，帮助他们排解心理困惑。如小健（化名）是一个自闭症严重的小孩，正是在春雷心理辅导团队的共同努力下，终于走出了自闭的阴影，学会了与别人交流。

（3）校本课程体系：成立屈子文化、中医药文化、红色家园文化、国学、法治教育等研究性学习小组，搭建校本课程实践平台，让孩子们在一系列以“体验”为主题的校本课程中进行自我体验、自我认知，最终回归家庭、回归社会。安排孩子们访贫助残、帮耕农户，让他们感受生活的不易，珍惜眼前的幸福，同时也学会了尊老敬老；安排孩子们参观屈子祠和弼时故居、拜谒开慧陵园，激起他们对中华文化和革命先辈的景仰；安排孩子们参观汨罗市看守所、白泥湖强制戒毒所、建新农场，让他们体验法律的威严和自由的可贵。

（4）文化课程体系：学校充分利用拥有学籍管理权的优势，按部颁、省颁标准开齐开足初中阶段文化课程，确保孩子们顺利完成九年义务教育。在春雷毕业的学生中，58.9%的回到普通学校，14.7%的考入大学，让困惑孩子做到了行为矫正、文化学习两不误，既成人，又成才。

（5）艺体课程体系：开设葫芦丝与钢琴等器乐培训班、摄影班、书法班、绘画班、武术兴趣班等种类繁多的培训班，用来陶冶孩子的情操，丰富校园生活。这些培训班的开展取得了丰硕的成果。如在2015年岁末和白泥湖强制戒毒所联合举办的“迎新春·贺小年”盛大晚会上，春雷学子以优异的才艺表演获得了全场2000余名观众的好评；在2015年10月举行的湖南省第三届武术大赛中学校学生武术代表队获得三枚金牌。

（6）职业课程体系：成立了职业中专部并拥有了学籍注册资格，新建了一幢耗资2800万元的职业中专部综合大楼，开设了电子商务、旅游管理等专业，通过与合作企业签订“订单式”培养计划，为春雷学子的技能培训、就业上岗、当兵入伍开辟绿色通道，保障他们顺利融入社会。

2. **创新三个教育平台**

（1）智优云系统：先后投入30余万元自主研发了一套智优云管理系统，用来实现学校管理的现代化、信息化。特别是学生来自全国各地，家长通过智优云系统，家信、语音、视频即时互发，学校、家庭、家长即时互动，实现了学校与家庭沟通的零距离。

（2）家长培训会：一到两个月召开一次家长会，安排国学讲堂、家庭教育讲座、亲子团辅、学生歌舞晚会、亲子拓展等内容，切实提高了家长教育水平，改善了家庭亲子关系。

（3）中草药基地百草园：携手中国医学科学院药用植物研究所、北京协和医学院，建设了一座集教学、科研、劳动实践、文化传播、产业开发等多种功能于一体的教育文化产业基地——百草园。目前百草园占地20亩，栽种了麦冬（Ophiopogon japonicas）、黄杨（Buxus sinica）等100余种中草药。从2015年开始，中国医学科学院、北京协和医学院每年（已连续5年，2020年因疫情原因未能成行）安排硕士研究生、博士研究生来春雷学校开展暑期社会实践活动，对春雷学生进行以中医药知识和生命教育为主题的科普教育。湖南教育电视台、岳阳电视台于2016年8月、2018年6月、2019年7月进行专题报道。

3. **打造三种培训渠道**

（1）“内培”与“外培”相结合：通过“请进来”与“走出去”相结

合的方法，提升教师职业道德和专业水平。请来教育学、心理学等领域的专家进行教师培训，定期安排教师去北京海淀工读学校、郑州99中、南京建宁中学等全国优秀专门学校考察、学习与交流，并于2019年7月主办了我国第七届专门学校教学培训会，让全体教职员工与全国近60所专门学校的200多名专家、同行进行零距离交流，让全体教师开了眼界、长了智慧、提了技能。

（2）著书立说与日常工作相结合：在完成日常工作的前提下，要求所有教师每周写作一篇教育论文，每月整理一份学生教育转化案例。目前，学校已出版的专著有《七天读懂孩子的心》《春雷百草园植物名录》《春雷教育研究》《春来草自青—春雷学子成长录》《春雷智慧》《春雷教师文萃》等。

（3）课题研究与日常工作相结合：积极参与课题的立项与研究工作。目前“网瘾青少年个案研究”和“困惑青少年危机干预”两个省级重点课题正在开题研究中。

（二）构建立体网络

作为一所民办专门学校，要想做大做强，必须要“四处化缘”，寻求“盟友”，方能避免单枪匹马、孤军奋战。

1. 向政府请求支持

十多年以来，笔者通过主动汇报工作、参与公益活动、为政府排忧解难、邀请领导来学校考察指导工作等方式加强与各级部门、各级领导的联系，争取得到政府和领导的大力支持。2013年5月，汨罗市政府召开市长专题办公会议，形成汨府阅〔2013〕9号会议纪要，为学校发展出台各项优惠政策；2014年1月，时任岳阳市委书记卿渐伟主持召开常委会议，形成岳常〔2014〕4号文件，明确提出要对学校给予扶持；2014年11月，岳阳市副市长李为主持召开办公会议，形成岳府阅〔2015〕4号会议纪要，要求各级部门形成合力，全力支持学校提质量、上规模、树品牌，努力探索教育转化困惑青少年的“岳阳模式”；2016年10月，岳阳市委常委、政法委书记王小中调研学校时强调，各级党委、政府要从政策、师资、建设等方面对春雷学校予以倾斜，把这项民心工程做实做强；2017年6月，汨罗市政府在学校召开市长专题办公会议，出台汨府阅〔2017〕43号会议纪要，现场开展“我为春雷办实事”活动，为学校发展保驾护航；2017年9

月，汨罗市委书记喻文来学校调研时指出，市委、市政府一如既往支持把春雷学校打造成建设更高品质的生态文化活力汨罗的一张品牌；2020 年 6 月，岳阳市副市长李为主持召开专门教育工作专题会议，形成岳府阅〔2020〕43 号会议记录，为扶持春蕾学校发展继续出台相关政策。

2. **与企业搭建平台**

校企合作是春雷学校与现代企业建立的一种合作手段，是实践学校融入式回归和订单式培养模式的重要渠道。我们通过半工半读、实践与理论相结合的办学模式实现了学校与企业资源、信息共享的“双赢”。到目前为止，学校已与华为、腾讯公司、北京建生药业有限公司、亚洲最大酒楼长沙市西湖楼、汨罗市华瑞大酒店、任弼时纪念馆、杨开慧故居、屈子祠、汨罗市电子商务城、新金宝、道道全等企业、景区实现合作办学，既为学生的传统文化教育、现代科技信息教育提供平台，也为实现学生就业与成才、实现“救人须救彻底”的专门教育理念提供保障。特别是学校职业中专部的电子商务专业和旅游与酒店管理专业更是直接与市场接轨、与就业关联，提高了学生培养的实用性与实效性。2018 年、2019 年春雷毕业学生中符合就业条件的学生就业率分别达到 89%、91%。

3. **请专家予以指导**

为了提高教育矫治学生工作的技术含金量，我们先后与中国医学科学院、北京协和医学院、中南大学、湖南师范大学、湖南理工学院、湖南司法警官职业学院、长沙民政职业技术学院、四川西南航空学院、湖南司法警官职业学院等 10 余所高等院校、科研单位开展学术交流与友好合作，并聘请了开国元勋任弼时之女任远志，中国农业部农村经济研究中心主任刘年艳，中国医学科学院教授彭勇，中南大学心理健康教育与咨询中心主任、心理学博士唐海波，第十一、十二、十三届全国人大代表杨莉，戒网瘾专家陶宏开，中国科学院心理研究所高级心理保健师张惠新，我国专门教育领域知名心理咨询师刘燕等专家为学校顾问，全方位、多角度对学校教育教学工作进行指导。其中唐海波教授每一两个月给家长培训一次，提高全体家长家庭教育水平；彭勇教授从 2015 年起每年暑假带领中国医学科学院、北京协和医学院的专家团队来学校“把脉问诊”，献计献策。

（三）坚持反哺社会

作为一所公益性学校的创办人，笔者办学之初就定下了服务社会、回报社会的办学宗旨，十多年以来笔者初心不改，积极反哺社会，同时这也是对师生进行爱心教育的一种引领。

1. 教育矫治困惑孩子

从2004年办学迄今，在已成功教育矫治的8000多名困惑孩子中，58.9%的回到普通学校，14.7%的考入大学，17.9%的参加工作，8.5%的当兵入伍，实现了“感化一个孩子，幸福一个家庭，和谐一个社会”的办学理念。这些孩子有2008年7月考上长沙市重点高中雅礼中学的小萌（化名，以下同），有2011年8月考上北京师范大学的小含，有2012年8月考上西安交通大学并竞选为学生会主席、后来在英国曼彻斯特大学留学的小沨，有2015年8月考上河北大学的小烁，有现在在深圳开了一家公司的小建，有已正常结婚生子、享受天伦之乐的小军，等等。

2. 积极参与社会活动

2016年3～4月，纪念红军长征胜利会师80周年的大型历史电视剧《淬火成钢》（该剧后来于2016年12月12日起在CCTV－1黄金档播出）在汨罗拍摄，笔者带领师生先后出动1300多人次协助剧组圆满完成拍摄任务，获得了中宣部、八一电影制片厂的高度称赞；学校的社会工作服务中心承担了汨罗市每年约300名社区服刑人员的社区矫正工作，并于2017年6月主办了岳阳市社区服刑人员行为规范教育活动现场会；从2015年起，每年组队参加中国汨罗江国际龙舟节竞渡活动和国家级非物质文化遗产——长乐故事会的展示、宣传活动，成为弘扬我国传统文化的重要阵地。

3. 关爱社会弱势群体

十多年来，为了弘扬传统美德，践行学校“爱”“善”文化，笔者带领全校师生先后为社会公益事业捐款捐物100余万元，30余次到敬老院开展关爱空巢老人行动，20余次到乡村学校开展关爱留守儿童活动，先后资助留守儿童200多名，为入校学习的贫困家庭学生减免各类费用1500多万元。同时笔者还为社会主义新农村建设不断奔走呼吁，捐款出力，仅2019年个人捐资就达30余万元。

二　任尔东南西北风

办学以来，笔者也听到了一些不同的声音。有人说，在当今法治社会，你这种学校的存在显得有些多余；还有的说，你付出这么多，办学风险这样大，还不如见好就收。面对这些声音，笔者以“咬定青山不放松”的执着与“任尔东南西北风”的坚守，与春雷学校不离不弃，相依相随。

（一）补位法治社会

2017 年 6 月 29 日，一则短视频开始在朋友圈以及微博上热传。这则视频中，一名男孩被绑在木梯上，被父亲压入水塘进行教育。男孩的父亲一边压楼梯入水塘，一边说“改吧?”而被压入水塘的男孩不停地哭喊着用平江话说“改啦改啦”。经了解，视频中被绑少年叫秦某强，现年 13 岁，持长梯男子为其父亲秦某南，属岳阳平江县某镇人。秦某强多次打死邻居的鸡、鱼等家养禽畜，稍有不合便捡石头砸人，多次偷窃周围村民的烟、钱等财物，并殴打其母亲。镇派出所多次上门调查，因年龄原因，只能批评教育为主，但收效甚微，最后秦某强还变本加厉，劣性更重。笔者获知消息后立即安排老师将秦某强接入学校接受矫正教育。半年后秦某强各方面表现不错，特别是身上的劣性改了不少。目前该生在学校职业中专部电子商务班就读。家长对此非常满意，2019 年 3 月和当地派出所干警一道专程给学校送来锦旗。

唯奉三尺之律，以绳四海之人。面对游走在违法犯罪边缘的未成年人，现行法律总有一些于情、于理、于事伸展不到的触角。而作为建设法治社会的有力补充和合理延伸的春雷学校，恰好对此进行补位和救失。

（二）历练教育情怀

2009 年 5 月 8 日是笔者终生难忘的日子，学生为了达到逃避教育、早日回家的目的，6 天内连续有 6 个学生相继吞食玻璃、铁钉，自残自虐。那段日子笔者奔波于医院、学校、学生家庭之间，心力交瘁。既要遏制学生自残事件持续发展下去，又要积极治疗好这 6 个孩子，还要稳定学生和家长的情绪，同时必须做到让小孩回校继续接受教育，以达到在治疗中感化、在感化中教育、在教育中转化的目的。笔者最初的两个合伙人就是因为无法承受这种压力而选择中途退出。通过不懈努力，这 6 个孩子出院后都返校继续接受教育，后来从春雷顺利毕业。

这还只是笔者办学艰难的一个缩影。办学之初，有人戏称笔者是“五无先生办教育、赤手空拳闯江湖”。“五无”就是无资金、无场地、无生源、无教师、无教材。但凭着初心和热情，笔者坚持迎难而上。无资金，卖掉房子筹措60万元起步；无场地，先租用一所闲置小学；无生源，点对点上门招生；无教师，三顾茅庐请老师；无教材，请专家指点，自己编写《春雷教育》《春雷校本课程》等教材。目前，我们实现了“五有”：学校先后投资1.2亿元；有占地78亩的固定校址；学校分为初中部、职教部、特训部、培训部四个学部，常年在校人数达450人；拥有一支由80名优秀教师组成的师资队伍；有特色教材和课程，其中我们自主研发的特训课程体系、心理课程体系、校本课程体系、文化课程体系、艺体课程体系和职业课程体系六大课程体系和开放式管理、团队式帮扶、体验式教学、亲情式感化、融入式回归、跟踪式服务六大管理模式在全国同行中产生了重要影响。其间笔者靠的就是一种历久弥坚的教育情怀。

（三）践行社会担当

据报道，2018年12月2日，湖南沅江12岁男孩吴某康因不满母亲管教太严，被打后心生怨恨将母亲用刀杀死。吴某康因未到法定年龄，已被警方释放。男孩吴某康父亲称，孩子被释放后想送其回学校但遭到多数家长抵制，村里民愤太高，只能带着他待在一家宾馆，想请求政府帮忙管教。目前，专门学校是接纳此类青少年最适宜的去处。

为了引起社会各界对专门教育的支持与重视，笔者利用自己人大代表的特殊身份，以春雷学校为抓手，为专门教育擂鼓呐喊，义无反顾地践行起自己的社会责任。2012年8月19日，学校作为全国专门（工读）行业知名品牌应邀出席国家九部委联合举办的“中国国际IAD高峰论坛”，笔者做了题为“倡导全国戒除网瘾专业品牌的意义”的学术报告；2012年12月，笔者在岳阳市人大会议上提交了关于《推动青少年特训教育事业发展，促进问题青少年健康成长》的议案；2013年3月，在第十二届全国人大一次会议上笔者和学校名誉校长、全国人大代表杨莉共同提交了《关注问题孩子成长，发展特训教育事业的建议》；2019年4月，全国《预防青少年犯罪法》修订专家组来学校调研，笔者做了专题汇报；2019年6月笔者委托杨莉校长专程参加由团中央主持召开的建议提案办理工作座谈会，专门汇报了关于加快专门学校发展、完善对严重不良行为未成年人教育监管体系的建议。以2019年3月7日中共中央办公厅、国务院办公厅下发《关于加强专门学校建设与专门教育工作意见》的通知为标志，党和政府及社会各界对我国专门教育事业越来越重视，我国专门教育呈现出蓬勃发展的势头。

三　忽如一夜春风来

从事专门教育以来，笔者听到的不仅有赞美和感激，还有批评和质疑。面对前者，笔者如履薄冰，担心自己得意忘形；面对后者，笔者诚惶诚恐，担心自己误人子弟。在党和政府越来越重视专门教育的大环境下，笔者期望春雷学校依托各级党政领导和社会各界力量的支持越办越好，为我国专门教育的发展竭尽绵薄之力。为此，笔者有三点思考与展望。

（一）发展壮大未来可期

2019 年 3 月 7 日中共中央办公厅、国务院办公厅《关于加强专门学校建设和专门教育工作的意见》（厅字〔2019〕20 号）的颁布为我国专门教育的发展与壮大提供了历史性的契机。我们要充分利用这一文件精神，在中国教育学会专门（工读）教育分会、中国预防青少年犯罪研究会等学术机构的统一领导下，勤“烧香”、多“化缘”、广“拜佛”，构建全社会都来关注专门教育、都来关注困惑青少年健康成长的系统工程、立体工程，专门教育一定可以迎来“忽如一夜春风来，千树万树梨花开”的美好前景。

如，20 号文件第 5 条要求“县级以上地方政府成立专门教育指导委员会”，我们可以建议各级政府尽快成立由政法委、教育、民政、财政、人社、公安、司法、法院、检察院、共青团、妇联、关工委等部门单位和群团组织相关人员，以及专门学校负责人、相关法律和心理专家、律师、公益人士等组成的专门教育指导委员会，构建各部门与专门学校联防共治体系，每年定期研究专门学校的建设、管理等相关事宜，指导、规范本地区专门教育的发展，同时将专门教育纳入党委、政府综治工作考评和教育工作考评范围，其主要指标包括辖区内未成年人教育保护工作的开展情况、教育矫治的效果、与专门学校建立联防共治体系的落实情况等。

如 20 号文件中第 18、19 条要求“强化政法机关职责”“鼓励社会力量参与”，我们可以突破原来由学校单兵作战的瓶颈，广泛动员公安、司法、法院、检察院等政法系统力量积极参与，同时引进社会力量，将社会工作者、心理咨询师、律师、联校社工等群体动员起来，构建起教育矫治困惑青少年的社会网络。

（二）肩负使命任重道远

2011 年 3 月，14 岁的少年孟某因害怕母亲向父亲告发其偷偷抽烟之事，残忍将母亲和妹妹杀害，还伪造成入室抢劫的假象；

2012 年 2 月，河南郑州一名 17 岁的高中生为摆脱学习压力在家中亲手杀死了自己的母亲。被逮捕归案后，该少年称“不后悔，我可以不用学习了，不用压力那么大了”；

2016 年 9 月，山东青岛即墨一名 17 岁少年用斧头杀死了 40 多岁的母亲，并将母亲的尸体埋在自家院子的鸡圈里；

2017 年 12 月 5 日晚，43 岁的文星镇居民陈某某在家中被 13 岁的儿子袁某某持刀杀害；

2018 年 12 月 2 日晚间，湖南省沅江泗湖山镇一名 12 岁的小学六年级男生吴某康因不满母亲管教太严，持刀将母亲砍了 20 余刀，致其母亲当场死亡……

据统计，青少年犯罪约占我国刑事犯罪的 70%，其中，18 岁以下的未成年人犯罪又占青少年犯罪的 70%。2000 年以来，全国各级人民法院判决生效的未成年人犯罪人数以平均 14.18% 的速度逐年上升。特别是目前未成年犯罪呈现年龄低龄化、手段残忍化、后果严重化的趋势，已是我们未成年教育保护工作的不能承受之痛。中国司法大数据研究院在 2017 年 12 月公布的分析报告表明，62.63% 的未成年人犯罪被告人是初中生。然而，我国以初中生为主要教育矫治对象的专门学校数量在不断减少。据中国青少年研究中心等单位统计，与 1966 年的 200 余所学校相比，截至 2017 年年底，国内工读学校只有 93 所，50 余年学校数量锐减过半。以湖南省为例，全省有严重不良行为的未成年人在万人以上，虽然早在 2010 年省委、省政府出台的《关于加强和创新社会管理的意见》中就要求“三年内在每个市州新建或改建一所青少年工读学校”，但截至目前，湖南省的专门学校只有长沙、益阳、岳阳、邵阳、常德等地各有一所。究其原因，办专门学校压力与风险大，各方支持力度小，教育质量提升难，办学回报周期长，导致部分专门学校苦苦支撑最终难以为继只能停止办学。如何适应社会形势，如何让专门教育发挥最大的社会职能，如何让专门学校更好地服务社会、服务民生，提高人民生活幸福指数，兹事体大，任重道远。

（三）规范办学势在必行

目前，各地专门学校在全体专门教育人的共同努力下，在教育矫治困惑青少年、促进地区法治建设、维护家庭和谐稳定等方面发挥着日益重要的作用。但毋庸讳言，各地专门学校在课程设置、入学标准、学制年限、管理模式、毕业标准等方面还存在着单打独斗、各自为政的现象，甚至连主管部门的设定都是因地而异、因时而异。我们期待在专门（工读）教育分会及其他组织的统一协调下出台一个专门教育管理细则，以提高我国专门教育整体水平。同时，应思考如何让专门学校在学生过错特别是罪错发生前提前介入，防微杜渐，未雨绸缪，和普通教育一道筑牢预防青少年违法犯罪防线。目前，专门教育更多的是一种学生过错后的矫治手段，无论矫治效果如何，学生的过错对学生本人、家庭和社会已造成既成的事实伤害。

针对目前预防青少年违法犯罪工作任务艰巨的现状，面对一起起触目惊心的未成年人违法犯罪的案件，有人提出，我国现在儿童辨认和控制能力有较大提高，部分施害的未成年人在作案时展示的辨识能力、心智发育程度甚至超过一般成年人的水准，因此入刑年龄应该下调，如从 14 周岁降低至 12 周岁。事实上，如果完全靠降低刑事责任年龄来控制未成年人违法犯罪，其结果不仅不能有效控制犯罪，还可能制造出更多、更严重的犯罪行为。我们可以参考国外一些惩戒未成年人违法犯罪的措施。如俄罗斯的未成年人法庭和取消前科制度、澳大利亚的未成年人改过会和社区服务令、德国的少管所改造和职业培训等。其中德国有专门的《青少年法庭法》和《少管所法》等法律，未成年犯罪嫌疑人可被依法剥夺 6 个月到 5 年的自由，送入少管所接受改造，同时让他们接受职业技能培训，避免出去后因无所事事、游手好闲而再次走上犯罪的道路。这种让违法者付出代价，以教育和改造为最终目的的惩戒措施值得借鉴。

风起的日子，笑看落花。16 年来，笔者永远笑着与春雷学校在一起！这份笑容里洋溢的是我们不忘初心、砥砺前行的自信，是我们迎接挑战、战胜困难的勇气！正是有了这份自信和勇气，在今后的奋斗路上无论遇到怎样的艰难与挑战，笔者都将一往无前！未来五年，笔者将带着全体春雷人牢记“感化一个孩子，幸福一个家庭，和谐一个社会”的办学初心，在习近平总书记关于建设教育强国的重要论述精神指引下，按照《中华人民共和国未成年人保护法》（修订版）、《中华人民共和国预防未成年人犯罪法》等相关法律和中央《关于加强专门学校建设和专门教育工作的意见》等文件的要求，遵循教育规律，坚持以人为本，把春雷学校办成岳阳市家庭教育培训中心、心理咨询师培训中心、社会工作服务中心和青少年法制教育中心，朝着集教育、出版、研究、产业于一体的专门教育集团的办学目标扬帆挺进！

构建 “六位一体” 预防和教育矫治体系形成社会稳定长效机制

胡俊崎 *

2019年3月27日，中共中央办公厅、国务院办公厅印发《关于加强专门学校建设和专门教育工作的意见》（厅字〔2019〕20号，以下简称《意见》）。《意见》指出：“以习近平新时代中国特色社会主义思想为指导，深入贯彻党的十九大和十九届二中、三中全会精神，围绕全力推进法治中国、平安中国建设，适应社会治理创新的新形势新要求，解决当前制约专门学校发展的瓶颈难题，明确专门学校管理体制，完善专门教育课程体系，推动专门教育与治安管理处罚、收容教养、刑事处罚等配套衔接，建立科学的未成年人罪错行为预防矫治体系，努力培养健康成长、全面发展的社会主义合格公民。”“专门学校是教育矫治有严重不良行为未成年人的有效场所。”

一　促进专门学校建设工作（教什么、做什么）

《意见》指出：“专门教育是国家教育体系中的组成部分，也是少年司法体系中具有‘提前干预、以教代刑’特点的重要保护处分措施。当前，影响青少年违法犯罪的社会问题、社会矛盾依然存在，特别是校园欺凌、青少年沉迷网络、未成年人实施严重暴力行为等问题引起广泛关注。同

* 胡俊崎，广州市新穗学校副校长，中国教育学会专门（工读）教育分会副秘书长，中学德育正高级教师，中学高级老师，广东省南粤优秀教师，全国研究型校长，广州市“百千万人才培养工程”中学名教师培养对象实践导师，广州大学兼职教授、硕士生导师。广州市人民检察院专家咨询委员会委员。

时，对于因年龄原因不予追究刑事责任的未成年人，对于经常违反治安管理规定、家长管不住、普通学校管不了的有严重不良行为未成年人，缺乏有效的教育矫治手段。新形势下，专门学校和专门教育依然不可或缺，亟须改进提高。”由此可见，党中央、国务院高度重视预防和教育矫治未成年人犯罪法工作，并且提高到法治中国、平安中国建设和适应社会治理创新的新形势新要求的高度来认识，同时要求把专门学校建设和专门教育工作作为少年司法体系中具有“提前干预、以教代刑”特点的重要保护处分措施。

站在增强“四个意识”尤其是“看齐意识”的高度，向党中央看齐，积极响应党中央号召，认真贯彻落实党中央、国务院的文件精神，按照《意见》要求的“推动专门教育与治安管理处罚、收容教养、刑事处罚等配套衔接，建立科学的未成年人罪错行为预防矫治体系”，因地制宜建设不同类型的专门学校是当前值得研究的重要课题。

二 设置不同类型专门学校的策略（怎么教、怎么做）

预防和教育矫正未成年人违法犯罪行为，应当坚持预防为主的原则。通过不同类型的专门学校教育矫治，阻断未成年人严重不良行为升级为犯罪行为。

综观广东省专门教育工作和广州市专门学校的发展现状，本着以服务粤港澳大湾区建设为着眼点，从未成年人违法犯罪的少年司法分级处置实践为切入点，以专门学校建设和专门教育工作实践经验为基础，探索研究如何构建对罪错未成年人的综合教育矫治和保护的完整体系，以实现国家有关教育预防、提前干预、分级处置的政策法规落地生根，开花结果。为此，在深入分析破解罪错未成年人处置的现状和困境的基础上，研究构建罪错未成年人的综合教育矫正保护体系的必要性和可行性，探索构建罪错未成年人的综合教育矫正保护体系的途径，建立起广东省“六位一体”的家庭源头预防、普通学校“广谱”预防、专门学校教育矫治、观护基地观护矫治、未管所刑期矫治、社区安置帮教的家庭、学校、社会、政府部门一体化综合治理体系。

（一）当前预防未成年人违法犯罪工作现状分析

当前，预防未成年人违法犯罪是社会治理创新的难点、热点和焦点议题。不时发生的未成年人违法犯罪案件引起了从中央到地方的高度重视，我们也做了大量的教育预防工作，取得一定成效。但是，应该看到在预防和教育矫治未成年人违法犯罪工作中还存在许多亟待解决的机制体制问题和短板问题。比如，在少年司法分级处置中遇到的年龄问题、不同类型严重暴力违法犯罪未成年嫌疑人的教育矫治场所短缺问题、个别部门对预防和教育矫治未成年人违法犯罪工作认识不到位、推诿、敷衍塞责等问题。

《意见》规定："专门学校招生对象为已满 12 周岁不满 18 周岁、有严重不良行为的未成年人。因不满 16 周岁不予刑事处罚和检察机关决定相对不起诉、附条件不起诉的未成年人，也可以依照法定程序送专门学校进行教育矫治。对于不适宜进入专门学校的有严重不良行为未成年人，以及有一般不良行为未成年人，不满 12 周岁的未成年人，专门学校可根据其父母或其他监护人，或者所在学校提出的申请或委托，选派师资力量到校开展有针对性的教育，也可将其接入专门学校进行独立分班的体验式学习。"

但是在实际操作中，专门学校有具体困难，难以接收未满 12 周岁的未成年人，这是专门学校遇到的普遍性瓶颈问题。

案例 1：据今日一线报道，2017 年 6 月 30 日，广州增城，不少路人在大街上拍下了惊险一幕：一位 8 ~ 9 岁的男童独自坐在大巴车驾驶员位置上，一手把方向盘，一手拉手刹并启动车辆。所幸，大巴开到华商学院路段时被交警拦下。全程男孩驾驶技术娴熟，行使近 10 公里没造成什么意外。随后，涉事广州市粤运汽车运输有限公司发布了情况报告称：2017 年 6 月 30 日 13 时 47 分，我司停放在南山汽车停车场的一辆粤 AW5388 号牌客车，被一名 8 ~ 9 岁小孩偷盗并驶出停车场。其间被盗车辆行驶于广汕公路及荔新公路路段，最终该车于当天 14 时 32 分在荔新公路华商学院门口右侧被交警成功拦截。停车场当值保安人员未能及时发现被开走的车辆。采访当天，记者亲自在大巴上体验，成年男子把刹车踩到位还是需要一定的力气。据经验丰富的司机说，驾驶大巴除了力气之外还需要丰富的经验和应急能力，对于一个 8 ~ 9 岁的孩子来说是不可能的，所以这个男孩算是一个奇迹。事件发生后，市、区两级公检法司、共青团、教育等部门进行了研判处理，但是这个男孩因为年龄太小没有地方接收，只好让家长领回去严加管教。

案例2：据新京报2018年12月12日报道，12月2日晚，湖南沅江12岁男孩吴某康因不满母亲管教太严，被打后心生怨恨，用刀将母亲杀死。因吴某康未到法定年龄，也被警方释放。吴某康父亲表示，孩子被释放后想送其回学校但遭到多数家长抵制，村里民愤太高，只能带着孩子待在一家宾馆，想请求政府帮忙管教。泗湖山镇中心小学校长告诉新京报记者，对于吴某康的返校问题，他不发表任何意见，一切听从上级安排。12月15日，泗湖山镇政府一名负责人告诉新京报记者，已经将吴某康相关问题上报沅江市政府，经市政府会议研究，针对吴某康的后续处置已商讨出一套完整方案，包括今后学习、生活和他的家庭，都有安排，但细节不便透露。“我们是站在保护这个小孩的角度，有一些举措，很多东西要一步步落实。”这位负责人说。

这个孩子回不去原校，别的学校肯定也不要，虽然已满12周岁，但是严重暴力刑事犯罪者不属于专门学校接收的对象，也去不了专门学校，所以该男孩无处可去。

案例3：广州市某区一个小学，有两个11岁多的五年级孩子，经常打同学，打遍了班里的所有孩子，又打外班的孩子，家长多次投诉给学校，学校教育管教无效。投诉给其家长，家长也管不了。这个学校还有两个同样年龄的孩子偷同学的东西，偷遍班里所有孩子的东西，又发展到偷外班同学的东西，最后偷到了校外，学校和公安局都没有办法管教，联系专门学校，但是年龄都不够。

此外，还有一些特殊的有违法犯罪行为的未成年人，比如：因未达刑事责任年龄而被免予处罚，且在达刑事责任年龄前又实施犯罪；被检察机关做出无逮捕必要不逮捕的，但是其法定代理人无法联系且本地不具备监外监管条件，或者可能被检察机关做出相对不起诉、附条件不起诉或者可能被法院判处缓刑的非本省或本市未成年犯罪嫌疑人；检察机关做出附条件不起诉但是需要跟踪帮教的未成年犯罪嫌疑人；被检察机关起诉等待法院判决期间的未成年犯罪嫌疑人；被法院判处缓刑后需要进行社区矫正的未成年犯罪嫌疑人等，进行观察矫治和教育保护。这些未成年人不属于专门学校的接收对象，需要有个有效的监管场所，但是目前还没有这样的场所。这是教育矫治工作的一个严重短板。

满14周岁以上要对8种严重犯罪行为承担刑事责任，由法院判决处置。被判处有期徒刑的则关押在省未成年犯管教所监管改造。

所以，鉴于以上管控和教育矫治场所的空白和短板，亟须建立一个完整的预防和教育矫治未成年人违法犯罪的体系。

（二）建立“六位一体”的预防和教育矫治体系

根据《意见》要求和我国专门学校教育矫治的经验及研究成果，建立家庭源头预防—普通学校“广谱”预防—专门学校教育矫治预防—观护基地观察矫治—未成年犯管教所刑期改造矫治—社区安置帮教的“六位一体”的预防和教育矫正未成年人违法犯罪的完整体系。

1. 家庭源头预防

家庭是孩子的第一所学校，父母是孩子的第一任老师，做好家庭教育指导和研究，对预防未成年人违法犯罪有着极其重要的作用。专门教育研究表明，“问题学生”的背后都有一个“问题家庭”和“问题家长”。“问题学生”的问题根源在家庭，问题表现在学校，问题危害在社会。所以，未成年人违法犯罪的预防要从家庭源头预防抓起，防患于未然。家庭教育先从父母开始，利用广州市新穗学校和各级各类学校的家长学校对父母开展家庭教育指导，甚至要联合民政部门、共青团、妇联，在办理结婚登记时将家庭教育提前到对未婚青年或者“准父母”进行培训和指导，引导建立婚姻关系的双方确立正确的价值观、人生观、世界观、家庭观、生育观、教育观，担负起组建家庭、生儿育女对国家、对民族、对社会的责任。生而必养，养而必教，教必有效。家庭是社会的细胞，家庭好，社会才好。孩子不仅是个人和家庭的，更是国家和民族的。家长教育好、保护好孩子就是对国家和社会担负起了责任。

2. 普通学校“广谱预防”

各级各类学校要切实担负起立德树人的根本任务，做好学生的思想政治教育、心理健康教育，特别要加强法治教育，解决好“为谁培养人、培养什么样的人、怎么培养人”的问题。普通学校对未成年人要开展人人“服药”的“广谱预防”。学校要建立一支政治素质高、教学业务精湛的思想政治课教师队伍，把对学生的思想政治教育作为教书育人的头等大事抓好、抓实，抓出成效，努力把学生培养成为社会主义事业的建设者和接班人。普通学校要聘请法治副校长，举行主题法治教育、议案讲法、模拟法庭、未成年犯现身说法等丰富多彩的法治教育等普法教育活动，让广大学生心中有法，行为守法，敬畏法律，确立起法治观念，增强“集体免疫”力，达到“广谱预防”的目的。

3. 专门学校教育矫治专业化预防

《意见》指出，“专门学校是教育矫治有严重不良行为未成年人的有效场所”。《未成年人保护法》和《预防未成年人犯罪法》等法律规定，专门学校是针对有严重不良行为的未成年人进行教育矫治和预防未成年人违法犯罪的学校，也是教育体系中预防未成年人违法犯罪的最后一道防线。

我国的专门学校成立于 1955 年，60 多年来教育矫正了数以万计的有违法和轻微犯罪行为的未成年人。这种教育形式在国际上也被广泛认可。

专门学校成立之初就与公、检、法、司、政法等部门有着密切的联系。现行公办专门学校的管理体制是教育部门主办、公安部门协办并派驻公安干警进驻专门学校的模式。专门学校对家庭难管、普通学校难教的有严重不良行为和轻微违法犯罪的未成年人进行专门的教育矫治是司法提前干预的前端阵地。专门学校遵循立足教育、挽救孩子、科学育人、造就人才的专门教育方针开展有效的矫治也是阻断有罪错行为未成年人进入司法处罚的重要一环，也是教育系统预防未成年人违法犯罪的最后一环。

4. 学校型观护基地观察保护矫治预防

观护基地主要是针对因未达刑事责任年龄而被免予处罚，且在达刑事责任年龄前又实施犯罪；被检察机关做出无逮捕必要不逮捕的，但是其法定代理人无法联系且本地不具备监外监管条件，或者可能被检察机关做出相对不起诉、附条件不起诉或者可能被法院判处缓刑的非本省或本市未成年犯罪嫌疑人；检察机关做出附条件不起诉但是需要跟踪帮教的未成年犯罪嫌疑人；被检察机关起诉等待法院判决期间的未成年犯罪嫌疑人；被法院判处缓刑后需要进行社区矫正的未成年犯罪嫌疑人等进行观察矫治和教育保护。在观护基地接受教育矫治有效的罪错未成年人，则可以不进入司法程序，转入专门学校接受教育矫治。矫治无效的则依法进入司法处置程序，经法院审判后做出处理。

教养学校教育矫治。教养学校与观护基地作用相同，主要是针对有严重不良行为或罪错行为的流浪未成年人、孤儿，或者家庭不具备教育和管控条件的罪错未成年人等进行教养保护和教育矫治。

5. 未成年犯管教所教育改造

未成年犯管教所针对法院判处刑罚在监狱服刑的未成年人犯，按照《监狱法》实现半工半读的教学形式。《意见》强调要“探索专门学校与未成年犯管教所的合作模式，为在押未成年犯提供义务教育、法治教育和职业技术教育等”。广州市新穗学校是广州唯一的专门学校，从2015年起，已经整建制接管了广东省未成年犯管教所内的广东省育新中学，与广东省未成年犯管教所实施联合办学，保障了在押未成年犯人接受义务教育的合法权益，并开展职业技术教育，培养未成年犯人的一技之长作为他们刑满释放后回归社会的立命之本。广州采取专门学校与未管所联合办学形式成为全国合作办学的典范，走在了全国前列，提前落实了《意见》中的有关要求。广州市检察院在广东省未成年犯管教所内设立了检察办公室，依法检察监督未管所的刑矫工作和保障未成年犯人的合法权益。自双方联合办学以来，接受义务教育的未成年犯学员共4592人。现有在读未成年犯学员从小学到初中24个班，约740人（学员数字呈动态变化）。已发放毕业证书132人，结业证书3人，真正实现了义务教育全覆盖，达到了广东省委“给未成年犯人发一本合格的义务教育证书”的目的。

6. 社区安置帮教巩固刑矫成效

在未成年犯刑满释放后，社区安置帮教是防止重新犯罪的重要一环，也是对未成年犯刑满释放后的跟踪管控措施。因此，社区、企业、社会团体和机构等要从社会综合治理的角度认识此项工作的重要性和必要性，花大力气做好刑释未成年人的生活安置、劳动技能培训和就业等各方面工作，解决好刑释未成年人的后顾之忧，保障他们顺利回归社会，开启正常人的生活。

（三）“六位一体”预防矫治体系的实施策略

专门学校在上述“六位一体”的预防和教育矫治体系中处于第三个环节，要集约教育资源，充分发挥好专门学校优势和专门教育的特殊作用。专门学校在第一、第二个环节中发挥着“前沿预防”作用，在第四、第五个环节中发挥着教育矫治的功能辐射，即“后伸矫治”，合作办学承担义务教育的任务。要在新修的《预防未成年人犯罪法》颁布之后，根据《意见》要求“建立科学的专门教育体系”。在这个专门教育体系中，按照分层、分级处置和教育矫治的需求设置三种类型的学校：专门学校、教养型专门学校、管教型专门学校。这三种类型学校可以办成现有专门学校的分校区或者教学点，避免新申办学校审核的难度和师资来源的编制等困难。

1. **专门学校**

这类专门学校就是传统意义上的工读学校。由教育行政部门主管、公安部门协办的义务教育阶段的专门学校，教育矫治家庭难管、学校难教、有严重不良行为的义务教育阶段的12周岁至未满18周岁的未成年人，教育教学可以向职业技术教育延伸。学生入学可以采取“两同意”的办法，即家长或其他法定监护人同意，原所在学校同意，即可入读专门学校，是一种半志愿、半强制性的入学措施，让真正需要接受专门教育的学生能够及时入学接受教育矫治，达到预防未成年人违法犯罪的目的。

2. **教养型专门学校**

设置由民政部门主管，公、检、法、司、教育和政法委等部门协办的教养学校，对孤儿、流浪未成年人中的未满18周岁的严重不良行为和轻微违法犯罪者开展监管和教养矫治，是一种强制性的福利救助和教育矫治措施。学生入学由上述有关部门做出决定，教养型专门学校与专门学校合作办学开展义务教育。

3. **管教型专门学校（观护基地）**

设置由司法（政法）部门主管，公、检、法、教育行政等部门协办的管教学校（亦称观护基地），对涉罪8周岁以上未满18周岁的：（1）因未达刑事责任年龄而被免予处罚，且在达刑事责任年龄前又实施犯罪；（2）被检察机关做出无逮捕必要不逮捕的，但是其法定代理人无法联系且本地不具备监外监管条件的；（3）可能被检察机关做出相对不起诉、附条件不起诉的；（4）或者可能被法院判处缓刑的非本省或本市未成年犯罪嫌疑人；（5）检察机关做出附条件不起诉但是需要跟踪帮教的未成年犯罪嫌疑人；（6）被检察机关起诉等待法院判决期间的未成年犯罪嫌疑人；（7）被法院判处缓刑后需要进行社区矫正的未成年犯罪嫌疑人等七种人进行强制性的监管、观护和教育矫治。管教型专门学校与专门学校合作办学，对学生开展义务教育和职业技术教育等全面教育。

专门教育体系中的各类型学校，都要由公安机关、检察机关、法院等部门联合办学和管理。根据《意见》要求：“县级以上政府成立专门教育指导委员会，研究确定专门学校建设、教学、管理等相关事宜。根据专门学校的办学要求，专门学校教育指导委员会成员由教育行政、政法、民政、财政、人力资源和社会保障、公安、司法行政、人民法院、人民检察院、共青团、妇联、关工委等部门单位和群团组织相关人员，专门学校校长，以及相关法律和心理专家、律师、公益人士等组成，办公室设在教育行政部门。”

三　几个成功的案例

近 5 年来，全国的专门学校建设取得了明显成效，专门学校数增加到 101 所，其中增加数量最快的是管教型专门学校（学校型观护基地），特别是贵州省、四川省、云南省增量最多。

（1）公办性质专门学校（学校型观护基地）。贵州省办得成功的管教型专门学校（学校型观护基地）有遵义市新雨学校、黔南州启航学校，这两所学校是当地政法委牵头主办、公检法司和教育部门共同办学，由政法委主要领导担任校长或名誉校长，由检察院选派优秀检察官担任校长或副校长。仁怀市三百梯学校是教育部门主办、公检法司共同办学。这几所学校都是公办性质的学校，由地方政府财政拨款，为学生提供全免费义务教育。

（2）民办性质专门学校。广东省肇庆市立德学校是民办性质的专门学校（学校型观护基地），由家长承担教育费用。

（3）民办公助型专门学校（学校型观护基地）。广东省东莞市启智学校（分校），是民办公助性质的专门学校（学校型观护基地），由教育部门主办、公检法司等部门共同办学，由市财政全额拨款，为学生提供全免费义务教育。广州市习之教育学校是 2012 年创办的民办专门学校，目前，由广州市检察院牵头拟变更为民办公助的专门学校（学校型观护基地），由检察院牵头主办、公检法司和教育部门共同办学。

四　专门学校建设存在的困难及解决策略

如何结合我国、广东省实际，探索构建适合国情、省情的“六位一体”预防和教育矫治体系是值得重点研究和亟须解决的问题。当前专门学校建设存在的问题主要是政府部门领导的担心和忧虑。担心和忧虑主要是因为缺乏专业水平的校长和专门教育的教师而存在的办学风险。专门学校的存在和意义是不言而喻的，也是政府部门亟须办好的民生实事。因此，解决好专门学校校长和专业化的专门学校教师队伍建设的问题是当务之急。建议在新办各类型专门学校时采取如下策略：

（1）选拔校长。从现有专门学校的中层以上干部中选拔聘用经验丰富者担任校长。

（2）组建教师队伍。从专门学校教师队伍中选拔部分成熟型教师组成教师骨干，招聘新教师或从普通学校选调配教师进入专门学校，采取校本培训的办法，边使用边培养，组建起专业化的教师队伍。

（3）建立和完善专门学校建设的机制体制。积极探索创新社会治理与社会长期稳定的方法与途径，依托现有专门学校的办学资源和成功经验，整合家庭、普通学校、社会各方、政府有关部门的力量和资源，创新社会治理机制体制，提高社会治理绩效，将未成年人教育保护工作、未成年人强制隔离戒毒工作、校园欺凌综合治理工作、未成年人收容教养工作、少年司法分级处遇工作等融合在一起，全面协调，综合施策，建立广东省预防和教育矫治未成年人违法犯罪的完整体系。

目前，随着专门教育研究的发展，建议设置三种类型的学校，即专门学校（全日制义务教育学校）、教养型专门学校（全日制学校）、管教型专门学校（专门学校型观护基地）。这三类专门学校按照未成年人罪错程度由低到高、由轻到重的递进层次分别教育矫正不同程度的罪错行为，以弥补因取消少年劳动教养制度后形成的教育矫治空当，解决公、检、法、司在办理未成年人违法犯罪案件中“一关了之”“一放了之”的尴尬窘境，为国家粤港澳大湾区建设和平安广东、法治广东建设做出积极贡献。

第三编

矫治青少年问题行为的专门教育具体实践探究*

* 本编内容系国家财政资金资助课题、中国青少年研究中心行为规范与青少年犯罪预防研究课题阶段性成果。

专门学校德育主题教育实践：以友善主题为例

杨领娟　李志功　张　文　周春娜*

2001 年，“团结友善”被纳入《公民道德建设实施纲要》之中，成为我国公民基本道德规范的重要组成部分。2012 年，党的十八大报告提出积极培育和践行社会主义核心价值观。2013 年，中共中央办公厅印发《关于培育和践行社会主义核心价值观的意见》，将 24 字核心价值观分成三个层面：

富强、民主、文明、和谐，是国家层面的价值目标；

自由、平等、公正、法治，是社会层面的价值取向；

爱国、敬业、诚信、友善，是公民个人层面的价值准则。

社会主义核心价值观的教育在中小学广泛推行，在这样的背景下，学校领导组织班主任等德育人员讨论适合学校学生的德育目标和具体内容，根据我们学生状况，基于多年的教育实践，整理出明理、守法、健康、上进、感恩、友善、诚信、自立八项服务于德育目标的主题内容。这是经过学校多年教育实践，特别是有效果的思想教育工作的总结整理，是内涵联结、架构完整的育人体系。各班在每学期初根据学生的年级、在校时间，有计划、有侧重地选择适合本班的德育内容作为一个学期的主题目标，开展主题教育，目的在于促进学生：（1）形成正确的思想认识；（2）养成良好的行为习惯；（3）具备某项能力、技能。

* 杨领娟，海淀工读学校英语教师；李志功，海淀工读学校计算机教师；张文，海淀工读学校语文教师；周春娜，海淀工读学校数学教师。

一　教什么·怎么教

我们班在高二第二学期选择了友善作为本学期德育主题内容，开展了友善系列主题活动。班上学生共有 39 人，有学籍的学生有 19 人，无学籍的有 20 人。

班级优点：学生能遵守班规班纪，绝大部分学生思想健康，积极向上，有集体荣誉感，班干部队伍有一定的号召力和管理能力，班级风貌良好。在前期开展了上进主题教育后，同学们有强烈的上进意识，在学习和能力提升方面有自己努力的方向。

班级存在的不足：同学们在常态情况下能够很好地进行人际交往，同学之间能够和睦相处、友好互助，对老师充满信任和尊重，但在某些环境下，尤其是在不良情绪下，很多同学就会出现情绪暴躁、语言粗鲁生硬、顶撞谩骂等现象，甚至有些同学还会出现暴力行为。所以同学们需要进一步提升自己的人际交往能力，建立友善的思想意识和个人价值准则，在校有能力与同学、老师很好地相处，进入社会也有能力处理好更为复杂的关系，真正成为友善之人，促进社会的友善关系。

确定了友善主题教育后，张文老师策划并写了实施方案，形成“老师宣讲友善内涵意义—举行启动仪式—学习友善表达—践行友善系列活动—总结分享教育资源”这一基本思路，沿着这样的思路逐步展开友善主题教育系列活动。

（一）宣讲

关于友善、友善观、友善品质培育等相关概念内涵的研究，概括起来有四种观点：（1）在人际交往方面，作为中华民族传统美德，友善的主要表现是平等尊重、宽容礼让、诚实互助等。（2）在友善包含内容方面，友善除了友善待人、友善待己外，还应该友善对待自然和生态环境。（3）在友善的功能价值方面，友善具有基础性和普适性特点。（4）友善除了是助人成长成功的个人美德外，还是每个公民应具备的基本道德规范。①

我们学校的德育目标体系以八项德育内容为一级目标，下设二级、三

① 刘应松：《高中生友善品质培育存在的问题及对策研究》，华中师范大学，2017。

级具体的小目标，在“友善”目标下，更加具体的次级目标有：（1）人人平等；（2）善意待人，不存欺人之心，不存害人之心；（3）宽厚待人，包容体谅他人之过；（4）能换位思考；（5）正确处理矛盾摩擦。

综合以上友善的主题内容，班主任对友善主题进行了一周的宣讲，同学们观看了奶西村的报道、善意待人的视频等，触动心弦，引起感情上的共鸣，通过说文解字、舜帝宽厚待人的故事等，同学们意识到人人平等、善意待人、宽厚待人等在人际交往中的重要作用。这些都是友善的具体体现，这一具有基础性和普适性的道德规范永不过时，引领并约束着人们的社会行为，使得社会和谐，人们生活幸福。

除了友善待人外，同学们还应该学习友善待己、友善对待自然和生态环境。在社会节奏急剧加快的时代，在社会形态转型期，不安全感、焦虑感侵袭着人们的心理健康。生命教育是全人教育，强调个人身心灵的统整。学会尊重并且珍惜爱护自己的生命是自我友善的基础和前提。爱惜自己，不仅包括物质上适当满足自己，更强调在心理层面发展升华自己，经由修身养性达至自我友善的最高境界。一个能对自己友善的人、自尊自爱之人必定能够尊重他人，真诚待人，宽厚待人。[①]具备了友善待己、友善待人的理念，同学们还可以将此理念推及自然界、生态环境，友善对待大自然中的生物，友善对待自然环境，达成人与自然的和谐相处。

（二）启动

对友善内涵有了一定的理解后，同学们初步感知了开展友善主题教育的意义，我们继续推进友善主题教育，及时举办了友善主题教育的启动仪式，通过此活动增强了仪式感，推动教育的主体——学生正式登场。

启动仪式上，同学们表演的关于友善的诗朗诵、舞蹈，展现了友善的美好。晴晴、小悦等同学排练的友善短剧，生动形象地表达了古今中外皆推崇友善这一道德准则。

一段视频让同学们陷入沉默。北京市第三中级人民法院综合三年的案件发现，因为言语失和引发的刑事案件增多，诸如“你瞅啥？”“瞅你咋的”，这样的言语本身具有一定的侵略性，容易激化矛盾，进而引起更严重的乃至失控的后果。视频呈现了两起案件，其中一起案件导致一死两

① 殷成洁：《生命教育融入友善价值观培养研究》，《知识经济》2019 年第 6 期。

伤，另外一起演化为群殴，多人致伤，而这两起案件起因都是因为言语失和。同学们意识到语言的力量，友善的语言能促进友好关系，带来和谐幸福，而不当的语言影响关系发展，甚至导致暴力相向。

在学生的日常学习生活中，因为言语沟通不当引起的打架斗殴颇为频繁。近些年来，被报道出的校园霸凌事件更是令人触目惊心。友善，这一蕴含着无限美好的道德准则不知何时因为它的朴实被搁置在教育的角落里，而在友善主题教育启动仪式上，同学们内心燃起了友善的火焰。值得思考的是，同学们虽然内心是友善的，却在不经意的时候表达出了不友善的话语，希望表达友善，却不知道怎样正确表达。

班主任李老师通过解读友善主题教育方案解答了同学们的困惑和思考，也让同学们了解这一学期将会开展哪些具体的活动。

（三）学习

为了让友善学习具体可操作，更能针对同学们的实际情况，启动仪式后，师生共同开启了“非暴力沟通”的学习，将友善学习落实在友善沟通上。

非暴力沟通（Nonviolent Communication，NVC）由美国心理学家马歇尔·卢森堡博士于 1963 年提出，NVC 相信，人的天性是友善的，暴力的方式是后天习得的。NVC 的目的是通过建立联系使我们能够理解并看重彼此的需要，然后一起寻求方法满足双方的需要。换言之，NVC 提供具体的技巧帮助我们建立联系，使友善互助成为现实。

非暴力沟通以观察、感受、需要和请求为四要素，换言之，非暴力沟通的技巧在于：（1）区分观察和评论，我们应该观察客观事实，客观描述发生的事情，而不是习惯性地加以自我认识和评论；（2）区分感受和想法，非暴力沟通提倡准确表达自己的感受，即表达正在发生的事情带给自己怎样的情感变化，而不是随意说出自己的想法；（3）体会与正发生的事情和感觉相关的需要，当表达了自己的感受后，可以向对方提出自己的需要；（4）提出具体明确的请求，为了满足自己的需要，对方能够做一些什么，可以向对方提出希望他/她做些什么。①

NVC 的精髓在于对这四个要素的觉察，而不在于使用什么字眼进行交

① 〔美〕马歇尔·卢森堡：《非暴力沟通》，阮胤华译，华夏出版社，2018。

流，带着这四方面的觉知与人沟通，鼓励真实客观地表达自己的感受和需求，同时也努力倾听他人，去理解对方表达的需求是什么，NVC 可以用来理解自己，可以用来改善人际关系，还可以用来促进工作，它致力于让所有人都完全满意，让所有人都感到和谐幸福。如果同学们能够通过学习，掌握非暴力沟通的四个要素，在生活学习中能够去实践客观观察，表达自己的感受和需求，提出具体的请求，同时，能够倾听他人的感受和需求，满足他人的请求，那么他们就具备了友善表达的能力，习得了友善的认知方式和思维方式。

全体师生购买了《非暴力沟通》系列书籍，开展了同读一本书的活动。晚自习，完成常规的作业后，同学们共同阅读《非暴力沟通》的一个章节，由于这本书是英译本，在理解上有一定的难度，而且，从某种意义上而言，非暴力沟通在转变我们的认知、思维方式，我们在本应该描述客观事实时，却习惯性地跳过描述，加以主观评论，在本应该表达自己感受的时候，却习惯性地忽略自己的真实感受，加以指责对方，我们早已混淆了观察和评论，混淆了感受与指责，这也造成了阅读理解这本书的障碍。

为了扫除阅读障碍，加深学习理解，同学们在自己读完一个章节后，会进行小组内的交流，比如，就第三章“区分观察和评论”同学们展开讨论，分享自己认识最深刻的内容，并共同完成这章后面的练习：（1）“哥哥昨天无缘无故对我发脾气”，（2）“开会时，经理没有问我的意见”，（3）“我儿子经常不刷牙”，等等，这几句话是观察还是评论？读过这一章节，我们很容易判断（1）、（3）句是评论。而我们对这两句话多么熟悉，因为我们生活中就经常这样说，第（1）句话说“无缘无故”也许是因为我们没有观察到一些事实，没有倾听“哥哥”的感受和需求，第（3）句中说的“经常”如果换成一周几次没有刷牙，事实描述就会更清楚，“经常”一词带有一定的主观性，容易引起对方的反驳。同学们通过阅读和讨论，意识到自己平时的表达中是怎样流露出“暴力”的，从而积极重建友善的表达。

讨论后，每个小组制作一张海报，总结本组的理解和收获，在班会上进行分享。有时，小组会推荐一名同学重讲他对本章的理解，用同学们能够理解的语言讲述，提出更清晰的观点，让同学们更容易理解和接受。从同学们的分享中，我们能看出同学们的收获与成长，他们的确在反思日常言谈的不当之处，也在尝试表达感受，合理地提出具体的请求。小天同学在分享时说：“学会倾听，理解对方的需求，如果你说的话已经让对方很生气了，你还继续那样说，那就是没有理解对方的感受和需求，换位思考的话，我们在表达了不高兴后也会希望对方不要继续再说令人生气的话。”

《非暴力沟通》的学习开展一段时间后，我们组织了一场关于友善的辩论赛：“友善能使人感到幸福，你同意吗?”通过辩论赛，让学生把所学的关于友善的知识进行综合整理，通过辩论加深对友善的理解和认识。

班主任张老师提前两周告诉学生辩论赛事宜，并加以指导。学生首先选择了正、反方，确定了一辩、二辩、三辩。接下来，他们从网上、书上搜集和阅读有关友善的资料，结合我们已经学习的内容，组织语言，写出辩论稿，并思考了自由辩论时可能会被反驳的点。辩论赛由学生主持，正、反双方都能投入辩题中，关于友善，正方可以举出很多友善使人感到幸福的事例，可以说出很多关于友善这一道德规范的美言，等等。反方却提出了当今社会表达友善的人招致不幸的事例，这不能不引起我们的深思，持有友善道德观念的人坚定地相信友善可以使人幸福，然而我们不得不承认，在当今的社会现实下，的确在一些特殊情境下需要表达友善时，我们迟疑了，无论是对他人，对社会，还是对自然环境。这样的思考让我们意识到社会需要友善，友善需要正确的表达方式。通过辩论赛，从准备到写稿，再到最后的激烈辩论，从构思到组织，再到最终落实，同学们对友善有了更深刻、更全面、更客观的认识，并且，在组织和辩论的过程中，他们能把友善的观念、友善沟通的方法付诸实践。

（四）实践

“我夸夸”微信群悄然兴起，我们把这样一个促进友善的形式引进班集体，建立了班级的“我夸夸”微信群。“我夸夸”微信群专门用来赞美、表扬好人好事，让施者得到肯定，让受者得以表达感恩，让旁观者得以学习。“我夸夸”微信群促使同学们看到人或事美好的一面，并及时表达赞美，践行友善沟通，从而促进关系的友善，促进班级的和谐。

每次班级活动、学校活动后，我们都会组织学生在“我夸夸”群里夸一夸他们发现的美好，也许是一句话温暖了一个人，也许是一个行动帮助了一个人，也许是一点点进步，也许是集体的团结互助，事不在小，美好都值得被看见，善举都应该被表扬。热闹的“夸夸群”里，每一位同学感到自己被看见，都能找到属于自己的位置，班级更加凝聚团结，同学们之间的关系更加紧密和谐。

看到“我夸夸”微信群的力量，我们把学生家长拉进群里，让微信群发挥更大的作用。周末，孩子们在家里的优秀表现由家长拍照发到群里，其他同学和家长会及时予以肯定，不吝表扬。暑期，“夸夸群”也不时掀起温暖的浪潮。小溪在家炒菜做饭，小悦耐心照顾生病的姥姥，小睿成功应聘游泳馆的安全员，等等，这些都让家长看到孩子身上的优点，并肯定孩子的行为。

除了“我夸夸”微信群的建立，班主任号召同学们外出践行友善，体验友善的美好和力量。同学们以小组形式自行组织，友善主题内容不限。6 月里的周末，有的小组到圆明园公园里捡拾垃圾，还大自然一个整洁干净；有的小组到小区里清理小广告，还社区一个美观；有的小组买来一箱矿泉水，为太阳底下施工的叔叔大伯、清扫卫生的阿姨，还有保安大哥送上一瓶水。这是班级友善主题教育留的周末作业，作业的目的就是让同学们走进社会，走进大自然，让同学们意识到我们的生活井然有序、便捷美好，是因为有那么多人在付出，我们需要看见他们，需要友善对待他们。同学们发现大自然需要我们友善对待，社会环境需要我们友善对待，当我们这样做时，自然环境和社会环境也以友善回馈我们。

（五）分享

从学习到实践，同学们在友善主题教育下各有所获，接下来要做的是如何将所学的友善理念和方法广泛传播。

第一，我们开展了书签制作大赛。同学们利用所学的计算机知识，制作含有友善内容的书签，制成之后，通过学校的 LED 大屏幕进行展播，并选出优秀的书签制作者，评出一、二、三等奖。优秀的作品将会打印成书签分发给各班同学使用，以此形式，让友善的理念和方法进驻更多同学的心间。

第二，用短剧的形式把友善的方法表演出来，制作成视频，留作教育资源。小薇、小航、小鸣和小睿四位同学表演了下象棋的场景，小鸣和小睿表演的是一言不合就打起来的情形，而小薇和小航这两位班长则在相同的情境下心怀友善理念，运用友善的方法沟通，避免了矛盾，下棋过程其乐融融。他们通过短剧表演把友善知识传递下去，每组同学的表演选材不一，但都来源于校园生活，他们把矛盾表演出来，再把避免矛盾或者解决矛盾的方法呈现出来，形象生动，以最直接的方式教授友善的方法。

二　印象最深的几件事

在友善主题教育接近尾声时，我们班召开了友善主题教育的小结会。进行友善主题教育小结，巩固对友善内涵的理解，总结友善的沟通方式，回顾主题下的系列活动，追忆美好瞬间，把友善带来的美好情感体验沉淀到内心。

回顾友善主题下的系列活动，留在“我夸夸”群里的那些话最打动老师和同学们的心弦，最令人温暖，最能激起回忆。“我夸夸”微信群建立了一个平台供同学们以友善的视角看待人和事，让学生去实践友善的表达，促进友善教育的开展。我们班在每次班级活动和学校活动后都会专门组织一次“我夸夸”的集体行动，小薇同学在学校组织的春游爬山活动后写道：

> 在这最后一次的爬山活动中，有许多的事情令我感动，觉得大家都成长了不少，改变了不少。小鸣同学坚持不懈的毅力让我觉得与他平时大不相同，也没有散发负能量的词语。还有欣欣同学为了不后悔，带着腿伤坚持了下来，还有一直鼓励她的艳艳和小怡同学，用鼓励的语言使欣欣坚持了下来。小鹏一直帮助其他同学，不抛弃，不放弃，洋洋同学认真负责，把领到的水和食物发到每一个人手里。感谢小悦同学在走下坡路的时候一直搀扶着我，给我鼓励。还有小涵和莹莹同学的陪伴，一路上欢声笑语，使我的心不再只专注于怎么爬上山，怎么下山。还有周老师也挑战了自己，成功和我们一起到了植物园，并且没落队，不是最后一个。还有张老师老当益壮，能完成这次爬山与他平时的锻炼也是分不开的。表扬全体同学合唱时用尽力气，声音洪亮，唱出咱们班的特色，集体舞表演，每个人跳得也非常认真，感谢缘分让我们相聚在一起，回想起之前的点点滴滴，让我觉得每一个人都在进步，都在成长，我也很珍惜剩下的相处时光。

开开同学在学校春季运动会后写的内容把我们再次带回到运动会的现

场，再次感受热情激烈的班级氛围。他写道：

> 我今天跟着咱们班参加拔河比赛，做一系列的活动，虽然说我们班的人数不多吧，但是我真的体会到了不服输、勇于拼搏、团结一心的精神，我们班的男生集体上阵，小睿和阳阳等同学给大家做动员，我被他们感染了，和他们一起拼搏，成绩不理想，但我们努力，再努力，一个个脸都憋紫了，大家都还在坚持，真的，我们虽然名次不高，但我们不丧气，因为我们努力过不后悔，我很幸运能遇到这样的班级、朋友、同学，我忘不了运动员在场上拼搏，场下的同学齐心协力的呐喊声、加油声，忘不了运动员下场后，给他们拿水按摩的身影。和你们相处我很开心！

友善主题小结会上，我们摘出“我夸夸”群里这两位同学的话，请他们在现场又为同学们读一遍，同学们听着，陷入一阵沉默，彼此心照不宣，回字形的场域里升腾起一种文字无法描述的感情来，继而响起热烈的掌声，这是对“我夸夸”群的掌声，也是对友善主题下每个人的表现的掌声。

世界从来不缺乏美，而是缺乏发现美的眼睛，社会也不乏善意，而是需要一颗能感受到善意的心。我们相信，只有被善意对待的人才有充足的心理正能量去表达和传递友善。而友善的行为得到及时的肯定后会唤起更多友善的行动。“我夸夸”微信群的建立促进了班级和谐，每一句夸赞都在肯定一个积极的行为，每一句夸赞就是在为一名同学赋能，同学们从中学习到怎样的行为会促进友善关系，怎样的表达能带给自己和他人幸福的感受。

友善主题教育已接近尾声，而友善的理念永驻心间。友善的方法已掌握，愿同学们能成为一个有幸福能力的合格公民。

三　设想

回顾反思这一期友善主题教育，在学习《非暴力沟通》这本书时，我们按照章节，比较系统地进行学习，书中章节的安排本身具有一定的关联性和递进性，学习起来循序渐进。但是在实践过程中，我们并没有按照非暴力沟通所倡导的四要素去实践非暴力沟通，如果能够再细致严格一些，非暴力沟通应该可以内化得更为深刻，让同学们真正习得友善的沟通方法。其次是深度不够，存在一定的形式化、表面化问题，实践时间短，学生缺乏深入的体会，缺乏深入的反思，在一定程度上影响了友善价值观在同学们内心的根植。再者，情感作为认知和行为的重要内驱力，是产生道德行为的力量和源泉，学生没有内在的情感认同就没有对友善的理念认同，自然也不会产生友善的行为表现。友善待己，友善待人，友善对待自然、社会环境，这三个层面的友善内容怎样引起学生情感上的共鸣，对当下的情境产生同情和共情，让学生由心底做出自然选择，选择友善，也是值得后续思考和深入研究的。

让法治之花在语文课堂中绽放

胡春和*

工读学校是为有违法或轻微犯罪行为的未成年人而办的特殊学校，进入工读学校的学生，大都法治观念淡薄，法治意识不强，有些学生犯了法还不知道，因此，让他们知法、懂法、守法，已成为工读教育教学中一件刻不容缓的大事。工读学校虽然在法治教育上加大了力度，起到了较好的效果，但还不尽如人意。作为一名语文教师，每个星期5节课，与学生的接触也较多，我在语文教学的实践过程中发现，在语文课堂教学中渗透法治教育，充分、合理、科学地挖掘语文课程中的法治教育资源是一种现实、可操作而有实效的途径。运用现代眼光来重新审视文本的“法眼”解读，以及运用艺术眼光对法律文本、法治知识的“文学”欣赏，告别“填鸭式”的法律条文的灌输，不仅有助于加深学生对课文内容的理解，也必将使得法治的神圣光芒照进语文课堂，照进学生的心灵，让学生在学习文化知识的同时，学到一些法治知识，让他们深切地感受到原来法律就在我们的身边，从而起到“随风潜入夜，润物细无声”的效果。

一　语文教材有法——掘法

在我们的语文教材中有相当一部分篇目涉及一些法治常识，教师在向学生传授语文知识的同时不应该回避这些法律知识，而应该积极主动地承担起讲述课文相关法治知识的重大责任。我们在教学中就可以把学生的思维引向生活，探讨相关的法律知识在生活中的运用，让学生既学到了语文

* 胡春和，长沙市新城学校高级教师。

知识又了解了法律知识。

在讲到《鲁提辖拳打镇关西》一文时，学生都很喜欢鲁提辖的疾恶如仇，仗义相助，痛恨郑屠的仗势欺人，自私可恶，这时，笔者向学生抛出了一个问题——郑屠该死吗？让学生评论郑屠是否该死，即使该死，是否由个人快意恩仇？学生在讨论中明白了，这种行为在宋朝是可以的，在今天乃至将来都是一种犯罪。要知道，文学作品潜移默化的影响力，要远大于空洞的法律读本。试想：如果让学生都认同鲁智深、宋江等的激情犯罪，在遇到类似情况时，都仿而效之，那么对构建和谐社会会起到适得其反的作用。所以，我们在认同情感的基础上，对处理问题的方式应存疑、存异，要让学生明白：鲁智深、宋江等是特定历史条件下的“英雄”，是历史的产物。一个人的生命是宝贵的，郑屠等人虽然可恶，但要剥夺他们的生命，必须由司法机关按严格的程序来执行。

教学《孔乙己》这课，引导学生分析孔乙己这个人物形象，课文写到孔乙己偷了何家的书，又被打了，他还说窃书不算偷的话。笔者就引导学生讨论孔乙己的行为是不是“偷”？在讨论中学生明白了这是孔乙己自欺欺人的说法，他的这种做法构成了盗窃罪。[①]《刑法》规定：盗窃罪是指非法占有为目的，秘密窃取公私财物，数额较大，或者多次盗窃、入户盗窃、携带凶器盗窃、扒窃公私财物的行为。孔乙己盗窃别人的财物，虽然数额不大，但多次行为也构成盗窃罪。在我们生活中，学校里有少数学生总爱乱拿别人的好东西，这是不道德的行为，同时还可能构成盗窃罪。因此，通过课堂教学因势利导学生从小要养成好的品德，不要偷别人的东西，哪怕是小小的东西，“小来偷针，大来偷金”，最后偷的财物越来越多、越来越大，极有可能断送美好前程。

二　问题设计有法——学法

课文，是学生学习语文的主阵地，利用课文向学生渗透法律知识自然是最直接、快捷而有效的途径。但课文中的法律知识如果老师不给予恰当的引导，学生是很难发现其中隐藏的法律知识的，而生硬的灌输，往往不

① 马克昌：《刑法》第八版，北京出版社，第502页。

能达到法律渗透的目的，如果老师能巧妙设计一些问题让学生思考，一步步让学生去接受那些法律知识，就能达到法律知识自然渗透的目的。

如讲授《变色龙》一课，笔者设计了下面一些问题：(1)“奥楚蔑洛夫的做法符合法律程序吗？(2)从中我们可以看出当时怎样的法治进程呢？”讲授《孔乙己》一文，笔者启发学生思考：(1)“丁举人对待孔乙己的方式合法吗？(2)如果把他的行为放到当今社会，他犯了什么罪？将受到怎样的惩处？”教学胡适先生的《我的母亲》时，笔者让学生讨论交流：“‘我’的母亲被五叔恶语中伤后，气得大哭，然后选择当面质问的方式来捍卫自己的尊严。在如今的法治社会，你能为她指出解决问题的法律途径吗？”这些问题的设计，不但让学生增加了法律知识，还懂得了如何用法律去维护自己的合法权益。

三　人物分析有法——悟法

文学作品中的人物，在作者细致的刻画中，在故事情节的烘托下，有血有肉，栩栩如生，很受学生欢迎。学生把作品中的英雄当作偶像来崇拜，而对于作品中的坏人，恨不得铲除而后快，这充分体现了学生爱憎分明的是非观，但学生往往忽视了作品的时代背景，不能正确分辨文学作品中人物的行为，对学生的成长是不利的。

教学《背影》这课，引导学生分析父亲的动作描写，课文中谈到父亲艰难地穿过铁道，这份爱让人感动，但笔者对课文的分析，并没有在此停留，而是围绕当今时代火车的速度及数量和道路交通法进行讲解，让学生明白横穿铁道是违反《道路交通安全法》的，同时还截取了上海一男士为捡掉落的手机冒险穿越地铁轨，差点被火车撞飞的视频，提醒同学们在日常生活中不论骑车还是走路都不能违反交通规则，否则就有可能有安全隐患。

莫泊桑的名篇《我的叔叔于勒》中于勒的兄嫂对于勒态度的反复无常，起因是于勒占用其兄嫂的遗产，课堂上教师就设计了一个开放式的问题：“已经出嫁的女儿能否继承父母的遗产？”结果竟然有相当多的学生认为不能。于是笔者布置学生课后查资料，向父母请教，学生表现得很积极，特别是女生，下完课后，立刻去问法制老师，等到再次上课的时候，还有学生拿出《中华人民共和国继承法》，这种学生自主的、探究的、合作的学习方式非常自然，占用的课堂时间不多，效果不错。

四　课堂处事有法——懂法

工读学生在课堂课外，总会有一些意想不到的事情发生，教师如果能就身边发生的事情，不失时机地给予法律教育，既可以解决问题，化解矛盾，同时也可以达到很好的法律教育。

记得有次上课，甲因为无聊，用笔捅了前排的乙，乙劝说多次后，甲依旧不改，反倒变本加厉，乙于是站起来，顺手拿起桌上的书狠狠地打了甲一下，当笔者询问乙为什么要这么做时，他回答这是“以其人之道还治其人之身”，怎么来处理呢？这件事本身是甲不对，笔者没有简单地判定谁对谁错，而是顺势跟大家讲起“以其人之道还治其人之身”的典故，讲完典故的意思，笔者告诉学生，在法律制度还不健全的古代社会，以暴制暴的做法，也许行得通，但是在法制相当完备的现在，却没有任何立足之地。在法治社会的今天，如果我们的合法权利受到侵犯，就应该果敢地拿起法律这个武器来捍卫自己的权利，通过合法的途径来要求侵犯我们权益的人停止侵害、赔礼道歉、赔偿损失等。笔者没有对当事人进行批评指责，但通过讲解，乙学生知道了“以其人之道还治其人之身”不应该来对付自己的同学朋友，同时也知道如果自己对甲造成了身体伤害，是要承担相应法律责任的。

有一次上课正精彩，突然听见女生小敏大喊：“把我的日记本拿来，你凭什么看我日记，变态！”原来是小亮偷偷拿了小敏的日记在看。小亮也不甘示弱：“你昨天不是也看了我的吗？”笔者当即示意小亮把日记本还给小敏，偷看别人日记引发的矛盾不止一起了，于是，笔者停下授课，给学生讲起个人的隐私权来：国家以法律的形式为公民的隐私保驾护航，每个公民都依法享有隐私权。同时还告诉学生，如果双方基于彼此的信任共享了一些秘密，就应该尊重和维护他人的隐私，不得泄露给第三者，否则要承担相应的法律责任。学生听后，对自己曾经随意翻看别人抽屉、书包、信息等的行为有了法律层面的认识。

五　语文活动有法——用法

生活是取之不尽、用之不竭的教育素材，主动拓展教学空间，开展丰富多彩的语文活动，是语文教学的重要特色。每学期，笔者都会在班里举行形式多样、内容丰富的课外活动，通过这些活动，不仅可以进一步激发学生的学习兴趣，提高学生的各种能力，还可以将法治教育巧妙地融入这些活动之中。

例如在学完《威尼斯商人》之后，我请学校的法制老师指导学生进行了一次“模拟法庭”的活动，就学校最近放假一学生去抢劫别人的钱物进行法庭审判和辩护。活动准备时间比较长，也很充分，有原告、被告和主审法官，原告和被告委托学校的两位法制老师做律师，有起诉书和辩护词，有人证、物证、书证，有法庭调查和法庭辩论，有当庭判决，等等。学生个个情绪高涨，老师也积极参与其中，这不仅提高了他们学习语文的兴趣，锻炼了语言表达和思维能力，也对法庭审判有了更为形象直观的印象，法治意识自然大为增强。在学习《那树》时，笔者带领学生开展了“我为‘老树’写诉状”的活动；在学习《羚羊木雕》时，组织学生召开辩论会“谁动了我的羚羊木雕”；“王老吉”商标归属纠纷案发生后，笔者要求学生举行“在企业发展过程中如何增强对商标等知识产权的利用与保护”的讨论……这一系列活动的开展，使得学生能够尽情地在法律的殿堂里呼吸文明的空气，在语文的世界里酣畅淋漓地遨游。

此外，积极组织学生参加学校的法治手抄报比赛，学生制作手抄报，必须查阅一些法律资料，这样的过程丰富了学生的法律知识；举行“珍爱生命、远离毒品”演讲比赛，让学生深刻地认识到毒品对一个人、对一个家庭甚至对一个社会的严重危害；组织学生收看《今日说法》等法治专题节目，通过收看电视节目，了解法律知识。

在对学生进行法治教育时，不仅要向他们传授法律知识，更重要的是培养他们的法治观念，所以，作为语文教师，我们应当积极想办法，充分、合理、科学地挖掘语文课程中的法治教育资源，同时，也应当在日常生活中跳出教育教学的固定框架，开动脑筋，随堂就地进行法治教育，提高学生的法治素养，为学生的健康成长奠定坚实的基础！

工读学校《自我保护》校本课程的构建与探索

李　萍*

一　研究背景

随着经济的发展、社交媒体的不断丰富，人们的生活方式和节奏加速变化，未成年人面临更多的未知危险。生活中未成年人的校园暴力、居家安全、交友方式、灾害死亡、意外事故等时有发生。公共生活领域边际的拓展，对新时期工读学校如何开展学生的社会生活指导、自我保护意识和专业技能的培养提出了新的要求，也为学校《自我保护》课程的研究与开发提出了新方向。

作为长期致力于未成年行为矫正及教育的工作者，笔者希望通过此次实践研究，探讨将“自我保护教育”纳入学校德育课程体系的可行性与相容性，在《中华人民共和国未成年人保护法》《上海市中长期教育改革和发展规划纲要》等文件精神的指导下，深化学校德育发展内涵，切实提升工读学校未成年人自我保护能力。同时，我们将在研究过程中进一步探索和实践，从学生家庭生活、校园生活、社会生活、疾病预防、应急求生、自然灾害、自我防卫等方面，讨论学生自我保护意识、知识、方法、途径等，确立适合工读学校学生自我保护教育的目标，形成有工读教育特色的未成年人自我保护教育模式，提升教育实效。

---

* 李萍，上海市浦东新区工读学校教师，职教部教学主任。

二　课程实施目标

（一）多层次办学模式下自我保护教育课程目标

所谓自我保护，是指自身在可能受到外部事件伤害的情况下，采取有效的自我防护措施，避免自身受到伤害的能力。

通过开展自我保护教育，提升学生的自我保护意识，掌握必要的自我保护知识和技能，形成在日常生活学习和突发事故中正确应对的反应，最大限度预防各类事故发生，减少事故对自身造成的伤害，保障学生健康成长，使学生真正做到“会学习，乐生活，善相处”。

（二）课程内容设计

1. 组织框架

马斯洛理论认为：人都潜藏着生理需要、安全需求、社交需要、尊重需要和自我实现需要五种不同层次的需要。[①] 人最迫切的需要才是激励人行动的主要原因和动力。人的需要是从外部得来的满足逐渐向内在得到的满足转化。自我保护的需要来自学生的迫切需要，他们有安全的需求，有社交的需求，有尊重的需求和自我实现的需求。因此，自我保护的课程依据马斯洛的需求层次理论进行架构。

2. 设计原则

（1）多样性：自我保护课程包含了家庭、健康、校园、文明上网、人际交往、灾害自救、少女言行等方面内容，既有学校学习、同学交往、师生交往中的冲突处理，也有家庭、社会中人际沟通技巧，还有身体健康保护、灾害自救等内容。课程内容丰富多彩，具有一定的趣味性，且符合学生的年龄认知特点（见图1）。

（2）实用性：自我保护课程的选取内容由浅入深，素材多来自学生平时遇到的各类自我保护问题，具有一定的当下性。学生兴趣盎然，并尝试将所学知识运用到实际的人际交往、健康保护、突发事件中。通过学习，同学之间、师生之间的冲突减少了，学生真正做到了学有所感、学有所用。

（3）系列化：为了进一步分析研究未成年人的自我保护能力现状，以

① 〔美〕亚伯拉罕·马斯洛：《需要与成长》，许金声等译，重庆出版社，2018。

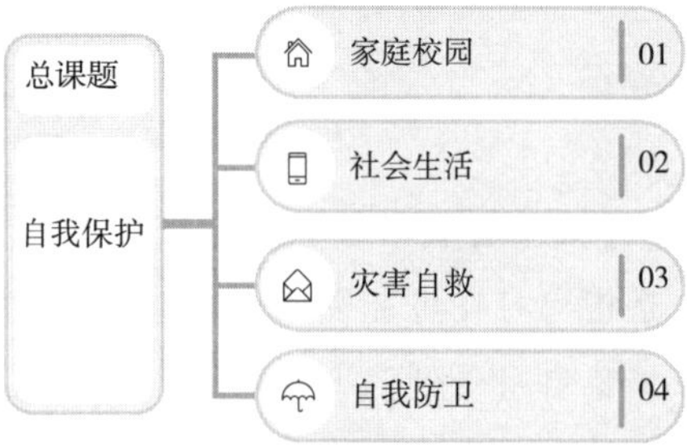

图 1　自我保护内容

浦东新区工读学校为例，对新入学的 75 名预备年级学生和 20 名新入学的工读学生进行调查问卷，发现未成年人之间由于个体及环境的差异，掌握自护知识及能力状况差异较大。调查结果显示：城区学生掌握的自护知识比城郊学生多；自学能力强，愿意主动从外界吸收信息的未成年人能更好地掌握自护知识；系统接受过自护教育的未成年人只占 8%，大多数（92%）未成年人未接受过自护教育或只接受过部分教育；从接受知识的完整性角度看，他们自护知识的输入是零散的，未成系统。自我保护知识的缺失，使未成年人在面对危险时无法做出积极、正确的判断和反应。因此对在校学生开展系统的自我保护教育刻不容缓。

（4）针对性：基于工读学校办学层次多、学生的年龄跨度大等问题，根据不同的认知能力，学校倾向把常识性的知识安排在预备和初一年级，技巧性的知识安排在高年级，满足学生的生存需求及发展需求。尤其是针对浦东工读女生的特点，学校开设《少女言行》课程，并在体育课中为女生教授防卫术。

3. **内容设计**

（1）家庭校园篇，如表 1 所示。

表 1　家庭校园

课程名称	课程内容	课程设计	学习目标	评价方式	适合群体	课时安排
家庭校园	家庭	家有宠物	学会与宠物安全相处，知道狂犬病等相关的知识和预防措施	问卷评价	预备	1
		家中被盗	初步了解独自在家的防范技巧，学会保护自己，掌握报警的基本方法	问卷评价	预备	1

续表

课程名称	课程内容	课程设计	学习目标	评价方式	适合群体	课时安排
家庭校园	家庭	父母离异	学会面对父母离异能够做好一定心理准备，学会自己照顾自己	问卷评价	预备	1
		求救电话	熟记并学会拨打各类求救电话	专题测试	预备	1
	健康	平衡膳食	学生知道平衡膳食的定义，了解平衡膳食宝塔结构	专题测试	初一	2
		正确读写姿势	学生了解保持正确读写姿势的相关知识，掌握保持正确读写姿势的方法	专题测试	初一	2
		烟酒对人体危害	学生认识到烟酒对人的危害，懂得拒绝烟酒	专题测试	初一	2
	校园	饮水与健康	学会选择有益健康的饮用水，掌握正确的饮水方法，强身健体，预防疾病	问卷评价	初一	2
		恶作剧	了解恶作剧酿成的危害，正确把握同学间开玩笑的尺度	问卷评价	初二	2
		面对教师批评	学会理解并尊重教师，增进师生间感情，构建和谐师生关系	学习资料+学习表现	初二	2
		大方对待微妙感情	能够正确看待同学间微妙情感，妥善处理，构建融洽关系	问卷评价	初二	2
		小心运动损伤	学会在剧烈运动前热身，并在运动过程中注意保护自己，避免损伤	成绩评价	初二	2
	文明上网	手机	学会正确使用手机，让手机成为学习的帮手	问卷评价	初三	2
		游戏	学会有效控制游戏时间，正确把握游戏与学习的关系	项目学习	初三	2

《家庭校园篇》内容涉及家庭、健康、校园和文明上网，学习对象为预备年级到初三的学生。学生通过学习，学会在家如何与宠物相处；面对父母离异，如何处理与父母的关系；初中阶段正是长身体的时机，学会合理科学的膳食搭配；在课堂中，时常会看到同学与老师起冲突，学会冷静

处理师生关系，对提高学习成绩很有帮助；到了初三毕业班，面对网络沉迷，通过学会合理使用手机、网络，为初三中考加油。

（2）社会生活篇（见表2）。

表2　社会生活

课程名称	课程内容	课程设计	学习目标	评价方式	适合群体	课时安排
社会生活	人际交往	不要出口伤人	了解“祸从口出”，学会“以礼待人”	问卷评价	职一	1
		做个自护的消费者	学会理性消费，避免攀比心理	问卷评价	职一	1
		与同学父母交往	学会妥善处理与同学及父母的关系，构建融洽关系	问卷评价	职一	1
		用法律保护隐私权	知道基本的法律法规，并能运用相关法律法规保护自己的合法权益	问卷评价	职一	1
	赌博	好奇心	从实际案例中了解赌博的危害	问卷评价	职二	1
		自制力	学会远离赌博	问卷评价	职二	1

随着年龄的增长，学生需要与社会接触，如到同学家做客，到商店购物，中等职业学生会参加社会实践，与顾客交流。因此，对于职一、职二的学生，学会如何说话、如何适应与各类社会人打交道尤为重要。对于职业学校学生，少数学生因沾染赌博恶习而中途退学。教授学生学习前车之鉴，远离赌博恶习也有其必要性。

（3）灾害自救篇（见表3）。

表3　灾害自救

课程名称	课程内容	课程设计	学习目标	评价方式	适合群体	课时安排
灾害自救	火灾	火灾避险	了解消防安全常识，掌握灭火方法，自救与逃生的方法	学习表现评价	全体	2

续表

课程名称	课程内容	课程设计	学习目标	评价方式	适合群体	课时安排
灾害自救	地震	地震避险	初步了解地震产生危害及前兆，学会避险方法	问卷评价	全体	1
	恶劣天气	恶劣天气避险	学会高温天气，雷电天气的防中暑防雷电的方法	问卷评价	全体	1

学生在平静的校园中学习，防患于未然是每个人都要具有的意识。学习灾害中的自我保护知识和技能，是重要的生命教育课题，可以提升个体的自我保护能力，在自救和互救中增强安全意识。

（4）自我防卫篇（见表4）

表4　自我防卫

课程名称	课程内容	课程设计	学习目标	评价方式	适合群体	课时安排
自我防卫	少女言行	女生穿着	知道女生穿着应得体、适宜，不应过分追求时尚、穿着暴露	问卷评价	女生	1
		女生言语	能够注意用词用语，不说脏话，知道言语的妥当性	问卷评价	女生	1
		如何保持一米线	学会控制与他人的“安全距离”	学习资料+学习表现	女生	2
	少女防卫	防卫术	初步掌握防身术，在突发情况下能够妥善利用防身术保护自己	成绩评价	女生	4

浦东工读全体女生完成问卷调查，研究分析表明：大部分女同学心理素质较弱，社会阅历较浅，缺乏安全防范意识，容易受到不良风气的影响，穿衣打扮与年龄、身份不符。同时，她们识别犯罪分子的能力不足，缺乏应对技巧。因此，学校开展女子自我防卫专题教育，提高女学生安全防护意识、防卫技能及防卫知识具有必要性和重要性。

三　多层次办学模式下自我保护教育课程实施

（一）实施原则

1. 分层实施

安排不同学段的学生，学习不同的自我保护内容。根据学生的年龄特点、文化程度、社会接触时长等，把系列课程进行分层，达到学习目的。

预备新生学习在家的各种安全保护；初一学生学习如何预防疾病及养成健康生活的习惯；初二学生在学校与同学的交往越来越多，学习如何在校园中应对各种冲突；初三学生学习如何正确使用网络，如何识别网络中的各种欺诈；职一学生正处于青春期，精力旺盛，学习如何与异性正确地交往；职二学生将要步入社会，学习如何远离诱惑，远离赌博。而火灾、地震等自然灾害，如何逃离、自救，将作为基础课程，成为系列课程中全体学生的必修课（见表5）。

表5　自我保护

	序号	课程名称	课程内容	适合群体
自我保护	一	家庭校园篇	家庭	预备
			健康	初一
			校园	初二
			文明上网	初三
	二	社会生活篇	人际交往	职一
			赌博	职二
	三	灾害自救篇	地震、火灾、恶劣天气	全体
	四	自我防卫篇	少女言行	女生

2. 全员育人

自我保护课程面对的不仅是在校的学生，学生还可以把所学知识向父母宣传。如让父母学习如何搭配合理的膳食，让父母学习如何与孩子好好说话，减少家长与学生的冲突，都更有利于营造家庭的和谐氛围。

同时，每位教师在对自我保护课程的学习、探讨、授课、自我提升之余，参与指导家庭教育，促进班级学生健康成长，构成家校一体，增强家校同频共振。

（二）实施载体

1. **主题班会**

利用每周一次的班会课，安排不同的年级开展不同的主题教育。素材来源于校本教材《未成年人自我保护系列》或班级中发生的真实故事。在班会课上开展学习、讨论，利用小组评价、自我评价、教师评价等方式，对主题内容做出有效反馈。通过一年的实施，大部分学生根据班主任的引导，对班级中出现的问题进行讨论，每位学生都有话可讲，有感想可谈，自我保护的学习成效显著。

2. **全校性演习**

学校每学期开展全校性的防震、防灾演习，精心策划，严密组织，明确步骤，教师职责，疏散路线，等等。随着防空警报的响起，每位学生在教师带领下有秩序地完成从教学楼的各楼层向安全地带撤离。此类自护课程的学习，不仅强化了师生安全意识，帮助师生熟悉逃生，疏散路线，掌握正确的逃生方法，也提高了抗击突发事件的能力。

3. **班级发展设计**

为更好地提升自我保护学习的有效性，每名班主任要将每学期的自我保护主题的学习、探究纳入班级发展设计之中。

让学生成为学习的主人，让学生成为班级管理的主人，让学生成为自我保护学习的主人。根据每个年级的自我保护主题，学生就班级的实际情况，形成有班级特色的自我保护学习课题。学生提出问题，探讨问题，解决问题，在学习过程中，既培养了学生的领导才能，又提高了动手动脑的能力，充分体现了以生为主的学习模式。

（三）实施方式

以浦东新区工读学校为例，学生较同龄其他学校学生存在一定的差异性，故在实施阶段采用多样化的方式，旨在提升学生的自我保护意识与自我保护能力。

（1）项目学习：[①] 把学习项目作为学习的驱动力。通过有目的、有计划、有主题的自我保护课程设计，促进学生自我保护相关知识的普及，做到季季有主题，月月有项目（见表6）。

① 杨四耕：《课程实施的18种方式》，《中国教师报》2017年12月27日。

表 6　项目学习

季度	月份	活动内容
1	1	恶作剧要杜绝；做个自护的消费者；女生穿着；赌博
	2	大方对待异性间微妙情感；与同学父母交往
	3	父母离异之自我保护；用法律知识保护隐私权
2	4	不要出口伤人
	5	文明上网
	6	平衡膳食；女生言语；地震；恶劣天气
3	7	溺水求救的方法
	8	中暑知识要知道
	9	遇到恶劣天气怎么办；家有宠物
4	10	饮水与健康；家中被盗
	11	父母离异
	12	求救电话

（2）节庆学习:[①] 用主题节日把学习生活点亮。

节庆学习是围绕一个或多个经过结构化的主题节日进行学习的一种方式。

在这种学习方式中，“主题节日”成为学习的核心，而围绕该主题的结构化内容成了学习的主要对象。

以国际及国内相关节日，如“爱牙日”“爱眼日”“无烟日”等主题节日为学习核心内容，在“无烟日”引导学生制作禁烟、控烟宣传小报；在“爱眼日”举办“预防近视眼，养成正确的读写姿势”征文活动等，在丰富多彩的主题节日中丰富自我保护相关知识内容。

（3）场馆学习:[②] 让学生走出校园。

场馆学习的特点主要体现在：情境性、自主选择性、主动探究性以及结果输出的多元性。

如带领初一年级学生前往浦东消防支队参观，实地了解防灾减灾相关知识，向消防官兵学习火灾中的自护及求救知识，用“先校后馆”“先学后练”的方式提升学生的自护能力。

---

① 杨四耕：《课程实施的 18 种方式》，《中国教师报》2017 年 12 月 27 日。

② 杨四耕：《课程实施的 18 种方式》，《中国教师报》2017 年 12 月 27 日。

（4）问题+合作学习：① 探寻解决真实世界问题的方法。

问题学习是把学习置于复杂的、有意义的问题情境中，通过以小组合作的形式共同解决复杂的、实际的或真实的问题，学习隐含于问题背后的知识，形成解决问题的能力。

提出“如何冷静面对教师批评”“如何保持一米线社交距离”等问题，各班级学习小组针对不同问题，寻找解决办法，利用班会等时间进行交流，做到善相处、会自护。

（5）跨界学习：② 多学科跨界提升学习质量。

将自我保护相关课程与体育课相结合，教授学生“防身术”“小心运动损伤”，同时开展技能展示与演练、情景模拟等活动进一步促进学生增强自护意识，提高自卫能力，也使学生在自我保护课程中有体验感、收获感。

四　多层次办学模式下自我保护教育课程的评价与管理

（一）课程评价

1. 评价的指导思想

在进行课程评价时，既要关注学生的学习结果，更要关注学习过程中学生的情感、态度、行为的变化，进行多元评价，最终助力学生综合素质的提高，激发学生成长的潜力。因此，本课题积极改进课程评价方法，实施发展性教学评价。重视学生学习过程的总评价，把课堂教学的重心从教师完成教学任务转移到关注学生知识建构的过程，发掘学生潜能，让学生有自信和持续发展的能力，促进他们的全面发展。

2. 评价的原则

（1）实效性原则：课程的评价达到“以评促教、以评促改”的目的，通过评价，发现课程实施的优势和特色，诊断不足和问题，并据此提出解决、改进和完善的方案和对策。

（2）发展性原则：课程评价是为课程改进和课程发展服务的。美国著名教育评价专家斯塔弗尔比姆认为：“评价最重要的意图不是为了证明，

① 杨四耕：《课程实施的 18 种方式》，《中国教师报》2017 年 12 月 27 日。

② 杨四耕：《课程实施的 18 种方式》，《中国教师报》2017 年 12 月 27 日。

而是为了改进。”[①] 教育评价是一种共同建构的过程，是互相学习交流、通过协商和对话逐步达成共识的过程，是为了发展并促进发展的过程。

（3）整合性原则：课程评价是一个整体，课程开发、课程建设、课程实施、课程绩效都是一个整体，必须以整合的思维予以整体把握，将它们放在一个整体中加以考虑。这样，才能真正从整体上把握评价对象，厘清评价对象状态，做出科学评价。

3. 评价的对象与主体

教师是教育活动的直接责任者。为了使活动取得最佳效果，教师需从多方面把握活动现状，进行必要的评价。学生是学习的主人，也是评价活动的主体之一。教师教学的效果是通过学生表现出来的。学校领导是全校教育活动的领导者和管理者，也是全校工作的计划者和组织者。

4. 评价的内容与目标

学习评价的目的是让学生了解自己的学习效果，让教师接受教学的反馈，了解教学中存在的不足，以便对教学进行调整，更好地实现教学目标。

学生学习的评价不但有教师的评价，还有学生的自我评价和相互评价。学生的自评是对自己的学习知识、过程、表现和合作精神进行评价。相互评价是学生与各成员之间对学习过程、合作精神的评价。

5. 评价的方法

（1）课堂学习活动评价。其包括小组评价、自我评价、教师评价。小组活动在课堂教学评价中占有重要的地位。在课堂上把学生分为4人一组，并由学生选举小组长。各组长根据小组成员的课堂学习情况，负责填写。教师填写教师评价。教师对各小组学生上课情况、课堂参与表现、合作情况、语言表达、整体评价等方面进行评价。教师评价的功能不仅仅是评定分数，而是观察整个学习过程，诊断和修正学生的学习行为，激励学生不断调整方法，促进其发展。

（2）调查问卷。调查问卷能对学生、教师、家长等进行比较全面系统的了解。通过调查问卷，可以了解学生对自我保护课程的满意度，包括最喜欢哪个课程，是否运用到实际生活中，是否掌握了自护的基本知识，等

---

① 〔美〕斯塔弗尔比姆：《评估模型》，北京大学出版社，2007。

等。如《家庭》《校园》等课程的评价都运用了问卷的形式。

（3）专题测试。针对自我保护学习中常识性的知识进行专题测试，以此检验学生是否掌握了基本的知识，如学生须知晓《求救电话》《平衡膳食》《正确读写姿势》《烟酒对人体危害》等。正确了解学生的掌握情况，及时帮助未能完全掌握相关知识点的学生。

（二）课程管理

1. 软硬件环境建设

确保每学期每个年级、每位学生学习的课时安排。利用每月1～2次的主题班会开展不同的学习内容。浦东工读学校已完成校本教材《未成年人我保护系列》，学生可以根据校本教材进行学习。通过有效的课堂、读本，学生学到了自我保护的相关知识。

2. 家、学校、社会三方网络构建

学校教育、家庭教育、社会教育三方联动，使自我保护课程得到有效实施。除了在课堂上学习探讨相关问题外，还可以通过家长会、家委会、班级家长群、学校公众号等途径将自我保护教育渗透到家庭、学校、社会的各个方面。

3. 课程实施和保障

由学校领导组织专家、经验丰富的班主任对课程内容进行编写、审核，确保内容的准确性。同时编写的案例来自学生发生的真实故事，具有实用性和可操作性，并根据时代的发展对案例进行必要的更新。

五　成果或成效

自我保护课程的实施和研究，充分落实了素质教育，推进了德育课程，增强了教育的针对性和有效性。这具体表现为：

（一）学生的改变

学校通过各种方式进行自我保护的学习，增强了学生的自我保护意识和自我保护能力，加强了课程的设置，使自我保护意识贯穿整个教学过程，学生充分认识到侵害可以预防，自我防范意识得到提高。

通过问题合作等学习方式，改变了教师“一言堂”的现象，把课堂还给学生。学生参与教学活动的时间大大增加，占课堂总时间的80%。在课堂中，学生以小组形式针对一个主题积极探究、讨论，踊跃发言，不但学习了自我保护的常识，并提出了有效的解决办法。学生主动学习的能力、思考能力、表达能力都得到提升。

通过合作式的学习方式，学生学习的主动性和积极性增强了，由过去的“要我学”的被动局面转变为“我要学”“我乐学”的主动学习局面，同时还注重学生主动参与知识的形成过程，使他们动口、动手、动脑、团结协作，共同进步。

（二）教师的改变

（1）教师角色的转变。在自我保护课程的实施中，教师转变为学生自主学习、合作学习和探究学习的设计者、引导者、组织者。在学习中，充分发挥学生的主体作用，教师不包办代替，让学生在学习中得到结论。教师的角色由“组织教学”转变为“引领者”。

（2）教师语言的变化。把赞美献给每一位学生，对不同的学生使用不同赞美方式，对后进学生多采用直言赞美，对优秀学生采用含蓄赞美，对信心不足学生采用归因赞美。

（3）教师教学设计的变化。为了能够吸引学生注意力，教师的构思更加巧妙。介绍班级中的真实现象，引发学生思考，探讨某种现象成因、如何解决。由此，把课堂的主体地位交给学生，学生的学习积极性激发，学习效率得到了提高。

心理戏剧在专门学校心理健康教育中的应用

高亚娟*

近几年，心理剧、教育戏剧等心理辅导项目在学校领域方兴未艾，也得到长足发展。①②③ 北京市海淀工读学校自2015年开始研发和推广大型校园心理戏剧节活动，并陆续开展起即兴戏剧社团、一人一故事剧团课程，经过5年多探索与整合，形成“角色·人生”心理戏剧校本课程。该课程对于帮助学生行为转化、提升沟通与表达能力、建立自信、完善人格作用明显；对于探讨工读学校学生的心理健康教育模式具有非常重要的意义。

10余年来，海淀工读学校心理中心对入校学生进行的心理特征调研数据表明：100%学生在成长中遭遇过不同种类和程度上的重大负面事件，主要表现在生活环境不安定、情感缺失、学业挫败、人际冲突、情绪障碍等，学习效能感、情绪稳定性、社会成熟度、自我价值感显著低于普校学生。因此，在过去的生命维度上，学生的自画像通常聚焦在“一无是处”“宁愿不出生”“不想思考未来”等灰暗形象之上。

面对学生长期的负面经历和负面自我评价，心理健康教育需要承担起教育转化职责。积极心理学的兴起，使得人本主义心理学家关于人类生活需要更加充实、幸福的理论得到了实验支持。心理学的研究从“疾病”

---

* 高亚娟，北京市海淀工读学校心理中心负责人，海淀区人民政府督学，一级教师。

① 邓旭阳、桑志芹、费俊峰：《心理剧与情景剧理论与实践》，化学工业出版社，2009。

② 马利文：《运用教育戏剧促进学生心理健康发展》，《中国德育》2018年第15期。

③ 静鑫凡、王乃弋：《让教育戏剧为心理健康教育注入新的生命力》，《中小学心理健康教育》2018年第18期。

“问题”视角走向“积极”“幸福”“发展”的视角。[①] 工读学校育人理念与此十分契合，海淀工读学校提出了“让学生在成功中成长”的办学途径，倡导的是发掘每个人的优势和积极生命价值。

如何引领学生从过往经历中淘沥出宝贵资源，而不仅仅是看到“问题”，如何启迪学生从经验中学习，带着对自我新的发现把握现在、规划未来？讲故事是非常好的方法。[②] 每个人的生活由无数个故事组成，故事构成了人生，而自己就是导演和主角。从过去的生命故事中汲取经验、获得力量，决策未来的故事走向，人生才可能改写。于是，以故事为载体的心理戏剧和剧场活动在海淀工读学校得到推广和应用。

一　教什么、怎么教

工读学校学生的行为矫治与人格完善，一直是摆在教育者面前的一个难题。“角色·人生”心理戏剧校本课程高度契合工读学生发展需要，为学生搭建起丰富的表达和创造空间，在这个空间中，学生能够释放负面情绪，挖掘个体潜能，学习新的行为模式，并寻找到自己的定位和发展。

（一）“角色·人生”心理戏剧校本课程包含三领域

该课程将“教育戏剧、一人一故事”两种应用戏剧形式有效融入心理健康教育，通过“即兴戏剧社、一人一故事剧团、校园戏剧节”三个联结场域，以课程的形式系统组织与实施（见表1）。

表1　“角色·人生”心理戏剧校本课程组织实施一览

课程领域	即兴戏剧社	一人一故事剧团	校园戏剧节
课程对象	在校学生	在校学生、教师	在校学生、家长、教师
组织形式	社团课程	社团课程+班级巡演	剧组活动+班级团体心理辅导+全校展演
课时安排	每周1节	每周1~2节	每年2~6月 每周班级团体心理辅导1节

① 〔美〕C·R·斯奈德、沙恩·洛佩斯：《积极心理学：探索人类优势的科学与实践》，人民邮电出版社，2013。

② 周志建：《故事的疗愈力量》，华夏出版社，2012。

续表

课程领域	即兴戏剧社	一人一故事剧团	校园戏剧节
课时安排	每周1节	每周1～2节	每周剧组活动1～2节 戏剧主题日展演1场
教学设计	专职心理教师集体教研	专职心理教师与一人一故事专家共同授课；班级巡演期间，班主任参与主题确定	专职教师提供活动框架； 学生、家长、教师共同参与心理戏剧创编
内容概要	团体信任之旅 肢体舞动表达 情绪绘画 创编故事 即兴戏剧表演	日常排练 班级主题巡演服务	剧组戏剧排演 主题性班级心理辅导 主题日开放性展演

（二）“角色·人生”心理戏剧校本课程指向幸福四象限

“角色·人生”心理戏剧课程以积极心理学为视角，引领学生在“即兴戏剧社、一人一故事剧团、校园戏剧节”三个场域的课程中，立体化描绘幸福四象限“表达与自信、服务与勇气、传承与力量、开放与希望”，全面提升其核心幸福力，为人生负责，走好自我角色人生（见图1）。

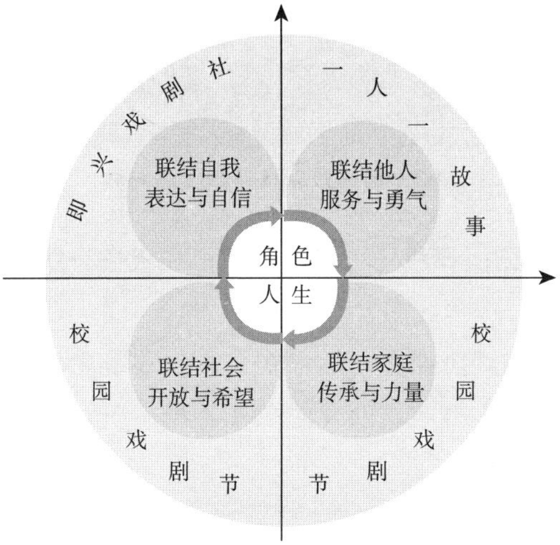

图1　“角色·人生”心理戏剧校本课程的幸福四象限构架

具体目标与课程设置如下：

1. 即兴戏剧社课程——联结自我，在内省与表达中提升自信（表达与自信）

工读学校学生不擅于表达、不敢表达，他们更愿意钻到自己的小世界“遐想”。通过即兴戏剧社团课程，引导学生敞开心扉，合理表达情绪，以应对现实困惑；敢于展示自我，接纳自我，提升自信。

即兴戏剧社团课程包含五个教学主题：团体信任之旅、肢体舞动表达、情绪绘画、创编故事、即兴戏剧表演，五个主题依次递进，分别指向支持力、自我觉察与感受力、表达力、生活感知力与创造力、行动力五个方面，从氛围铺垫、能量调动、能力提升到知行合一、行动落实（见图2）。

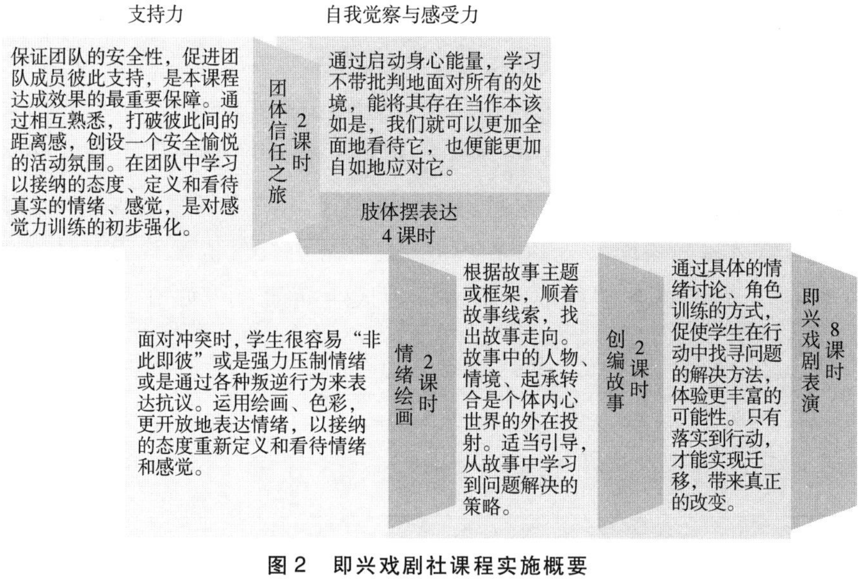

图2　即兴戏剧社课程实施概要

2. 一人一故事剧团课程——联结他人，在服务与助人中开拓勇气（服务与勇气）

通过一人一故事剧团课程，学习在一人一故事剧场中倾听故事，尊重生命，培养学生热情、勇敢、助人的积极心理品质，在与他人联结中获得价值体验，收获幸福感。

一人一故事剧团课程包含两部分：（1）剧团日常排练课程；（2）剧团巡演课程。剧团日常排练课程带领学生进行系统的分享和表达的练习，每学期经过 16 节基础课程，达到剧场演出的效果。其中包含：团队建设 3 课时，熟悉乐器、发声练习 2 课时，演出形式基础训练 9 课时，考核检验、剧场演出 2 课时。剧团巡演课程则根据学校各个班级的主题教育内容，确定班级巡演计划。通过与班主任沟通，共同确定演绎主题。借助一人一故事的仪式性、即兴自发性、社群联系性的剧场特点，通过挖掘故事、呈现故事、感悟故事，激发思考、唤醒情感、联结生活。故事服务于生命，勇气和自信在更大的团体中流动起来，助己助人，开拓成长。

3. 校园戏剧节课程——联结家庭，在传承中增加力量（传承与力量）

自 2015 年起，每年 2 ~6 月，校园戏剧节就一个主题，通过剧组戏剧排演（一周 1 ~2 次）、班级团体心理辅导（一周一次）、主题日展演（一场）三种形式，为全校师生、家长带来精彩而富有想象力的主题活动和剧目展演。

依据戏剧的教育内涵，将校园戏剧节课程分为四个主题：与自己相遇，丰盈美丽生命；相遇梦想，绽放生命的精彩；联结爱，走向辽阔人生；悦成长，迈向成功的阶梯。四个主题从认识自我、接纳自我出发，寻找梦想，获得爱和力量，指向成长和成功。四个主题呈现出相互支持与循环递进的关系，交替进行（见表 2）。

表 2　校园戏剧节课程实施概要

心理戏剧节主题	各剧组参与戏剧排演	班级团体辅导项目	主题日展演剧目	家庭社会联结路径
与自己相遇，丰盈美丽生命	执导组 编剧组 造型组 媒体组 演员组	认识独一无二的自己 自画像 接纳不完美 优势小宇宙	穿毛衣的小镇 小猪变形记 你很特别	家长进入剧场分享故事 社会资源支持
相遇梦想，绽放生命的精彩		梦想彩绘 话说目标与梦想	源自爱的礼物 小丑的眼泪 但愿我是蝴蝶	
联结爱，走向辽阔人生		爱自己 爱与被爱 内在小孩	来吧 孩子 联结爱	
悦成长，迈向成功的阶梯		成长与成功	英雄之旅 幸福在哪里	

通过校园戏剧节课程，在对成长故事的探索中与父母和家庭进行爱的联结，在爱的传承中获得积极力量。

邀约家长共同成长，家校共赢导航幸福人生。心理戏剧的剧场中，演员和观众的身份并没有明显的区隔，台上参与者，台下观察者，均是学习者。通过邀请全体家长进入剧场，心理戏剧节将学生与家庭、社会联结在一起。许多家长看完剧目热泪盈眶，他们认为："最该受教育的是自己。"感动和对生命的思考被深深地烙印在剧场中每个人心中，父母从孩子呈现中看到自己，学生从家长角色中走进父母，如何在家庭中做出积极改变的力量得到延续。

4. **校园戏剧节课程——联结社会，在开放中获得希望（开放与希望）**

心理戏剧节是一个持续性、全程性育人课程，从选题到写剧本，从排练到演出，每一个阶段学生都能获得新的觉察感悟，通过面对和反思成长中的困惑，将其转化成积极的智慧。

在主题日展演时，学生走上校园、海淀区、北京市的舞台，在更大的场域中与观众联结，以开放的心，对生活和未来抱有美好希望，增强看待他人和世界的灵活性。

二　印象最深的几件事

（一）在即兴戏剧社团中看见不一样

即兴戏剧练习中，教师会设置许多开放的场景，锻炼学生团队合作、灵活应对的能力。带领学生进行"肢体表达"练习，是非常基础而有效的方法。用肢体表达心情、跟随音乐表达节奏、身体雕塑……这些活动简单好玩，很容易激发学生的兴趣。

但是，看上去简单的肢体动作，当被郑重其事地放到一个所有人都看着的空间里时，学生便容易相互嘲笑。由于不习惯表达、也不习惯欣赏别人表达，所以，学生会在尴尬中开玩笑，甚至会口不择言。这恰恰是教师在戏剧课中要教会学生尊重和表达的契机。

尊重和敢于表达的基础是"看到不一样，尊重差异性"。在团体中，S是容易被排斥的个体，她喜欢自娱自乐，她关注的《西游记》《大力水手》在其他人看来幼稚可笑。教师通过肢体舞动加入语言自我介绍的方式，鼓励大家遵照自己的感觉用一个声音或动作来代表自己，然后，其他人去模仿。当教师说出这个规则时，其他同学相视而笑，说："老师，这个玩法太可怕了！不要啊，我们不要模仿某些人！"一边说一边把目光投向S，还做了一个剪刀手的动作。此时，教师心里明白这个活动恰好要让大家学习看到"每个人是不同的"，只有走进这个不同，才真正体会这个不同的存在。

于是，教师坚定地告诉大家："每个人都要做出最能代表自己的动作，或者发出一个声音也是可以的。要求是每个人做时，向前迈一步，待该同学做完，其他人要跟随，投入其中，做出和这位同学完全一样的神情。"接下来，所有人站起来围成一个圆圈。为了给大家一个缓冲，教师先示范，向圈内迈上一步，说："我是jessica!"同时做了一个双手高举舒展开来的动作。其他人顺利地模仿教师的声音和动作。当到了S做动作时，果然她很欢快地跳起来，说："我是S!"同时做出剪刀手的动作。其他人表示为难，教师鼓励她们："要进入别人的世界去感受，真心做了才会有不一样的发现!"在欢乐的气氛中，这些学生已经介绍完自己，得到了别人的尊重，此时也不好再拒绝，果真就跟随着大家当了一次S。到了活动分享环节，孩子们最大的感受是做了很多过去不曾做过的动作，不过认真做完之后，感觉也是挺温暖的。

活动中，教师以身示范，精心设置与每个人息息相关的活动规则：所有人围成圆圈站立，在圆圈中你能够看到所有人，所有人也能够看到你；每个人轮流做动作，其他人模仿这个动作；模仿过程中带着观察和欣赏。如果团体中所有人都是彼此尊重的，那么，轮到自己做动作时，其他人也会回馈自己尊重。通过这样一轮一轮的游戏和体验，团体的氛围就能够从松散、玩笑的状态，发展到融洽、合作的状态之中。

看到不一样，尊重他人就是尊重自己，这恰恰是在情境中带给孩子深刻的心灵成长。在剧场中没有好与坏的评判，学生们放下防御，也放下"我不好、我不行，你不好、你不行"的思维限制，在彼此接纳和欣赏中，呈现出多样的思考角度和处事方式，这是即兴戏剧表达最具魅力之处，也是针对学生认知、行为与情感脱节的重要教育转机。

（二）一人一故事剧场中用故事照亮生命

一人一故事剧场中，每一位观众均为讲故事的人，一个个故事构成整场演出。一人一故事剧团成员（一位领航员、四位演员、一位乐师）现场根据观众的故事进行即兴创作。通过互动式的讲述和演绎，观众的内心得到开放，他们更愿意讲自己的经历，所有人在听故事、看故事时获得生命的启示。

2018年12月心理中心按照学期计划开启一人一故事班级服务巡演活动。伴随着领航员一声“请看”，故事讲起来，演员演起来。再一句“这个礼物送给你！”掌声、微笑、温暖、沉思从剧场中生发、延续、回荡、被记得。

先后9场演出面向全校每位同学，所创设的开放性戏剧课堂记录下太多感动。初二（1）班的演出主题是“明理”：淘气会让家长担心吗？没有车时可以闯红灯吗？妈妈辛苦上班我体谅到了吗？逃学、交往社会朋友会有危险吗？透过故事的讲述、演员的表现，由明理带来的思考，让同学们对这些现象有了更加真实的感受。初二（2）班的演出主题是“懂得”：哪些事可以让自己懂得，懂得了什么？很多同学不经常表达感受，开始是腼腆的、不自在的，直到在一人一故事领航员的引导下勇敢说出自己的经历，大家更加懂得什么是尊重和真诚。初二（3）班的演出主题是“父亲”：有一些不曾和父亲讲出的话，没有化解的误会和矛盾，讲述出来，变得轻松了，能够更坦然面对和接受。初三（1）班的演出主题是“感恩师长”：师长的一句话语，与师长的一次谈话、一个共同玩的游戏，都会在成长路上化为一分力量，懂得挖掘，才更懂得珍惜，懂得珍惜，才更感恩生活。初三（2）班的演出主题是“蜕变”：蜕变的过程充满欣喜，更充满探索，正如分享者所说：“做好自己，努力做到最好！每个人都能改变！”初三（3）班的演出主题是“暖”：亲情、同学情、师生情，暖心的瞬间无处不在，暖心的故事令人潸然。同学们可以从温暖的经历中，更好地学习到欣赏与感恩。初三（4）班的演出主题是“回忆与憧憬”：谈谈过去的自己，憧憬下未来理想的自己，为自我发展找到适合的答案和方向。高一、高二的演出主题是“上进”：展示才华是上进，找到目标是上进，克服弱点是上进，不服输的精神是上进。回首看去，每一个成长印记都给了自己一次认识自我、积聚能量的机会。

巡演服务打开了用故事照亮生命的一扇门，同学们真挚的笑容、意犹未尽的分享热情，是一笔巨大的精神财富。

（三）校园戏剧节带来百花齐放春满园

一花独放不是春，百花齐放春满园。每个人都可以拥有绽放自我、激发各种潜能的心灵盛宴，校园戏剧节就是在这样的背景下应运而生。

戏剧的教育意义体现在多元性和包容性上。声音、音乐、表演、手工、写作、领导力、沟通合作，多元的元素让每个人都可以从中找到自己的价值和发展空间。每年戏剧节从启动仪式一开始，招募师生成立剧组，剧组分为执导组、编剧组、造型组、媒体组、美工组五个工作团队，各团队都有专门的指导老师。至少有 60 名学生参与其中，编剧、服装、道具、海报、剧场服务，每一项都由师生原生态创作和制作，在不同的角色中历练和成长。

这期间，好玩的游戏和创意无限的戏剧体验活动精彩纷呈，用它们独有的魅力，诠释了戏剧和人成长的关系：表演只是戏剧的一部分，每个人都可以将“我是人生主角”的戏剧理念融入日常生活，通过自我控制、自我激励、自我塑造讲好自己的人生故事。

2015 年读初二的小 A 第一次参演校园心理戏剧节的剧目，在《但愿我是蝴蝶》这部剧中，她说自己：“又黑又丑，演一个不用说话的老蜘蛛就好了。”这是很多同学在参加戏剧活动时最常见的反应，他们担心和害怕自己的能力不足，不想站在舞台中央，不想说太多的话。在老师鼓励下勉强答应演蜘蛛婆婆的小 A 加入了剧组，同时，剧组中还有“蝴蝶”“小蟋蟀”“小蟋蟀妈妈”“螳螂”“瓢虫”“蚂蚁”“蜜蜂”。老师带领大家讨论“想变成蝴蝶的小蟋蟀怎样可以走出自卑”，慢慢地，每个人发现自己的角色都是重要的，都可以在团体中贡献智慧。

小 A 在老师的鼓励下，也开始思考作为“蜘蛛”的独特之处。小欣的表达能力很强，逐渐地，她的语言优势彰显出来，她越来越习惯在舞台上讲话。她成功演出了一位有智慧的蜘蛛婆婆。

从此以后，小 A 喜欢上了表演。老师则鼓励她挑战不一样的角色。她开始尝试演不同性格的人，其中对自己最有挑战的一次是演“穿裙子跳舞的自信女孩”。从来没有穿过裙子的她表示十分震惊，认为这绝对不可能。老师依然坚持，鼓励她面对不同角色，在老师的推动之下，小 A 改变了。过去那个爱发脾气不合群的女孩不见了，她不仅在舞台上自信大方，在生活中也阳光起来，读高中时担任班级元旦节目的导演，带动身边的同学共同排练情景剧。

心理剧场是行动的哲学、生命的舞台，心理戏剧对发展过程的注重大于对表演结果的注重，过程本身就是它的结果。无论是扮演角色还是参与道具制作，都要想办法带给参与者历练和成长。

三 思考·设想

笔者在2015年进行的“运用舞台心理剧提高工读学校学生自尊的实践研究”结果显示：舞台心理剧辅导小组的学生进行一学期的舞台心理剧排演之后，他们的自尊水平明显高于对照组。自尊发展是影响工读学校学生心理健康的重要因素之一。①

作为海淀工读学校心理健康教育课程的组成部分，“角色·人生”心理戏剧课程的内容体系和实施方法日臻完善，对于促进工读学校学生个性发展起重要作用。心理戏剧校本课程的应用得益于以下几个方面。

（一）机制与资源提供保障

海淀工读学校心理中心创建于2005年，组织机制和制度保障完善。中心共建成情境教室、书香茶韵、音悦心情、穿越剧场、梦想沙世界、彩绘空间等十一大功能室。各功能室内以表达性、艺术性为基调，各种乐器、书画材料、绘本、心理剧道具等方便学生参与创造和体验。环境、资源建设创造了良好的心理工作氛围，为课程开展提供了有效的支持。

（二）充分调研学生特点和需求

本课程立足工读学生低自尊、社会成熟度低、表达力欠缺、行动力差等普遍性特点，在课程中不断通过问卷、访谈等形式，了解学生当下的成长关键点和兴趣偏好，根据其有关学业、理想信仰、人际交往、情绪管理等诸多问题出现的原因及解决的方法和技能，调整课程内容，确定日常排演及校园心理剧展示主题，深度契合学生、聚焦现实的、接地气的活动，才能深受学生喜爱，永葆生命力。

（三）构建出师生共成长的课程愿景

该课程自实施以来，共构起了师生共同成长的生命愿景，教学相长，相得益彰。首先，为学生搭建了一个卓有成效的体验平台。2017～2018年，学校承办了海淀区德育现场会，挂牌了“北京师范大学心理学部教育实习基

---

① 杨福义：《工读学校学生自尊及其相关因素研究》，华东师范大学硕士论文，2003。

地”，主办了寄读师生作品展，在这些现场会和大型活动中，学生进行了戏剧展演，所演出的成长故事，获得海淀区教委领导、各界嘉宾一致好评。

其次，教师持续不断成长。作为戏剧引导者的教师，需要有丰富的感知、自信的行动，只有当教师将自己融入其中，才会把触动人心的教育带给学生。学校心理教师非常重视个人成长，不仅系统学习教育戏剧、一人一故事领航员、心理剧、表达性艺术心理辅导等方法和技术，同时结合学生实际进行创造性应用，提升专业技能，拓宽服务空间。

（四）多空间融合协同发展

该课程是在学校原有个体咨询、团体辅导、班级心理授课等课程基础上的新探索，进一步深化了学校心理教育。但该课程不是独立的，它又与个体辅导、团体辅导、家庭辅导、心理必修课等紧密结合。通过在各层次辅导和课程中渗透心理戏剧的理念和方法，让“我是自己人生的导演”“每个人都是天生的演员”的积极意识深入人心。

心理戏剧还与学校的教学工作结合起来，2019 年戏剧节排演的《幸福在哪里》则是基于学生读书节活动中阅读的名著《红岩》创作而成。高亚娟老师示范课——对生命说是，[①] 融入戏剧辅导元素，获得北京市“成均杯”展示一等奖，在海淀区 2016 年度学科带头人、骨干教师说课比赛中获得一等奖。

该课程的整合，在一定程度上打破了校园辅导的边界化，打开校门“请进来，走出去”，统筹社区、专家、家长资源，为学生走上更宽广的人生舞台，搭建起具有包容性和支持性的成长空间。北京熔言剧社带来了内容丰富的实践活动，从戏剧小组到戏剧社团，从剧场巡演到主题开放日，让学生享受到优质教育资源。

教育戏剧、一人一故事应用戏剧形式在工读学校的实践在一定程度上丰富了戏剧进校园的操作策略。未来，需要在实践中进一步深入理解心理戏剧的本质，有效整合音乐、绘画、雕塑、游戏等多种艺术形式，更广泛地融合社会资源，发展出更多维的学生、教师、家长多群体共同体验、共同分享、共同成长的“一体化”课堂，形成完备的课程实施纲要和操作手册。

---

① 高亚娟、鄢荣农：《对生命说是》，《北京教研》2017 年第 3 期。

破译青春密码

——如何陪伴专门学校学生度过青春期

沈满阁*

当孩子很小的时候，家长经常累得体力不支。可是，当孩子长大了，家长又常常产生更多的忧虑、更多的争吵、更多的心理较量。在这场较量中失败之后，孩子在学校没办法正常学习，被介绍来专门学校。来到专门学校，如何才能让自己在保持冷静的同时对他们实施有效的管教呢？这是专门学校老师工作的重心。

一 学生怎么安全度过青春期

专门学校的学生大多是男孩儿，本文重点探讨男生怎么安全度过青春期。男孩的成长过程很难一帆风顺。他们的成长要经历一个特定的过程，没有捷径。男孩在成长过程中所发生的变化，以及他们在不同时期所表现出的状态和活力都会令我们吃惊。但是人们的困惑在于不知道他们需要什么，即使知道他们的需要，也不清楚应该在什么时候给予。男孩的成长要经历三个阶段①。

第一阶段是从出生到 6 岁。这个年龄段的男孩是属于母亲的。他是“她”的孩子，虽然父亲在其中也扮演了非常重要的角色，但是他还是属于母亲的。在这一阶段，父母的任务是让孩子在爱的包围下安全地成长，

---

* 沈满阁，洛阳市旭升中学教师，研究方向是亲子关系、人际交往、个人心理成长、家庭心理维护。

① 史蒂夫·比达尔夫：《养育男孩》，中信出版社，2008，第 9 页。

让这一阶段成为男孩成长过程中温馨的一站。

第二阶段是6~13岁。在这个阶段，男孩感受到来自内心世界的召唤，开始尝试成为男人。这时候，男孩在感兴趣和偏爱的活动方面越来越像父亲。虽然男孩与母亲仍然保持着密切的联系，但是更广阔的世界开始向他招手。在这一阶段，父母的主要任务是：让孩子在嬉笑玩闹的过程中形成善良的品性，同时培养孩子的竞争意识，并教给他们这方面的技能，使其成为全面发展的人。在这个年龄段，男孩为自己能够成为一个男人而感到高兴。

第三阶段是从14岁到成年。在这个阶段，男孩如果要完成从幼稚到成熟的转变，就需要成熟男人的引导。这时，父母在男孩的生活中不再占据主导地位，但是他们必须为儿子挑选好的引导者，否则儿子就会在同样无知的同伴身上寻找自我。在这一阶段，男孩参加成人社团活动的机会越来越多，这些活动将帮助他们学会与人沟通的技巧，让他们成为有责任感、自尊自爱的人。

父母在以上每个阶段扮演的角色是不一样的，他们的角色转变需要一个过程，但是这个过程是循序渐进的，并不是转眼之间就能完成的。最好的做法是，在孩子的童年时期和青春期，父母双方都守护在孩子身边。在这个时期，父母的重心有所转变：男孩6~13岁这段时间内，父亲的角色越来越重要；14岁之后，引导者在男孩的生活中发挥着日益重要的作用。但是父母应当慎重选择男孩的引导者，让引导者引领男孩顺利成为一个正直的人。

从这三个阶段可以得出这样的结论：当男孩十几岁的时候，我们需要外界的帮助和支持。然而，普遍存在的问题是，十几岁的学生朝着更为广阔的世界前进，却没人为他们指引道路。因此，对他们来说，学生和刚成人这一阶段非常危险。有些男孩永远也无法跨越这一阶段，也就是说，他们永远也长不大。男孩之所以会遇到一些问题，完全是因为身为父母的我们不知道在他们的成长道路上存在这几个阶段，也没有在适当的时候为他们提供正确的人生指导。这三个阶段非常重要，我们必须对其进行更为详尽的研究，从而制定更好的应对方案。这就是我们现在需要完成的工作。

二　怎么帮助专门学校的学生形成健康的心理[①]

（一）帮助学生树立正确的自我观念

正确的自我观念是心理健康的重要条件，一个人只有正确地认识自己，他的行为举止才能得体，学习和工作才能适应，才能努力地发展自己，主动地进行自我教育。如果自我观念不正确，他可能自视清高，自以为了不起，去做力不能及的工作，他也可能自觉羞惭，不肯以本来的面目表现自己，以致形成沉重的心理负担，不能心地坦然。

（二）帮助学生形成适度的抱负水平

要了解社会对个人的要求，哪些是环境所允许的，哪些是不允许的，其变化趋势如何，等等。要善于将个人的优、缺点与环境的利弊四个因素综合起来分析，扬长避短，挖掘环境的有利因素，发挥个人的优势，一方面，与命运搏斗，改造客观条件；另一方面，调整主观意愿，确定合适的抱负水平，以免做出招致挫折的事。

（三）帮助学生建立和谐的人际关系

在与人相处时，其肯定的态度（如尊敬、信任、友爱等）总多于否定的态度（如憎恶、怀疑、恐惧等），对其所归属的集体，有一种休戚相关、安危与共的情感，总乐于牺牲个人的欲念去谋取集体的幸福。

（四）帮助学生个人与社会协调一致

自己的需要、愿望与社会的要求与他人的幸福发生冲突时，要放弃和修改自己的行动计划，以谋求与社会的协调一致。

（五）让学生把心灵中的积郁倾吐出来[②]

思想和情绪上的矛盾长期积郁在心中，会影响脑功能，造成心理失常。思维情绪上的问题只有将它倾吐出来，心情才会感到舒畅，并能起到一定的安定作用。

人的一生中要接受三方面教育，即家庭教育、学校教育和社会教育。家庭教育作为人生接受教育最早、影响时间最长的一种基本形式，在年青一代的成长过程中（特别是青春期）起着十分重要的作用，是学校教育不

---

① 乔尼斯·韦布：《被忽视的孩子》，机械工业出版社，2018，第161页。

② 塔玛·琼斯基：《让孩子远离焦虑》，浙江人民出版社，2014。

可替代的。

三　应对专门学校男生青春期挑战

都说“知己知彼，百战不殆”，了解到专门学校的现实状况，我们专门学校的老师要教什么？怎么教呢？

（一）感恩教育——感恩父母主题班会

班会流程：

1.《快乐按摩操》（父母与孩子互相按摩）

指导语：（孩子对父母）

把手放在父母的头上。按按您的头，爸妈不用愁，孩子我加油。
把手放在父母的肩上，捏捏你的肩，咱俩多聊天，快乐每一天。
把手放在父母的背上，拍拍你的背，父母您劳累。孩子有体会。
把手放在父母的腰上，揉揉您的腰，孩子已长高，重担我帮您挑。

（父母对孩子）

把手放在孩子的头上。按按你的头，学习加把油，分数不用愁。
把手放在孩子肩上，捏捏你的肩，咱俩多聊天，快乐每一天。
把手放在孩子的背上，拍拍你的背。学习不会累，精力翻两倍。
把手放在孩子腰上，捏捏你的腰，孩子你已长高，爸妈很自豪。

2. 感恩调查

（1）你知道父母的生日吗？

（2）你知道父母最大的烦恼是什么吗？你能为父母分担忧愁吗？

（3）你最让父母痛心的事情是什么？

（4）父母最让你感动的一件事是什么？

3. 我想对你说……

这个环节分为两个部分。

第一个部分是爸爸妈妈，我想对你说……

第二个部分是亲爱的孩子，我想说……

4. **情感连接**

父母是A，孩子是B。A和B看着彼此的眼睛。

A对B说，我只是一个平凡的爸爸妈妈，我可能有一些缺点，你会永远爱我吗？

B对A说，会，一直会，永远会。

B对A说。爸爸妈妈，你们还爱我吗？父母回答，爱。

B对A说，爸爸妈妈，假如我不够好，你还爱我吗？

A说。爱，一直爱。

B对A说，爸爸妈妈，假如我不乖，没有活出你期望的样子，你还爱我吗？

A说，爱，一直爱，永远爱。

你还有什么话要对自己的父母说吗？

5. **敬感恩茶**

6. **感恩宣誓**

我宣誓：

亲爱的爸爸妈妈，

从今天开始。

我要在思想品德上让你们安心。

在学习上让你们放心。

在生活上让你们省心。

我们决不辜负父母心。

宣誓人：你们亲爱的孩子。

（二）家长学校

家长学校每月一次，每次一个小时，课表如下：

（1）《非暴力沟通》读书会。

（2）《养育男孩》读书会。

（3）发现早恋。

（4）表扬要有温度。

（5）《让孩子远离焦虑》读书会。

（6）孩子出问题了，是先聚焦行为，还是先关注感受？

(三) 学校心理健康课案例《可贵的自制力》[1]

1. **教学目标**

(1) 知识与能力：学生认识到自制力的重要性，能够掌握培养自制力的方法，增强学生的自制能力。

(2) 过程与方法：通过情景重现，让学生认识到自身存在的问题，探究解决问题的方法，把掌握的培养自制力的方法运用到新的情景中。

(3) 情感态度与价值观：学生能够在各种诱惑面前战胜自己，向着自己的人生目标不断前进。

2. **教学重点和难点**

(1) 教学重点：掌握培养自制力的方法，增强学生的自制能力。

(2) 教学难点：掌握培养自制力的方法。

3. **教学准备**

学生根据生活中经常出现的缺乏自制力的事件排练小短剧。老师准备多媒体课件。

4. **教学过程**

(1) 故事导入 引出话题 (3 分钟)。

教师：上课之前给大家讲一个故事。在一个青黄不接的初夏，一只在仓库里觅食的老鼠掉到了一个盛了半缸米的米缸里，老鼠爱大米，万年的真理。老鼠当然喜出望外。它先警惕地环顾了一下四周，确定没有危险后，便钻进去开始狂吃，吃饱后倒头便睡。

老鼠就这样在米缸里吃了睡，睡醒了再吃，好不惬意。日子就这样一天天过去了。有时，老鼠也为是否要跳出米缸做过思想斗争，但一想到白花花的大米就在身边，可以随便享用，便打消了跳出去的念头。直到有一天米缸见了底，老鼠才发现想跳出去已无能为力了。最终困死在了米缸。

教师提问：为什么老鼠得到这样的结局?

学生回答。

教师小结：由此可见，自制力对一个人来说是可贵的。今天我们就来学习《可贵的自制力》一课，通过学习，我们认识到自制力的重要性，并

① 史蒂夫·比达尔夫：《养育男孩》，中信出版集团，第 102 页。

且掌握培养自制力的方法。

教师板书（《可贵的自制力》）。

（2）体验课堂 探究感悟（10 分钟）。

学生代表提前准备展示生活场景。

场景一：《作业君，想说爱你不容易》

同学甲：终于周末了，我妈要带我出去旅游，我今天晚上得把作业写完，幸亏我亲爱的老师们布置得都不多。

同学甲戴着耳机坐在桌子边：边听 music，边写作业，这样效率更高。

同学甲写了两个字：对了，《延禧宫略》，我的璎珞开始了，可是……嗨，边看电视，边写作业，边听音乐。这才是传说的三管齐下。效率杠杠的。

同学甲看着电视，放下了手中的笔，对门外喊："妈，明天我不出去玩儿啦！在家写作业。今天晚上还是美美地看电视吧！"

场景二：《"游戏综合征"》

妈妈：已经开学了，可不能像放假时候没日没夜玩游戏啦！收收心，该好好学习啦！

同学乙：那不行，您不能一点儿也不让我玩呀！一下子给我停了，我上课、写作业的时候光顾着想游戏了，没办法专心学习，每天我就玩半个小时，我保证。

妈妈：那好吧！我出去有点事，我回来以后作业得写完啊！

同学乙：老妈万岁！

同学乙玩起了电脑，定了半个小时的闹铃。

闹铃响了，同学乙关掉闹铃。再玩一分钟，看看表，再玩两分钟……

哎呀！9 点半了，我怎么玩了这么久，作业还没写呢，我妈也要回啦！完蛋了。

场景三：《我又忍不住打架了》

下课了，同学丙从同学丁桌边经过，不小心把同学丁的书碰掉了，因为他不知道，就走出了教室。回来以后，同学丁拉住同学丙："站住，你怎么把我书碰掉了，没长眼睛啊！"同学丙："你才没长眼呢？谁碰你书了？"同学丁推了一下同学丙："不道歉，还骂人，你还有理啦？"同学丙还了一下："凭什么推我？"同学丁："就推你怎么啦！"同学丙："想打架，谁怕谁。"同学丙和同学丁扭打在一起。

教师提问：这样的场景在我们的生活中是否经常出现？原因是什么？

学生回答。

教师小结：生活中有太多诱惑和干扰存在，而且很难控制自己的情绪，一个自制力差的人，往往会在不知不觉中偏离自己的最初目标，而一个自制力强的人却可以在各种诱惑面前战胜自我，向着自己的目标不断前进。

（3）方法指南——如何培养自制力（8 分钟）。

①明确自己的人生目标。

展示图片《三位砌墙工人》。

教师：一位记者到建筑工地采访，分别问了三个建筑工人一个相同的问题："你在做什么？"第一个建筑工人头也不抬地回答："我正在砌一堵墙。"第二个建筑工人回答："我正在盖房子。"第三个建筑工人的回答是："我在为人们建造漂亮的家园。"记者觉得三个建筑工人的回答很有趣，就将其写进了自己的报道。

若干年后，记者重新访问这三个建筑工人。

当年的第一个建筑工人仍然像以前一样砌着他的墙；而在施工现场拿着图纸的设计师竟然是当年的第二个建筑工人；至于第三个工人，记者没费多少工夫就找到了，他现在成了一家房地产公司的老板，前两个工人正在为他工作。

教师提问：三位砌墙工人同样的起点，为什么最终得到不同的结局呢？大家给他们的自制力排一个顺序。

学生回答。

教师：同样做一件事，定的目标不同，在做事情的时候遇到各种干扰和诱惑时表现出的自制力也会不同，结局也会有天壤之别。

②从小事做起。

教师：人的自制力是在平常的工作、学习、生活中，在一点一滴的小事中逐步培养起来的。三位工人的不同也不是一下子就变了的。以第二个工人为例，我们分析他的自制力是怎样一步步强大起来的。

学生回答。

教师小结：如果第二位工人，不注重实际情况，只盯着最终的目标看，他能成功吗？当我们在生活中想提升自己的自制力的时候，不要在最开始的时候给自己定一个很高的目标，而是把长远的目标拆分成一个个的小目标，甚至变成生活中的点滴小事。如果我们能在小事上加强对自制力的锻炼，那么，一旦我们遇到重大的事件，就能自然而然地表现出强大的自制力。

③改变环境，自增压力。

教师：第三个工人的目标非常远大，他的目标是建造一个美丽的城市，他需要怎么做呢？

学生回答。

教师：如果他做着和第二个工人一样的事情，得到的估计也是一样的结果，所以他需要跳出原来圈子，学习更多的东西。这也是我给大家介绍的第三个方法，改变环境，自增压力。在生活中，我们可以选择多和那些具有自制力的人交朋友，给自己制造环境的压力，来增强自己的自制力。

④自我暗示和激励。

教师：大家想想，第二个工人和第三个工人一路走来不可能一帆风顺，当他们遇到困难，犹豫不前，想放弃的时候怎么办？

学生回答。

教师：给自己一些积极的心理暗示，可以增加我们克服困难的信心，让我们遇到挫折的时候坚持下来。

（4）情景再现（12 分钟）。

结合以上所学方法，小组讨论，用另一种方式重新演绎三个场景。

教师示范：

场景一：作业君，想说爱你也容易

同学甲：终于周末了，我妈要带我出去旅游，我今天晚上得把作业写完了，幸亏我亲爱的老师们布置得都不多。

同学甲坐在桌子边，想戴耳机，又放了下去：算了不听歌了，听着歌影响我做题，我今晚一定要把作业写完。

同学甲写了两个字：对了，《延禧宫略》开始了，可是……算了，写完作业再去，写完还能看回放，不行明天看重播，这小小的吸引我都克服不了，怎么考上洛一高呢？

同学甲专心地把作业写完了。

场景二、场景三学生分小组重新创作，展示。

（5）学生分享感悟与收获（2 分钟）。

（6）教师小结（2 分钟）。

良好的自制力是人们顺利完成工作和学业、取得成功的必要条件，还可以帮助我们与他人愉快地相处。同学们，像老师一样，把两手重叠放在胸口，闭上眼睛，在心里对自己这样说："我是最棒的，是一个拥有自制力的人，我相信通过我自己的努力，我能拥有强大的自制力。"

自制力的培养不可能一帆风顺，可能会反复，有时候坚持了两天，第三天不小心破戒了。自制力的培养和我们学习知识一样，不会立竿见影，但是"日不见其增，月见其涨，月不见其增，年见其涨"，最终它会帮助自己获得理想的人生。

（7）作业。

完成人生目标金字塔（见图 1）。

要求：①思考为了实现自己的人生目标，你将如何行动？

②把自己的人生目标金字塔贴在醒目位置，时刻提醒自己，约束自己的行为，提高自己的自制力。

5. 教学反思

本节课结构完整，学生参与度高，学生情景剧排练需要多加指导，增加学生表演自信心。

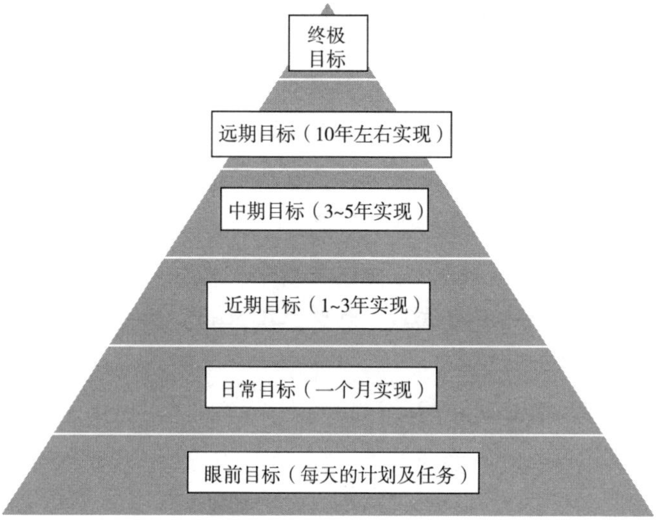

图 1　人生目标金字塔

6. **板书设计（见图 2）**

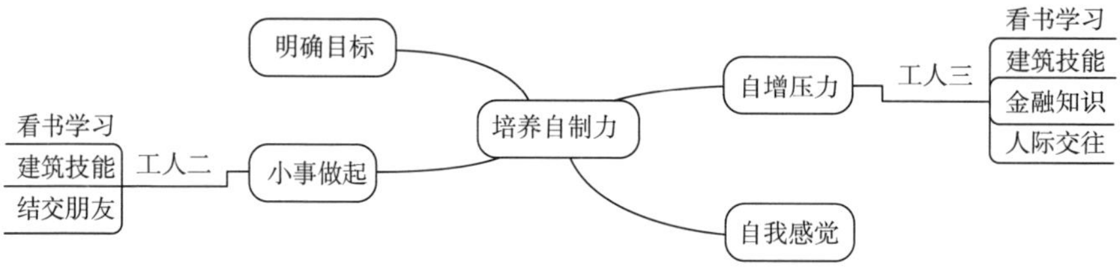

图 2　板书

四　对学生如何应对青春期的思考

1. 让孩子懂得承担责任，学会道歉①

当学生把事情搞砸的时候，他们需要从关心他们的成人那里获得帮助。无论是孩子得罪了朋友，触怒了父母老师，还是从你的钱包里悄悄拿了钱，你都可以把握住机会，把一个标示着羞耻、不安、尴尬的情形，变成一个能帮助他们更充分地培养同情心、走向成熟的练习。

我们的目标是培养一个能为自己的行为承担责任的学生，培养一个敢

① 〔美〕乔希·西普：《解码青春期——如何陪伴十几岁的孩子成长》，湖南教育出版社，2019。

于诚恳地承认错误、愿意真心悔改的学生。

我们的学生可能很固执，拒不承认自己错了。这往往是因为他们害怕，没有安全感。孩子的自尊心本来就脆弱，道歉会让他们觉得是在承认自己的不足，这让他们对道歉更容易采取拒绝的态度。

（1）如果学生这样说“好吧，要是他们没有_____我肯定不会_____”。

通常情况下，双方都有错。不过，麻烦的是，学生只关注自己如何委屈，而且会竭尽全力为自己的行为辩解。你得小心地拆除这颗“炸弹的引信”，方法之一就是要区分原因和借口。原因是用来说明学生为什么会那样做的一个因素。了解这一点非常有用，但是要让孩子明白，原因绝不是借口或者辩解，而且从来没有人强迫他们去做某事。任何人都没有那样的权力，因为我们每个人只对自己的行为、言语、思想和情感负责。以下这些问题能帮你抓住这个区别的核心：

“我想听听你的想法，到底发生了什么？”

“当时你有什么感觉？你认为是什么原因让你那么做？”

“好吧，我听懂你说的原因了。这些原因可能让你很苦恼，但是你不觉得，这些原因是你给自己找的借口吗？”

（2）我真的不知道做错了什么。

学生很可能不知道自己错在哪里，这一点儿也不奇怪。众所周知，学生常常不了解社会情况，经常误解人际关系。所以，有时候可能整件事完全就是一个误会。

如果学生和别人发生冲突了，你可以教给他们两句特别有用的话，来帮助他们和对方和解：

“我觉得我们之间关系有点儿紧张，我琢磨这件事情很长时间了。是不是我做了什么让你不高兴的事？我做错了什么事吗？”

“和你吵架我非常抱歉。我真的很抱歉。我真的很看重你这个朋友。如果我做了什么事让你很生气，请你告诉我，以便我能向你道歉。”

2. 当学生辜负了你的信任时，你该怎么办？①

相信大多数老师和我一样，有自己管教学生的规矩。而且，你可能花

---

① 〔美〕乔希·西普：《解码青春期——如何陪伴十几岁的孩子成长》，湖南教育出版社，2019。

费了很多时间和学生谈论这些规矩，希望这些规矩能帮助他们稳定心性，好好学习。如果学生出于无知，或者因为意外或不注意违反了这些规矩，那另当别论。可是，如果学生是故意的，而且也知道自己的所作所为违反了你花费心血订立的规矩呢？这会让人情绪失控。而且，这也会让我们与学生之间的关系变得很紧张。但是如果失败对于每个人来说是不可避免的，那么让学生早点儿经历失败，多体验几次失败——给他们一个安全的、能获得支持的环境，从失败中吸取经验教训——这是帮助他们成长最好的方法。

趁孩子犯愚蠢错误的时候，与他们坦诚地交流，引导他们培养自我管理能力，给他们提供一个清晰的计划来重建信任。

通常，学生撒谎有如下两个原因：自我保护。他们害怕惹上麻烦，因此会把证据藏起来，省略关键细节或者直接抵赖。这不是因为他们喜欢撒谎，不懂得是非曲直。这是因为他们害怕。学生本能地知道他们的所作所为会让你失望，因此，他们会撒谎，试图对你隐瞒这件事。因为没有什么比从我们爱的人的眼睛里看到失望更糟糕的了。你要尝试着分析孩子行为后面的动机，学生可能会死不承认，对他们来说你如何看待他们事关重大。不管孩子是否表现出来，很可能他们很害怕。他们不傻，他们知道辜负了你的信任。他们正在寻找方法来重新获得你的信任，恢复你们之间的关系。不过，他们需要一个明确的计划。什么时候能再次信任某人是一件非常主观的事。可是为了获得信任，需要采取的步骤往往非常具体简单。

3. 当学生被欺凌或者欺凌别人时怎么办？[1]

什么是欺凌？或许我们需要一个正式的定义：以下是专门研究此类问题的社会科学家对欺凌的定义，欺凌无一例外的是一种故意的行为（不存在偶发性的欺凌）。欺凌是一段时期内反复发生的行为。欺凌总是在双方力量不平衡的情况下发生。这种力量的差异有可能是身体上的（强壮与弱小）、关系上的（受欢迎的与不那么受欢迎的）、情感上的或者心理上的。这种力量上的不平衡大多数情况下使受害者不太可能保护自己。欺凌是一

① 〔美〕乔希·西普：《解码青春期——如何陪伴十几岁的孩子成长》，湖南教育出版社，2019。

种以不断削弱另一个人的积极自我认识为目的的攻击性行为。培养学生的应变能力，帮助他们发展与人相处的能力，以便他们能够处理憎恨情绪，并且相信自己有能力解决社会性和人际关系方面的问题。

总之，要有效地进行青春期心理健康教育，使中学生拥有健康、积极、向上的心理素质，使他们成为以自尊为本、以自爱为荣、以自强为律、以自信为勇、以自主为舵的风华少年，使他们能热烈、真诚、坦荡地去迎接、驾驭自己的青春。

系统干预，共助成长

——专门学校亲情教育的几点思考

金超然*

亲情在人的生命历程中无疑是重要的内容，是我们与社会最原初的联结，也是我们一生中最深刻的羁绊。拥有亲情是幸福的事情，因为它总是让我们感到温暖，亲情让家成为我们每个人的避风港，亲情让家人之间无论遇到怎样的情况都能相互支持。但是，这样温暖的亲情并不一定每时每刻都伴随在每一个人身边，在专门学校的教育实践中，笔者发现，很多学生的家庭中存在着严重的亲情缺失，具体表现在：家长不知道如何关心子女，子女不知道如何尊重家长，亲子之间时常爆发语言甚至是肢体冲突。因此，在专门学校的教育过程中，如何充分发挥学校的作用，提升家庭的亲情水平，让家庭更好地助力学生的不良行为矫正，是十分重要的话题。

一　专门学校亲情教育教什么？怎么教？

（一）专门学校开展亲情教育的背景与意义

随着近年来教育研究的不断发展，大家都已经开始意识到，家庭对于学生的教育起着举足轻重的作用。学校教育也应当适当拓展其教育内容，将亲情教育列入其中。尤其是对于专门学校来说，亲情教育有着更加特殊而重要的作用。

---

* 金超然，北京市海淀工读学校历史教师，研究方向：未成年人不良行为教育矫治、学校社会工作。

1. **专门学校学生的家庭关系情况背景**

在已有研究中，研究人员发现，与普通学生相比，专门学校学生的家庭教育环境相对较差，存在着家庭关系紧张、父母教养方式粗暴、监管不力等问题。调查发现，25.1%的专门学校学生的父母经常吵架，比普通学校学生（13%）高12.1个百分点；11.6%的专门学校学生经常被父母打，比普通学校学生高7个百分点。与此同时，多数专门学校学生存在着亲子关系疏离的问题，调查发现，仅有5.1%的专门学校学生认为父母总是帮助和鼓励自己，比普通学校学生低8.5个百分点；72.6%的学生认为父母尊重自己的意见，比普通学校学生低14个百分点。[①]

所以，不论是从家长的教育方法和教育观念，学生对家庭的感情依赖与规则遵守，还是家庭对子女的教育功能、感情功能来说，专门学校学生的家庭关系都比较紧张，家庭能够提供的支持十分薄弱。

2. **在专门学校开展亲情教育的重要意义**

学生与家庭的关系疏离，家庭功能不能正常发挥，投射在学生身上，会酝酿出学生的多种不良行为问题。比如说，学生会明显表现出以自我为中心的情况，做事情只考虑自己的需求，而不考虑其他人，亦不考虑周围环境情况；对家庭缺少依恋，不愿意回家，只愿意在朋辈群体中获取感情需求；缺乏规范意识，不愿意遵守各种行为规范；等等。学生的行为问题产生的原因很复杂，但是家庭无疑是能够促进学生远离不良影响、鼓励学生朝着积极正向的方向发展的重要因素，因而，恢复专门学校学生家庭功能的发挥，对于促进专门学生的行为问题转化有着不可或缺的重要意义。

（二）专门学校亲情教育的对象

专门学校亲情教育的对象界定需要进行系统化的考虑。在学校教育中，通常教育对象都是学校学生，亲情教育也不例外。在开展亲情教育的过程中，学生应当是首要的教育对象。笔者发现，要让学生更好地产生亲情，对家庭产生眷恋，需要系统化地开展工作。这里所谓的系统化，是指在教育对象上，不能仅仅局限在学生身上。在与学生的沟通和家访中，笔者发现，很多家庭中确实存在着家庭照管不力的情况，这主要表现在学生

---

① 路琦：《工读教育研究》，社会科学文献出版社，2019。

周六日在家没有人做饭、家长和学生之间缺少沟通、家长采用简单粗暴的手段对学生开展教育，甚至有家长将学生一个人留在这座城市里，半年多都不见学生一面。在这种情况下，仅凭教师在学校简单地和学生讲述要珍视亲情，要关心体谅父母，是十分无力的。因而，在专门学校的亲情教育过程中，教育对象还应当包括学生的家长，甚至其他亲属。这些人是学生成长过程中的关键影响因素，他们的改变对于学生教育而言十分重要。

（三）专门学校亲情教育的内容

专门学校亲情教育的内容也需要系统化考虑。亲情教育最终落脚点是感恩，对于学生而言，应当感恩父母给予自己生命，感恩家长对自己的照顾与付出，并将这种感恩的感情转化为行动的力量。结合认知行为理论的基础解释，对于感恩，应当包括认知、态度、行为三个维度。因此，对于学生感恩培养的内容，应当进行系统性的设计，包括对于家人为自己提供帮助的认知、对家人提供过的帮助的态度，以及表达与回馈家人对自己帮助的行动。

除此之外，由于专门学校学生的特殊性，专门学校学生的教育应当包括对于家长的教育。通过笔者经验积累及与其他经验丰富的老班主任的沟通，笔者认为，家长教育应当包括了解学生和恢复家庭功能两个维度。所谓了解学生，是指家长应当了解学生的所思所想，了解学生真实而深刻的需求，而非简单的、家长所认为的学生的需求，家长更需要了解学生所处的时代给学生带来的影响。所谓恢复家庭功能，主要是指恢复家庭的教育功能和感情功能。家庭功能理论认为，在促进子女健康成长的维度上，家庭能否正常发挥功能比家庭结构是否完整更加重要，家庭功能主要包括：经济功能、生育功能、性生活功能、教育功能、感情功能、娱乐功能。其中，教育功能和感情功能主要决定着孩子是否能够积极健康地成长。因此，结合专门学校学生家庭普遍存在教育功能与感情功能缺失的情况，在教育过程中，也应当注重这两种功能的恢复。

（四）专门学校开展亲情教育的主要方法

结合上述对于专门学校学生情况与需求的分析、对亲情教育开展对象、内容和方式的分析，笔者认为，在专门学校开展亲情教育应当以“系统干预”作为基本出发点，从环境系统和内容系统两个角度出发，开展教育方案设计。具体操作如图 1 所示。

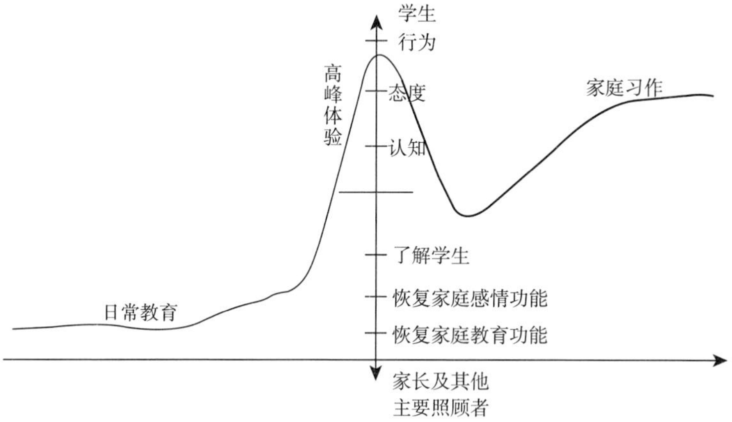

图1　专门学校亲情教育开展路线

从环境系统出发，亲情教育在教育对象上，应当至少包括学生、家长两个维度，有条件的，甚至可以将对象延伸至家庭其他主要照顾人。

从内容系统出发，学生教育方面，应当依据认知行为理论进行系统设计，从认知、态度、行为三个层面出发开展教育工作；家长教育方面，应当按照由浅入深的层次，主要包括了解学生、恢复家庭感情功能和恢复家庭教育功能三个部分。

从具体的教育方法出发，考虑到学生及家长思考、理解能力比较薄弱，平时在校时间长等特点，应当更多地采用体验式教学，并辅助专题教育活动（形成高峰体验）、课后习作等方式展开，以达到深入及稳定的教育效果。也就是说，应当结合日常教育、高峰体验、家庭习作三个部分，开展教育工作。

二　记忆深刻的教育片段

在上述路线图的指导之下，笔者在班级中开展了一系列的教育实践工作。在系统的干预过程中，高峰体验是让学生感受最深也是让笔者感受最深刻的部分。经过前期充足的准备，笔者在驻校社工的支持下组织班级学生开展名为“背对背说抱歉，面对面说爱你”的主题教育班会。在班会中，家长和学生在“背对背”的过程中真诚地表达了对于对方的歉意，并在“面对面”的过程中突破了传统文化中不善表达爱意的限制，表达了对对方的爱意，并设定了今后的行动计划。

（一）为什么召开这次主题班会

笔者所带的班级是一个女生班，在这个女生班中，25%的学生存在着家庭结构不完整的情况，30%的学生存在着家庭无法管教的情况，75%的学生存在着亲子沟通不畅的情况。这些情况严重影响了学生不良行为的教育矫治和学生的健康成长。因此，开展亲情教育十分必要。

从家长的具体情况来看，在召开班会的过程中，笔者发现了一个特别的现象，班级中90%以上的学生都是父亲来开家长会的。这个情况在初中班集体中并不常见，而从笔者的观察来看，这些父亲在家庭中主要扮演权威角色，在家中有比较大的话语权，且不太善于与学生沟通，并不善于表达自己的情感。因此，要想改变这些孩子们与家庭沟通的情况，必须从父亲入手，针对这些“不善表达”的父亲，需要班主任花费更多的精力来创设情境，促进父亲放下固有的“严父”的面具，更好地与学生沟通。

从学生的具体情况来看，在前期调查的过程中，笔者发现，孩子们对于父亲有很多“抱怨”，而仔细挖掘下去，这些“抱怨”背后都是孩子对于父亲的“期待”。与此同时，孩子们很多时候也意识到，自己的很多行为是对不起家长的，但是当面对严父的面孔时，又不好意思将这些内容说出口，这也加剧了亲子关系的紧张。

基于上述家长和学生的普遍情况和具体情况，笔者认为，需要创设一个情境，让家长摘掉“严父”的面具，敞开心扉表达自己的愧疚与爱意，让孩子表达自己对于家长的期待与感激，进而实现态度和情绪这个维度上的提升，也让家长更了解孩子，充分发挥家庭的感情功能。

（二）班会的主要思路

为了开展好这次班会，笔者整合了学校德育领导和驻校社工的力量，邀请两者参加班会设计的筹备会。基于班级的实际情况、驻校社工的建议，借用“家庭会议”的方式，让亲子双方互写道歉信，表达自己对于对方的愧疚，这样可以很好地激发家长和孩子的情感，缓解亲子之间积攒多年的冲突，以达到软化问题、摘下“面具”的效果。在吸收驻校社工建议基础上，笔者最终设计的班会思路如下：

班会主题：背对背说抱歉，面对面说爱你。

班会流程如图2所示。

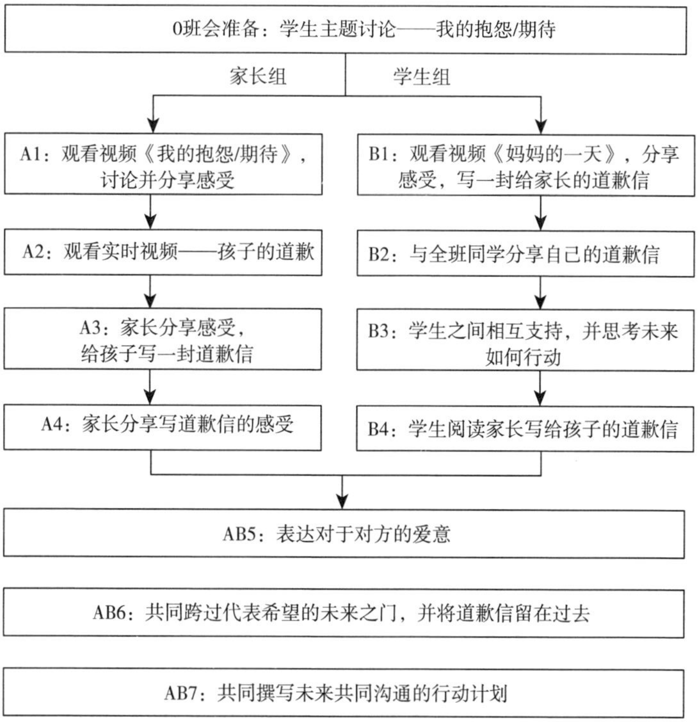

图 2　班会设计思路

0：班会准备

在这一环节中，班主任带领学生，从对父亲的“抱怨”出发，讨论自己对父亲“抱怨”的内容，并带领学生进行深入分享，讨论“抱怨”背后是什么？在讨论过程中，笔者发现，实际上“抱怨”背后是学生对于父亲的期待，可借此澄清这一期待。此过程需要全程录像。

注：为了更好地提升班会的效果，在后面的活动中，家长和学生分开在两个教室进行。家长到校参加活动的事情并不被学生所了解。借用学校的监控系统，家长所在的A教室能够看到并听到学生所在B教室正在发生的事情。这里需要两名老师同时带领活动。班主任在A教室带领家长开展活动，而驻校社工则在B教室带领学生开展活动。

A1：观看视频《我的抱怨/期待》，讨论并分享感受

班主任带领家长观看在班会准备过程中录制的学生对于家长的抱怨与期待的视频，并在观看的过程中辅以学生的在校表现进行简要的解释说明，以促进家长更好地了解具体的情况，让家长感受到学生平时并未言说

的、对于家长的期待。在观看视频过后，班主任需要带领家长就这一环节进行分享。

B1：观看《妈妈的一天》，分享感受，写一封给家长的道歉信

在家长观看学生的抱怨/期待视频的过程中，社工带领学生在教室B观看视频《妈妈的一天》，并带领学生回顾那些父母关爱自己的温暖片段。与此同时，为了促进学生感受的升华，此环节还邀请了部分任课教师参加，共同分享感受。在此基础上，驻校社工引导学生书写一封给家长的道歉信，表达自己的愧疚之情。

B2：与全班同学分享自己的道歉信

在书写好道歉信之后，邀请学生在所有同学面前朗读自己的道歉信（在活动开始之前，班主任和驻校社工对学生之间的关系进行过系统的评估。评估认为以学生目前的关系亲密程度，朗读道歉信的环节不会对学生产生伤害。同时，为了保护学生的情感，这一部分还是注重学生的自愿原则），分享自己对于父母的道歉。

A2：观看实时视频——孩子的道歉

学生在B教室分享自己道歉的同时，班主任在A教室打开实时监控系统，带领家长观看B教室中孩子们的道歉。这样的方式能够让孩子们更好地表达自己，也让家长看到日常他们所看不见的孩子的状态。这一过程是为了促进家长更好地了解孩子，软化家长的情绪，为后续工作开展做好准备。

A3：家长分享感受，给孩子写一封道歉信

在家长观看过孩子们的道歉之后，班主任需要带领家长分享他们观看视频的感受。在这一分享的过程中，家长会更加全面地认识和了解孩子。与此同时，班主任也积极带领家长回顾，自己是否有在教育过程中对孩子做得不对的地方，引导家长完成一封给孩子的道歉信。

B3：学生之间相互支持，并思考未来如何行动

学生在班级中朗读完道歉信之后，就要引导学生思考如何更好地相互支持。驻校社工引导学生分享自己与家长沟通过程中的经验技巧，并鼓励学生思考自己在未来可以如何行动。

B4：学生阅读家长写给孩子的道歉信

在家长书写完道歉信后，辅助工作人员将道歉信转移到学生所在的B

教室。此时并不告诉学生家长已经在学校了，只说这是之前的准备。驻校社工带领学生阅读家长写给自己的道歉信，并分享自己的感受。

A4：家长分享写道歉信的感受

在道歉信送出之后，班主任带领学生家长分享自己书写道歉信的感受，并与其他家长分享自己与孩子沟通的经验，思考未来可以开展哪些行动。

注：下面的环节，班主任要带领家长离开A教室，来到学生们所在的B教室，在B教室继续开展活动。

AB5：表达对于对方的爱意

在前期的情绪铺垫之下，此时亲子双方都有很多话想要和对方说。此时，设计一个安静的环境，让家长和孩子互诉衷肠，表达那些平时不曾表达过的对于对方的爱意。

AB6：共同跨过代表希望的未来之门，并将道歉信留在过去

这一环节，笔者设计了一个仪式。准备了一扇门，让亲子双方将送给对方的道歉信放在门外的收纳盒里，然后手拉手推开门，象征着走向新的明天。通过这样的仪式，促进家长和孩子们将过去遗忘，充满能量地面对明天。

AB7：共同撰写未来共同沟通的行动计划

在这一环节，请家长和孩子每人写出三个自己认为在未来可操作的行动方案，班主任会引导家长和孩子共同完成一些工作任务，并在此过程中恢复家庭的感情功能和教育功能。

（三）班会中印象深刻的片段

1. 来自家长的道歉信（见表1）

表1　家长道歉信摘录

家长道歉信摘录
妈妈听了你对我和爸爸的话，妈妈哭了。一直以来，我和爸爸对你都是太严厉了，因为你而吵架，妈妈爸爸答应你，以后再也不会吵架了。你一直是个乖巧的孩子，你懂得爸爸妈妈对你的爱，只是我们对你的期待太高，让你紧张，让你害怕，让你有了话不敢对我们说
乖女儿：爸爸有幸参加你的学校组织的终生难忘的家长会，深刻体会到你内心深处的不安、恐惧以及难舍等等，我想你心里有太多、太多的苦处和委屈，这些不是你的错，都是你爸、你妈的错，我们不应该让你承担着一切，希望你能原谅你爸爸

很多家长在活动中痛哭流涕，他们并没有想到，自己平时看起来那么不懂事的孩子，内心里却是如此的柔软，如此的需要人关心和关爱，而孩子们想要的，其实也只不过是家长陪他们吃一顿饭而已，如此简单的希望却被一次次忽略，最终导致了父女渐行渐远。

2. **来自孩子的道歉信**

表2　学生道歉信摘录

学生道歉信摘录
自从我出了那件事，你们也知道了我的内心。你们就开始体谅我，对我特别好，让我玩手机，让我去周六日参加一些活动，怕我在家里无聊、孤独，你们每天那么辛苦地赚钱给我花，每天起早贪黑，最应该让人体谅的是你们，而不是我
但是，你们放心吧，我以后无论去哪，我都会告诉您，无论几点，在哪儿，和谁在一起，我都会回家。我知道你和我妈挺早就生了我了，您经历的也比我多，您想让我看清，这社会不好闯荡。我知道，我当然知道，就算是大家再怎么担心我，我还是不听话。这回我会很认真，很听话，请您看到后，在四川好好的，照顾好妈妈和弟弟、妹妹

学生在活动中的行动表现也是让人惊讶的，他们很少有机会和爸爸认认真真说道歉，虽然很多道理他们自己也都了解，但是在自己犯了错误的时候，并没有承认的勇气，更不用说和严厉的爸爸说抱歉了。这次活动给了他们机会好好反思家长对自己的付出，更给了机会让他们把心中积攒已久的愧疚表达出来。而表达出来的过程，也是疗愈的过程，更是激发改变力量的过程。

3. **父女相拥的场面**

小吴出生在一个离异家庭，从小和姥姥长大，最近因为一些家庭变故，开始和父亲有较多的沟通，但是沟通很不顺畅，出现了很多问题。在班会开始之前，小吴和爸爸因为零花钱的问题闹得不可开交，已经半个月没有说话了。在这次班会上，小吴的爸爸颇有感受。小吴的爸爸本身是个不善于在公众场合表达感情的人，但是在班会上主动说出了自己的不足，觉得自己不理解孩子的需求，觉得自己对孩子有很多亏欠，希望能够更多地陪伴孩子。而在“面对面说爱你”环节，小吴的爸爸更是潸然泪下。小吴爸爸的表达软化了小吴，小吴也主动和爸爸道歉，意识到自己的不懂事，并主动提出要和爸爸在周六日一起出去玩。小吴和爸爸深情地相拥在一起。

4. **共话未来的行动卡**

在班会的最后，每一个孩子和家长都书写了自己的行动卡，这也是对自己未来行动的承诺，那些行动卡上的内容朴实而简单，却是孩子和家长最真实的表达和未来行动的方向（见表3）。

表3 家长及学生行动卡摘录

家长行动卡摘录
1. 爸爸每周都想听你说在学校发生的事情，共同交流，探讨你不清楚的事情。 这周末都听你的，你说啥是啥，我去做，你只管去说（但要符合实际的情况，看我表现） 2. 秋游（娱乐场） 3. 尽量争取每周一次看看电影或看书，或者吃饭购物 4. 爸爸以后说话会好好的
学生行动卡摘录
1. 我下一次给妈妈做一次鸡汤，让她好起来 2. 我不会让你们生气了，要帮你们多做一些家务，帮你们分担，多陪陪你们说说话 3. 认真学习，不让您们操心；以后有事好好商量，不大吵大闹 4. 首先想先为你们做一顿饭，给你们做家务，不让你们那么累

三 专门学校亲情教育的思考与设想

专门教育一直面临着“5+2=?”的困惑，甚至也有研究与实务人员提出“5+2=0”甚至是“5+2<0”的观点。那么如何打破这种困境？学生周六日的家庭支持体系的构建十分重要，构建学生家庭支持体系的核心是恢复家庭中的亲情。落实在行动上，就是要让学生对于家长有感恩之心，让家长更加了解学生并承担起作为家长应当承担的责任。这一逻辑说起来容易，操作起来有很多的困难，因为学生家庭支持薄弱的情况，其形成并非一朝一夕，是多种因素共同作用的结果，因此，需要班主任有计划地干预。从笔者的研究和实践来看，要达成家庭支持系统的构建，就要在“系统”上做文章，具体来说，要在教育对象上系统化、在教育内容上系统化、在教育资源上系统化。

（一）在教育对象上系统化

就“亲情”这个话题而言，只是从学生的角度出发开展教育工作是无法达成教育目标的。家庭系统中至少存在着子女、爸爸、妈妈三个行动主体，而要让家庭这个系统真正运转起来，发挥好其应当发挥的功能，则需要系统中的不同行动主体共同行动。因此，在教育对象上，就应当包括学生、学生的父母，甚至其他与学生关系密切的亲属。在教育实践中，我们也看到了同样的情况。如果仅仅是对学生开展教育工作，学生通常会觉得自己的满腹委屈无人倾诉，而当学生已经发生了改变（可能只是很细微的改变），却没有得到家长的认可，甚至被家长以更高的要求或者别人家的孩子进行打击的时候，学生通常会失去自己所有改变的动力。因此，在教育对象上，必须要学生和家长共同努力，才能够促进系统的有序运转。

（二）在教育内容上系统化

对于亲情教育、感恩教育，已经有很多的研究人员开展过深入细致的研究。因此，在工作开展的过程中，应当充分利用这些研究成果，实现“站在巨人的肩膀上”，依靠科学的理论体系开展教育工作。落实在亲情教育上，就体现在两个方面：在学生方面，主要就是感恩教育。组织行为学为我们提供了很好的教育思路，沿着认知、态度、行为的层次开展工作，已经被实践证实可以起到很好的教育效果；在家长方面，整合家庭功能理论和家庭过程理论模型，对于家长的教育应当由浅至深地包括全面了解学生、恢复家庭感情功能、恢复家庭教育功能几个维度。

（三）在教育资源上系统化

在教育资源上，面对家庭教育如此深刻而复杂的议题，仅仅依靠班主任的力量是很难实现全面、深入的教育效果，需要多方共同努力支持。在笔者的教育实践中发现，驻校社工是非常值得整合的资源和依靠的力量。学校自 2014 年引入驻校社工服务，驻校社工以被购买服务的第三方身份进入学校开展工作，在六年的实践过程中，驻校社工与学生结成了特殊的信任关系，其第三方身份为其开展工作带来巨大的便利，其与学生的特殊信任关系成为很多工作开展的重要切入点。除此之外，驻校社工的社会学背景能够为班主任带来更多、更新的教育视角，更有利于学生不良行为的矫正。

专门学校科技教育的实践与发展

王　飞*

科学技术是第一生产力，科学技术的进步是促进社会进步的源动力。①科技教育是提升学生科技素养的重要途径，学校则是科技教育的主阵地。

学校于2005年拉开科技教育的序幕，从点到面、从小到大稳步推进，从单纯的辅导学生参赛获奖发展到全员普惠、全部参与，有一大批学生从中受益、进步显著。学校先后被评为海淀区科技教育先进校和海淀区科技教育示范校，并于2017年和2020年连续两届被评为北京市中小学校科技教育示范校。科技教育已经成为学校的特色教育之一，也是促使学生健康成长的有效途径。

作为专门教育学校，我们的在校学生人数少、学生情况特殊，开展科技教育工作困难重重，但我们一直在行动，在努力为学生的成长发展搭建平台、创造条件。过去15年的工作实践表明：科技教育不仅提升了学生的科学素养，而且促使他们认识自我、重树自信、健康成长。

一　科技教育教什么·怎么教

（一）科技教育教什么

1. 什么是科技教育

科技教育是科学技术教育的简称，通常所说的科技教育是指在学校内针对中小学生的、与科学密切相关的技术教育。科技教育注重营造学生经历和体验的过程，在动手和实践中培养他们的科学态度和科学精神，让他

* 王飞，北京市海淀工读学校科技教师，中学高级教师。

① 李秀菊、崔鸿、赵博：《科技特色学校建设指南》，社会科学文献出版社，2019。

们感受科学方法和科学手段，进而提升科学素养。①

2. **科技教育的价值**

美国学者斯宾塞在20世纪60年代就论述了科技教育的重要价值，他认为科技活动能够促进儿童的心智发展，还能培养人的记忆能力、理解能力和分析综合能力。英国学者赫胥黎认为，科技教育的重要特点就是心智与事实直接接触，并且以最完善的归纳方式锻炼理智，也就是从直接观察自然中所认识的特殊事实里得出结论。②

科技教育在专门学校有特殊作用：它让学生体验成功、感受快乐，它促使学生发现自我、认识自我，它帮助学生重树自信、心智成长。这些都有助于学生跳出泥淖、步入正轨，把专门学校教育矫治未成年人问题行为这一目标落到了实处。

学生参加科技教育后显著进步的事例有很多。如张某某同学，当年转到学校后依然难以适应学校生活，多次申请退学。恰在此时得知参加科技竞赛的信息，立刻投身其中，和老师共同讨论自制乐器方案，反复实验，不断改进，在北京市赛和全国赛中连拔头筹，获邀参加索尼探梦科技馆特展，在《动手做报》上发表文章，在学校组建自己的乐队……这些经历唤醒了他的自信和学习热情，开始安心校园生活，努力学习，第二年以全校第一名的成绩考入普通高中。现在每年都有学生因为可以继续参加科技活动而要求留校读本校职高，也有一些学生在科技活动中发现了自己的兴趣、特长，考入相应职高、技校学习专业技能。无数鲜活的事例表明：科技教育是教育转化专门学校学生的有效途径之一，应该坚持开展、深入开展。

3. **科技教育教什么**

科技教育的内涵十分丰富，数学、物理、化学、生物、地理、信息技术等都是广泛意义上的科技教育内容。但人们通常认为的科技教育是那些不在课上教的、主要利用课外时间实施的各种技能教育，典型如车模、航模、船模、建筑模型、无线电测向、电子制作等。新技术层出不穷，新的科技教育项目也在快速涌现，VR虚拟现实、人工智能、3D打印等先后登

① 李秀菊、崔鸿、赵博：《科技特色学校建设指南》，社会科学文献出版社，2019。

② 李秀菊、崔鸿、赵博：《科技特色学校建设指南》，社会科学文献出版社，2019。

上学校科技教育的舞台。

相对于普校而言，专门学校的科技教育着重矫正学生的不良行为习惯，引导他们把时间和精力投放到有益身心健康的活动中去，促使他们在实践和经历中体验积极情感，自我改进、自我提升。那科技教育究竟教什么呢?

专门学校的科技教育，要让学生在经历和体验中了解并初步掌握科学方法，进而形成科学思维。学校的科技教育活动给学生提供了具体而真实的任务，促使他们经历发现问题、解决问题的过程。在这个过程中，师生共同用理论指导实践、实践检验理论，逐步形成客观、辩证的科学思维方式。

专门学校的科技教育，还要让学生在实践中感受科学方法，形成实事求是的科学态度和迎难而上、锲而不舍的科学精神。在科技教育活动中，学生往往需要综合应用多种知识、多种技能去解决问题，经历提出假设、设计实验、收集数据、分析综合、改进提升等环节，在曲折中前进，在前进中提升，在努力实现目标的过程中发展自身科技素养。

专门学校的科技教育同样会涉及工具的使用和不同领域的专门知识、专门技能，比如木梁承重项目中的结构和受力、机器人项目中的编程、无线电测向项目中的电工电子等，许多同学因为对某一方面的知识或技能感兴趣而积极参加科技活动。

(二) 科技教育怎么教

实践和体验是科技教育的重要特点，也是教育矫正学生不良行为、促使他们形成积极情感的重要途径。科技类校本课和社团活动是学校形成科技教育特色的关键，具体做法是“两课一节加社团，研学竞赛促发展”。

1. 科技课和校本课

两课主要指科技课和校本课，是学校普及科技教育的主要途径。

科技课是初中学生的必修课，侧重普及。早在2008年，学校就把科技课纳入课表，初中每班每周一节课。没有教材，我们就自己选择教学内容；没有器材，我们就自己开发材料简便易得的科技活动，如纸承重、纸创意系列活动等。努力后的成效很明显，科技课多次被学生评为最喜欢的课程之一。2016年，北京市实行新中考以后，课时紧张，调整为仅在初二年级开设科技课。

校本课是全校学生的选修课，侧重发展兴趣和特长。学校在 2010 年就组织开设校本课，刚开始安排在每周四下午，本校老师设计教学内容，承担教学任务。现在则是每周二、周四下午各安排 1 小时的校本课。校本课实行走班制，在每学期初举办的校本课程上，全校学生打乱班级，自由选择自己喜欢的课程，每门课 10～20 人。

目前学校共开设了 40 多门校本课，其中约 15 门属于科技类校本课。科技类校本课开设情况如表 1 所示。

表 1　海淀工读科技类校本课

序号	课程名称	授课教师	上课地点
1	电脑维修	李志功	计算教室
2	视频制作	张宝珠	互动教室 1
3	中医保健按摩	陈祥彬	按摩教室
4	纸艺造型	胡青梅	纸艺造型教室
5	陶艺制作	高　超	陶艺教室
6	创意科技	王　飞	飞行探秘教室
7	生物兴趣	赵卫东	生态体验园
8	化学实验	徐恩会	化学实验室
9	力学实验	黄普坤	力学实验室
10	卡牌桌游	陈　岩	智乐屋
11	机器人	王　澍	机器人教室
12	电子竞技	章鲁川	互动教室 2
13	美食烹饪	李振涛	烹饪教室
14	美容美发	胡青梅	美容美发教室
15	古代兵器制作	贺　伟	技能教室

2. **科技类学生社团**

学校为热爱科技活动的学生专门开设了科技类学生社团，主要利用午休时间开展活动，满足学生的差异化、个性化需求，也是筛选和训练参赛选手的重要平台。

负责社团活动的老师充分尊重学生的意愿和需求，引导同学们在自主活动中发展兴趣，开阔视野，在具体任务中锻炼操作和使用工具的基本技能。更重要的是，社团活动营造了新的师生关系——师生共同研究和探索，平等讨论，互相尊重，合作共赢。在朝向同一目标努力的过程中，更容易形成融洽的师生关系，提升学生对学校的归属感和认同感。当学生把时间、精力放到有益的事情上时，他们的不良行为、不良习惯自然就会日益减少。近些年开展过的科技类社团情况如表 2 所示。

表 2　海淀工读学校科技类学生社团

序号	社团名称	辅导教师	主要活动场所
1	食用菌种植	王　飞　黄普坤	锅炉房、生态园
2	水培种植	王常智	生态体验园
3	篆刻、建筑模型	陈　岩	科技教室
4	纸艺造型	胡青梅	纸艺造型教室
5	无人机	章鲁川　王　飞	风筝教室
6	创意科技	王　飞	飞行探秘教室
7	机器人	王　澍	机器人教室
8	智慧擂台	宋　梅	校园甬道
9	投石机安全校车	彭军凯	技能教室

科技类社团把有共同兴趣的学生聚在一起，让他们在活动中更有归属感。

科技社团的活动频率高，注重学生管理。创意科技、建筑模型社团每周都要活动三四次。社团内又分成几个小组，小组内部是合作关系，小组之间是竞争关系，既有合作又有竞争，增强了社团活动的吸引力。

社团活动往往围绕具体的任务开展活动，老师和学生在真实的情境中合作探究，商讨解决方案，共同构建科学知识，解决具体问题，把创意物化。师生之间处于亦师亦友的理想状态，提升了师生情感水平，也让学生的个性潜能、创新意识和实践能力得到较为充分的发展。

3. **科技节系列活动**

科技节是经典的科技教育活动，学校早在 2010 年就开始组织开展“启迪杯”科技节，至 2019 年已连续举办 10 届。学生全员参与、持续时间长是学校科技节的最大特点。科技节期间组织开幕式、校内竞赛、科普讲座、外出参观、参加校外竞赛、闭幕式等系列活动，促使学生在参与、经历和体验中发展积极情感，克服不良行为习惯。

科技节的组织形式和内容选择充分考虑学生的身心特点。学生普遍喜欢易参与、能体验、好玩有趣的科技教育项目，也愿意展示自我，热心服务工作。因此，每届科技节我们都会邀请学生参与其中，他们或担任开、闭幕式的主持人，或参与科学实验的设计、改进和表演工作，或做幕后准备工作，等等，科技节真正成为同学们的节日，成为教育矫正学生不良行为的平台。

4. 校外资源和外出研学

校内资源是学校发展科技教育的基础，丰富的社会资源不可或缺。

海淀工读学校位于首都北京，地处高校和科研机构林立的海淀区，有丰富的社会资源可供挖掘。

我们与北京理工大学建立了“手拉手”合作关系，该校机电学院的航模社团多次来学校做航模飞行表演，每学期都会深入班级举办科普微讲座活动。

我们每年都邀请中国科学院专家、高校教授、著名科技教育专家走进校园，给同学们做科普讲座，把最新的科技信息带进校园。

我们积极创造各种“走出去”的机会。2017 年以来，我们连续三年在“手拉手”对象——北部新区实验学校的校园开放日上表演无人机飞行；2018 年 11 月，我们在北部新区文化中心举办师生手工作品展；2019 年 5 月，学校师生 40 余人参加温苏学区首届科技艺术节活动……同时，我们积极参加海淀区少年科学院的活动，先后有 4 位同学被评为学生小院士。

我们还组织学生前往国家天文台兴隆观测站进行研学活动，近距离观察大型天文望远镜，观测太阳月亮，动手组装天文望远镜，等等，让同学们在真实情景中感受科学家的工作和生活状况。

校外资源的充分利用，拓宽了科技教育的渠道，让同学们在更广阔的天地中探索、发现、成长。

5. 参加学生科技竞赛

科技竞赛任务明确、时间具体，能够很好地帮助学生克服惰性、产生动力，进入自我激励的良性循环。

在学校，组织学生参赛获奖只是矫正学生不良习惯的手段，而非目的。我们在青少年未来工程师竞赛中曾多次夺取北京市和全国第一名的好成绩，徐某、陈某等同学在比赛前后的行为习惯、自我认知等都有显著进步，这让我们认识到在专门学校开展科技教育的意义和价值，促使我们把科技教育做大、做强。

这些年参加过的科技竞赛有无线电测向、电子制作、纸飞机比赛、波音航空竞赛、发明创新大赛、建筑模型比赛、水火箭比赛、纸结构承重赛、金鹏科技论坛、青少年科技创新大赛、机器人竞赛、计算机知识竞赛等，丰富的比赛项目提供了丰富的选择，为学生提供了与同龄人同台竞技的机会。每年我们都组织学生参加海淀区、北京市甚至全国学生科技竞赛，每年都能夺取十多项市级二等奖及以上科技竞赛奖项，这对我们在校学生仅有200多人的学校来说，实属不易。

总之，在科技教育活动中或通过任务驱动，或通过目标驱动，或通过兴趣激发，促使学生去实践体验，去经历感受，在潜移默化中了解科学方法，形成科学态度和科学精神，引导他们把时间和精力放到有益的活动中去。

二　印象最深的几件事

（一）第一次观摩市级竞赛

2005年5月，参加工作的第三年，笔者才第一次“接触”科技教育。那时候的信息不像现在那么畅通，笔者通过汪耆年老师了解到周末在市少年宫有科技比赛，决定去现场观摩，看看有什么项目，比赛究竟是怎样进行的。

比赛现场人头攒动，来自各区县的300多位选手各显其能。然而，让笔者非常意外的是，比赛项目并没有想象中那么难，选手们的表现也远没有想象中那么厉害。笔者暗下决心：要争取明年带学生来参赛。幸运的是，和负责比赛的蒋小健老师协商，顺利为学生争取到参加市赛的机会。

（二）第一次辅导学生竞赛

比赛机会有了，可谁去比赛，怎么选拔、如何辅导呢？思来想去，最终决定“发动学生、依靠学生”，调动学生的积极性。

2006年3月的一天晚上，全校学生齐聚在阶梯教室，听笔者讲解自制乐器及演奏、超级战车、机器人擂台赛、返回舱着陆等比赛项目的规则。笔者忐忑不安：会有学生报名参赛吗？怎么辅导？万一比赛空手而归怎么办……然而现场就有好几位学生举手报名，要求参赛。

第二天一大早，笔者刚走进校门，张某某同学就迎上来："王老师，我想参加那个自制乐器的项目。我会拉二胡，已经考过了九级。昨天晚上我就想好了，咱们用薯片筒和木棍就能做个二胡出来……"他迫不及待地介绍自己的参赛方案。看着他那充满期待的眼神，让笔者不忍拒绝，只好勉为其难地答应带他参赛——笔者对音乐可是什么都不懂。

3 月动员，5 月比赛，要同时参加四个项目，又是第一次参赛，难度可想而知。紧迫的时间、艰巨的任务反而激发起大家的斗志，我们把课间、午休、晚课等所有课余时间都充分利用起来，研究规则、设计方案、实验改进，往往一个问题刚解决，新问题就出现了。在发现问题、解决问题的过程中，大家的能力迅速提升，在四个项目中一举夺得北京市第一、第二、第三和第四名，超级战车和自制乐器两个项目获得参加全国比赛的机会。

第一次参赛获奖，让我们看到科技教育工作在专门学校的特殊价值——让学生变得自信、积极，开始自觉严格要求自己。这也是科技教育能够在学校持续、深入开展的根本原因。

十多年后再看当初辅导学生参赛时的情境，发现对今天仍然有指导意义——点燃学生热情，激发他们的内驱力，将会事半功倍。

（三）张某某同学的转变

这些年来，有许许多多学生在科技教育活动中成长、受益。给笔者印象最深刻、最为典型的，是张某某同学，就是那个在我们第一次参赛时要求参加自制乐器比赛的张某某。

张某某的情况比较典型：转入学校之前，他已经在家休学半年，整天待在家里玩音乐、聊 QQ，很擅长二胡演奏。

2006 年 3 月，他刚转入学校两周左右，在新班里和同学关系极其紧张，甚至牙膏、牙刷、毛巾这些日常用品都要随身携带，否则就会被同学拿去恶作剧。张某某无法忍受这种生活，多次要求退学。

在那次参加市赛动员会的第二天早上，他早早地守在学校大门口，一看到笔者进校门，就迎上来，要求报名参赛，几乎是全身心投入比赛中——只有主学科时在班里上课，其他时间他基本上都在科技教室鼓捣比赛项目，进行各种实验和尝试，时不时地弹奏吉他自娱自乐，吸引了一批同学成为

“粉丝”。这些“粉丝”向他请教如何弹吉他，给他出谋划策完善比赛方案，让他感受校园生活的乐趣，开始安心学校生活，再也不提退学、转学的事了。

凭借出色的演奏功底，张某某在北京市赛的“自制乐器及演奏”项目中荣获最佳创意奖，改进后的作品也在全国赛中取得第一名的好成绩，随之而来的央视采访、索尼探梦科技馆邀请表演、《动手做报》约稿，让他认识到知识的重要性，开始刻苦学习，最终以全校第一名的成绩考入普高，后来前往美国专门学习音乐。

（四）第一次辅导学生制作科技作品

科技教育工作往往强调动手。第一次辅导学生设计制作和改进作品的经历，至今让笔者印象深刻。

在笔者自己的读书经历中，除了大学期间在实验室做做物理实验外，基本就没什么动手实践的机会。可辅导学生参赛需要动手制作，而且要把自己提出的方案变成实物，怎么办？行动，边学边用，自我提升。

1. 自制乐器项目

关于自制乐器项目，项目规则只有简单的几句话——用身边常见的材料设计制作可演奏的乐器。

张某某对这个项目很有把握，按照他的说法——找根长木棍插在薯片桶上，再绷上两根弦就能做成二胡。听起来简单，一动手就发现麻烦大了：去哪儿找又直又细又够硬的木棍，用什么在薯片桶上开孔，如何调节弦的松紧……往往是一个问题还没解决，更多问题就又出来了。到比赛前一周，才终于拿出粗糙、简陋的作品。

获得参加全国赛的资格后，要改进作品，可怎么改、怎样才能体现创新、创意呢？大家绞尽脑汁，一次次讨论，又一次次否定，最终确定“笛胡”方案——用笛子做绷弦的杆，用茶叶桶做共鸣箱。依然是二胡的样子，却兼具笛子和二胡两种乐器的功能，既能吹又能拉，毫无悬念地在全国赛中取得第一名的好成绩。

2. 超级战车项目

关于超级战车项目，这个项目的规则主要是目标描述：设计并制作一辆小车，自带动力，在拉线的作用下沿着半径为 2 米的轨道运行，同时完成灭火、撞倒障碍物、过水池等任务，还要在 30 秒内自行停止。

看完规则后的第一感觉，就是无从下手——用什么材料制作，如何灭火，怎样撞倒障碍物，又如何越过水池，怎样自行停止，又怎样设定时间……这些都没有答案，都需要我们自己去想办法解决。

师生共同努力，查阅资料、动手实验，最终确定用螺旋桨推进，用KT板做车轮和车身、用电容放电来控制运动时间。可在实验中发现，让小车跑起来没问题，可想让它沿圆周运动很难，怎么办？解决方法依然是实验，经过上百次的实验和摸索，我们终于找到解决方法。此外，我们还在降低摩擦、减轻重量等方面做了许多研究和尝试。在全国赛现场，我们设计制作的超级战车顺利完成所有任务，沿圆周疯狂跑了一圈又一圈，观众都不由自主地屏住了呼吸。狂奔13圈，小车在水池中间稳稳停住。裁判公布小车运动时间为29.6秒时，现场顿时响起热烈的掌声和欢呼声，全国第一名实至名归。

设计、制作科技作品的过程，是师生共同学习、共同成长的过程，更是矫正学生不良行为习惯的过程。

在比赛结果出来之前，我们无法知道自己究竟处于什么水平，所能做的就是努力提升、不断改进，做到极致。关注细节、精益求精的态度，克服困难、永不放弃的精神，贯穿整个备赛过程，在潜移默化中滋润着学生。

（五）鸡蛋承重实验的设计和改进

科技教育活动要好玩有趣，才能吸引更多学生参与。可怎样才能好玩有趣呢？在设计科学实验表演的过程中，似乎找到了这个问题的答案。

鸡蛋承重是我们的科学实验表演项目，在设计环节就遇到许多困难：怎样才能让鸡蛋立住，怎样才能让实验好玩有趣，如何确保实验的科学性，如何吸引学生参与，等等。

这些问题的解决，依然是“发动学生、依靠学生”，师生充分讨论、共同研究，寻找解决办法，最终确定用透明胶带的内圈做底托：让鸡蛋很容易立起来，且控制比赛变量；选手自己选择鸡蛋：避免因为鸡蛋导致的争议，提升参与性；每班一支参赛队：便于获取多组实验数据，渗透科学方法；限定比赛时间：确保活动紧凑、完整；用书本做压载重物：提升视觉效果，增加趣味性；在鸡蛋和玻璃板之间增加KT板：增大受力面积，提升承压能力，应用物理知识解决实际问题……这些设计提升了实验的科学性和趣味性，二十来位学生参与实验，四枚鸡蛋承重最高达 38 公斤，直观展现出科学的力量，激发了同学们参与科技教育活动的热情和兴趣。

两年来，我们设计了气球承重、铁盆拔河、液氮低温等七个好玩有趣表演型的科学实验，给学生搭建了表演和展示的平台，用科学的力量把学生从放任的歧途拉回正常的道路上来。

三 思考·设想

（一）科技教育能够矫正学生不良行为的原因浅析

科技教育活动能够矫正学生不良行为的原因有很多。我们认为，最重要的是科技教育活动创设了真实的问题情境，同时给了学生自由。

生活中的实际问题很多都需要综合多学科知识才能解决。[①] 侧重动手实践的科技教育活动创设了真实的问题情境，需要学生综合应用多种知识、多种技能，把创意物化，把想法变成现实。同时，学生在科技教育活动中有选择自己进度的选择自由，[②] 这种“自由”是激发他们内驱力的重要因素，激励着他们持续参与、深度参与。

（二）科技教育团队是骨架

教师是教学知识的产出源，教师是可以在荆棘中踏出新路的人。[③] 科技教育团队自然是科技教育发展的重要基础和保障。科技教育要长期发展，就必须有稳定的、高水平的科技教师队伍和科技教育管理团队。

学校的科技老师通常由物理、生物或信息技术老师兼任，他们更多地忙于本职工作，无法在科技教育上投入太多时间和精力。绝大部分科技老师在读书过程中没有参与过科技活动，也没有接受过科技教育的系统训练和指导，可以说是“半道出家”，在工作中常常显得力不从心。

如何打造过硬的科技教育团队，是摆在我们面前的一道难题。

（三）制度保障是基础

科技教育的发展和落实，离不开学校的支持和保障。各项制度对学校

---

① 李秀菊、崔鸿、赵博：《科技特色学校建设指南》，社会科学文献出版社，2019。

② 张大均：《教与学的策略》，人民教育出版社，2003。

③ 美国国家研究理事会：《美国国家科学教育标准》，科学技术文献出版社，1999。

各部门和师生起到约束、激励和引导作用。

科技教育能否纳入学校整体规划，日常工作能否得到各部门的衔接配合，科技教师的教研、进修能否得到支持保障，科技活动所需物资能否及时到位，校本社团是否有时间、场地支持，等等，这些如果有相应的制度予以保障，科技教育的发展将平添许多动力。

（四）科技教育理念和评价是指引

什么是科技教育，什么算科技教育，不同的人有不同的理解。

理念不清晰必然导致定位不准确。因此，我们要深入学习研究，广泛宣传、达成共识，形成客观、清晰的科技教育理念，进而围绕理念和定位开展相关科技教育项目，有的放矢，提升科技教育的育人效果。

评价是标准，也是反馈。现在我们的科技教育成效主要停留在经验总结、现象描述阶段，还没有形成较为系统、直观的评价体系。随着科技教育的发展，教育效果的评价必将提上日程。

“游戏式学习”让专门教育学校的课堂焕发出生命活力

郑　京*

叶澜教授曾提出：“从更高的层次——生命的层次，用动态生成的观念，重新全面地认识课堂教学，构建新的课堂教学观，它所期望的实践效应就是：让课堂焕发出生命的活力。”① 为了践行这句话，多年来笔者一直积极探索专门学校的学习方式，特别是2019年为适应教育新形势的要求，构建了适合专门学校学生发展的“游戏式学习”。

游戏式学习是指学生围绕一个知识性、趣味性与教育性相结合的游戏进行学习的一种学习方式。它强调以游戏为中心，以合作探究为基础，以培养学生的学习兴趣、促进全面发展为目标。实施游戏式学习，使学生围绕特定的游戏进行“开放式”学习，将知识与能力、过程与方法和情感态度贯穿其中，培养学生的核心素养，在游戏中主动探索、发现和感受真善美，与人合作共同学习，体会游戏带来的无穷乐趣。本文从游戏的设计、游戏式学习资源的创设、游戏式学习活动的组织及学习成果的评价等方面来探讨实施游戏式学习的具体方法，通过实施游戏式学习中的典型案例分享游戏式学习的收获和思考。

一　“游戏式学习”是什么

（一）“游戏式学习”的缘起

专门教育学校的学生往往因缺乏学习兴趣，导致各种学习问题和行为

---

* 郑京，太原市明德学校教研室副主任，中学高级教师。

① 叶澜：《教育概论》，人民教育出版社，1992。

问题的产生，有的甚至对社会产生不良影响，直至恶劣影响，对于专门教育工作者而言，激发和培养学生的学习兴趣就显得尤为重要。桑新民教授曾指出：要恢复孩子在游戏天地中的童乐童趣，而且要像保护原始森林、保护大熊猫一样保护孩子的这种童乐童趣。由此可见，学习兴趣对于学生而言是多么的重要，笔者在专门教育课堂教学中运用“游戏式学习”的思想正是由此而产生。

（二）“游戏式学习”的理论依据

笔者以现代教学结构理论为指导，通过专门学校的课堂教学活动实施游戏式学习，学生以游戏为中心，主动参与，不仅学习基础知识，而且学会学习方法，学会与人交流合作，从而形成正确价值观。

现代教学结构理论认为：教学活动是一种非常特殊的社会活动，在教学活动中，学生居主体地位，教师居主导地位。在教学过程中，教师要认真研究学生，研究教法，指导学法，学生则要发挥主观能动性，表现出最大可能的学习积极性和创造性。专门教育学校的学习式学习也不例外。

（三）“游戏式学习”是什么

“游戏式学习”正是在此理论指导下，创设寓教于乐的游戏，以游戏为中心构建的学习方式。游戏本身的知识性和趣味性直接影响着学习（教学）成果。教师通过游戏的创设，激发学生的学习兴趣，将学生凝聚起来，很好地组织和管理学生的学习活动。

二　“游戏式学习”怎么实施

（一）设计一个知识性、趣味性与教育性相结合的游戏

设计一个恰当的游戏，首先需要教师从思想、生活、学习等角度深入了解学生，使游戏能够体现出趣味性，然后在深入学习《课程标准》、钻研教材的基础上，从培养学生能力、挖掘学生潜能方面着手设计游戏的内容，以体现游戏的知识性。另外，对于专门教育而言，游戏很重要的一个作用是育人。德育是育人的基础，德育就是行为规范，游戏能够进行下去，关键要靠游戏规则。设计游戏就得设计规则，使专门教育学校的学生在玩游戏的过程中通过遵守游戏规则，培养规则意识，从而进行德育渗透。

（二）创设生动有趣、合作探究的游戏式学习资源

专门教育学校的游戏式学习具有学习内容知识性、学习方式趣味性、学习过程教育性的特点。要体现这些特点，就需要根据游戏的内容和所学知识的特点，建构一个生动而有趣的、便于合作与探究的学习资源。

本文的游戏式学习资源应当根据专门教育学校学生的认知特点、知识结构、情感态度、身心特点等因素，进行设计，包括教师、学生自身的内部资源、教室布置、学习媒体、与游戏内容有关的道具等。首先，由于专门教育学校学生厌学情绪较大，对学习缺乏兴趣，但又活泼好动，所以教师要用生动的、具有感染力的语言调动起学生的积极性，使学生自觉地融入游戏情境中，从游戏中体验乐趣，相互合作，探究知识。其次，专门教育学校学生对一切新鲜事物都比较好奇，所以在教室的布置方面可以灵活多变，既要与游戏内容有关，又要与学科知识衔接，使学生从视觉上产生新鲜感，从而对知识产生强烈的好奇心，激发学生学习的积极性和主动性。游戏式学习媒体是指与游戏式学习有关的信息载体，包括网络资源、数字化媒体光盘、U 盘、硬盘等，模拟音像媒体如录音、纸质媒体、报纸、杂志、书籍等。专门教育学校的学生集中注意力的时间较短，通过视觉学习的能力较差，因此，在创设游戏式学习资源的媒体资源时要尽量多地运用多种媒体资源，以达到吸引并保持学生注意力的效果。此外，教师还应根据游戏特点，寻找或制作一些特殊的游戏道具，也可以由学生参与制作，供学生在游戏式学习过程中使用，这样可以较好地达到寓教于乐的效果。

（三）精心组织游戏式学习活动的各个环节

游戏式学习活动是指围绕游戏开展学习的步骤和形式，包括教师教学行为和学生的学习行为。由于专门教育学校的学生学习能力较差，参加游戏活动的规则意识不强，因此教师应精心组织游戏式学习活动的各个环节，通过游戏式学习活动，学生在教师的指导下，通过体验游戏的全过程，在合作探究中，获取知识、提高能力，培养规则意识，达到全面育人的目的。其活动的组织形式如图 1 所示。

专门教育学校游戏式学习的教学组织，强调教师有准备的、有组织的、协调的教学特质。教师要在充分了解学生兴趣、知识和能力的前提下，制定出一个适合学生的、与学科知识相关的游戏，而且游戏设计得好

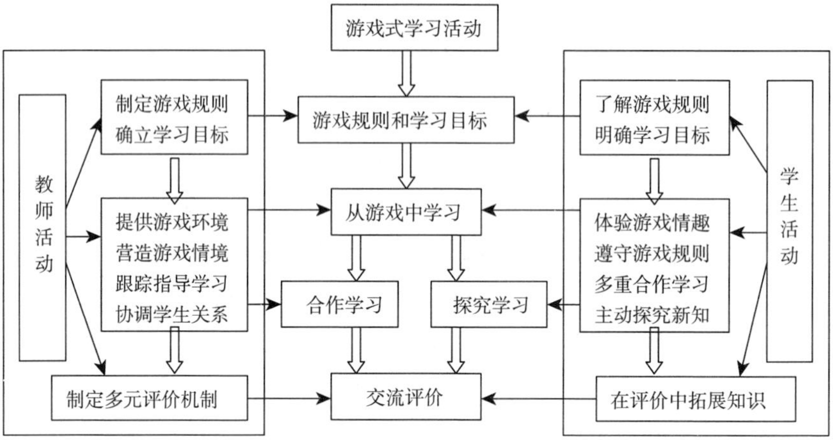

图1　活动的组织形式

坏直接关系到学习目标的达成与否，是教学成败的关键所在。根据专门教育学校学生的自主学习能力较差、规则意识不强的特点，在整个游戏教学过程中要充分发挥教师对学生的组织、引导和帮助的作用，逐渐帮助学生树立规则意识，以便有效地组织教学活动。

专门教育学校的游戏式学习活动中，学生虽然有各种各样的问题，但他们仍然是独立的个体，有发展的空间和潜力，他们在教师的引导下，经过一定时间的培养，可以按照游戏规则，通过玩游戏来自主学习，与学生相互合作，与教师合作，在游戏中主动探究新知识，完成学习目标。而在游戏活动中，可以改正他们自身存在的一些问题，促进他们的全面发展。

由于专门教育学校教育的特殊性，和游戏式学习的学习内容的知识性、学习方式的趣味性和学习过程的教育性特点，其学习活动可根据实际教学需要对学习过程做相应的调整。

三　“游戏式学习”的典型案例

（一）从扑克游戏中学习“计算机工作原理”

“计算机工作原理”是山西经济出版社《信息技术》初中版第一册第二章第一节的内容，对于专门教育学校的学生认识和了解计算机来讲，本节知识既是重点又是难点，在教材中起着承上启下的作用。但是专门教育学校的学生活泼好动，逻辑思维能力差，没有规则意识，在学习计算机工作原理时，多数都不感兴趣。运用趣味性与娱乐性较强的、便于学生理解的扑克游戏激发学生的学习兴趣，帮助学生了解计算机工作原理，达到了寓教于乐的目的。

1. 教学目标

（1）通过玩扑克游戏提高观察能力和逻辑思维能力，了解计算机的工作原理。

（2）在生动有趣的游戏学习情境中，运用类比思维，自主学习与合作学习相结合的方法进行学习。

（3）通过玩游戏养成遵守规则的习惯，通过寓教于乐的学习方式培养对信息技术的兴趣。

2. 教学准备

教师提前通知各小组长准备一副扑克牌，而且这副牌要把大、小王和J、Q、K这14张牌取出，将剩下的40张牌带到这节课的课堂上来。

3. 教学过程

（1）玩游戏，总结规律。

师：上节课，请各位小组长准备的扑克牌都带来了吗？

生：（各组组长）取出由A～10这40张牌特制而成的扑克。

师：好，我们这节课就来玩游戏。我先给大家介绍一下游戏规则。这个游戏叫“二十四”，是四个人一起玩的：洗好牌后，每人取10张，然后开始出牌，一人出一张，四人比赛，运用加、减、乘、除进行四则运算，四个数都得用上，而且只能用一次，最终结果必须是24。先算出的人就赢了这四张牌。然后接着出牌……，到老师说停止时，谁手里的牌最多，谁就赢。你们听清楚了吗？

生：（齐答）听清楚了。

师：现在游戏开始。

生：（玩游戏……）

师：“停”，现在请各组小组长看看谁手里的牌最多。

生：数手中的牌。

师：请全班赢牌最多的同学介绍经验。

生：玩游戏的时候要手疾眼快，专心致志。

［设计意图］玩扑克是很常见的游戏，通过设计这样的游戏达到两个目的：一是引领学生玩游戏要玩得有意义；二是为了导入本节课，教给学生处理问题的方法。

（2）想游戏，学习原理。

师：玩完刚才的游戏，请大家思考这样一个问题：人脑是如何解决问题的？

生：（小组讨论）

师：（提供资料：教材 P12）

生：（阅读思考、小组代表发言）

师（小结）：（边讲解边板书）我们的五官收集信息（桌上有哪些牌）→神经系统控制大脑储存信息（每张牌上的数字）→神经系统控制大脑运算→神经系统将运算结果送回存储区→神经系统控制嘴、手把运算结果说出来。

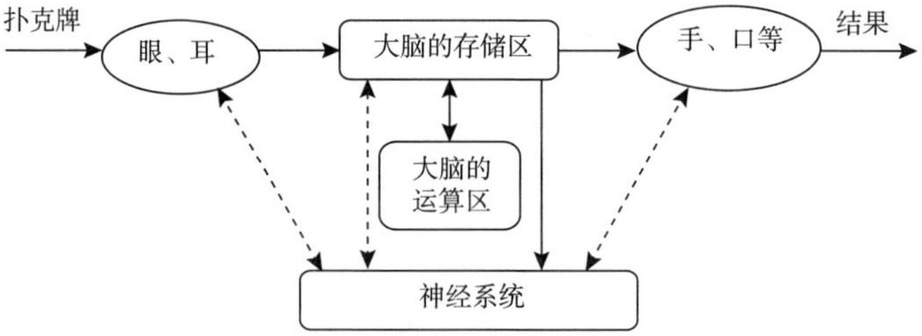

图 2　人脑运作过程

生：（倾听、理解、有的跟着老师一起说）

师：这些能给同学们带来什么启发呢？（稍停）

生：（思考）

师：人类处理问题的过程，在 60 年前给了美籍匈牙利科学家冯·诺依曼启发，他提出“存储控制原理”。如今，同学们使用的计算机就是用这个原理制造的，他因此被称为“计算机的鼻祖”。

现在请同学们在书上找出冯·诺依曼的主要设计思想，并用笔画出，在书的空白处写出自己的理解或疑问。

生：（阅读、勾画）

师：（查看学生阅读情况）

师：同学们对计算机的组成和二进制数都没有质疑，对于第三点疑问较多，现在我们就结合刚才对游戏的分析，来了解一下计算机工作原理。

（边讲边板演）

其实再聪明的计算机，也是由人来制造的，首先，软件工程师将许多处理问题的方法编成程序，存到存储器中（相当于同学们在玩这个游戏前大脑就会进行四则运算了），计算机（同学）接到开始工作的命令后，由控制器（神经系统）从存储器中，按计算步骤逐条取出指令，指挥运算器进行运算，运算完毕后将结果送到存储器，最后通过输出设备将结果呈现出来（见图3）。

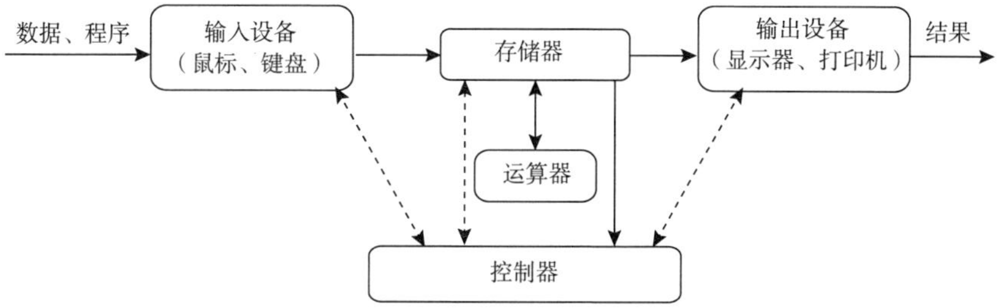

图3　计算机控制过程

生：（边听讲边做笔记）

师：请同学们认真理解一下各部分的功能，然后我们再做一个游戏。

师：（分角色游戏）在四人小组中，一名同学既当输入设备又当输出设备，第二名同学当存储器，第三名同学当运算器，组长当控制器，模仿计算机各部件的功能，再来做一下刚才的游戏。规则：每个小组就是一台计算机，每个承担不同的部件，游戏中间不能讲话，“控制器”用手拍其他部件，其他设备之间用纸笔来传递信息，做“控制器”和“输入、输出设备”的同学可以看黑板上的四个数字，另外两个部件背对黑板，我在黑板上写四个数字后，各小组就可以开始比赛了。请注意，各个部件各尽其责，不能违规，否则淘汰。

生：（做游戏）

（3）课堂小结。

师：刚才的游戏，让大家体验了一下计算机的工作情况，请大家谈谈自己对它的认识。

生：（小组讨论、小组代表发言）

师：（视学生回答情况加以点评）

（4）布置作业。

大家谈得很好，这节课我们通过玩游戏揭开了计算机工作原理的神秘面纱，课后，请大家再以小组为单位认真阅读教材，继续玩我们的游戏，大家可以互换角色来玩。

（5）教学反思。

《关于加快中小学信息技术课程建设的指导意见（草案）》中明确指出：中小学信息技术课程的任务是：培养学生对信息技术的兴趣和意识，让学生了解并掌握信息技术基本知识和技能，使学生具有获取信息、传输信息、处理信息和应用信息技术手段的能力，形成良好的文化素养，为他们适应信息社会的学习、工作和生活打下必要的基础。

基于上述认识，笔者紧紧围绕课程的任务，结合教材内容和学生的实际，组织了这样的一节课。本节课的教学设计起因有二：一是学生课间玩游戏的情景，他们玩扑克时专注的神情，使笔者想到如能在教学中用游戏学习法，学生一定会很感兴趣，从而取得事半功倍的学习效果；二是从《知觉倾向性》的学生问卷调查中，发现本班学生70%属于混合型、28%属于动觉型、只有2%属于听觉型学生。通过游戏，能够调动起学生的多种感官，提高学生的学习效率。

（二）从万圣节游戏中学习（“I think that mooncakes are delicious!”）

“I think that mooncakes are delicious!”是人民教育出版社《英语》初中版九年级上册的内容，对于专门教育学校的学生认识和了解中西方文化而言，本节知识既是重点，又是难点，在教材中起着举足轻重的作用。但是专门教育学校初中三年级的学生对西方文化知道得很少，语言表达能力差，多数对英语不感兴趣。为此，本节教学设计了万圣节游戏来激发学生的学习兴趣，以期较好地达成学习目标。

1. 教学目标

（1）了解西方国家万圣节的相关知识，学会使用下列词组：trick or treat、dress up、haunted、ghost、spider。

（2）能听出万圣节流行于哪里，什么时候庆祝，Wu Yu 对万圣节的看法，并能填出所缺单词。

(3) 学生经历游戏和听力活动之后，体验万圣节文化，能和同伴谈论万圣节和中国的中元节，尊重不同的文化。

2. **教学准备**

课前教师组织学生，为自己和不同角色的学生自制具有西方文化特色的万圣节面具。

3. **教学过程的游戏环节**

(1) Warming up（热身活动）。

师：What festivals are popular in other countries?（其他国家流行什么节日?）

生：Christmas（圣诞节）……

师：Do you know what festivals they are?（你们知道这是什么节日吗?）

Christmas　　Thanksgiving Day　　Easter Day

图4　万圣节图片

（出示课件图片、如图4所示）生：（根据图片回答）

师：教师根据学生回答情况，告知英文Christmas、Thanksgiving Day、Easter Day。

师：Where is Halloween popular?（什么地方流行过万圣节?）

生：It's popular in North America.（在北美流行过万圣节。）

师：When do people celebrate Halloween?（什么时候庆祝万圣节?）

生：They celebrate Halloween on October 31st.（在北美流行过万圣节。）

(2) playing（玩游戏）。

师：What do you think of this festival?（你们觉得这个节日怎么样?）

生：function、afraid……（有趣、害怕……）

师：（取出课前和学生一起制作的面具，如图5所示）

Let's play games together.（我们来一起做游戏）

Who can try?（谁来试试?）

生：（争先恐后地举手）

（吴宇在大家的关注下，玩吹纸屑的游戏）

图5 活动图片

师：What does Wu Yu think of this festival?（吴宇觉得这个节日怎么样?）

生：It is a fun festival.（它是一个有趣的节日。）

师：Wu Yu thinks it is a fun festival.（取出课前和学生一起制作的面具）Who can try again?（谁再来试试?）

生：（争先恐后地举手）

师：Yue Fang（岳芳）

……

（3）Pair - work（对话，聊游戏）。

师：Talk about the Halloween and the Zhong yuan Festival.。（谈谈万圣节和中元节）（通过万圣节和中元节的对比了解中西方文化的差异）

生：One acts as a foreigner and the other acts as a Chinese（一名同学扮演外国人，另一名同学扮演中国人）（自由谈游戏后的体会……）

（出示课件）What does the Zhongyuan Festival mean?（中元节意味着什么?）（理解游戏背后的文化）

师：（追根溯源解读中华文化，进行思政教育）荀子说：“礼有三本：天地者，生之本，先祖者，类之本也；君师者，治之本也。”就是说先贤天地，是生命的本源；祖先，是民族的本原。我国古代先贤教育我们要尊重天道自然，要尊敬先祖长辈，要尊敬师长。中国古代儒家现实政治生活中便有儒家对应的“三祭”：祭天地、祭祖先、祭圣贤。对于同学们来说，严肃认真地对待祭祀活动、祭祀文化和中国的各种传统文化，这关乎中华民族的信仰和道德。

4. **教学反思**

专门教育学校的学生厌学的根源在于缺乏学习兴趣，特别是英语学习更是如此。为此，本节课精心设计了游戏来增加学生的学习兴趣，以便深入了解中西方文化。

四　对“游戏式学习”的思考

（一）游戏式学习的利与弊

（1）在专门教育学校有效实施游戏式学习，优势集中体现如下：第一，由于专门教育学校的多数学生厌学情绪严重，并伴随有各种行为问题，在教学过程中实施游戏式学习，可以较大程度地激发他们的学习兴趣，在轻松愉快的游戏氛围中掌握学科知识，体会游戏带来的无穷乐趣，从而达到寓教于乐的目的。第二，将知识与能力、过程与方法和情感态度贯穿于精心设计的学科游戏之中，可以潜移默化地培养学生的核心素养，在游戏中主动探索、发现和感受真善美，与人合作，共同学习。第三，游戏式学习强调以游戏为中心，以合作探究为基础，紧紧围绕特定的游戏进行“开放式”学习，学生在玩游戏的过程中，通过自觉遵守游戏规则，培养遵守纪律、遵守规则的意识，逐步达到育人的目的，以促进专门教育学校学生的全面发展。

（2）在专门教育学校有效实施游戏式学习，不足之处体现在：实施游戏式学习的关键在于游戏内容和游戏规则设计的成功与否，二者是成功实施游戏式学习的前提，而这取决于教师的认知水平、对学生的了解情况、对《课标》、教材的熟悉程度及教师的个人素质等多方面因素，游戏式学习尚未提出相对固定的模式，教师在运用游戏式学习组织课堂教学时就存在着较大程度的不确定性，需要在长期的教学实践中不断摸索才能取得较好的效果。

（二）对“游戏式学习”进行多元化评价的设想

在专门教育学校有效实施游戏式学习存在着不足之处，需要在教学实践中不断改进，而教学评价具有诊断、激励、调节和教学的功能，这恰恰就是改进游戏式教学活动的需要。由于专门教育学校的学生存在各种各样的问题，游戏式学习活动的设计也存在多样性，因此游戏式学习应强调多元化评价方式，包括评价主体的多元化、评价内容的多元化、评价形式的多元化。

（1）游戏式学习评价主体多元化的设想。游戏式学习评价主体的多元化应该是将“学生自评、同伴互评、教师点评”结合起来，每个学生都积极参与学习成果的评价，把评价变成学生了解自己情绪、情感、兴趣等非智力因素情况、学习情况、改进学习方法、有效提高学习效率的过程，并通过同伴之间的互评，增进学生之间的相互了解，使专门教育学校的学生相互悦纳、彼此欣赏、相互学习，从而达到共同进步的目标。

（2）游戏式学习评价内容多元化的设想。游戏式学习评价内容的多元化应该既对学生学科知识的掌握情况、技能的熟练程度等智力因素进行评价，也对学生在游戏式学习中的品德修养、参与程度、合作表现、探究精神等非智力因素进行评价，以促进学生的全面发展。

（3）游戏式学习评价形式多元化的设想。游戏式学习评价形式的多元化应该既沿用传统教学的评价和测量方法，在游戏式学习过程中对学生的品行表现、合作意识、探究能力等以口头评议、举手表决等形式进行评价，又可以为每个专门学校的学生建立成长记录袋，将学生的游戏式学习过程的心得和感受、学习成果、个人作品、情感体验等资料记录下来，以实现促进学生发展的目标。

总之，专门教育学校的游戏式学习作为一种知识性、趣味性与教育性相结合的教学策略，实施起来关键是以游戏为核心，教师在充分了解专门教育学生的基础上精心准备、认真组织学习过程、组织多元评价，实现专门教育学校学生的全面发展。此外，这种游戏式学习也是有利有弊的，需要大量的专门教育工作者在实际教育教学工作中，深入了解问题学生，认真钻研《课程标准》和教材，不断地研究与实践，扬长避短，最终达到促进学生终身发展的目的。

专门学校微课设计研究

李顺煜*

信息技术的飞速发展以及移动终端技术的进步，使人们的学习方式发生了翻天覆地的变化，人们更加倾向碎片化的学习模式。微课的提出及应用正符合这种学习方式。人们只需要利用极少的时间观看教学视频，便可以极为快速地获取有效的信息，这种学习模式更符合当代人们“微”学习的要求，更适应时代的发展，让我们学习变得更加及时、高效和便捷。针对专门学校学生基础差、行为习惯差、注意力不集中、厌学情绪严重等特点，微课的教学能让学生在课堂上理解更为容易，学习更加高效，能减少学习压力，增强学生学习兴趣，做到因地制宜，因人制宜。

一　微课是什么

（一）微课应用背景

“微课”，近年来在教学应用以及课程设计方面受到很多教师的欢迎，是最近几年提出的新概念，是指按照新课程标准、新课程设计理念以及教学实施过程的要求，以视频展示为主要手段和载体，更为清晰记录教师课堂内外的教育教学过程。教师以视频去记录课程讲授的重点、难点或疑点，可以应用于课前、课中或者课后，是一种非常重要的教学模式。通过流媒体形式展示简短、完整的教学活动。微课讲解知识点或者开展教学环节，稳步推进，达到积少成多、聚沙成塔的目的。微课在我国出现时间并不长，属于新的教学概念，由于其在现实应用中效果显著，发展速度十分

* 李顺煜，昆明市金殿中学团委书记兼总务副主任。

迅猛。从2010年末引入国内，微课在全国各个中小学、职业院校、企业及各大高校中得到较好的应用。

（二）微课应用理论基础

1. 建构主义学习理论

建构主义学习理论核心的观点是：人类的知识是主观建构的而不是客观存在继而被发现的。学习获取知识时，需要自主去获得，同时也需要提供辅导性帮助。在微课应用时，以学生为主，学生自主学习微课，教师辅助微课学习，同时为学生答疑解惑。建构主义学习理论为教学提供了理论依据。

2. “经验之塔”理论

“经验之塔”（Cone of Experience）理论是戴尔提出的，他认为教学应该是个循序渐进的过程，应该是从简单到复杂、从主观到抽象的过程。微课的应用正好符合这个理论，从直观简单的知识或观察开始，进而发展到应用知识、知识升华的目的。

3. 自主学习理论

自主学习，充分发挥主观能动性，以学生为主进行学习。学习者根据现有知识及能力，根据学习目的自主进行学习，获取知识。根据不同的学习目标进而选择与之适应的学习方法，最后对学习过程进行评价和反馈。根据不同的学习需求，选择不同的内容进行学习。

4. 微型学习理论

微型学习，是将知识按照层次分为不同的细小学习单元，这些学习的小单元针对性强，时间较短，是完整的学习活动。微课时间短的特点，正好让学习者随时随地进行学习，可以让学生利用零碎的时间去学习。

（三）微课是什么

微课是通过多媒体技术，主要形式为视频，按照新时代、新课程教学的要求，开展教学过程，呈现教师在课前、课中和课后等知识讲解或者教学环节的全部过程。微课的应用是教学开展的新模式，旨在使学习者或者使用者提高学习效率，快捷直观地获取知识，改进教学效果。微课设计要集合计算机技术，应用多媒体，通过不同的教学环境，精心设计微课。微课短小精悍，它的时间不超过传统教学课堂的1/3，它适应了人们对快速学习、高效获取信息的习惯。可以让复杂的知识或者操作通过一个个的微课分别讲解或演示，稳步学习，最终完全掌握。微课在改善教学质量、提高教学效率以及教学改革中起到积极的作用，成为一种新的教学模式、新的教学资源。

二 微课设计方法

微课设计根据不同的教学有不同的设计方法，结合专门学校的特点，微课设计和制作的方法如下。

（1）确定微课制作内容。制作微课时，一定要选择学生感兴趣的内容来制作。内容可以是重难点或疑点、知识巩固、新课引入或者演示实验等。结合专门学生特点，学生更加喜欢动漫和游戏，因此在确定内容时，要把握好教学目的，全面掌握和了解教材及学生的情况，把游戏和动漫结合在内容中，做到学生喜闻乐见。

（2）确定微课的形式和风格。确定了微课制作内容后，需要对微课内容进一步分析，厘清微课教学的结构，需要对教学目标、教学模式和教学环境做分析；对学习者的学习能力、学习习惯做分析，对教师的信息素养、时间精力做分析；需要对微课的平台及学习的终端做分析。做到学情分析准确，学习目标明确，同时根据分析的情况，选择不同的微课形式。微课的形式主要包含视频讲解、PPT 演示、动画的形式或者多种形式相结合。从专门学生特点出发，微课的形式和风格有别于普通学校，稍微活泼和幽默更佳。

（3）收集微课教学资源。为了让微课更能吸引学生，使微课重点突出，保证微课制作的顺利进行，在设计好微课形式和机构后，需要大量收集微课资源，如一些导学案、测试练习以及微课的素材（课件、图片、音频、视频和实物）。专门学校教师微课的操作相对薄弱，对资源的收集有一定的困难，因此需要在微课录制前积累大量的教学资源，才能使微课的设计更充分、更完备。

（4）准备微课教学的工具和资料。在完成以上步骤后，需要充分准备好微课教学所需要的工具，如录制工具、后期处理的软件。整理好教学的资料，如教案、教学稿等，同时准备拍摄的场地和人员。

（5）微课视频的录制。准备好所有工具和资料后，按照设计好的教学进程进行录制视频。录制的教师需要注意自己的语音、手势及表情等。录制的方法有许多，比如用手机摄像机拍摄、采用录屏的方法，或者采用视频、音频拼接的方法。录制时做到简单操作即可。在视频录制时，需要多次录制对比，做到微课语言组织性强、逻辑性强及教学过程完整。

（6）微课后期处理和加工。在视频录制结束后，需要用专用软件对视频进行处理和加工，做到视频更加完善，改进录制的不足，剪辑成更加美观的微课。

（7）发布微课。在微视频后期处理完成后，需要把微课进行发布，方便学习者学习，进行发布或者传播的平台有很多，可以是自己专用的教学平台，也可以是一些学习者的 QQ 群、微信公众平台和视频网站等，总之，传播微课要便于学习，便于自己的教学活动。

（8）反馈评价思考。通过微课的发布传播，让学生通过微课进行学习，同时教师必须深度了解学生学习微课的情况和效果。通过学生反馈，了解微课任务完成情况、微课存在的问题以及一些微课设计制作的建议，以此来思考和提高授课水平。

三　微课教学的课例实践

微课教学需要在课程中实现，需要教师不断尝试和实践，现将微课与物理课程相结合，以《凸透镜成像的规律》为例，针对专门学校特点，设计《凸透镜成像的规律》的微课。

（一）《凸透镜成像的规律》微课设计

（1）教学内容：《凸透镜成像的规律》这节课是人民教育出版社八年级物理上册的内容。本章节内容位于教材第五章第三节，属于本章内容的中心，也是本章的重难点，起到了承上启下的作用。完成本节教学内容需要两课时。

（2）重点和难点：①重点：凸透镜成像规律的学习。②难点：凸透镜成像实验操作并总结出凸透镜成像规律。

（3）教学目标：

①知识和技能：理解掌握凸透镜成像的规律。

②过程和方法：使学生在实验探究中能够获得研究问题的能力。通过凸透镜成像规律的探究，体验和感受物理科学研究的过程及方法，学会通过实验现象的观察归纳总结规律。

③情感、态度和价值观：激发学生探究知识的兴趣，增强探究物理的主动性和求知欲，使学生养成认真细致、严谨负责的习惯，同时培训学生合作交流、相互进取的科学精神。

④学情分析。专门学校学生虽然对实验探究有一定的兴趣，但是总体来说普遍厌学、基础薄弱、学习能力低下。在知识记忆上较差，思维逻辑性较弱，在实验探究总结规律方面不强，又因为本节内容有一定的难度，所以教师在教学中一定要及时发现问题，耐心讲解，用动漫动画的形式引入，结合游戏的形式来讲解。用一种简单的方式引导学生学习探究，通过微课的形式让学生重获学习的信心。

（4）教学过程设计（见表1）。

表1 教学过程设计

教学环节	教师活动	学生活动	设计意图
新课导入	让学生使用课桌上的凸透镜或者放大镜观察 播放微视频、flash课件，微视频 总结：凸透镜能成倒立放大和缩小的实像，也能成正立放大的虚像。 以此引入课题，探究凸透镜成像规律	观察现象 观看视频 思考问题	通过学生自主动手实验，观察现象，观看视频或动画激发学习兴趣
新课教学探究实验	1. 提出问题 教师：凸透镜成像有很多不同的情况。请大家认真思考提问。教师向学生提出问题并认证总结学生提出的问题，确定本内容研究的目的：凸透镜成像与物距的关系	通过教师的提问，自主思考，同时提出凸透镜成像相关问题。探究成像的不同可能影响的因素	通过提问并总结学生存在的问题培养学生发现问题，提出问题的能力
	2. 猜想假设 猜想凸透镜成像所成像的虚实、大小、倒正跟物距的关系	分组讨论，研究猜想	观察实验，分组讨论进行猜想，培养学生敢于猜想的能力

续表

教学环节	教师活动	学生活动	设计意图
新课教学探究实验	3. 以游戏的形式设计实验 视频介绍凸透镜、蜡烛、光屏在光具座上摆放的顺序视频演示实验通过改变物距，来观察成像情况。 4. 分组以游戏的形式分别让学生自主实验 （凸透镜固定在标尺的 50cm 处，把物体放在 $u>2f$ 的地方，再放到 $f<u<2f$ 最后放到 $u<f$。研究像的性质与物距的关系。	观察视频学习理解认真填写像与物距的关系表 小组合作，游戏教学	通过视频直观的实验演示，生动的模拟成像规律，加深学生对凸透镜成像规律的探究
巩固小结	对凸透镜成像的规律归纳总结	回顾所学	把成像规律进行总结，加深对成像规律的理解和记忆。
布置作业	1. 课本习题 2. 认真完成像与物距的关系表	完成练习 技术回馈	便于掌握 学生学习情况

（二）《凸透镜成像规律》微课设计思路

在传统教学模式下，探究凸透镜成像规律时，教师通常采用多次试验比较不同位置下凸透镜成像的特点（见表 2），或者是通过笔记让学生反复记忆，往往使学生理解困难，成像的规律在大脑中呈现得不立体也不完整。本节内容本身具有一定的难度，专门学校学生几乎没有人能完全掌握，

表 2　像与物距的关系

凸透镜的焦距 f = 10 cm

物距与焦距的关系	物距 u/cm	像的性质			像距/cm
		虚实	大小	倒正	
物像异侧	$u>2f$	实像	缩小	倒立	$2f>v>f$
物像异侧	$u=2f$	实像	等大	倒立	$v=2f$
物像异侧	$2f>u>f$	实像	放大	倒立	$v>2f$
物像异侧	$u=f$	不成像			
物像同侧	$u<f$	虚像	放大	正立	$v>u$

解题时也几乎靠印象，不能完全掌握。

因此，通过微课设计制作有关的视频，视频开始可以穿插一些搞笑又与凸透镜相关的视频，吸引学生注意力，专门学校学生本身对课程内容并不感兴趣，但是穿插幽默的视频，可以吸引学生注意力，导入时会有很好的效果。学生可以通过视频反复去浏览视频，加深记忆，达到不知不觉消化此节内容的目的。教师可以制作课前的微课，使学生清楚掌握凸透镜的成像原理及相关知识，并通过反复观看，为理解成像规律做铺垫，同时找出学生存在的问题以及理解上的障碍。上课时制作凸透镜成像规律的动画或视频，通过视频演示的立体操作，加深学生学习成像规律的印象，集中精力去解决学生的问题，总结规律。课后可以通过微课制作一些实例，巩固知识，加深学生的理解。

教师以身边常用工具导入，如放大镜、凸透镜，让学生自主实验，专门学校学生动手能力较好，进行实验的时候，先分小组进行学生平时喜欢的游戏，例如 CS 游戏，在游戏中告知学生 CS 游戏中的瞄准镜和凸透镜的关系，进一步激发学生学习凸透镜的兴趣，同时让游戏胜出的小组自主进行凸透镜成像的实验。教师再展示微课，让学生观看学习。微课中以视频介绍常用知识及实验工具，用动画模拟凸透镜成像展示给学生，同时向学生发放任务，填写像与物距的关系表。教师可启用任务驱动，结合专门学生喜爱画画的特点，让学生分小组合作，并把成像的规律自己画出，相互竞争，共同完成。完成后，进行巩固小结，互相评价，总结凸透镜成像规律，总结学生可能出现的问题和注意事项。

在进行微课时，充分把握专门学校学生的爱好，让专门学生喜爱的动漫及游戏穿插在教学过程中，同时结合专门学生擅长画画的特点，让孩子以画画的形式画出教学的内容，或者画出思维导图，如果教师擅长音乐，也可以把成像规律总结成一首歌，通过说唱的方式帮助学生记忆，会更受专门学校学生的喜爱。

（三）微课设计要点

（1）微课设计需要充分考虑教学模式、教学内容、教学环境和学习者特征等因素，要对这些因素做到充分分析，通过分析，选择适当的微课形式，可以是演讲、课堂实录、实地拍摄、讨论式、采访式、录屏式等。

（2）微课时长很重要，一般控制在 3 ~ 9 分钟，语速稍快，声音要清晰，同时语言要有激情，做到幽默风趣，不要有废话，不要重复。

（3）设计视频要新颖，突出教学内容和微课形式的融合，要做到吸引学生注意力，讲解形式多样，难易适当。

（4）教师录制时精神要饱满，注意细节，注意着装。教师要有必要的眼神交流，切勿眼神飘忽不定，不要紧盯摄像头，通过眼神与学生进行情感交流，同时有一定的手势和动作。

（5）制作课件要精良，可以用动画和特效，课件要与学生思考同步，要和教师讲解一致，微课设计一定要结合专门学校学生特点，做到学生感兴趣。

四　专门学校微课教学建议

专门学校开展微课，需要结合专门学校的特殊性，通过微课设计总结存在问题。由此，从学校、教师和学生等方面提出微课教学建议。

1. 注重学习培训，提升队伍素质

切实加强微课建设，更好地提升学校微课水平，进一步完善学校的微课培训工作，进一步完成微课在全校的推广，真正实现理论与实践相结合。认真宣传动员、组织教师参加微课及信息化教学的继续教育培训，做到全校覆盖，教师能真正学习和应用微课。组织教师队伍参加微课比赛或者微课教学，同时学习其他学校微课制作与教学的经验，加强微课交流。同时，把微课应用能力作为考核指标，做好教师应用微课的评优工作，以此激励教师应用微课的积极性。组建教师微课团队或者教学组，通过大家的共同努力，相互学习与合作，熟练掌握微课应用技术，制作较为成熟的作品。鼓励优秀教师作为带头人，对其他教师进行微课的培训帮扶活动，让优秀教师进行公开课或者示范课，通过听课和评课的形式相互促进，相互交流，促进教师微课应用的成长。通过网站、微信公众号等形式建设学校微课平台，上传优秀微课，方便师生学习提高。这将有助于师生获取微课资源，便于师生交流。

2. 提升学生内在的素质，将养成教育、道德意识和法治教育与微课相结合

专门学校的孩子们在入校前厌学、逃学、吸烟、打架斗殴、不服管教、破罐破摔等青春期叛逆问题极其严重，有的甚至出现轻微违法现象。不文明、不卫生、不学习、不守纪律等行为更是家常便饭。他们的成长过程伴随着一定程度的困难和挫折，我们要特殊关注，特别是扭曲，甚至错误的世界观、人生观、价值观亟待重塑和改正，而传统、常规的教育思想、方法及手段有时显得苍白乏力。微课的教学对象是学生，需要专门学校学生的配合，如果学生从最基本的行为习惯、养成教育以及法律道德方面都不提高，那微课的设计和教学都是毫无意义的。因此要提升学生的内在素质，将微课与养成教育相结合，让微课在转变学生方面起到积极作用。

把微课应用改变学生学习和生活习惯养成入手，设计一些有教育意义的微视频，启示学生养成良好的习惯，以此从基本上提升学生内在素质。如遵守课堂纪律，自觉排队，等候进餐，敬法纪、守规矩、讲秩序。又如，可以制作有关行为习惯的微视频，启示学生不要乱扔垃圾，不讲脏话，不吸烟，不打架斗殴等。

培育学生的核心素养是中国教育的客观趋势，也是培育社会主义核心价值的必然要求。获取知识与技能，树立正确的人生态度、情感与价值观，德必先行。可以制作《弟子规》的视频、“一封家书·感念亲恩”感恩视频，制作有关中华传统美德的视频，启示学生做一个有道德的人，做一个有爱心的人，做一个有智慧的好人。

可以利用微课比较典型的实例或案例，对学生进行法治教育，通过微课的便捷性让学生随时随地学习法律知识。通过一些孩子遇到困难、在挫折中成长的典型案例，让学生正视自己的错误，培养学生法治意识和遵纪守法的观念。法治和纪律教育是专门学校的第一要务，要始终坚持贯彻，通过微课与法治的结合去引导学生分辨是非，教育学生遵纪守法，加强法治意识，为预防青少年违法犯罪做出有力保障。

3. 促进微课与专门教育相结合，改进微课教学方法，促进学习习惯养成

通过微课的精心设计，积极推进有效教学，以学生“乐学”为宗旨，让微课引领学生在学习中学会倾听，学会合作，遵守规则，小组合作，把微课与学校思维导图教学相结合，改进微课教学方法，开辟一条让专门学校学生学习的更好方式，引导专门学校学生学会学习，进而提高学习效率。

坚持把微课和各科目、课程结合的原则，把微课教学应用于其他学科课程教学中，以微小视频教学带动学校课程体系。如在心理课程方面，结合学校《成长记录袋》的制作，通过微课教学教会学生如何制作，或者采用微视频的形式去记录。培养学生学习微课、应用微课学习的习惯，帮助专门学校学生改变不良学习习惯。让专门学校学生重拾学习的信心，获得成功的体验。同时把微课应用在活动德育方面，针对专门学校学生的特殊性和学校的实际状况，把微课应用在每次德育活动中，如开展“预防艾滋病”教育活动时，通过微课让学生深入了解艾滋病。通过微课在活动中的应用，让学生潜移默化地感受微课，转变自己的价值观，让学生学会学习与生活，学会交流合作，学会改变自我，重新做人。

总之，本文研究微课在专门教育中的应用，希望能引导专门学校学生学会学习，提高学习能力，通过微课的实践研究，结合专门学校学生的特点，让学习更高效、更快捷。希望能够给专门教育教师提供有用的微课录制及应用参考方案；能够让专门教师在不同环境、不同内容及不同对象下，录制与之相适应的微课，促进教师自身教学能力及教学本领的发展，提高教学效果。专门学校学生曾经是人们眼中的“失败者”，这磨灭了这群特殊学生的自信，希望通过微课学习，让专门学校学生能积累知识，获得学习进步的信心，改变不爱学习的现状。

促进专门学校班主任专业化成长研究

尹章伟*

工读教育面对的对象是一群由心理偏差和行为偏常的中学生所构成的弱势群体，他们展示出或多或少的一些问题行为，如何让工读学校充分发挥教育的本体功能，使他们能够成为一群身心健康、品德行为上无重大缺陷的人，教师的教育管理能力起了至关重要的作用，这其中班主任的工作实效是核心。

工读学校的班主任，工作比普通值班老师更加辛苦，从早忙到晚，不仅要管理整个班级的事务，还要备课、上课、改作业，和学生谈话、与家长交流。一天下来，不仅顶着巨大的压力，而且还消耗非常多的体力，班上无论哪个学生出问题都牵动着班主任的心。除了这些日常需要劳心劳力的常规事务处，最让班主任头疼的是总有个别学生存在听不进教育、难以转化或反复性大等问题。

通过多年的班主任工作总结、分析，班主任如何提高工作实效，避免沉溺于繁重的体力劳动和巨大的心理压力，笔者归纳出导致工读学校班主任工作效率低下的几个因素以及有关解决方案，与大家讨论分享。

一 没有计划、被动应付与提前规划、未雨绸缪之间的差别

如果工作缺乏计划性，没有计划做指导，想到哪里做到哪里，学校布置什么就做什么，会穷于应付，连完成任务都是匆忙完成，更谈不上精益求精了。做事没有计划，导致教育工作不能尽善尽美，工作的不连贯导致前后不能保持一致，效果自然不如人意。

---

* 尹章伟，广州市新穗学校教务处主任，德育高级教师，研究方向为工读教育。

笔者建议按照学校的常规安排和各个时期的不同特点，对短至一个学期、长至一个学年的工作做一个大致的规划，将一些日常必做的工作（如主题班会课）提前安排布置下去或为自己做一个备忘录，这样对自己的工作会有比较好的把握，利用充裕的时间来准备和完善，同时也方便自己充分利用教学任务相对轻松的时期多做一些事，把一些规划的工作提前消化。

凡是有规划工作习惯的教师，工作效率总会比较高效，不仅把管理、教育教学工作安排得井然有序，完成工作后还能有时间读书、撰写论文或教育心得。时间对于每个人来说都是一样的，有些人能充分利用每一分钟，而有人在白白浪费时间的同时，又在抱怨工作太多，总是做不完。这是班主任的高效工作与低效工作效能间的差距，这种差距不仅在于技术层面，还在于思维方式和具体行为上。

操作实例：主题班会课程化

一般来说，每个班级每周有一节班会课，可以分为常规班会和主题班会。虽然只有一节，但仍然会令很多班主任头疼，经常要上课了才临时备课。有的班主任甚至没有提前布置任务，又找不到生动的上课素材，就去随便说说，搪塞过去。有通知就发通知，没有通知就简单地总结一周的情况。由于没有备课，课堂效率极低，简简单单的一两件事可以讲半节课，而且都是空洞的大道理。

智慧的班主任深知主题班会课在教育学生、创建良好班风中的重要作用，他们绝不会轻易放走任何一节班会课的。班主任的工作都很忙，哪里有那么多的精力准备呢？其实，要想做到这点，既难也不难。做一个简单的分析就会发现，除去考试复习、节假日、学校统一组织的活动外，一个学期的班会课只有十几节，事先好好计划一下，完全没有问题。

班主任在开学之初就列一张表，一共有多少周，共有多少节班会课，每个月留一节课作为机动（必须要有机动），其余的课时都纳入规划，不一定很详细，但总体构思是需要的。

主题班会课的规划主要有两个方面：一是主题的选择和素材的挖掘；二是主持人的选择。

先说主题的选择。其实，班会课的题材和资源十分丰富，可以说取之不尽用之不竭，而且很多工作不一定需要班主任亲自来做，在某些教育时期可以发挥学生的能力。这也需要事先规划，做有心人。第一，开发一些有班级特色的固定栏目，如“我爱我班”“家长进课堂”“集体生日会”。每个月一次，形成习惯和传统，提前准备，到时候就开。第二，在传统节日（如教师节、父亲节、母亲节、端午节、中秋节、感恩节、元旦等）中发掘题材。第三，以学校的重大活动（如运动会、艺术节、春秋游、篮足球赛、社会实践等）为素材组织班会，每个月一个主题。第四，近期社会上的热点问题，如疫情、地震、海啸、核泄漏、食品安全等，如果额外还有机动时间，可以安排以上内容。

再说主持人，如果是班主任亲自主持，就需要事先备课，搜集资料素材，设计班会流程，这些都不是临时能做好的，必须提前准备。而学生主持人也是一样的道理，有了规划，这节课是哪几位同学负责、那节课又是谁来准备，都可以提前通知。准备充分了，班会效果当然好，学生和班主任的主持水平不断提高，开一节主题班会课就不那么费劲。这些都是规划带来的好处。

在班集体建设过程中可能会出现一个班的优势项目，鼓励学生将其发扬光大，形成班级的“名片”。比如同学特别喜欢开辩论会，就可以每个月组织一次，用“第几届辩论赛”来命名。

对班会课的规划较为成熟后，班主任就应该逐步地将主题班会课程化了。经过一轮带班的实践，班主任开主题班会课的能力得到了实质性的提高，风格日渐成熟，准备一节班会课也就不会那么痛苦了。一旦实现班会课程化，班主任将彻底告别“今天班会上什么”的烦恼。

提前规划，是班主任提高工作效率的重要方法。

二　大包大揽、事必躬亲与大胆放手、适当指导的不同效果

如果班主任不善于调动学生积极性、发挥学生的主观能动性，反而像保姆一样，事无大小，事必躬亲，总觉得这样才会心安，才不会出差错，才能把事情办好，这样的班主任可能是很敬业的，但同时也付出了相当大的时间和精力。因为什么事都做，把自己搞得十分疲劳，不少人常常会有力不从心的感觉，管理效率也不会高。另外，部分学生只会做出表面服从的假象，思想行为的内化十分薄弱，甚至部分学生还嫌你烦，吃力不讨好。

班主任一定要致力于学生四自管理：自立、自省、自治、自理，培养四自管理能力，学生自己能做的事，绝不包办代替，要敢于放手甚至某些

特定时刻要放权，不要什么事都紧紧抓在手里。在学生能力范围之内的，完全由学生独立完成；若超出学生能力的，可在班主任的指导下完成。尝试打破包办的做事风格，让学生主动承担一些工作，你便会发现，其实工读生是特别渴望表现个人能力的，他们潜在的能力往往超乎你的想象。

操作实例：班级工作竞投制

笔者曾经在自己所带的班级里实行一项非常有意思的制度——班级工作竞投制。无论是卫生值日或班级活动，还是学校指定完成的任务，基本上都是通过这种方式把工作分配下去，完成效果会比直接指定的好。

一般来说，班主任对待班级工作或任务有两种不同的处理方法：第一，分配给学生做；第二，让学生自己主动选择去做。班级工作竞投制就是第二种做法，也是最能解放班主任并且调动学生积极性的做法。表面上看，都是学生做事，但前者是被动的，班主任的安排是否合理、学生是否愿意做，都是不明确的，因此班主任在安排上往往费尽心思，效果还不尽如人意；而后者则是主动的，学生最清楚自己需要什么、能做什么、喜欢做什么，采用竞投这种新颖的方式恰好满足了学生的自我需求，也最能发挥学生的主观能动性。

当然，在竞投开始之前，笔者会事先做好竞投书，写清楚竞投规则、任务性质和要求。因为是双向选择，还要设置一定的门槛，任务要大体均衡，同时明确竞投完成任务后的奖惩法则。学生根据自己的能力和兴趣现场竞投，先到先得。通过每个任务调动学生的资源。班级工作竞投制形式一经推出，很快成为学生参与最热情的活动，比如多达十几项任务（每项任务有不同的悬赏奖励）的卫生工作承包竞投会，居然所有项目在10分钟之内被学生全部“抢走”。而过去，为排一份令师生双方满意的值日生表，至少要花半天时间考虑，还不一定有很好的效果。

山不转，路转；路不转，人转。只要稍微改变管理的思路和方法，工作效率自然大大提高，而且给了学生在允许范围内的最大自主权，学生的认可度自然高。

三　主次不分、面面俱到与统筹兼顾、各个击破的效果差异

班主任每天面对的问题是错综复杂的，面对貌似干不完的工作，如果

没有分类的思想，将工作全面铺开，什么都要抓——从起床到卫生、从出操到上课、从休息到成绩，面面俱到，有道是“教育无小事”，从地上的垃圾到吵架打架，你说哪件事不重要？都重要，但如果不分主次、没有轻重缓急，总想“一口吃个胖子”，势必导致四面起火，最后是什么都想做，结果什么都做不好。

久而久之，班主任也会走极端，刚开始激情满满，但因为工作太多，效率很低，加上总会遇到解决不了的问题，没有成就感之后，热情迅速下降。班级的问题总是层出不穷，管也管不好，最后干脆撂挑子，班级管理工作陷入停滞。

班主任在工作中的最大烦恼之一是时间被班级常规事务碎片化太严重，早晨来到学校，看早读，查卫生，抓违纪，刚忙完休息一下，又要做操了，还没等备备课，调整一下，又要到班里看看，回头还要改作业，看看学生日记，个别学生还要谈话。即使一天没有课，光是这些琐碎的常规工作就把班主任的时间占满了。更何况，班主任大多是主科教师、教学骨干，教学工作也很繁重！如果再有个什么突发事件，那就全乱套了。

对此，笔者提出的对策是采用“弹钢琴工作法”，将工作分类筛选，分出轻重缓急，有条不紊地开展，忙而不乱。我们知道要弹钢琴要十个指头都行动，不能有的动，有的不动。但是，十个指头同时都按下去，那也不成调子。要产生好的音乐，十个指头的动作要有节奏，要互相配合。由此类推，班主任工作既要全面，又要有重点，围绕中心，各项工作要配合好，不能蛮干。

操作实例：不一样的星期四

学校施行教师调休制，周末值班的教师周中有一天调休，班主任固定安排星期三调休。每到星期四的早上，班主任一到学校，必定是大事小事扑面而来。笔者还记得两年前的一个星期四，7：58 接到教务主任电话，当时笔者正在办公室和前一天值班老师交接工作：A 同学在语文课上捣乱，被带到办公室，B 同学和 C 同学在体育课上被老师处罚，下午冲凉时 B 同学和 D 同学打架，晚自习 E 同学的作业没完成，晚休时 E 同学在唱歌，D 同学和 F 同学拉开他人的蚊帐，早上搞卫生大部分区域都不干净……。课堂纪律、作业完成、冲凉房违纪、就寝违纪、卫生问题……。笔者可以想象这位老师度过了噩梦般的一天，而笔者到教务处才知道，原来前一天体育课上违纪的 B 同学和 C 同学将足球赛准备画线的白干粉用水全稀释了。

怎么办？表面上来看，已经涉及6位同学，6件事情，按笔者的经验，真正参与的学生人数可能更多，如果每一件事情详细调查，详细处理，可能今天一天学生也不用上课了，笔者也啥事不用干了。到底怎么办？简单一点，要么全班来个整风运动，要么揪出两三个典型狠狠处理一番？

冷静！笔者告诫自己一定要冷静，为什么一天发生这么多事情，近一段时间班级可以说很稳定，一定有些原因。笔者到教室外溜达了一圈，课堂很安静，表面上大家都在认真听课，其实笔者看到有些学生惴惴不安。再次回到办公室笔者定了下来，心里有底了。笔者找来班长和纪律委员，详细询问班级近两天的情况和学生的思想动态。原来一切的起因是足球比赛，校足球赛开始了，学生对此极为重视，也可以说极为兴奋，摩拳擦掌，跃跃欲试，情绪行为控制方面差了许多，与他人的摩擦也多了。事实上，除了上述6件事情，还有其他的违纪事件。

找到了原因，轻重缓急一目了然。眼前最重要的就是班级要迅速回归稳定，恢复正常的教育教学秩序，以及生活学习秩序。相应的笔者采取措施，利用课间操后的小段时间对全班做集体教育，校足球赛的目的何在，班级荣誉感从何而来，具体在思想行为上如何体现，违纪的同学要好好反省。当天，笔者还加强了课堂巡查的频率。如此一来，抓住了违纪事件的核心，使班级迅速由震荡恢复平静，没有纠结在繁杂的人物、事件中，但又给出时间，错峰处理，不放过每一件事情，主动认错或意图侥幸逃脱的，都可以从容处理。

班级在不同的阶段会有不同的工作重心，分成马上要解决的和可以暂时放一放的，我们要学会分类与取舍。“弹钢琴工作法”很形象地展示了工作有它自身的规律和节奏，踩准节拍，形成共振，事半功倍。还需要补充说明的是，即使同一件事情在不同的阶段也应该采取不同的工作策略。

四　不善思考、不找规律与科学分类、点线结合的不同结果

如果一味埋头做事，不将事情加以思考，特别是不善于发现、总结出现的问题的规律性，导致当问题反复出现时，今天花了很多精力处理了一个，明天又会冒出另一个，又要去处理。日复一日，班主任就陷入了低效、重复劳动的苦海，职业倦怠感不请自到。如果班主任拥有分类思想，

就会发现班级中的很多问题其实是有类型的、有规律性的，智慧的班主任会仔细寻找这些规律，解决一个就为解决其他问题提供了范本。日积月累，就会形成一整套班级常规工作解决方案。

所谓点线结合的思路，就是对一类事件按一定的规则处理，不同类型的问题有不同的规则对应。处理一类事件有固定的程序，这些程序每一个学生和家长都要明确，在处理时才不会引起矛盾和纠纷。如果事情发生了，还没有相应的规则和处理程序，则不要随意处置，也不要处理完了就结束了，要以此案例的处理为模板，在得到大家认可的前提下，就此类事件补充制定规则，填补班级管理制度上的漏洞，这样班主任就不会整天像消防队员那样到处救火。

操作实例：课堂管理

班主任总是希望学生在上课时认真听讲，做笔记，回答问题，但是仅仅用诸如“上课不准做与学习无关的事情”之类的简单禁令是没有多少效果的。对于工读学生而言，课堂认真听课是个很困难的事情，所以建议首先要做调查研究，掌握第一手资料：

（1）班上哪些学生基本无心上课；（2）哪些学生认真上课；（3）哪些学生能认真听会儿课，但不能坚持；（4）无心上课的学生做什么。

这样，班主任的工作重点就有了：虽然工读学生普遍学习成绩差，学习习惯差，但总有那么两三个同学生是能认真上课的。第二类是能认真听一会儿课，但不能坚持的，情况不严重，这类学生是属于“可争取的对象”，数量最多，只要做好教育宣传工作，出台严格的规定，他们一般是不会违反规定的，这两类人基本可以达到班级人数的2/3左右。剩下的第三类，无心听课，还破坏课堂秩序的，为数不多，但比较顽固。对这些学生来说，一般的教育对他们起不到多少作用，他们自身存在侥幸心理，表现为经常上课睡觉、唱歌、讲话或是与任课老师斗嘴，需要重点关注。

班主任在掌握了整体的情况，做出分类之后，开始教育工作。这项工作实际上也包括两个过程，一个是“分化瓦解”过程——通过反复的宣传、教育，让更多的第二类学生进入第一类，减轻工作负担。通过日记、班会、家长会等多种形式营造声势，让第三类学生处于孤立状态，增加其心理压力，为进一步管理打下基础。另一个是更主动掌握个体的情况，通过观察、聊天、谈话，更多地掌握第三类同学的情况。

通过召开班会，制定课堂管理的相关规定，明确两点：第一，在上课时违纪将会受到哪些处罚，第一次怎样、第二次怎样、三次或三次以上怎样；第二，如何检查，比如用“同学举报”“班干部记名字”“任课老师投诉”“班主任巡查”这些方式是不是妥当？都需要考虑周全。

制度是针对“面”的，即全班同学。而巡查，是针对“点”（具体学生）。此项制度的最大作用是警示，通过明确的规则让大多数学生遵守课堂秩序、认真听课，目的已达到，巡查仅仅是提升制度执行力的做法，起辅助作用。对于“巡查”，原则是少用、慎用，但又不能不用。

笔者的建议是：（1）注意巡查的频率，不要形成规律。（2）刚开始的巡查，可以适当地暗示，以减少工作难度。否则如果查出来一大片会让自己增加很多工作量和难度。（3）巡查后若情况良好一定要到班级里大力表扬，一来肯定班级同学的自律和自觉性，二来以正面的方式提醒学生：规则不是形同虚设的，是要切切实实地落实的。（4）巡查要查到最不遵守规则的同学，查到的第一例违规，这是工作的“点”，既然是点，就不宜过多，否则自己增加了工作量和工作难度。然后，按照已经制定的规则来处罚这位违规的同学，以教育本人，警示他人。

以上做法虽然并不能百分百杜绝学生课堂违纪的现象，但能把违纪情况减少到最低。这就是科学的管理办法

五　说教太多、空洞无力与使用规则、以法治班的差异

班级管理出现了问题，班主任方法不多，全凭自己一张嘴说教，试图依靠谈心、劝说、感化、处罚，解决学生许多行为习惯的问题。现在未成年人保护很多，处罚手段有限，而且班级的管理没有一套科学的制度，都是跟着感觉走，随着心情变。今天这样处理了，明天同样的问题又是另一种处理方法，因为班主任的情绪不一样了。如果没有方法、没有制度，只靠一味地说教，起初次还有效，但是时间长了恐怕谁都不会在乎，甚至心生厌烦，班主任的威信荡然无存。

反复说教，不仅学生听不进去，班主任自己也很困扰，于是抱怨现在的学生太难教育。没有制度、只靠说教，是班主任工作效率低下的另一个重要原因。

解决这一问题的良方是制定规则，按原则办事，管理班级用“法治”而非“人治”。使用规则的一大好处是避免了对同一个问题或同一类问题的反复说教，化繁为简，提高了工作效率，而且公平公正。通过班主任坚持不懈的努力，让规则深入人心、规则意识成为学生的品质，管理的难度就会小很多。所以，我认为班主任的主要精力应该放在研究管理的方法上，而不是简单地投入时间精力和学生打消耗战，一个班二十个学生，每天要产生多少问题，班主任没有方法地管理肯定管不过来。

操作实例：选床位

工读学生都是寄宿的，宿舍的条件有限，通风、光线、潮湿等各不相同，如何用最合理的方法排出床位？遇到学生、家长、同事提出的各种调换学生床位的要求，应当如何应对呢？能不能在床位全部都是由班主任指定的通常做法上加以改革，用一种新的思路排床位呢？和每一个班主任一样，床位问题也困扰着我。经常接到学生或家长调换床位的申请，我无法一一满足。调一个床位，往往是牵一发而动全身，引发连锁反应。于是我就想用一个比较好的办法或标准能相对科学地解决这个问题。我的方法是先制定规则，在大家遵守基本规则的前提下，再做个性化的考虑。

通过班级讨论，制定了基本规则：（1）身高是重要考虑问题，特别高或特别矮的学生安排下铺；（2）体重是重要考虑因素，特别重或特别轻的学生安排下铺；（3）不考虑和邻位关系问题，集体生活，要学会与人相处；（4）床位需要经常换，一般一个月可以调整一次；（5）不以成绩好坏作为排位的依据；（6）好的位置和相对差的位置需要轮流使用，好床位不是专有的。

接下来我们明确对坐在不同座位上的同学的要求：

（1）如果你安排在一个公认的好位置，那么请你珍惜，好好表现。如果你不遵守纪律，经常被老师批评，对周围同学造成不良影响，说明你并不能拥要这样的好位置，违纪累积到一定次数，那么请你将你座位让出来，给那些遵守纪律的人①。

（2）如果你认为你的座位不理想，想换一个位置，那么请你好好表现。只有尽自己的努力好好表现，调换座位时才会优先考虑。

---

① 贺承凤：《做个智慧的班主任——编排座位的智慧》，《读写算（教研版）》2015 年第 9 期。

（3）在座位问题上表现出大度、谦让、顾全大局的同学在调整座位时将优先考虑，或在其他奖励机制上补偿。

这些要求都很合理，也相对公平，所以大家也都没有意见。而接下来的一步却让所有的人都没有想到——我让大家自己选择邻位。学生听了非常开心，可能他们从来没有遇到过一个能让他们自己选择邻位的班主任。看上去很大胆开放，但是我自有我的方法。

我让每个人拿出一张纸，写下自己最想和谁成为邻位，但规定不同位置必须选择两个人作为备选。这样做达到了三个目的：第一，尊重了学生的选择；第二，提供了更多组合的可能性，避免发生“撞车”；第三，由于人数较少，排出的结果大体都在学生自己的安排之内；第四，我可以根据实际情况，选择我认为最合适的。也就是说，我既尊重了你，我也有选择权，相互制约。

六　没有套路、毫无章法与设计程序、高效管理的效果差异

如果班主任做事没有章法、程序，遇到问题自己心中没有解决方法，学生更无所适从，当然就会乱糟糟的。在一些集体活动中（比如拍个集体照）我们经常可以看到一些班主任忙碌的身影，瞻前顾后，喊破了嗓子，学生却慢腾腾的不知所措，甚至越动越乱。

如果把一些常规的事情都程序化了，就能彻底改变混乱的状况。有时我们不要怪学生不听指挥，而是要反思我们的管理控制是不是有问题。

班主任应该在实践中不断思考，设计整理一些程序，逐步将越来越多的常规事务程式化，通过对学生的引导和训练，帮助他们养成凡事按程序走的习惯。经过科学训练出来的学生可以很明显地看出和没有训练过的学生的差距，这就像部队，同样是由普通人组成，为什么有的队伍战斗力就强？训练是关键。为班级工作设计的程序，可以是常规的、反复使用的，也可以是一次性的。

操作实例：大扫除的程序

一般的，班主任一定会事先安排好每个学生的分工，不过，经常能看到这样的景象：各人忙各人的，一些同学干得很起劲，另一些同学在旁边围观闲着没事干，到处都是乱哄哄的，好像很繁忙，其实进展很慢。

有的班主任还往往身先士卒带头干得满头大汗，而有的人已经乘着混乱讲话偷懒，有的学生做得多、做得重，累得要命，有的学生做得少、做得轻，无比快活。

一次大扫除，如果是安排合理，形成常态，完全可以在二十分钟之内完成。方法很简单：把所有的工作想仔细了，给每个人分配好；把大扫除的流程设计好，比如第一步先分区域，课室、活动室、寝室、走廊、然后分类别扫地、擦窗、擦门、拖地，最后是分步骤扫地、擦窗、擦门是同步的，最后是拖地，把地板拖完了就结束。劳动工具中，地拖的数量可能不够，但是每个学生的任务一般不止一项，所以可以错开使用。劳动委员专门负责检查，每个人干完让他验收，过关为止。他要留到最后作为机动，有什么不到位的地方再加工一下即可。一旦学生明确了流程，每次都如此这般操作，就会越来越熟练，速度也越来越快。这样的大扫除才是高效、职业的。

七　不讲策略、一味蛮干与把握节奏、循序渐进的不同之处

每一位老师都会遇上“屡教不改”的学生。学生并不是机器，机器出了问题，找到对应的原因修理一下马上又可以使用了。而人的成长却有太多的变数，这种变数，既是教育的难点，也是教育的魅力所在。如果学生“一教就改”，那教育也太简单了！还要老师苦心钻研做什么！“屡教不改”才是教育的常态，“一教就改”，反倒不像是真正的教育了。

为什么学生会“屡教不改”？从教师工作的角度去分析，原因可能来自两个方面：第一，方法问题；第二，时机问题。教育学生需要“软硬兼施”，意指采用了各种方法。如果没有效果，那么问题就不出在方法上，我们的注意力就要重点放在“教育的时机”上了。有时候，选择恰当的教育时机甚至比采用合适的教育方法还要重要。人的成长和变化都是有一定节奏的，有时候操之过急会欲速则不达，有时候攻势过猛会招致反抗加剧。遇到这样的情况，不妨暂时放一放，等机会成熟了再次进行教育。不要盯得太紧，放松一点，在观察中等待机会，不要蛮干。

有不少班主任在教育转化学生的问题上存在着“强攻”“蛮干”的情况。学生犯了错误，虚心接受批评还好，一旦遇到学生反抗，班主任的

“牛脾气”就上来了，不把你“拿下”，誓不罢休。结果是一场耗时耗力，没有赢家的战争，双方都身心疲惫。这样的情形如果多次在工作中出现，班主任就要好好反思了，因为这是一种低效的消耗战，不仅难以取得预期的成果，反而会引起学生的抵触和逆反，即使暂时把学生压下去了，学生依然“口服心不服”，依然会伺机反抗，至多是由“硬抗”变成了“软抗”，教育的难度更大。

如果换一种思路，不要在师生双方的气头上反复拉锯，而是暂时搁置，等双方都冷静下来，再次进行教育，效果或许会很好。因为在这段时间里，双方不仅情绪得到冷却，反思也在同时进行。反思之后的谈心，效果当然好。这就是一个把握教育节奏的问题。

把握节奏，适时、适度地做教育工作，可以起到“四两拨千斤”的效果，就好比是荡秋千。荡秋千利用的是共振原理，节奏把握得好，不需要用很大的力气，只要每次把劲用在最合适的时候，就是助推都是在秋千荡到最高点的时机，几个回合之后，秋千就会荡得很高。反之，如果你不踩准节拍，在不该使力气的时候乱用劲，尽管很卖力，秋千却不仅荡不上去，反而被推得团团乱转。时时刻刻高度紧张地工作，转化帮教学生，并不一定就能取得好的教育效果。有节奏地在学生最需要的时候给予最恰当的帮助，这样的教育才是最高效的。

操作实例：和学生谈话的“短时多次”原则

带班如带兵，带兵要有兵法。《孙子兵法》讲求速战，速战是取胜的关键，“久则顿兵挫锐”。但是做教育是做人的工作，是一门慢的艺术，人的思想行为是慢慢变化的，不可能速战速决。那么怎么理解二者的关系呢？我想，速战和久战之间有一种辩证的联系——战术上的和战略上的。从教育的战略上讲，要有足够的耐心和执着，但是，落实到每次与学生的交锋，却不必旷日持久。有的班主任和学生谈话一谈就是一两个小时，谈到后面，前面的内容都忘了，且又有大量的重复。班主任这样做无疑是想“毕其功于一役”，通过一次谈话就解决所有的问题，但这是不现实的。如果学生思想不通，就一直耗下去，直到学生投降为止。这也是一种高耗低效的行为。

对此，我的建议是采用“短时多次”的原则。每次谈话时间不一定要很长，内容不要太多，深度也不要太深，就某一个具体问题做一些探讨。

谈话前要备好课，不要泛泛，东拉西扯，翻陈年旧账。另外，是要选好谈话的时机，或刻意安排，或趁着进步多鼓励，或由某一个轻松话题聊起，渐渐进入状态

“短时”，就是要精简谈话时间，既减少了时间成本，又不至于让对方心生厌烦。心理学上有一个“超限效应”，指的是刺激过多、过强或作用时间过久，从而引起心理极不耐烦或逆反的心理现象。印证这一效应最著名的案例就是美国作家马克·吐温的捐款逸事了。有一次马克·吐温听牧师演讲时，最初感觉牧师讲得好，打算多捐一点款。10 分钟后，牧师还没讲完，他不耐烦了，决定只捐些零钱。又过了 10 分钟，牧师还没有讲完，他决定不捐了。在牧师终于结束演讲开始募捐时，过于气愤的马克·吐温不仅分文未捐，还从盘子里偷了 2 元钱①。由此可见，班主任和学生谈话，效果与时间不成正比。

“多次”，就是对学生施以持续的关注，只要有了合适的时机就不妨聊上几句，不仅心情放松，也容易在谈话中拉近师生距离。因为每次的时间都不长，对师生双方而言，压力都不会太大，谈到恰到好处、意犹未尽时就收场，把一次谈话的时间分散在一段时间里，用多次谈话完成。多次，于学生而言，是班主任一直在关注自己、没有放弃自己，对教师的感激之情油然而生；于班主任而言，是总量控制，化整为零，而且更加灵活，可以利用小块时间、边角时间进行，提高了工作效率。“短时多次”原则，尊重了学生成长的节奏，也符合心理学的规律，是一种省时高效的教育策略。

以上笔者分析的班主任工作效率低下的几个原因以及应对策略，可能这样的概括总结仍然是不够全面的，因为影响班主任工作效率的其他原因还包括班主任的个性原因、班主任的能力原因、班主任的主观原因、班主任的心态原因，等等。

总之，希望大家能通过反思、总结、实践，切实提高班主任工作效率，做一个心态轻松的阳光的专门学校班主任，同时也做一个高效能的教育管理者。

---

① 木木：《随身携带的卷尺》，《时代青年·悦读》，2018。

破解5+2=0：专门学校学生的周末管理

张　旭*

经过多年的探索，笔者在专门学校班主任工作方面积累了一些经验，其中一个重点方面就是对学生的校外教育。校外教育是学校教育的良好保障和基础。每学年中，中小学生的寒假、暑假、双休日与其他节假日有150余天，学生是在校外度过。随之而来的问题是，在这学生自由支配的时间里，失去了学校的管控，能保持在校时的身心健康吗？学生离开了校园，班主任工作不但没有卸任，而且是任务更加沉重了。如果我们的学生在校外生活中出现了问题，可能直接影响到学生的学业发展，导致其不能顺利完成学业，只有做好校外教育和周末的管理，才能保证学生按时出勤，按时到校上课，接受学校的教育从而得到转化和进步。笔者就以所在学校的周末管理为例，试图破解5+2=0即专门学校学生的周末管理。

一　管什么·怎么管

（一）专门学校学生周末管理内容

专门学校学生周末易出现的问题主要表现在以下几个方面：（1）沉迷手机游戏、网瘾严重；（2）出入各种未成年人禁止出入的场所，如夜店、KTV、网吧，容易出现夜不归宿情况，安全隐患较大；（3）抽烟、酗酒、打架斗殴，未成年人驾驶机动车现象严重；（4）拒绝与班主任和家长联系。以上几个方面均是班主任加强对专门学生周末管理的重要内容。

---

* 张旭，北京市海淀工读学校教师、班主任。

（二）专门学校学生周末问题的成因分析

1. 生源因素

笔者所在学校的学生全是由各普通学校推荐、转入的，心理行为问题较多。而且生源不是来自同一学校，哪个地区的都有，学生构成较为复杂。由于学校是住宿制学校，所以学生之间的交往紧密，很容易相互影响。

2. 管理因素

学校的管理制度中，周一至周五在校学习生活，吃住都在学校，周末放假在家。学生平时在校内受到严格的纪律约束，有老师的教育和监督，几乎没有什么大的问题，但一到周末，没有了学校的约束和管理，自律性很差，是非观念不强，导致他们很容易出现问题，很容易犯错误，甚至出现违法犯罪的情况。

3. 家庭因素

我们的学生家庭也存在诸多问题，表现在：离婚、重组家庭、长期不在子女身边、对子女教育问题重视程度不够、夫妻双方教育观念不统一、责任意识不强、没有时间照顾孩子等。其实从某种层面上来讲，学生的问题是源于家庭的。他们失去了原本应该他们拥有的关爱和关注，因为缺爱和缺乏管理，导致他们在青春期将问题集中地表现出来。

（三）专门学校学生周末管理中的策略

1. 重视周末教育，形成长效机制

每个周末班主任都要对学生不厌其烦地进行安全教育和法治教育，教育学生科学合理地安排周末时间，要求学生注意个人交通、行为、财物和人身安全，按时返校或者回家。充分利用现实社会发生的各种学生周末安全事故，更好地引起学生的共鸣，触动学生的内心，让学生意识到周末应更严格要求自己。还要让学生体会到老师对于他的关爱和关心，从而起到规范行为的作用。

2. 科学制定措施，加强制度建设

班主任在学校各项管理规定和制度的基础上，制定切实可行的班级周末管理措施，加强对学生的管理。

（1）周末管理制度化。俗话说“无规矩不成方圆”，将周末管理写入班规，形成制度，特别是针对不按时返校和回家的、夜不归宿等方面的问题要单独进行说明，并对违反规定者进行谈话和纠正教育。

（2）规范请假制度。严格按照学校规定对学生请假进行核实和控制，根据学生实际情况和家长要求对学生周末请假实施区别对待。

（3）制定周末抽查制度。班主任在周五晚上对本班家长进行抽查到家的情况。通过不定期抽查，利用班主任的权威可以使学生加强自我约束和紧迫感，减少甚至避免学生不按时回家的情况。

3. **家校共管，加强与学生家长的沟通和交流**

在日益重视家校共育的今天，家长的教育力量不可忽视。[①] 保持与家长的紧密联系，加强家长的监督作用，提高家长的教育能力也是我们工作中最不可或缺的一部分。为了能使家长成为教育的参与者并发挥正向助力，我们学校一直坚持寒暑假家访，并对个别学生与新生进行日常随访。除此之外，班主任还根据各班不同情况保持紧密的家校联系。除了比较普遍的电话方式外，我们还采用了寄读传统的《周末表现评价表》，推动家校合作。第一，它能督促家长在校外管理中发挥作用，同时也让家长更加重视自己在家庭教育中的意义；第二，它能够成为家长发挥教育职能的工具；第三，它可以成为班主任介入家庭教育的载体，督促学生保持家校表现一贯性，起到了电话沟通无法替代的作用，能够真实展示学生在校外的表现并为学校提供教育依据。

4. **充分利用网络资源，加强与学生的沟通**

当今社会信息无限畅通，利用网络资源对学生进行情况了解也是行之有效的方式之一。班里的学生在微信上建立了“班级群”，几乎每个有手机的同学都加入该群，每到双休日，群内火爆异常，但是如果班主任对这一问题不重视，缺乏引导，可能会使错误的舆论导向占据主流。所以班主任要建立属于自己的“班级学生群”和“班级家长群”，吸引学生和家长加入，班主任以网友的身份与他们交流，以聊天的方式加强对学生的了解和掌控，以平时的情感投入，获得学生的信任，从而能随时关注学生的动态，特别是周末期间可以及时提醒学生返校、返家，不要沉溺网络游戏等。仅有群是不够的，应与班内所有的成员成为好友，让他们感觉到被尊重和被亲近，时常地找一些话题和一些同学进行私聊，谈一谈人生理想，说一说兴趣发展等，通过这一举措能充分地建立良好的师生关系。

① 俞芬：《共享视域下家育共同体构建的实践研究》，《中小学德育》2020 年第 2 期。

5. **加强对个别生的关注，发现问题及时干预**

在专门学校，一般学生行为问题特别突出的学生称为“个别生”。个别生问题在我们学校依然存在，在班级中个别生问题有可能会牵扯到班主任管理工作的绝大多数精力。所以平时就要对个别学生进行分析和关注，分析他可能会出现的种种问题，在周末阶段更应该对个别学生给予特别的关注，通过各种途径和手段，获取他们周末的动态。在遇到显著问题发生时，要及时家访，与个别学生和家长取得联系，当面帮助他们寻求解决问题的方法，必要时可以把学生带回学校，加班对他进行教育，为个别学生的发展保驾护航。

二　印象深刻的一件事：被屏蔽的微信

笔者在非常一个偶然的机会被学生拉进一个微信群，随之而来的是络绎不绝的好友申请和朋友圈的轰炸。起初也许是怀着好奇心，学生们疯狂地关注我，但慢慢地，朋友圈里失去了往日的热闹。我也意识到很多人把我屏蔽了。

对于班主任来说，良好的师生关系是教育的基石，微信能够起到沟通桥梁的作用，能够帮助老师更深入地了解学生，但一旦被屏蔽了，就仿佛被蒙住了双眼，看不清学生的世界，也就失去了最好的教育契机。

1. **学生背景**

陈某，男，17 岁，家庭健全，外地进京人员子女，祖籍河南。家中 3 个孩子，他排行老三，父母个体经营，家庭条件不错，对他非常溺爱，逐渐让他形成了任性、独断专行的毛病，多次出现旷课情况。他每次认错态度良好，并多次保证下次不会再犯，但并不能兑现承诺。

由于学校的特殊安排，在 2016 ~2017 年的第一学期，笔者被临时安排到高二（1）班担任班主任工作，陈某就是我班里的一员。通过我与搭档老师的沟通，了解到很多班级中的情况，其中就包括陈某经常旷课的事情。

2. **教育过程**

记得第一次跟陈某的接触，是一次请家长的事情。那时，他和他的父亲一起，在办公室解决旷课的问题。陈某一直低着头，老师说什么他只是默默地点点头，看似态度很端正，决心很大，而且就在最后，他也保证以后不会再旷课了。但敏感的我还是看出了一些端倪，我认为他根本就没有听老师的话，只是表面上应付，想早点回家。在他临走时，我主动让他加我微信，他也欣然同意了。

打开陈某的微信朋友圈，我仿佛进入了另外一个世界，完全颠覆了他刚刚走出办公室大门时，那个内向朴实的学生形象。在朋友圈里，他就是一个地地道道的社会青年，出入各种网吧、酒吧等未成年人禁止进入的场所，经常组织在校学生或社会朋友在大排档饮酒作乐，骑着摩托车，驾驶着机动车摆出酷酷的造型，要不然就是多人开房住宿的合影留念……这让我一下子就对他的问题等级提升了。他的问题绝非单纯的旷课，在旷课的背后可能存在轻微的违法犯罪。

出于一个教师的责任感，我在他的一些合影下面进行了留言，并希望他能够注意一些行为。他看到我的留言后明显非常不屑，没有回复，而是把我屏蔽了。此后，我就看不到他朋友圈发的信息了。

这一行为引发了我的思考。在工作的这些年中，很多的孩子在学校表现得非常乖巧，但是在校外可谓一方霸主，经常会出乎我们的意料，做出一些过分的行为。例如曾经班里的小勇，是体育委员，在学校非常懂事、听话，是老师的小助手，但他在家养病期间做出了持刀抢劫的违法事件。曾经班里的小鑫，是班里的副班长，帮助班主任管理班级，但在周末却因盗窃机动车被警察传唤。在那个时代，想走进学生的内心深处非常困难。我们能看到的只是他们在校的表现。现在有了微信，他们会在朋友圈里“秀出”一些同龄人不敢做或做不到的事情，来标榜自己的了不起，这是青春期叛逆情绪的最佳表现。与以往不同，微信时代，我们可以从他们的朋友圈里了解他们真实的生活和真实的内心。

网络是把双刃剑，刚刚看到，就又被屏蔽了，这让我感觉非常失落。朋友圈顾名思义是有感情基础的。只有真正能跟学生做朋友，才能看到他最真实的自己，这也是当下在教育中特别难处理的一层关系。学校的特质、学生的特质，决定着传统的上下级师生关系必须被改变。

周一，陈某回到学校后，我开始跟他接触，利用学校特殊的陪伴教育跟他交朋友。吃饭时，我让他坐到我身边，夹给他我盘子里的菜；篮球场上，我和他一队，打个酣畅淋漓；睡觉前，我把他叫到我的卧室（我校班主任陪学生一起就寝，班主任宿舍就在学生宿舍旁边），倾听他最近的动态和人际交往。慢慢地，我感觉他把当成他的朋友，我也开始接受他的生活。因为我觉得只有这样才能对他起到帮助的作用。推到对立面上，只会竹篮打水一场空。

终于我的情感投入发挥了作用。在一个周末的傍晚，陈某给我发来微信，说他在驾驶摩托车时候摔倒了，想跟我借钱去医院。我心里非常高兴，因为他在遇到困难的时候能够想起我。但同时我心里也不踏实，他会不会骗我呢？怀着复杂的心情，我跟他用微信沟通，确认了他确实是摔倒了（因为他发来了视频和图片）。我驱车赶往了他出事的地点，把他送到医院进行了包扎。他非常不好意思，并向我保证再也不骑摩托车了（在朋友圈里发出了保证）。借助这个机会他打开了朋友圈对我的权限。我非常庆幸，我能获得他的信任，让他能在关键的时候想起了我。要是放在以前，他因为这件事肯定又要请假或是旷课上一段时间了。

一个学期过去了，陈某的朋友圈里再也没有发出任何和摩托车有关的信息和图片，我相信他已经兑现了他的承诺。在后面的一学期，他也能够安心学校的生活，没有再出现旷课的情况。

对我们学校而言，假期是可怕的。漫长的假期可能是学生问题最集中的时刻，由于家长的管理不得当，学生们经常会出现成群结队夜不归宿的情况。我默默地关注陈某的朋友圈，发现在假期确实在假期中出现了很多问题。多次跟家长沟通得知：一放假，陈某偷拿了家里 2000 块钱，一直都没有回家，家长多次寻找也一直没有结果。马上就要开学了，上学的问题又成了陈某的一大难题。

家访到陈某家时，他的父亲向我诉苦，真不知道这孩子跑哪去了，真不让人省心。我告诉他爸爸：我知道，并给他爸看了一些他朋友圈的照片，他爸爸恍然大悟，才知道自己也被屏蔽了。结束了一天的家访，我和搭档回到学校附近，吃点饭缓解一下一天的疲惫。就在这时，我发现了陈某最新的一条朋友圈动态，是几张淫秽的图片和一段话：“欧美，日韩动作大片只要 9.99 元，你值得拥有的留言。”我连忙跟搭班的王老师分享，王老师一头雾水，掏出自己的手机，同样打开朋友圈但并没有看到和我同样的信息，这才发现原来王老师早就被他选择性地屏蔽了。

我俩商量，看来他应该是没钱了，开始采用不正当的手段挣钱谋生了。我俩立即在网上查找了关于传播淫秽影像资料的相关法律条文，给他转发过去，告诉他的行为已经涉嫌违法犯罪。信息刚一发出，陈某马上把朋友圈的相关内容删除了。看来，他还是能听取我们的教育的，能意识到我们是在帮他，是为了他好。借着这样的机会，我赶紧跟他沟通。他起初害怕，怕我们找到他后，会把他带回学校，在微信里谎报了他的位置。在我们的坚持下，他终于说出了自己真实的位置。已经凌晨1点了，我们在一处回迁房找到了他，并把他送回家。他主动承认了错误，并保证按时到校上课。

新的学期开始了，陈某放下了所有的心理负担，像其他同学一样按时到校上课，直到顺利毕业。

三 思考·设想

（一）思考

基于学校的特殊性和学生的特殊性，衍生出了学校特殊的班主任管理机制，以上所述的班主任周末管理都是我校众多班主任周末真实写照。过去专门教育中一直流传着这样一句话叫 $5+2=0$。也就是说，学生不在学校的时间如果管理不到位的话，可能影响的是老师在学校时所付出的所有努力。所以，做好周末以及假期的学生管理，才能破解过去 $5+2=0$ 的教育窘态。

做好校外管理，保证了教育效果，让学生周末在家的时间得以有效的控制，能够有效地延续学校的教育，让五天的学校生活和两天的假期生活有效地结合起来，让学生进步得更快；能和家长建立沟通机制，有效地帮助家长起到管理作用，赢得了家长的支持与配合，形成教育合力；通过遇到问题、分析问题、帮助解决问题，真正让学生感受到老师的关爱和关注，从而规范自身的想法和行为，起到转化作用；消除了周末的安全隐患，规避学生的风险，从而能保证学生的出勤，让学生持续不断地接受学校教育。确保教育转化的效果。

（二）设想

如果我们将来希望能解决学生校外的问题，做好周末和假期的管理，我们就要从以下几个方面进行努力。

（1）以人为本，倾注师爱。

尊重每一位学生，以人为本，是对每一位教师的基本要求。教育是心灵的艺术，如果我们承认教育的对象是活生生的人，那么教育的过程便不仅仅是一种技巧的施展，还是充满了人情味的心灵交融。这样老师才会产生热爱之情。心理学家认为“爱是教育好学生的前提”。

（2）深挖背景，走进心灵。

对于学生问题，按时出勤是教育的前提保证，学生会因为各种理由和原因，出现旷课的情况，是班主任必须解决的问题。但在旷课的背后，学生的内心世界，学生的生活环境，学生的人际关系是非常难以理解的。作为班主任的我们应该加大情感投入，真正深入挖掘问题的所在，才能在他们最需要帮助的时候，有一番作为，而不是仅仅解决一个出勤上的问题。

（3）转换关系，及时沟通。

一把钥匙开一把锁，当你身居高位时，看到的是浮华春梦，当你身处卑微，才有机会看到世间真相。人间百态，各有所难，每个人只看到自己眼中的世界，看不到全貌。作家甘北曾说：你永远不能指望他人，感受你的感受，除非，他有一天遭遇你的遭遇。生命是一种回声，唯有懂得：“换位做事、换位做人，换位思考，才能换得真心。”笔者认为相互信任真诚相待，正确引导是当下“互联网+”时代中给班主任提出的更高的要求，借此传统的师生关系必须被打破。因为看不到、不了解，所以就不教育、不作为，不能成为班主任消极对待工作的借口。我们应该注重情感上的投入，真正和学生做朋友，走进他们的生活，了解他们的世界，掌握更多的信息，拥有良好的有效的沟通。用比以往更深刻的爱，教育和转化问题学生。

图书在版编目（CIP）数据

青少年问题行为研究 / 路琦主编．-- 北京：社会科学文献出版社，2020.9
ISBN 978 - 7 - 5201 - 7345 - 2

Ⅰ．①青…　Ⅱ．①路…　Ⅲ．①青少年问题 - 研究
Ⅳ．①C913.5

中国版本图书馆 CIP 数据核字（2020）第 180489 号

青少年问题行为研究

主　　编 / 路　琦

出 版 人 / 谢寿光
责任编辑 / 王玉敏

出　　版 / 社会科学文献出版社·联合出版中心（010）59367153
地址：北京市北三环中路甲 29 号院华龙大厦　邮编：100029
网址：www.ssap.com.cn
发　　行 / 市场营销中心（010）59367081　59367083
印　　装 / 三河市尚艺印装有限公司

规　　格 / 开 本：787mm × 1092mm　1/16
印 张：24.25　字 数：395 千字
版　　次 / 2020 年 9 月第 1 版　2020 年 9 月第 1 次印刷
书　　号 / ISBN 978 - 7 - 5201 - 7345 - 2
定　　价 / 129.00 元